한국사상선　10

박지원

글쓰기의 혁신과 새세상 만들기

한국사상선   10

박지원

김혈조 편저

글쓰기의 혁신과
새세상 만들기

창비
Changbi Publishers

창비 한국사상선 간행의 말

　나날이 발전하는 세상을 약속하던 자본주의가 반문명적 본색을 여지없이 드러내며 다수의 삶을 고통으로 몰아간 지 오래다. 이제는 인간 문명의 기본 터전인 지구 생태를 거세게 위협하는 시대에 이르렀다. 결국 세상의 종말이 닥친다 해도 놀랄 수 없는 시대의 위태로움이 전에 없던 문명적 대전환을 요구한다는 각성에서 창비 한국사상선의 기획은 시작되었다. '전환'이라는 강력하게 실천적인 과제는 우리 모두에게 다른 삶의 전망과 지침이 필요하며 전망과 지침으로 살아 작동할 사상이 절실함을 뜻한다. 그런 사상을 향한 다급하고 간절한 요청에 공명하려는 기획으로서, 창비 한국사상선은 한국사상이라는 분야를 요령 있게 소개하거나 새롭게 정비하는 평시적 작업을 넘어 어떤 비상한 대책이기를 열망하며 구상되었다.

　사상을 향한 요청이 반드시 '한국사상'으로 향할 이유가 되는지 반문하는 이들도 있을지 모른다. 사상이라고 하면 플라톤 같은 유구한 이름으로 시작하여 무수히 재해석된 쟁쟁한 인물과 계보로 가득한 서구사상을 으레 떠올리기 때문이다. 우리가 겪는 위기가 행성 전체에 걸친 것이라면 늘 그래왔듯 서구의 누군가가 자기네 사상전통에 기대 무언가 이야기하지 않았을까, 그런 것들을 찾아보는 편이 더 효율적이지 않을까 하는 생각은 사실 오래된 습관이다. 더욱이 '한국사상'이라는 표현 자체가 많은 독자들에게 꽤 낯설게 느껴질 법하다. 한국의 유교사상이라거나 한국의 불교사상 같은 분류는 이따금 듣게 되지만 그 경우는 유교사상이나 불교사상의 지역적 분화라는 인상이 강하다. 한국사상이 변모하고 확장하면서 갖게 된 유교적인 또는 불교적인 양상으로 이해하는 방식은 익숙지 않을 것이기에 '한국사상'에 대한 우리의 공통감각은 여전히 흐릿하다고 말할 수 있다.

하지만 이런 사정이야말로 창비 한국사상선 발간의 또 다른 동력이다. 서구사상은 오랜 시간 구축한 단단한 상호참조체계를 바탕으로 세계 지성계에서 압도적 발언권을 유지하는 한편 오늘날의 위기에 관해서도 이런저런 인식의 '전회turn'라는 형식으로 대응하고 있다. 그럼에도 그 위상의 이면에 강고한 배타성과 편견이 작동하고 있음을 지적하는 목소리가 높다. 무엇보다 지금 이곳 — 그리고 지구의 또 다른 여러 곳 — 의 경험이 그들의 셈법에 들어 있지 않고 따라서 그 경험이 빚어낸 사상적 성과 역시 반영되지 않는다는 느낌은 갈수록 커져왔다. 서구사상에서 점점 빈번해지는 여러 전회들이 결국 그들 나름의 뚜렷한 한계 안에서 이루어지는 뒤집기 또는 공중제비에 불과하다는 인상도 지우기 어렵다. 정치, 경제, 문화 등 여러 부문에서 그렇듯이 이제 사상에서도 서구가 가진 위상은 돌이킬 수 없이 상대화되고 보편의 자리는 진실로 대안에 값하는 사상을 향한 열린 분투에 맡겨졌다.

그런가 하면 '한국적인 것' 일반은 K라는 수식어구를 동반하며 부쩍 세계적 이목을 끌고 있다. K의 부상은 유행에 민감한 대중문화에서 시작되어서인지 하나의 파도처럼 몰려와 해변을 적셨다가 곧이어 다른 파도에 밀려가리라 생각되기도 한다. '한류'라는 지칭에 집약된 이 비유는 숱한 파도가 오고 가도 해변은 변치 않는다는 암묵적 전제에 갇혀 있지만, 음악이든 드라마든 이만큼의 세계적 반향을 일으킨다면 해당 분야의 역사를 다시 쓰면서 더 항구적인 영향을 남길 수 있다고 평가받아야 한다. 중요한 것은 이제 한국적인 것이 무시 못 할 세계적 발언권을 획득하면서 단순히 어떻게 들리게 할까가 아니라 무엇을 말할까에 집중할 수 있게 된 점이다. 대중문화에 이어 한국문학이 느리지만 묵직하게 존재감을 발하는 이 시점이 한국사상이 전지구적 과제를 향해 독자적 목소리를 보태기에 더없이 적절한지 모른다.

그러기 위해 한국사상은 스스로를 호명하고 가다듬는 작업을 함께 진행해야 한다. 이름 자체의 낯섦에서 알 수 있듯 한국사상은 그저 우리 역사에 존재했던 여러 사상가들의 사유들을 총합하는 무엇이 아니라 상당 정도로 새로이 구성해야 하는 무엇에 가깝다. 창비 한국사상선은 문명전환을 이룰 대안사상의 모색이라는 과제를 중심으로 이 작업에 임하고자 했는데, 이는 거꾸로 바로 그런 모색이 실제로 한국사상의 면면한 바탕임을 발견하는 과정이기도 했다. 여기 실린 사상가들의 사유에는 역사와 현실을 탐문하며 새로운 삶의 보편적 비전을 구현하려 한 강도 높은 실천성, 그리고 주어진 사회의 시스템을 변혁하는 일과 개개인의 마음을 닦는 일이 진리에 속하는 과업으로서 단일한 도정이라는 깨달음이 깊이 새겨져 있다. 이점은 오늘날 한국사상의 구성과 전승이 어떤 방식으로 지속되어야 할지 일러준다. 아직은 우리 자신에게조차 '가난한 노래의 씨'로 놓인 이 사유들을 참조하고 재해석하면서 위태로운 세계의 '광야'를 건널 지구적 자원이자 자기 삶의 실질적 영감으로 부단히 활용하는 실천을 통해 비로소 한국사상의 역량은 온전히 발휘될 것이다.

창비 한국사상선이 사상가들의 핵심저작을 직접 제공하는 데 주력한 이유도 여기에 있다. 학구적 관심이 아니라도 누구든 삶과 세계에 대해 사유하고 발언할 때 펼쳐 인용하고 되새기는 장면을 그려본 구성이다. 이제껏 칸트와 헤겔을 따오고 맑스와 니체, 푸꼬와 데리다를 언급했던 만큼이나 가까이 두고 자주 들춰보는 공통 교양서가 되기를 기대한다. 그러기 위해 원문의 의도를 훼손하지 않는 범위에서 되도록 오늘날의 언어에 가깝게 풀어 신고자 노력했다. 핵심저작 앞에 실린 편자의 서문은 해당 사상가의 사유를 개관하며 입문의 장벽을 낮추는 역할에 더하여, 덜 주목받은 면을 조명하고 새로운 관점을 보탬으로써 독자들의 시야를 넓혀 각자 또 다른 해석자가 되도록 고무한다. 부록과 연보는 사상가를 둘러싼 당대적·세계적 문맥을 더 면밀히 읽는 데 도움이 되고자 한다.

사상선 각권이 개별 사상가의 전체 저작에서 중요한 일부를 추릴 수밖에 없었듯 전체적으로도 총 30권으로 기획되었기에 어쩔 수 없이 선별적이다. 시기도 조선시대부터로 제한했다. 그러다 보니 신라의 원효나 최치원같이 여전히 사상가로서 생명을 지녔을뿐더러 어떤 의미로 한국적 사상의 원류에 해당하는 분들과 고려시대의 중요 사상가들이 제외되었다. 또 조선시대의 특성상 유교사상이 지나치게 큰 비중을 차지한 느낌도 없지 않을 것이다. 하지만 조선의 유학 자체가 송학 내지 신유학의 단순한 이식이 아니라 중국에서 실현된 바 없는 독특한 유교국가를 만들려는 세계사적 실험이었거니와, 이 시대의 사상가들이 각기 자기 나름으로 유·불·선 회통이라는 한반도 특유의 사상적 기획에 기여하고자 했음이 이 선집을 통해 드러나리라 믿는다.

조선시대 이전이 제외된 대신 사상선집에서 곧잘 소홀히 되는 20세기 후반까지 포함하며 이제껏 사상가로 이야기되지 않던 문인, 정치인, 종교인을 다수 망라한 점도 본서의 자랑이다. 한번에 열권씩 발행하되 전부를 시대순으로 간행하기보다 1~5권과 16~20권을 1차로 배본하는 등 발간 방식에서도 20세기가 너무 뒤로 밀리지 않게 배려했다. 1권 정도전에서 시작하여 30권 김대중으로 마무리되는 구성에 1인 단독집만이 아니라 2, 3, 4인 합집을 배치하여 선별의 아쉬움도 최대한 보충하고자 했으나, 사상가들의 목록은 당연히 완결된 것이 아니고 추후 보완작업을 기대해야 한다. 그럼에도 이 사상선을 하나의 '정전'으로 세우고자 했음을 굳이 숨기고 싶지 않다. 다만 모든 정전의 운명이 그렇듯 깨어지고 수정되고 다시 세워지는 굴곡이야말로 한국사상의 생애주기에 꼭 필요한 일이다. 아니, 창비 한국사상선 자체가 정전 파괴와 쇄신의 정신까지 담고 있음에 주목해주시기를 바란다. 특히 수운 최제우와 소태산 박중빈 같은 한반도가 낳은 개벽사상가를 중요하게 배치한 점은 사상선의 고유한 취지를 한층 부각해주리라 기대한다.

창비 한국사상선은 1966년 창간 이래 60년 가까이 한국학에 남다른 관심을 기울여온 계간 『창작과비평』, 그리고 '독자와 함께 더 나은 세상을' 꿈꾸어온 도서출판 창비의 의지와 노력이 맺은 결실이다. 문명적 대전환에 기여할 사상, 그런 의미에서 단순히 개혁적이기보다 개벽적이라 불러야 할 사상에 의미 있는 보탬이 되고 대항담론에 그치지 않는 대안담론으로서 한국사상이 갖는 잠재성을 세계의 다른 구성원들과 공유하는 계기가된다면 더없는 보람일 것이다. 오직 함께하는 일로서만 가능한 이 사상적실천에 독자 여러분의 많은 관심과 참여를 부탁드린다.

2024년 7월
창비 한국사상선 간행위원회 일동

차례

역사의 주체로 서다

들어가는 말

연암燕巖 박지원朴趾源(1737~1805)은 문인이다. 실학시대를 대표할 두 인물로 연암과 다산茶山 정약용丁若鏞(1762~1836)을 꼽는 데 특별히 이의가 없을 터인데, 다산을 학자적 사상가라고 한다면 연암은 문인적 사상가라고 말할 수 있다. 연암에 대한 그러한 평가는 그가 전통 한문학의 완강한 성벽에 도전하여 글쓰기의 반역을 추구했기에 가능했다. 연암은 한시에도 뛰어났지만, 특히 일반 산문과 『열하일기熱河日記』는 공전절후의 경지를 열었다. 그의 문장은 단지 고문古文의 의법을 묵수하는 데 그치지 않고, 새로운 글쓰기를 시도했다. 이를 두고 정조 임금은 '연암체燕巖體'라고 규정한바 있다. 연암은 새로운 글쓰기의 형식 속에 깊은 철학적 사유를 녹여내고있으며, 당대의 현실과 세계에 대한 진지한 관찰에서 나온 실학적 사상을 담아놓았다. 그리하여 연암은 실학시대뿐 아니라 우리 문학사, 나아가 세계 독서계에 내놓을 대문호로 평가되기도 한다.

그러나 연암 생전에는 물론 사후에도 근대 이전까지 그러한 평가를 받기는커녕 비난의 대상이 된 것이 역사적 사실이었다. 생전에는 파락호로 취급되기도 했고, 사후에는 근대 이전까지는 몹쓸 글을 지은 유림의 이단자로 낙인이 찍혔다. 파락호는 유만주俞晚柱(1755~88)의 언급에서 나온 지적인데,[1] 당초 이 문제는 연암의 생활 방식에 국한된 말만이 아니고 다른 의미가 있었던 것 같다. 기실 연암의 문학과 관련해서 나온 발언이라고 생각된다.

유만주의 언급은 『열하일기』 초고본이 완성되고 1년이 지난 시점인 1784년에 나왔다. 파락호라는 말은 이 『열하일기』와 관련해서 나온 것으로 보인다. 『열하일기』는 완성도 되기 전에 그 일부를 사람들이 경쟁적으로 베껴 가서 독서계에 비상한 관심을 끌었다. 그리하여 세간에서는 '노호지고虜胡之稿'(되놈의 연호를 쓴 글)라는 비방이 일어나고, 한편 『열하일기』를 '우언寓言, 전기傳奇, 해소諧笑의 작품'으로 취급했다. 당시 청나라는 경멸하고 적대적으로 대하여야 할 되놈의 나라라는 것이 보편적 인식이었다. 그런 현실을 무시하고 그들의 연호를 쓰며 그들을 우호적으로 기술한 책, 또한 그 표현 방법이 우언, 전기, 해소의 방식을 채택한 패관기서의 책, 이것이 『열하일기』이고 그 저자가 바로 연암이었다. 당대인들의 일반적 정서로 보자면 『열하일기』의 저자는 파락호로 불릴 만한 원인을 충분히 제공했던 셈이다. 명문가의 후손으로서 해서는 안 될 금기사항을 범함으로써 조상에 누를 끼친 사람, 곧 파락호라는 불명예를 뒤집어쓴 것이다.

인간 연암에게 파락호라는 딱지가 붙고 그의 손자 박규수朴珪壽(1807~77)가 유림의 비방을 의식하여 조부의 문집 간행을 거절했다는 일화가 있을 정도로 연암의 저작은 불온시되었다. 보이지 않는 손에 의한 금압이 있었던 것인데, 그런데 이러한 사실과는 별개로 연암의 글은 열광적으로 읽혀 전사되고 유포되었다. 특히 『열하일기』가 그리되었는데, 일종의 금서가

---

1   유만주 『흠영(欽英)』, 1784년 7월 6일 조(條) 일기 참조.

지하에서 활발하게 유통된 셈이다. 현존하는 60여 종의 『열하일기』 필사본의 존재는 독서계의 이런 이중적인 모습을 반영한 결과다.

『열하일기』와 그의 시문詩文이 공식적으로 세상의 햇빛을 보게 된 것은 근대계몽기에 와서야 가능했다. 이 시기는 애국계몽운동이 확산되고, 한편 외세의 침략을 배격하고 주권 수호에 치중하는 의병투쟁이 일어나는 시기였다. 이러한 시대적 과제와 소명 앞에서 새삼 실학시대의 창조적 예지가 담긴 저작들이 주목을 받게 되었는바, 여기에서 연암의 저작이 시대의 과제를 해결할 사상을 담지하고 있는 문학과 학문으로 인식되었다.

구한말 한문학의 대미를 장식한 창강滄江 김택영金澤榮(1850~1927)은 연암의 저작에서 그 일부를 뽑아 1900년에 최초로 『연암집』을 공간했다. 비록 한문학의 전통적 인식에서 문집의 형태로 간행된 책이긴 했으나, 단순히 문예 위주의 작품만을 담은 것은 아니고 『과농소초課農小抄』 등에 실린 실학사상의 글들을 대폭 수록했다. 또한 뒤이어 간행된 『연암속집』은 『열하일기』의 글을 대폭 수록하여 실학사상가로서 연암을 부각시켰다. 그에 이어 김윤식金允植(1835~1920)은 「연암집서」라는 글에서 연암의 정치사상을 주목하고, 그를 유럽의 계몽사상가 몽테스키외나 루소에 비의하면서 20세기의 시무에 절실한 학문을 한 사상가로서 인식하기도 했다.

일제 강점기에도 진보적 문인이나 사회과학자 들은, 예컨대 홍기문洪起文(1903~92), 김석형金錫亨(1915~96) 등은 실학파 학자와 문인을 '시대에 구애를 받지 않은 작가' '시대의 이단자, 시대의 아들'로 파악하여, 그들을 역사 변혁의 추진 주체로 인식하고 그 사상을 비상하게 주목했다.[2]

해방 이후에도 연암은 실학파, 특히 북학파 혹은 이용후생학파의 중심 인물로 역사적 위상이 자리매김되었으나, 주로 그의 문학 작품이 집중 연구되었다. 그에 비해 실학파 학자로서의 사회과학적 면모, 그의 경세론과

---

2   임형택 「연암의 경제사상과 이용후생론」, 『연암 박지원 연구』, 실시학사 실학연구총서 4, 사람의무늬 2012.

관련한 개혁사상은 비교적 소홀하게 취급되었던 것이 학술연구의 현실이었다. 연암이 문학 방면에 워낙 걸출한 업적을 남겼기 때문에 그런 편향된 연구 성과로 경도될 수밖에 없었지만, 실학시대를 대표할 개혁사상가로 주목하고 연구됨이 마땅하다. 이제 명실공히 연암의 문학과 실학사상을 통일적으로 읽고, 이 시대의 문명을 높은 차원으로 도약시키는 사상의 원천을 여기에서 끌어내야 할 것이다.

연암 박지원, 그의 사士의식과 인간의 발견

집안의 명성과 달리 연암은 젊은 시절부터 곤궁한 삶을 살았다. 게다가 중년 이후에는 집 한 칸도 없이 남의 집을 떠돌던 시절이 많았다. 심지어 3일 동안 식사를 못해 행랑방에 늘어져 누운 적도 있었다고 말한 바 있다.[3]

연암의 곤궁함과 불우함은 그 조부 박필균朴弼均(1685~1760)의 청렴한 벼슬살이 탓으로 돌리기도 하지만 기실 한 가정의 개인적인 문제가 아니었다. 조선 후기로 갈수록 양반의 숫자는 늘고 있던 반면에 관직의 숫자는 한정되어 있었다. 한정된 벼슬로 인한 자리다툼이 빈번하게 발생하고 지배층의 분열 항쟁이 격화되어, 소수의 집권층이 벌열을 형성했던 반면에 다수의 양반층은 필연적으로 몰락할 수밖에 없었다. 사대부로서 정치적 진출의 기회를 박탈당한 이들 사士의 부류는 최소한의 삶을 위한 물적 조건조차도 확보하기 어려웠던 것이 역사적 사정이다. 이들 양반의 경제적 삶을 가능하게 하는 유일한 통로가 과거시험이었다.

그러나 과거를 거쳐 발신하기란 참으로 어려웠다. 당시 과장은 그야말로 아수라장이었고,[4] 더구나 당색에 따라 합격 여부가 미리 정해져 있었

---

3   「소완정(素玩亭)이 여름밤 벗을 방문한 이야기에 답하다」 참조.
4   당시 과장의 문란상은 「북쪽 이웃의 과거급제를 축하함(賀北隣科)」에 희화화되어 있다.

다. 한편 요행히 과거에 합격하더라도 당시 조정은 더 이상 창조적 개인이 경세제민의 포부를 실현할 만한 공간이 아니었다. 벼슬이란 개인이 출세와 가문의 명예를 지키는 수단으로 작용하고, 생존을 위해 부득이 하는 노릇에 지나지 않았다. 연암이 과장에 들어가 답지에 고송노석古松老石을 그리거나 답지를 제출하지 않고 나왔던 까닭도 이와 무관하지 않다.

한편 재지적在地的 기반이 없던 양반은 「양반전」의 주인공처럼 그 신분조차도 유지하기 어려워, 끝내는 양반의 권리를 팔아치우는 막다른 길에 내몰렸다. 「양반전」은 이런 현실을 반영한 작품이다. 도시의 양반 역시 이와 별반 다르지 않았다. 연전필경硏田筆耕의 삶으로 그나마 양반의 체통을 겨우 유지할 수밖에 없었다.

이것도 아니면 곡학아세의 처세로 위선적 학자로 살거나, 권력에 줄을 대어 현실을 타개하려는 약삭빠른 인간이 있었다. 이런 현실에 환멸을 느끼고 완세불공玩世不恭하며, 자아를 찾으려는 인물도 있었다. 기성의 권위나 가치관에 저항하고, 현실에 야유를 보내며 자신을 지켜나가려는 사람이다. 「염재라는 방에 대한 기록」의 송욱宋旭이 그런 부류의 사람일 것이다.

그러나 냉혹한 도시의 현실은 무전무식을 용납하지 않는다. 구처 없는 양반은 결국 산골로 내몰리게 된다. 「백영숙을 기린협으로 보내며」는 심심산골로 떠나는 백동수白東修의 저간의 사정을 그린 작품이다. 여기서, 산골로 떠나려는 백동수의 뜻을 장하게 여길지언정 그의 곤궁함을 슬퍼하지는 않겠다는 연암의 발언은 자신의 비장한 심정을 나타낸 것이다. 백동수의 모습에서 연암의 모습이 겹쳐 보이는 까닭은 연암 역시 그런 절박한 가난에 처했기 때문일 것이다.

연암은 30대 중반에 성남 석마石馬(돌마)의 처가에 가족을 보내고 한양의 전셋집에서 혼자 우거했다. 「소완정이 여름밤 벗을 방문한 이야기에 답하다」는 당시 착잡한 정황을 묘사한 작품이다. 13명의 역사적 인물을 끌어와서 자신이 그들과 닮았다며 자화상을 그리고, 그런 자신은 성인이라고 말하며 껄껄 웃었다는 발언은 울울하고 답답한 처지에서 나온 자조自嘲이다.

곡학아세의 길을 걸을 수도 없고, 백동수처럼 서울을 벗어날 수도 없고, 밝은 미래를 전망할 수도 없는 상황, 어떻게 처신해야 마땅한가? 여기에 인간 연암의 고민이 있었다. 그러나 연암은 현실 모순에 대한 갈등과 자기 번민에 끝내 좌절하지 않고, 역사 속에 주어진 자신의 위치와 책무를 발견 했다. 현실의 제반 문제가 자신이 해결해야 할 문제의식으로 인식된 것이 다. 요컨대 사士로서 자기의 위치와 그 의무를 발견한 것이다.

사士는 무엇을 하는 사람인가? 책을 읽은 선비를 사(독서왈사讀書曰士)로 규정한 연암은 「『방경각외전』에 붙이는 글」에서 사가 지켜야 할 도리와 처 신을 "권세와 잇속을 도모하지 않아야 한다. 출세하여도 사의 본분을 버리 지 않고, 곤궁해도 사의 도리를 잃지 않아야 한다"라고 말했다.

"선비의 학문은 실로 농·공·상의 이치를 겸하고 포함하고 있어, 이 세 부류의 산업은 반드시 모두 선비를 통해서 성립된다"[5]고 본 연암은 "후세 에 농·공·상이 제대로 작동하지 못하는 까닭은 선비가 내실 있는 참된 학 문(實學)을 하지 못하는 과오에 있다"고 반성했다. 선비는 인문과학뿐 아 니라, 사회과학과 자연과학까지 정통하여 산업 전반을 지도해야 할 책임 이 있다고 본 것이다.[6] 선비의 주체적 각성에서 한 걸음 나아가 사의식士意 識으로 발전한바, 곧 선비의 사회적 책무를 깨닫고 이를 실천하려고 했다.

그리하여 "선비 한 사람이 글을 읽으면 그 은택이 천하에 미치고 그 공 적은 후세까지 남게 된다. 『주역』에 말하기를 '학덕과 경륜을 이룬 선비가 세상에 나오면 천하가 문명하게 된다(見龍在田 天下文明)'고 했으니, 이는 글을 읽는 선비를 두고 말하는 것이다"라고 했다.[7] 곧 천하문명이 글 읽은

---

5   「선비의 역할과 실학」 참조.
6   이우성 선생은 「실학연구서설」에서 '사'의 자각은 근대 양심적 인텔리의 사명감과 상통한 다고 했다.
7   「선비란 무엇인가」 참조.

선비의 참여로 실현된다고 했으니, 선비의 의무와 사회적 책무를 자각한 발언이다.

연암은 자신의 존재와 임무를 발견 자각하는 한편, 타인의 존재를 새롭게 인식하기도 했다. 특히 신분제 사회에서의 사회적 약자에게 눈을 돌렸다. 여성, 노비, 아전, 천주학쟁이 등의 사회적 존재가 눈에 들어온 것이다. 그리하여 중세적 권위주의와 고식적인 명분론에서 벗어나 모든 인간이 봉건적 신분적 속박을 탈피하여 인간다운 대접을 받으며 삶을 살아야 할 것을 주장하고, 이를 문학 작품으로 혹은 이론적인 논설로 남겼다.

「열녀 함양박씨의 전기」는 한 여성의 비극적인 삶을 그린 것으로, 열녀가 무엇인가를 되묻게 하는 작품이다. 미천한 한 여성의 인간적 삶을 그리면서도, 여인에게 죽음을 강요하는 사회적 분위기를 비판했다. 당시 여성에게 강요된 부당한 윤리가 여성의 삶을 어떻게 왜곡 파괴하고 있는가 하는 문제를 제기했는데, 서문 격으로 얹은 글에 과부가 밤을 새기 어려움을 토로하는 대목은 명문장이다. 「노비도 사람이다」는 인간이라는 관점에서 시노비寺奴婢 문제를 해결하라는 글이고, 「아전도 관리이다」는 같은 관료라는 차원에서 아전을 대우해야 한다는 글이며, 「천착쟁이를 어찌하랴」는 천주교도를 어떻게 교화시킬 것인가를 다룬 글이다.

그뿐 아니라 연암의 시선은 가부장적인 전통에 의해 소외되었던 가족, 특히 여성과 자식 들에게 향하기도 했다. 이들에게 인간적이고 따스한 손길을 보내고 이를 작품의 주제로 설정했다. 현전하는 연암의 초상화는 대단히 엄숙하고 근엄한 모습으로 그려져 있어서 감히 범접하기 어려운 저 높은 위치에 동떨어져 있는 인물처럼 보이게 한다. 『과정록過庭錄』[8]에 기록된 여러 일화를 보면 확실히 연암은 쉽게 다가갈 수 없는 인물임이 분명하다. 이러한 인물은 대체로 속이 깊고 진중한 인물이기 때문에, 잔정이 없거

---

8   『과정록』은 연암의 아들 박종채가 연암의 일생을 기록한 전기적 성격의 책이다.

나 인간적 체취를 느낄 수 없다. 해서 그 인물됨이 대단히 경직되고 고답적인 경우가 많다.

그러한 인간상과는 다르게 아내와 형수, 큰누님, 자식을 소재로 지은 글에서는 연암의 섬세하고 자상한 모습을 볼 수 있다. 연암의 인간적인 체취를 느낄 수 있기도 하지만, 이를 담고 있는 글의 형식은 당대의 일반적인 글쓰기 수준을 뛰어넘어 대단히 파격적이다. 특히 생활경제를 책임진 세 여성에 대한 관찰과 애정 어린 시선은 다정다감한 연암의 내면을 보여준다. 또한 여느 부모처럼 자식에 대한 잔소리 등을 담은 편지는 비록 사적인 부분에 속하는 것이긴 하지만, 평범한 일상의 소재로 구성되었다는 점에서 연암의 문학론, 곧 소소한 문제도 모두 문학적 소재가 될 수 있다는 이론의 실천이다.

당시 문단의 글쓰기에서 이러한 내용은 글쓰기의 소재가 된 적도, 되어서도 안 되는 것이었다. 그러나 연암은 어느 누구도 접근하지 않은 일상적이고 하찮은 것에서조차 새로운 글쓰기의 소재를 발견했다. 자식에 대한 이러한 모습은 세속 사람이면 누구나 가지고 있는, 그야말로 평범성 그 자체다. 그럼에도 이런 내용을 담은 연암의 글을 훌륭한 작품이라고 하여 여기 수록하는 이유는 무엇인가? 연암의 미학적 견해와 관련된 문제이기 때문이다.

「아내를 잃고」는 부인을 잃고 지은 추모시인 도망시悼亡詩 중의 두 수다.[9] 부인과 사별한 뒤에 느낀 외로움과 그리움이 잘 표현되어 있다. 부인은 일생을 가난 고생으로 삶을 마친 여성이다. 1786년 연암이 처음으로 벼슬을 하여 빈한한 생활을 겨우 면하게 되자, 부인은 그다음 해에 51세로 생을 마쳤다. 『과정록』의 일화에 따르면 부인은 인품이 예사롭지 않았으며, 예법을 아는 군자와 같다는 소리를 들었던 여성이었다. 연암은 재혼을 하지 않았고 첩도 두지 않을 정도로 마음속에 부인의 존재가 컸던 것으로

---

9   본래 20수가 있었는데 분실되고, 그중 2수가 『흠영』에 기록되어 전한다.

짐작된다.

「형수 이씨 묘지명」은 연암의 형수, 곧 박희원朴喜源(1722~87)의 부인 전주이씨의 묘지명이다. 형수는 가난한 집안에 시집와서 일생을 고생하다가 쓸쓸한 죽음을 맞이한 여성이었다. 고달픈 종부의 삶을 그리면서도, 여성의 미덕을 나타내는 표현, 현모양처의 삶을 과장하는 상투적 글쓰기는 하지 않았다. 연암의 처남 이재성李在誠은 이 작품을 평하면서, "유순하다, 바르고 정숙하다, 부지런하고 검소하다 등의 글자를 한 자도 쓰지 않았건만, 조상을 받들고 살림살이하는 모습이나 자애롭고 온순한 덕성을 직접 눈으로 본 것처럼 떠올릴 수 있는 진실한 글이어서, 읽으면 사람을 슬프게 감동시킨다"고 하였다.[10]

「큰누님 묘지명」은 큰누님을 사별하고 지은 묘지명으로, 청나라 원매袁枚가 죽은 여동생을 위해 지은 제문인 「제매문祭妹文」을 연상케 하는 소품체의 명문장이다. 연암 자신도 이를 득의의 작품으로 간주하여 연행 때 가지고 가서 중국 명필가의 글씨를 받아 오려고 했던 글이다.[11]

누님이 시집가는 날 있었던 작은 해프닝, 그것도 두 사람만 간직한 작은 비밀을 묘지명에 써서 과거 누님과의 정을 소환하고, 현재 누님의 관을 떠나보내는 강가의 새벽풍경을 통해 과거 누님의 모습을 다시 소환하는 글쓰기는, 소재의 측면에서나 행문行文의 측면에서나 당대에는 상상할 수 없었던 파격적 기법이다.

「황윤지에게 사례하며」는 부친상을 당한 절친 황승원黃昇源(1732~1807)

---

10   이재성의 평은 「형수 이씨 묘지명」 작품 뒤에 붙어 있다. 박영철본 『연암집』의 중요 작품 뒤에 붙어 있는 평은 대부분 이재성이 한 것이다.

11   필자가 예전에 연암의 산문을 번역하여 『그렇다면 도로 눈을 감고 가시오』를 출간하고, 집사람에게 읽고 나서 가장 좋다고 생각하는 글을 하나 골라보라고 하자, 집사람은 이 「큰누님 묘지명」을 선택하고는, '조선의 갓 쓴 노인이 어쩌면 이런 글을 지을 수 있느냐?'고 감탄한 일이 있었다. 한문학연구자가 아니라도 이 작품의 진가를 제대로 알아볼 정도로 뛰어난 작품이다.

에게 보낸 위로의 편지다. 여기 연암이 네 살 된 아들을 안고 있을 때, 아들이 "나는 아부지가 있는데, 아부지는 어째서 아부지가 없나요? 아부지의 엄마는 어디 있어요? 아부지도 일찍이 엄마의 젖을 먹었나요?"라는 갑작스런 물음에 한참을 목 놓아 울었다는 내용은 가슴을 저미게 만든다. 이를 편지에 소개함으로써 부친상을 당한 친구의 가슴을 더욱 아프게 만든다는 점에서도 통상적인 위로의 편지와는 그 결이 다르다.

「아이들에게 1, 2」와 「큰아이에게」는 안의현감 시절에 한양의 자제들에게 보낸 편지다. 모든 부모가 멀리 떨어져 있는 자식에게 보낼 수 있는 그런 시시콜콜한 내용이다. 이런 내용은 모두 너무도 일상적이고 인간적인 것이어서 연암의 속살을 들여다보는 재미가 있다.

우정론과 그 실현

연암에게 지대한 영향을 끼쳤던 인물은 처삼촌 이양천李亮天(1716~55)이다. 그는 뜻이 강개하고 절개가 굳은 선비였다. 연암은 문학수업뿐 아니라, 사회비판 의식과 우정의 중요성에 대해 그에게 영향을 크게 받았다. 그는 당쟁 관련 상소 때문에 영조의 분노를 사서 흑산도에 위리안치되었다가 이듬해 풀려나고, 유배 중에 얻은 지병으로 그 이듬해 1755년, 연암 열아홉 살 때 40의 나이로 세상을 뜬다. 이 일련의 사태를 지켜본 연암은 정국과 사회에 큰 충격을 받아, 오랜 번민과 정신적 고통에 시달린다.

이 고통을 벗어나기 위해 연암은 겸인傔人과 이야기꾼에게 시정의 재미있는 인물의 일화나 사건을 청하여 들었다. 이렇게 접한 일화와 사건을 작품으로 창작한 것이 소위 『방경각외전放璚閣外傳』의 아홉 개 인물전이다. 여기 수록된 작품은 젊은 연암의 사회비판 의식과 『사기』를 통해 배운 문장력의 결합으로 이루어진 것이다.

특히 「말거간꾼」과 「분뇨를 치우며 사는 은자」, 두 작품은 그 주제의 논리가 서로 표리를 이룬다. 앞의 작품이 당시 양반들의 위선적 우정을 풍자한 것이라고 한다면, 뒤의 작품은 하층의 건실한 노동자와도 우정을 나눌 수 있다는 주제를 담았다. 하층민과 우정의 가능성을 열어놓은 연암은 "어떤 일을 당했을 때 바르게 충고해준다면 비록 돼지를 치는 종놈도 진실로 저의 좋은 벗이요, 의로운 일을 보고 충고해준다면 비록 나무하는 머슴도 저의 훌륭한 친구일 것입니다"라고 말하여 신분이 아주 천한 인물조차도 벗할 수 있다고까지 말했다.[12]

그러나 현실적으로는 양반들과의 교제도 그리 녹록하지는 않았다. 그 자신 권세, 명예, 이익을 떠나서 참된 친구를 눈 씻고 찾아보아도 한 사람도 없다고 고백할 정도였다.[13] 조선의 현실에서 우정의 결정적인 장애 요인은 이른바 당색의 차이다. 당색이 다르면 같은 동리에 살면서도 서로 남처럼 지내게 되는데, 벗으로 사귀지 않는데 어찌 동지가 될 수 있겠냐고 연암은 자못 개탄해 마지않았다.

붕우를 '제2의 나' 혹은 '주선인周旋人'이라는 개념으로 파악한 연암[14]은 옛사람을 벗한다는 '상우천고尙友千古' 혹은 후대의 지기를 기다린다는 뜻의 '천 년 뒤의 양자운揚子雲을 기다리겠다'는 식의 관념적 방식으로는 진정한 벗을 구할 수 없으며, 벗이란 모름지기 지금 현재의 이 세상에서 구해야 한다고 말했다. 벗을 동시대의 인물에서 구해야 한다는 생각은 현실주의적 병세幷世(같은 세상을 함께 살아가는) 의식이다.[15] 그리하여 좁은 국토에서도 진정한 친구를 사귈 수 없다면 시야를 넓혀 외국인과도 벗할 수 있다고까지 말할 정도로 그 의식이 개방되었다.

---

12   「홍덕보에게 보낸 답서」 참조.
13   「홍덕보에게 보낸 답서」 참조.
14   '주선인'은 『한서(漢書)』에서, '제2의 나'는 마테오 리치의 『교우론』에서 각각 유래한 용어다.
15   「『회성원집』에 붙인 발문」 참조.

홍대용이 북경에서 귀국한 뒤에도 항주杭州 출신의 선비들과 편지를 통해 교우관계를 이어간 사실을 두고는 '사람들을 감동시켜 눈물을 흘리게 할 일대 사건'이라 평가하고, 홍대용이 벗을 사귀는 방법에 달관했다며 치켜세웠다.[16]「홍대용 묘지명」은 통상적인 내용을 벗어난 파격적 작품으로, 대부분이 중국 친구들과의 교유의 내용으로 채워져 있다.[17] 연암은 왜 이토록 우도友道를 강조하고, 특히 중국인과의 교유에 주목했을까?

연암은 「허생 이야기」에서 허생의 입을 통해 중국 호걸들과의 국제적 결속을 통해 나라의 치욕을 씻고 천하를 도모할 수 있다고 말했다. 나라의 치욕이란 남한산성에서의 굴욕적 항복이고, 천하를 도모한다는 말은 바로 청황제 체제의 청산을 의미한다. 요컨대 당시 동아시아의 체제를 청산하기 위해서는 중국의 뜻있는 호걸들과 우정을 나눠야 한다는 것이었다. 연암이 북경 유리창의 한 모퉁이에 홀로 서서 천하의 지기를 한 명이라도 얻었으면 하는 간절한 바람에서 드러낸 그 처연함이나 외로움도 기실 중국인 친구를 하나도 얻지 못한 처지에서 나온 것일 수 있다.[18]

연암이 젊은 시절부터 가깝게 지낸 친구와 후배의 신분은 주로 서얼이었다. 이들은 조선의 주류사회에 낄 수 없었던 불우한 인물들이다. 학문과 문학에 더욱 열중하고 진취적인 의식을 가졌던 이들은 자신의 처지를 이해하고 포용해주는 연암을 찾아서 백탑 부근의 대사동大寺洞(인사동)과 전의감동典醫監洞(견지동)의 그의 셋방으로 모여들었다.

「취해서 운종교를 거닐던 이야기」는 이들과 술을 마시고 새벽까지 거리를 거닐며 배회했던 일을 기록한 대단히 처연한 글이다. 밤길을 방황하는 모습은 밝은 미래를 전망할 수 없는 암담한 그들의 처지를 반영한 것이다.

사람들은 이런 서얼들과 어울려 다니는 것을 두고 '교불택인交不擇人'

---

16   「『회우록』에 붙인 서문」 참조.
17   「홍대용 묘지명」 참조.
18   「북경 유리창에 홀로 서다」 참조.

즉 사람을 가려서 사귀지 않는다고 비방했다. 그러나 연암은 이런 뒷담화에 아랑곳하지 않고 그들과 인간적 유대를 이어갔다. 이들 서얼들은 신세한탄에만 머물지 않고 학문적 토론과 풍류로 의기투합했다. 참신한 문학예술(음악, 미술) 운동과 북학의 학문적 열정을 쌓아나갔는데, 뒷날 손자 박규수의 사랑방이 개화파·개혁파의 학문적 산실이 되었던 것처럼 연암의 집은 그들의 학문적·예술적 거점이었던 셈이다.

이들과 동지적 결속을 했던 연암은 그들의 죽음에 대해서 아내를 잃은 슬픔보다도 더 고통이 크다고 하며, '백아절현伯牙絶絃'의 고사를 빌려서 그 극도의 슬픔을 말한 바 있다.[19] 정철조鄭喆祚(1730~81) 제문에는 그 슬픔의 크기가 제문의 내용과 형식을 완전히 깨버린 파격으로 나타났다.[20]

이 시기 이희천李羲天(1738~71)의 갑작스러운 죽음은 연암의 삶을 송두리째 바꿔버렸다. 이희천은 연암의 『주역』 스승인 이윤영李胤永의 아들이다. 그와는 당대 정치현실과 집권세력에 대한 비판의식을 공유했고, 또 기질적으로 대단히 각별한 관계의 벗이었다. 그런 그가 금서를 소지했다는 이유만으로 한양의 저자거리에서 효수되었던 것이다.[21]

이 엄청난 국가의 야만적 폭력 앞에 연암은 큰 충격을 받았고, 정치현실에 대한 환멸감으로 자신을 주체할 수 없었다. 그의 죽음을 언급조차 못하다가 3년 뒤에, 잘못 날아온 화살에 맞아 공교롭게 죽은 이몽직李夢直의 죽음을 애도하면서 지은 글의 뒷부분에 그의 죽음을 슬쩍 끼워서 언급할 정도로 연암은 숨죽이고 살았다.[22] 그 충격으로 연암은 일체의 사회관계를 끊고, 인간의 만남 자체를 악연으로 규정할 만큼 세상과 철저하게 단절했다. 당시 연암은 감시監試의 장원으로 뽑혀 영조 임금에게 나아가 도승지

---

19   「벗을 잃은 슬픔」 참조.
20   「정석치 제문」 참조.
21   금서는 청나라 주린(朱璘)이 지은 『명기집략(明紀緝略)』이라는 책으로, 조선 왕실을 모독하는 내용이 들어 있다.
22   「이몽직의 죽음에 부친 애사」 참조. '몽직'은 이한주(李漢柱, 1749~74)의 자이다.

가 그의 과시답지를 읽는 영광을 누린 몸이기도 했다. 장래와 출세의 길이 훤히 열려 있었던 것이다. 그러나 이희천의 죽음은 연암에게 보장되었던 앞날을 포기하게 만들었다.

그는 전의감동의 셋집에 폐인처럼 틀어박혀 하릴없는 사람처럼 자신을 학대하며 지냈다.[23] 자신에 대한 학대는 한편으로는 어찌할 수 없는 정치권력에 대한 소심한 저항의 표현이자, 또 한편으로는 힘겹게 버티며 살아갈 수밖에 없는 자신의 운명을 처절하게 드러낸 행동이었다.

연암에게 가해진 곤경은 여기에 그치지 않았다. 젊은 시절 날카로운 필치로 위정자를 비판 풍자한 글이 자신을 헤치는 부메랑이 되어 닥친 것이다. 당시 세도정치의 권력자 홍국영洪國榮(1748~81)이 평소 눈엣가시처럼 여겼던 연암을 제거하려 했다. 이 위기를 간파한 친구 유언호俞彦鎬(1730~96)가 한밤중에 연암을 찾아가 빨리 도성을 떠날 것을 종용했다. 연암은 더 이상 도시의 삶을 이어갈 수 없어 부랴부랴 한양을 탈출하게 된다. 결국 '산은 깊고 길은 막혀 종일을 가도 사람 하나를 만날 수 없는 곳', 황해도 연암협으로 은거하게 된다.[24]

『열하일기』, 북학과 세계정세 인식

연행의 자세

홍국영이 실각하여 향리로 방축되자 연암협에 숨죽인 채 엎드려 있던

---

23 「소완정이 여름밤 벗을 방문한 이야기에 답하다」 참조.
24 연암협으로 피신하게 된 까닭은 『과정록』과 김택영의 「박연암선생전(朴燕巖先生傳)」에 조금 다르게 표현되어 있으나, 당시 정치적 실세인 홍국영의 눈 밖에 난 것이 결정적 이유라는 점은 동일하다.

연암은 1780년 한양으로 돌아왔다. 실로 은거한 지 4년 만이다. 그러나 한양의 분위기는 많이 변했다. 염량취산하던 부류는 진작 그를 버렸고, 가깝게 지내던 노성한 선배들은 정치적 격변 속에서 세상을 떠났기 때문에 예전의 사회 분위기가 아니었다. 우울하고 답답한 기분에 어디론가 훌쩍 떠나고 싶은 심정이 들었을 터이다.

연암은 5월, 때마침 8촌 형님인 박명원朴明源(1725~90)이 청나라 건륭황제의 칠순을 축하하기 위한 정사正使로 임명되자, 그의 권유를 받아 북경행 장도에 오르게 되었다. 우울하고 답답한 처지에 놓인 연암으로서, 젊은 시절 한양의 셋방에서 "비 오는 지붕, 눈 내리는 처마 밑에서 연구하고, 술을 데우고 등잔불의 불똥을 따는 즈음에 손뼉을 치고 담론했던" 청나라에 대한 내용을 한 차례 확인하고 싶었을 것이다.[25]

한편으로는 당시 세계의 중심인 중국을 직접 호흡하고 세계사의 진운을 전망하고 싶어서 따라나선 것이다. "우물 안의 개구리와 밭둑의 두더지처럼 제 사는 곳에만 갇혀서 자기 사는 곳이 제일인 양 믿고" 앉아서는 올바른 세계인식을 할 수 없다.[26] 올바른 세계인식 없이는 평생 개구리와 두더지의 신세를 벗어날 수 없을 뿐 아니라, 현실을 개혁할 선비의 책임도 실천할 수 없기 때문이다. 답답한 조선의 현실을 벗어난 해방감을 「한바탕 통곡하기 좋은 곳」에서 뱃속에 웅크리고 있던 태아가 세상 밖으로 나오며 한바탕 우는 심경에 비유했다.[27]

압록강으로 가는 도중에 연암은 이 연행에서 중국인과의 학술적 대결의 장이 펼쳐질 것을 예상하고 말 위에서 지전설·달세계 등의 주제를 구상하여 "무려 수십만 마디의 말, 문자로 쓰지 못하는 글자를 가슴속에 쓰고, 소리 없는 문장을 허공에 썼으니, 그것이 매일 여러 권"이 되었다고 한다.[28]

---

25   「『북학의』에 붙인 서문」 참조.

26   「『북학의』에 붙인 서문」 참조.

27   「한바탕 통곡하기 좋은 곳」 참조.

연행이 단순한 여행이 아니었음이 물론이다. 압록강에 도착한 연암은 저 유명한 '경계(際)론'을 펼쳤는데, 도道라는 것은 강 언덕과 물 사이에 있다는 경계론은 중국에 대한 '불가근 불가원'의 자세로 선입견을 배제하고 현실을 객관적으로 살피겠다는 의지를 표현한 것이다.[29]

그리하여 연암은 압록강을 건넌 이후부터 청나라를 타도해야 할 적국으로만 보지 않고, 우리가 본받고 배워야 할 세계의 문명국으로 대상화하여 꼼꼼하게 살필 뿐 아니라, 청의 허실 예컨대 민족 간의 갈등, 통치 방법, 나아가 세계사의 진운까지 전망하는 등 진지한 자세를 잃지 않았다. 그야말로 사상가, 학자, 지식인, 양반으로서 진면목을 보여주었다. 또한 국외의 낯선 곳으로 여행하는 여행자의 설레는 모습도 십분 보여주었다.

『열하일기』에 등장하는 인물, 특히 하층 인물들과 태학에서 만나 필담하던 인물들에 대해서는 성정·학식·용모·말투가 살아 움직이듯 모두 드러나게 그려졌는데,[30] 그 누구보다 생생하게 그려진 인물은 바로 연암 자신이다. 사상가, 학자, 지식인, 양반의 진지하고 점잖은 모습뿐 아니라, 한 인간으로서 경쾌하고 발랄하기도 하고, 진솔하고 구김살 없기도 하고, 호기심으로 좌충우돌하는 그야말로 살아 있는 자신의 모습을 약여하게 묘사했다. 봉건윤리 속에 자신을 가두어두지 않고 이를 박차고 나온 모습에서 연암의 솔직함과 대담함, 나아가서 인간 연암의 진솔한 모습을 보게 된다.

「호기심의 발동」에서 여인을 훔쳐보는 모습,「굿이나 보고 떡이나 먹자」에서 관광벽으로 흥분한 모습,「혼술 마시러 가다」에서 펼친 주점에서의 무용담 등은 모두 연암 내면의 한 모습이 행동으로 나타난 것이다. 여기 진중하지 못한 연암의 행동과 모습은 평소 연암의 진정성과 거리가 먼 것처럼 보인다. 이러한 모습은 직정경행하고 덤벙대는 까불이로 비칠 수 있는

---

28 「말 위에서 구상한 토론 주제」참조.
29 「도(道)는 강물과 언덕의 중간 경계에 있다」참조.
30 『과정록』참조.

부분이다.

그러나 연암은 이런 자신의 모습을 묘사하는 데 주저하지 않았다. 이것은 연암 문학의 중요한 특징 중의 하나다. 모든 소재가 문학의 자료가 될 수 있다는 말로 보이는데, 평소 "글을 짓는 사람은 오직 진실해야 할 뿐이다"라는 말과 "말은 거창한 것만 말한다고 해서 맛이 아니다. 털끝만큼 작은 것도 말할 수 있다. 말할 만한 것이라면 깨진 기와와 자갈 부스러기인들 어찌 내버릴 것인가?"라는 말의 실천이다.[31]

『열하일기』의 문체

『열하일기』에는 다양한 형식의 글이 들어 있다. 연행에 따른 일기, 때로는 학술적인 내용, 철학적인 문제를 다루고 있는가 하면, 문예적인 내용이 혼재되어 있다. 문예적 내용에도 소설적이고 우언식의 글이 있기도 하고, 탁월한 식견과 고묘高妙한 논리를 담은 산문이 있다. 문체 역시 정통 고문에서 백화체에 이르기까지 실로 다양한 문체가 착종되어 있다.

「코끼리 이야기」 「하룻밤에 강물을 아홉 번 건넌 이야기」 「밤중에 고북구 장성을 빠져나간 이야기」 등은 이미 당대에 주제와 사상적인 면에서 기이한 문장이라고 평가된 작품들이다. 이 작품들은 극히 '회기恢奇'(크고 훌륭함)한 작품으로 여겨져 사대부들이 경쟁적으로 베껴 갔다.[32]

『열하일기』 각 편의 서문과 후지後識, 「산장잡기山莊雜記」 편에 실린 기문記文들은 기왕에 이름난 고문 문장으로 평가받았다. 일기 속에 경치를 묘사한 글들은 대체로 간결한 고문의 문체로 쓴 것들이다. 의론을 위주로 만연체를 구사한 작품들은 고문의 의법에 맞으며 아름답다.

소설식 문체는 연행에서 만난 인물들을 등장시키고 이들의 대화를 백화

---

31 「『공작관문고』에 붙인 자서」 참조.
32 유득공(柳得恭), 『고운당필기(古芸堂筆記)』 참조.

문으로 처리하여 마치 눈앞에 펼쳐지는 듯 그 현장감을 살리고 있다. 「오미자 소동」은 마치 『수호지』의 한 활극을 떠올리게 하고, 이외에도 '서씨 집에서 골동품을 완상하는 대목',[33] '참외 파는 늙은이',[34] 「기상새설欺霜賽雪」이라는 편액을 써주는 대목',[35] '초상집에서 북치고 피리 부는 일'[36] 등은 소설식 문체의 글이다. 『열하일기』가 패관기서로 취급된 까닭이기도 하다. 『열하일기』는 당초부터 청나라 연호를 사용했다는 이유로 인해 '노호지고'로 비방을 받았는데, 설상가상으로 문체 문제로 더욱 말썽을 일으켰다

　연암은 '노호지고'로 비방하고 춘추의리를 따지는 짓이 잘못된 편견이고 현실을 모르는 무지한 소치라고 반박했다.[37] 『열하일기』의 내용과 주제를 파고들어 그 문제점이나 부족한 부분을 지적한다면 승복하겠으나, 한갓 연호 같은 지엽적인 문제와 철 지난 춘추의리를 따지는 짓은 남의 저술을 대하는 올바른 태도가 아님을 준엄하게 나무랐다.

　그러나 문체 문제는 큰 파문을 일으키는 쪽으로 전개되었다. 정조 임금은 천주교 문제로 골머리를 앓고 있었는데, 천주교의 파급은 날로 경박해지는 인심 탓이고, 인심의 경박은 명·청의 소품체가 유행하기 때문이라고 여겼다. 이를 해결하기 위해서는 문체를 순화해야 한다고 생각했으니, 소위 문체반정을 시행한 까닭이다. 그 시행 과정에서 결국 노론과 남인·소론의 당쟁으로 비화될 심각한 상황에 이르게 되자, 정조는 그 위기를 타개하기 위해 문체 타락의 책임을 『열하일기』에 전가시켰다. "『열하일기』가 세상에 유행한 뒤로 문체가 이렇게 되었으니 그에게 결자해지結者解之하게 함이 마땅할 터이다"라고 교시하며, 일견 회유하고 일견 위협을 가했다.[38]

33　「관내정사(關內程史)」 7월 25일.

34　「성경잡지(盛京雜識)」 7월 13일.

35　「성경잡지」 7월 14일.

36　「성경잡지」 7월 14일.

37　「이중존에게 답하다」 참조.

뒷날 연암이 충청도 면천沔川군수로 나갈 때 정조는 연암을 입시하게 하여 '내가 전에 문체를 변개하라는 뜻으로 신칙했는데, 과연 변개했느냐?'라고 하문했다고 한다. 6년이 지난 시점인데도 정조는 연암의 문체 문제에 집요하고 지속적으로 관심을 두었다. 연암은 '황공하여 아뢰옵지 못하옵니다'라고 어정쩡한 대답으로 넘어갔다고 한다.[39] 정조가 이덕무의 행장, 박명원의 묘지명, 이방익李邦翼의 표류기 등은 연암을 특정하여 짓도록 명한 사실을 보면 연암의 글쓰기 능력을 높이 평가한 것인데, 유독 『열하일기』의 문체에 대해서는 삐딱하게 보았던 것이다. 결국 연암체라는 새로운 글쓰기는 국왕에게 된서리를 맞은 꼴이 되었고, 훌륭한 계승자를 만나지 못하고 중동무이되었다.

북벌에서 북학으로

연암은 압록강을 건너자 나타난 책문 안에서 "홀연히 기가 꺾여 문득 여기서 바로 되돌아갈까 하는 생각에 나도 모르게 온몸이 부글부글 끓어오르는 것 같았다"고 했다.[40] 책문은 중국 동쪽의 가장 끝 변방인데도 저렇게 잘살고 있으니, 앞으로 더욱 풍요한 중국을 보려고 하자 그만 기가 질린 것이다. 왜 그런 심정이 들었는가? 그동안 청나라는 가난하고 문화가 없는 야만의 국가이고, 우리와는 원수의 나라이므로 정벌(북벌)해야 할 대상이라고 위정자들이 여론을 몰아오고 국민을 가르쳐오지 않았던가? 그런데 현실은 그와 정반대가 아닌가? 반청反淸 북벌北伐의 국시와 교육이 거짓임을 목도한 것이다. 국가의 이념과 정책, 거기에 기만당했다는 사실을 깨닫자, 연암은 그만 격분한 것으로 보인다.

---

38 「남공철에게 보낸 답서」 참조.
39 『과정록』 참조.
40 「중국은 되놈의 나라이옵니다」 참조.

기실 청나라를 정벌한다는 북벌론은 현실을 전혀 고려하지 않은 무모한 관념의 정책이었다. 당국자(효종)조차도 그 가능성을 믿지 않았지만, 비판적 지식인들의 입에 재갈을 물리고 서민들의 의식을 조작 왜곡하려는 의도를 숨기고 있었으니, 이 프로파간다가 바로 북벌론이다. '되놈의 나라 청나라에는 태어나고 싶지 않다'고 말한 연암의 미욱한 하인 장복張福이라는 인물은 프로파간다가 만들어낸 인간형이다.[41] 가난하고 배우지 못한 백성들은 거기에 조종되고 놀아나기 마련이다.

연암은 하인 장복을 통해서 북벌론이 한 인간의 의식을 왜곡한 실상을 폭로했을 뿐 아니라, 경망한 인물 태휘太輝가 벌인 고사리 소동, 북벌의 상징인 송시열宋時烈의 가죽옷을 참배한 어린이들이 춘추대의를 희화해서 지은 한시 등을 통해서 북벌론의 허구성을 풍자했다.[42] 이러한 풍자가 당국자는 물론 당대 고루한 선비들의 심경을 거스른 것이 물론이다.

한편 춘추대의와 북벌론에 젖어 있던 일등·이등 선비들은 중국인을 견양犬羊으로 취급하여 그들과의 접촉을 꺼리고, 중국의 역대의 문화문물조차도 볼만한 것이 없다고 부정한다. 그러나 연암은 참으로 북벌을 하려고 한다면 중국을 배워야 한다고 했다. 북벌의 논리에서 북학의 논리를 이끌어내었던 것이다. 자신은 '삼등 선비'이니, 천하의 장관은 "깨어진 기와 조각에 있었고 (…) 냄새나는 똥거름에 있었다"라고 하며, 하찮은 것조차 이용하는 중국인의 이용후생의 방법을 배울 것을 주장했다.[43] 북벌에서 북학으로의 전회轉回다.

그리하여 연암은 압록강을 건넌 이후부터 견문하는 것을 범상히 넘기지 않고, 우리가 배워야 할 것을 세밀하게 관찰하고 조사 기록했다. 중국의 가옥구조,[44] 벽돌 사용법, 각종 수레와 그 사용법,[45] 말을 기르는 법,[46] 가마

---

41 「중국은 되놈의 나라이옵니다」 참조.
42 「고사리와 춘추대의」 참조.
43 「천하의 장관은 무엇인가」 참조.

〔窯〕 제도 등등에 대해서 상세히 기록하고 있는바, 중국의 제반 기술적인 산업과 제도를『열하일기』전편에 구체적이고 생생하게 담았다.

천하대세의 전망

연암이 중국을 배워야 한다고 해서 북벌론 그 자체를 깡그리 부정한 것은 아니었다. 청조의 지배하에 있는 동아시아 체제를 현실적으로 인정하고는 있지만, 한편 언젠가는 청산되어야 마땅할 체제로 여겼다. 그 시기가 30년 안에 올 것으로 전망하기도 했다.

중국의 정치·군사·문화적 현실을 꿰뚫어 보려는 연암의 자세는 일반 사대부의 그것과는 확연히 다른 것이었다. 중국을 오랑캐라고 여기는 사대부들은 사신에 임명되어서도 '사신의 일을 억지로 받들고 가면서 문서를 주고받는 일이나 청나라 정세의 허실에 대해서는 일체 역관에게 맡기고' '숙소에 틀어박혀 2천여 리 사이의 지방관원이나 관문의 장수를 만나려고 하지 않는다'는 「행재잡록(行在雜錄)」에서의 지적처럼, 그들은 현실 문제에 아무런 관심이 없었다. 오히려 그러한 태도를 춘추대의에 뛰어나고 절의를 지키는 고고한 자세로 여겼다. 연암은 사대부들의 이러한 생각과 태도를 다섯 가지 망령으로 규정했다.[47]

연암이 중국 문화와 문명에 주눅 들지 않고, 북학을 넘어서서 중국의 현실을 객관적이고 냉정하게 살필 수 있었던 배경에는 중국을 세계 중심으로 보는 세계관을 부정하는 의식의 전환이 있었다. 중국이라는 존재는 얼굴에 난 사마귀 하나 같은 지구의 한 나라에 불과하고, 그런 관점에서 본다

---

44   「중국 가옥과 벽돌」 참조.
45   「수레를 사용하자」 참조.
46   「말을 기르는 법」 참조.
47   「천하의 대세를 살피다」 참조.

면 중국의 문화나 문명도 절대적인 것이 못 된다고 했다.[48]

그러나 중국의 현실, 천하대세를 전망하고 그 실체를 탐지하는 것은 쉽게 할 수 있는 일이 아니다. 쉽지 않은 이유로 '6불가'를 들면서,[49] 자신은 시정의 득실, 민심의 향배를 알아내기 위해서 현실 문제와는 동떨어진 역대의 역사나 음악을 토론의 주제로 설정해 중국인들을 안심시키고, 그들의 필담 내용이나 필담 태도(필담한 종이를 먹거나 불에 태우는 행동)를 관찰하는 방법을 썼다고 했다. 필담하는 동안 중국인의 안색에서 그 진위가 나타나고, 담소하는 사이에 그 정실情實을 탐지할 수 있다고 했는데, 이것이 연암이 말한 '필담 밖에서 그 메아리와 그림자를 얻는 방법'이었다.

이 방법으로 중국의 현실을 살핀 것이 「중국 천하의 형세」「중국 주변의 민족들」「천하대세를 살피다」「천하의 근심을 남보다 먼저 걱정하다」 등의 글이다. 천하대세의 전망은 결국 동아시아 체제의 변화와 그 조짐을 탐지 예견하는 일이고,[50] 동시에 우리 역사의 변혁적 계기를 발견하는 데 그 의의가 있다고 하겠다. 이는 조선의 미래를 내다본 심모원려일 것이다.

「허생 이야기」와 「범의 호통」

『열하일기』에 실린 「허생 이야기」와 「범의 호통」은 문제의 작품이다. 연암의 손자 박규수가 평안감사가 된 후 그 동생인 판서 박선수朴瑄壽(1821~99)가 조부의 문집을 간행하자고 했을 때, 박규수는 이 두 작품이 유림의 기롱과 비방을 받고 있어서 간행할 수 없다며 거절했다고 한다. 이러한 일화가 있었던 것처럼 두 작품은 최대의 문제작임에 틀림없다.[51]

---

48   「곡정필담」 참조.
49   「중국 천하의 형세」 참조.
50   임형택 「박지원의 주체의식과 세계인식」, 『실사구시의 한국학』, 창작과비평사 2000.
51   김택영의 「박연암선생연보(朴燕巖先生年譜)」 참조.

「허생 이야기」는 근대 이후에 주목을 받으면서 많은 연구 성과가 집적된 작품으로, 최근에는 여기에서 연암의 아나키즘 사상을 읽어내기도 한다.[52] 연암은 20세 때 윤영尹映(현색玄嗇)이라는 특이한 인물에게 제보 받은 허생의 이야기를 무려 24년이 지난 시점에 와서야 작품으로 창작했으니, 그는 긴 기간 동안에 이 이야기에 무엇을 담으려고 구상하고 고심했으며, 또한 하필『열하일기』에 끼워 넣었을까?

작품의 전반부가 '허생의 섬'을 실현하기까지 허생의 경세적 능력을 다룬 것이라면, 후반부는 한양에 돌아와서 벌어진 이야기를 다룬다. 그 핵심은 북벌론 비판이다. 허생이 북벌의 최고 책임자인 이완李浣(1602~74)에게 세 가지 정책, 소위 시사삼난時事三難을 건의하고 이를 실현할 수 없다는 이완의 목에 칼을 들이댄 것은 북벌론의 허구성을 통렬하게 비판한 것이다. 이 비판의 이면에는 진정한 북벌을 하자, 그리하여 청조 체제의 청산과 동아시아 질서의 회복을 통한 조선의 변혁적 계기를 맞이해야 한다는 의식이 깔려 있다.

「범의 호통」은 중국인의 점포에 걸려 있던 액자의 내용을 베낀 것으로, 원래의 작자는 무명의 중국인이다. 그러나 베끼는 과정에서 '정 진사가 베낀 후반부는 오자와 탈자가 많아 부득이 나의 생각을 담아 한 편의 글을 만들었다'고 했으니, 연암은 작품의 개작자가 된다.

연암은 작품의 후지後識에서, 만주족의 압제 밑에서 곡학아세하고 인간의 존엄성을 상실해가는 비열한 양상을 천하의 뜻있는 선비(한족)가 풍자한 비분강개의 작품이라고 하여 작자와 그 주제를 설명했다. 범은 중국 대륙의 통치자인 청나라 황제다. 북곽선생은 한족 출신의 선비로서 청나라 치하에서 인간적 이성과 학자적 양심, 민족적 자존심까지 포기하고 그 문화정책에 빌붙어 적극 협조하는 곡학아세의 인간형인 동시에 밤에는 부

---

52   강명관『허생의 섬, 연암의 아나키즘』, 휴머니스트 2017.

도덕한 일을 일삼는 위선적 인물이다. 성이 다른 아들 다섯을 둔 과부 동리자는 청나라 정부의 유교적 풍속과 교화를 장려하는 정책이 낳은 '분비물'이다.

범이 꾸짖는 내용은 유학에 대한 비판을 넘어서 인류문명사 전체로 확대된다. 인류문화는 공존해야 할 만물의 희생 위에 건설된 것이고, 만물의 영장이라고 하는 인간은 결국 짐승보다도 못하다고 했다. 또 인간이 만든 가장 가공할 무기가 붓이라는 지적은 인류의 문화 역시 '이리살인以理殺人(유교적 이론과 명분을 가지고 사람을 죽임)'과 '문자옥文字獄(문자나 글의 내용을 꼬투리 잡아 사람을 숙청하는 한 방법)' 같은 잔인한 만행 위에서 이루어졌음을 지적한 것이다.

북곽선생과 동리자 같은 인간형은 어느 시대와 어느 곳에도 있을 수 있고, 한편 문자를 무기로 상대방을 해치는 잔인무도한 일 역시 그러하다. 조선이라고 예외가 될 수 없음이 물론이다. 조선의 현실에도 통하고 적용될 수 있는 사례이기 때문에 연암은 베끼고 또 부족한 부분을 자신의 창조적 영감으로 보충했던 것이다. 한족 지식인의 비분강개에 공감하고 자신의 문제의식과 필치를 가해서 작품을 완성했던 까닭이고, 이것이 고루한 조선의 선비들이 이 작품을 근대에 이르는 시기까지 몹쓸 문장으로 비방했던 진정한 이유일 것이다.

사유의 전환과 인식론

연암의 작품에는 맹인에 관한 일화가 자주 등장한다. 특정 주제 사상을 펼치고 관철하기 위한 의도적 설정이다. 「『양환집』에 붙인 서문」「압록강을 건너며」「요술 이야기」가 그런 예인데, 가장 절묘한 작품은 유한준俞漢雋(1732~1811)에게 보낸 편지글에 언급한 서화담과 맹인의 대화다.[53]

길을 가다가 눈을 뜨게 되어 앞을 볼 수 있게 된 맹인이 도리어 길을 잃고 헤매게 되자 서경덕 선생이 "네 눈을 도로 감아라. 곧바로 네 집을 찾아갈 것이다"라고 말한 유명한 내용이다. '눈을 도로 감아라', 이는 무엇을 의미하는가? 눈은 앞을 보는 감각기관이다. 다시 감으라는 말은 감각기관으로서의 눈의 작용을 부정한 것이다. 요술 구경을 하고 지은 「환희기(幻戱記)」의 발문에서도 우리의 눈을 신빙할 수 없다고 말했다. 까마귀의 색을 검다고 여기는 생각 역시 눈의 착시 현상이고 선입견에서 나오는 오류인데, 눈의 작용을 회의한 것이다.[54]

우리의 귀는 정상적으로 작동하는가? 「하룻밤에 강물을 아홉 번 건넌 이야기」에 의하면 "소리란 사람의 듣는 여하에 달려 있을 뿐"이어서 듣는 사람의 마음에 설정된 주관에 따라 귀가 반응한다고 했다. 귀의 기능 역시 신뢰할 수 없다고 부정한 것이다.

그런데 귀와 눈이 바르게 작동하지 못하도록 하는 것은 나의 몸 탓이 아니고 외부에 있다. 색깔과 소리는 밖에 있는 바깥 사물이다. 그리하여 "이 바깥 사물이 항상 사람의 귀와 눈에 탈이 생기게 하여 사람을 이렇게 똑바로 보고 듣게 하지 못하게 만든다. 더구나 한세상 인생살이를 하면서 겪는 그 험하고 위태함은 강물보다 훨씬 심하여, 보고 듣는 것이 문득문득 병폐를 만들고 있음에랴"라는 깨달음에 이른다.[55] 우리의 현실을 거센 강물을 건너는 것보다 더 위험하다고 진단한바, 연암은 자기의 당대 사회를 시비가 전도되고 허위로 가득 찬 현실로 의식했다. 이 위험하고 가치가 전도된 현실을 어떻게 해야 바르게 인식하고 올바르게 대처할 수 있을까?

이는 인식론의 문제와 결부되는 주제다.[56] 철학적 사유에 속하는 것이지만 문학적 이론과 마주 닿아 있고, 연암 산문의 핵심을 풀 수 있는 사유의

---

53   「너의 눈을 도로 감고 가거라」 참조.
54   「『능양시집』에 붙인 서문」 참조.
55   「하룻밤에 강물을 아홉 번 건넌 이야기」 참조.

식이다. 이 사유의식의 변화는 천리天理라는 성리학적 체계, 즉 관념적이고 획일화된 세계관으로 사물을 보지 말고, 사물의 실제에 나아가서 그 변화를 인식하라는 것이 핵심이다.[57] 연암은 이 문제에 대해 일관되고 체계적인 글을 통해 논술하지는 않았지만, 여러 산문 작품에서 참신한 주제와 표현을 통해서 산발적으로 드러내었다. 그 자체로서도 문예적 특성을 가진 절묘한 산문 작품인바, 이제 그 몇 가지를 적출하고, 관련 글의 제목을 제시한다.

첫째, 눈과 귀, 마음에 설정된 선입견을 버려라.

「『능양시집』에 붙이는 서문」「코끼리 이야기」.

둘째, 인식 대상에 대해 객관적 거리와 위치를 유지하라.

「『양환집』에 붙인 서문」「소완정에 붙인 기문」「도道는 강물과 언덕의 중간 경계에 있다」.

셋째, 눈과 귀로 판단하지 말고, 마음으로 비추어 보라(명심冥心).

「하룻밤에 강물을 아홉 번 건넌 이야기」「소완정에 붙인 기문」.

넷째, 유추하고 상상해서 보라.

「『능양시집』에 붙이는 서문」「불이당에 붙인 기문」.

다섯째, 사물을 상대적으로 보고, 각각의 독자적 존재성을 인정한다.

「만물의 크기는 상대적이다」「『능양시집』에 붙이는 서문」「머리 기른 중에 대한 이야기」.

---

56   임형택 「박지원의 인식론과 미의식」, 『실사구시의 한국학』, 창작과비평사 2000.

57   「코끼리 이야기」는 천리(天理)를 부정하고 사물의 실제와 변화를 인식하라는 사유의식이 담긴 글이다.

글쓰기의 혁신과 창조적 문학 추구

연암 당시에 노론을 대표할 문인이 연암이라면, 소론을 대표할 문인은 이광려李匡呂(1720~83)다. 두 사람은 당대 최고의 문장가로 평가받고 있었지만, 서로 일면식이 없는 관계였다. 어느 날 연암이 이광려에게 '평생 글을 읽었으니, 몇 글자나 아느냐?'고 묻자, 이 당돌한 질문에 이광려는 한참 생각 끝에 '겨우 삼십여 글자를 안다'고 답하여 서로 막역한 친구가 되었다고 한다.[58] 조선의 지식인 중에 언어와 문자 문제에 대해 깊이 사유한 인물로 연암만 한 사람도 없을 터인데, 이광려를 자신의 문자관과 서로 일치하는 고수라고 생각했기 때문에 당론을 초월하여 벗이 된 것으로 보인다.

뒷날 이 일화를 들은 홍길주洪吉周(1786~1841)는 자신은 한 글자도 모른다고 말해도 좋다고 하는 한편, 특히 선배 연암을 존경하여 자신이 가장 좋아하는 청나라의 원매袁枚(1716~98)와 맞먹을 인물이라고 연암을 평가했다. 자신이 원매를 혹애하는 이유는, 그의 문장 작법이 순수하지 않은 점은 있으나 재주와 생각이 빼어나 옛사람을 안중에 두지 않은 인물이기 때문이라고 했다.[59] 그런 홍길주가 우리나라의 고문가 12명을 선발하여 『대동문준大東文雋』이라는 책을 편찬하면서 연암은 제외시켰다.[60] 평소 존경하던 태도로 보아서는 연암을 포함시켜야 마땅할 터인데 정작 연암은 빼버렸다. 왜 그랬을까? 연암의 글은 고문으로 설명할 수 없는 독특한 문체라고 생각했기 때문일 것이다.

황경원黃景源(1709~87)은 정조의 스승으로 당대 고문의 일인자였는데, 그는 연암의 문장을 높이 평가하고 뒷날 자신을 이어 문형이 될 사람으로 연암을 꼽았다. 그런데 연암은 자신의 문장과 황경원의 문장을 비교하여

---

58   『과정록』및 홍길주(洪吉周)의 『수여란필(睡餘瀾筆)』참조.

59   홍길주 『수여방필(睡餘放筆)』참조.

60   홍길주 『현수갑고(峴首甲藁)』 「대동문준서(大東文雋序)」 참조.

"황경원의 문장은 면류관을 쓰고 패옥을 찬 채 길가에 엎어져 있는 송장과 같다면, 나의 글은 비록 덕지덕지 꿰맨 누더기를 걸쳤으나 오히려 아침 햇살을 쐬는 산 사람과 같다"고 비유한 바 있다.[61] 화려한 옷을 입은 채 죽은 임금은 생명력이 없는 고문을 비유한 것이고, 누더기를 걸친 산 거지는 생명력이 있는 새로운 문체를 각각 비유한 것이라고 하겠다. 요컨대 연암은 죽은 고문에 갇혀 있기보다는, 살아서 숨을 쉬고 펄떡이는 문장을 추구하겠다는 뜻을 밝혔다. 이는 나름의 새로운 문체를 구사하겠다는 포부를 말한 것이다.

연암의 신문체는 새로운 사유의식에서 나온 것으로, 대단히 주목할 문예상의 변혁이다. 이 신문체는 정조 임금에 의해 '연암체燕巖體'로 규정된 바 있다. 정조는 이덕무의 글을 보고 '이는 연암체다'라고 말한바, 연암의 문체가 하나의 객관적 문체로 인식되었음을 의미한다. 이 '연암체'는 연암의 모든 작품에 나타난 문체이지만, 그것은 특히 『열하일기』를 통해 구현되고 완성되었다고 할 수 있다.

이제 '연암체'를 염두에 두고, 새로운 글쓰기 이론과 관련된 글을 제시한다.

첫째, 옛것을 본받아서〔法古〕, 새것을 창조하라〔創新〕.

「『초정집』에 붙인 서문」「『소단적치』에 붙인 서문」.

둘째, 지금 여기 조선의 글을 써라.

「『영처고』에 붙인 서문」「좌소산인에게 주다」「창애에게 답하다」.

셋째, 진실하고 독창적인 글을 써라.

「『녹천관집』에 붙인 서문」「『영대정잉묵』에 붙인 자서」「진짜를 독창적으로 그려라」「『공작관문고』에 붙인 자서」「취미루에 쓴 기문」.

넷째, 글은 소리·빛깔·정감·정경을 담아야 한다.

「『종북소선』에 붙인 자서」 「경지에게 답하다」.

다섯째, 허미虛美를 추구하지 말고 실속 있는 글을 써라.

「『순패』에 붙인 서문」 「석치에게」 「『영대정집』에 붙인 서문」.

여섯째, 작가의 마음이 드러나도록 글을 써라.

「경지에게 답하다」.

일곱째, 조선의 일상어, 속담, 고사 등도 한자화해서 쓸 수 있다.

「『영처고』에 붙인 서문」 「창애에게 답하다」 「『순패』에 붙인 서문」.

연암은 새로운 글쓰기를 중요하게 여겼지만 그에 못지않게 중요하게 생각했던 것은 작가의 처세다. 곧 작가로서 어떤 삶을 살았는가 하는 점을 중요하게 여겼다. 자신의 주체를 세우지 못하고 정치권력에 빌붙어 소인으로 행세한 작가라면 후대에 아무도 그 작품을 읽어줄 사람이 없을 것이라고 했다. 최고의 문인으로 한 시대를 풍미했던 남곤南袞과 박은朴誾의 예를 통해 작가의 올바른 처세, 특히 정치적 입지를 강조했다.[62]

변혁사상과 경세론

연암은 30세 전후에 백탑 부근의 대사동(인사동)에, 35세 전후에는 전의감동(견지동)에 살았다. 전자의 시기를 소위 '백탑청연白塔淸緣' 시절이라고 한다면, 후자는 '전의감동' 시절이라고 할 수 있다. 전자는 일군의 진보적 성향의 문인 지식인들, 예컨대 박제가, 이덕무, 이서구, 서상수, 유금, 유득공, 이희경 등이 연암의 집에 모여서 그를 중심으로 문학과 예술에 새바람을 불러일으킨 문예운동의 시기다. 후자는 선배인 홍대용, 정철조 등이 여

기에 가세하여 관심의 방향을 학술적인 곳으로 돌려 학문을 탐구 토론하던 시기다. 곧 학술운동으로의 전환이다. 실학사에서 연암학파의 출현이라고 할 수 있을 터인데, 그 학술적 주제는 국리민복에 직결되는 이용후생, 경세제민, 명물도수名物度數(자연과학)의 학문이었다.[63]

종래 연암과 그 일파의 실학적 학풍을 '이용후생학'이라고 지칭해왔던 바, 낙후된 농업·공업·상업을 발전시켜서 인민의 삶을 윤택하고 문명화되게 하고 조국을 부강하게 만들자는 일종의 학술 사상이고 운동이었다. 여기 '이용'이라는 말은 「『홍범우익』에 붙인 서문」에서 말한 '금속의 채광과 제련의 기술, 산림 재배와 나무의 사용 기술, 토지의 효율적 이용' 등과 같이 우리 자원의 효율적 이용 방법을 의미하기도 하고, 쓰임을 예리하게 한다는 뜻에서 쓰임 곧 생산도구를 예각화, 과학화한다는 의미이기도 하다.[64] 이 이용은 농업·공업·상업의 제도와 도구의 발전으로 가능한 것이다. 연암의 학술적 탐구는 이론으로 그치지 않고 벼슬 생활에서 구체적으로 실현되었다.

연암은 50세가 되어 음사蔭仕로 벼슬에 나가게 된다. 당시 정권의 실세들은 벼슬에 나온 연암을 자기들의 조직으로 끌어들이려 했으나 연암은 이를 거부하고 벼슬아치로서 자신의 주체를 세워나갔다. 또한 중앙관서에서 윗선의 결정을 무조건 추종하는 것이 아니라 자신의 신념과 이론을 개진하고 설득하여 이를 따르도록 하는 주체적 자세를 견지했다.

예컨대 한성부 판관 시절에 제출한 의견은 연암의 경제사상을 엿볼 수 있는 자료다. 이른바 「통상의通商議」라는 글이다.[65] 당시 흉년이 들어 곡식이 귀해지자 전국의 양곡상이 서울로 몰려들어 폭리를 취하고 부자들은

---

63   『과정록』권1 항목 25 참조.

64   「『홍범우익(洪範羽翼)』에 붙인 서문」 참조.

65   당시 올린 연암의 의견은 글로 남지 않았다. 다만 아들 박종채가 그 의견을 정리한 것이 『과정록』에 수록되어 있는바, 임형택 선생이 '통상의'라는 제목으로 명명하고 그 의의를 논술한 바 있다. 「연암의 경제사상과 이용후생론」, 『연암 박지원 연구』, 사람의무늬 2012.

양곡을 축적해서 곡가가 앙등하는 현상이 발생했다. 이를 해결하기 위해서 관에서는 알적遏糴(쌀값이 오를 것을 예상하고 상인이 폭리를 얻기 위해 곡식을 매점하는 것을 막는 정책)을 시행하려고 했는데, 연암은 이를 반대하며 "상행위는 상인의 고유 권한이고, 또 시장은 자율적 조절 기능을 가지고 있으므로 관권을 발동하여 인위적으로 상인을 통제하고 물화를 단속 조정하려고 해서는 안 된다"는 의견을 올렸다. 연암의 반대 의견은 정책에 반영되었고, 그리하여 지속된 흉년에도 큰 문제가 없었다고 한다.

관료로서 득의의 시절을 보낸 시기는 안의현감과 면천군수 시절이었다. 그야말로 목민관으로서 백성을 위해 행정을 하고, 관아에 운치 있는 건물을 짓는 등 치적을 쌓았다. 선정의 여가에 지방에 있는 중요한 문헌을 발굴하여 세상에 알리기도 하고,[66] 관아의 빈터에 '백척오동각' '공작관' '하풍죽로당' '연상각' '건곤일초정'이라는 정각들을 지을 때 벽돌을 구워서 사용하고 그에 딸린 주옥같은 글을 짓기도 했다. 한편 정조의 농업부흥 정책에 부응하여 농업이론서인 『과농소초』를 올리는 등 목민관으로서, 개혁사상가로서 소임과 역할을 다했다.

목민관으로서, 개혁가로서의 그의 사상은 '유민익국'이 그 핵심이었다. 백성을 부유하게 하고 나라를 부강하게 하여 새로운 문명국가를 건설하자는 변혁사상은 보다 근본적인 문제를 개혁함으로써 가능할 터인데, 토지 소유나 금융 문제 등과 같은 토대의 개혁이다.

연암이 살던 시대는 농경사회였다. 농경사회에서 가장 절실하고 중요한 문제는 토지의 분배다. 곧 농사를 직접 짓는 농민이 자신의 토지를 소유하고 있는가 하는 문제다. 16세기 이후부터 조선은 토지가 일부 계층에 집중 독점되고 토지를 소유하지 못한 빈농이 늘어나는 심각한 문제를 가지고 있었다. 그리하여 다수 학자들이 토지 분배에 대한 학설과 의견을 제시했

---

66   우여무(禹汝懋)의 『홍범우익(洪範羽翼)』을 발견하고, 그 서문을 썼다.

는바, 특히 정전법에 대한 논의가 활발하게 이루어졌다. 정전법은 중국 고대의 토지제도로, 평등사상과 토지공개념의 기반 위에서 왕토를 균등하게 배분하여 땅을 더 가지거나 빼앗을 수 없게 만들고, 사전私田은 농민이 소유 경작하여 그 소출을 차지하게 하고 공전公田은 공동으로 경작해 그 소출을 세금으로 국가에 납부하게 하는 제도다. 원시 공산사회의 모습을 띤 혁명적인 제도라고 할 수 있다.

연암 역시 이 정전제를 가장 이상적인 제도로 여기고 『열하일기』 곳곳에 주공의 정전제를 언급하기도 했으며, 한편 평양의 기자箕子가 만든 정전의 유제遺制를 직접 둘러보고 정전제에 관한 한 편의 글을 작성하기까지 했다.[67] 기자의 토지제도와 주나라 정전제의 차이를 분명하게 설명한 이 글은 연암이 토지 문제에 대해서 얼마나 해박하고 정통했는가를 여실히 보여준다. 여기서 연암이 평소 골똘하게 생각하고 연구한 이상적이고도 궁극적인 토지제도는 국가 소유의 토지를 흡수하여 전체 농민에게 무상으로 균등하게 배분하는 정전제에 있음이 분명하게 드러난다. 연암은 이 글을 바탕으로 정조 임금에게 평양에 있는 정전제의 옛터를 보수할 뿐 아니라, 한양의 동서 양쪽 교외에 시범영농단지를 조성하여 기자의 토지제와 주나라 정전제를 각각 실험하고, 거기에 전국의 영농후계자를 연수시켜서 전국적으로 파견하는 등의 농업부흥 정책을 건의했다.[68]

실제로 연암은 한양의 동대문에서 왕십리까지의 사방 10리 되는 땅과 남대문에서 서강까지의 사방 10리 되는 땅에 이를 시행하라고 건의하기도 했다.[69] 그러나 이 건의가 실현되지 못했음이 물론이다. 당시 조선 사회에서 정전제는 실현 불가능한 이상적인 제도로 단지 학자들의 구두선으로만 존재할 뿐이었다. 기득권의 반발과 마찰이 없을 수 없으며, 당국자들의 역

---

67   『과농소초』「전제(田制)」「기자전기(箕子田記)」참조.

68   『과농소초』「전제」「안설(按說)」참조.

69   『과농소초』「전제」의 후반부 참조.

량이 거기에 미치지 못했기 때문이다. 이러한 현실 앞에서 연암이 생각한 차선책의 토지제도는 소위 한전론限田論이다.

「인민 소유의 전답을 제한하자」는 이를 담은 논문이다. 충청도 면천군沔川郡이라는 한 지방의 농촌경제 실태, 특히 농지 소유의 실태를 통해 조선 전역의 농촌과 경제 문제를 해결하는 방안을 강구한 글이다. 농민이 토지를 갖지 못한 현실을 비유하여 "그림을 그리는 화공이 아무리 물감을 갖추고 그리는 재주가 비록 뛰어났다 하더라도 종이나 비단과 같은 바탕을 가지고 이를 근본으로 하지 않는다면 붓과 먹을 댈 곳이 없는 것과 같다"고 하여, 농업정책에서 가장 시급한 문제는 농민에게 토지를 갖게 하는 것이라고 했다. 이를 해결하기 위해서는 소위 한전제限田制를 시행하자는 것이 그 요지다. 정전제와 같은 급진적인 토지제도를 강구할 수 없고 균전제를 시행할 수 없는 현실에서, 지주층의 반발을 최소화할 수 있도록 그들과의 적당한 타협안으로 제시한 것인데, 비교적 온건한 토지개혁론이라고 할 수 있다.

「천폐의」는 화폐와 물자를 잘 관리하는 방법은 "화폐의 가치를 헤아려 물가의 귀천을 통제하는 것"이라고 하여 화폐의 일대 정비를 주장한 글이다. 당시 조악한 엽전인 '상평통보'가 남발되면서 화폐 가치가 떨어지고 물가가 앙등했는데, 이를 해결하는 방안으로 구엽전과 신엽전의 가치를 조정하여 함께 통용하게 하고, 중국의 동전을 수입하여 화폐 부족 현상〔錢荒〕을 해결하려는 당국자의 안을 폐지할 것을 주장했다. 은銀의 중국 유출을 막기 위해서는 중국과의 무역에서 결제 수단으로 은을 사용하는 것을 금지시키고, 연행에 참여하는 숫자를 대폭 축소시켜야 한다고 했다. 『열하일기』에서도 난방용 모직 모자의 대금으로 은을 지급하는 것을 보고서 '천하의 가장 졸렬한 계책'이라고 한바, 은화를 중시한 그의 주장은 상인층의 이해를 대변한 것이었을 뿐만 아니라 국제적 안목에서 나온 탁견이었다고 할 수 있다.

나오는 말

시를 짓는 것도 어렵지만, 타인의 시를 선발하는 것은 더 어렵다는 전통적인 말이 있다. 이는 산문에도 적용될 수 있는데, 연암의 수많은 산문에서 문제적 작품을 선발하는 것은 대단히 어려운 일이었다. 이 책의 제한된 면수 관계로 연암의 더 많은 글을 싣지 못하고, 편자의 안목에 따라 선발하게 되는 것은 유감스러운 일이다. 또 산문 위주로 선발하고 한시를 싣지 못한 것 역시 안타깝다.[70]

연암의 창조적이고 혁신적인 사유는 문학과 사회의 사상에 국한되지 않았다. 그는 인간의 정감에 작용하는 미술과 음악, 골동에도 시각을 돌렸다. 그림과 음악을 완상할 뿐 아니라 그 자신 직접 그림을 그리기도 하고 악기를 연주하는 한편, 서화골동을 수집 완상하기도 하였다. 이런 예술적 활동과 관련하여 미학적 견해를 담은 글을 남겼는바, 18세기 예술사에서 중요하게 다뤄야 할 글이다. 역시 여기서 다루지 못한 아쉬움이 크다.

연암의 글을 조금이나마 공부한 사람이라면 느끼는 공통적 생각은 연암의 작품 어느 것 하나라도 가볍게 취급해서는 안 된다는 점이다. 특히 산문은 더욱 그렇다. 전통적 고문과는 사뭇 다른 문예적 글쓰기에, 사회와 현실에 대한 깊은 고뇌와 성찰, 깨달음이 있는 선비로서의 책임감 등이 그 안에 농축되어 있어서 독자로 하여금 잠시도 긴장의 끈을 놓지 않게 한다. 때문에 산문 형식의 미학적 구조와 의미, 내용의 다층적 주제와 사상을 포착해서 오늘에 값하는 가치를 찾아낸다는 것은 쉽지 않은 일이다. 한문 원전을 우리말로 정확하게 번역해 연암의 고심처를 제시하고, 전환기에 처한 오

---

70 연암 산문을 뽑아 번역한 책은 김명호 『지금 조선의 시를 쓰라』, 김혈조 『그렇다면 도로 눈을 감고 가시오』, 박수밀 『연암 산문의 멋』, 박희병 『연암을 읽는다』, 정민 『비슷한 것은 가짜다』, 홍기문 『박지원 작품선집』 등이 있다.

늘의 현실에 의의를 가지게 한다는 것은 만만치 않은 작업이다.

무릇 고전이란 시대를 넘는 이월적 가치를 지니고 있으므로, 그 가치를 찾아내는 것은 오늘의 문제가 무엇인가를 파악하고 이와 대결하고 해결하려는 역사 주체의 자세에 달려 있다고 할 것이다. 연암이 자신의 주체를 자각하고 역사의 주체로 서서 백성의 삶을 보다 윤택하게 하고 문명국가를 기획하고 건설하려 했던 프로젝터로서 우뚝 섰던 것처럼, 이 시대 문명적 대전환에 값할 가치와 사상, 이를 연암의 저작에서 찾아내고 승화시키는 것이야말로 이 시대에 연암을 다시 살리는 길이고, 이 거칠고 척박한 시대를 부드럽고 기름지게 만드는 일이 될 것이다. 그 책임은 연암의 글을 읽는 이 시대의 고독한 사람에게 주어진 몫일 터이다.

핵심저작

박지원

박지원 초상. 손자 박주수(朴珠壽)의 그림. 실학박물관 소장.

1장
연암 박지원, 그의 사의식과 인간의 발견

양반전兩班傳

양반이란 문벌 좋은 선비 집안을 높여서 부르는 말이다. 정선旌善 고을에 한 양반이 살고 있었다. 이 양반은 어질고 독서를 좋아하였으므로, 군수가 매번 새로 부임하면 반드시 그의 집을 몸소 찾아가서 인사를 드렸다. 그러나 이 양반은 집이 가난하여 빌려 먹은 관청의 환곡이 해마다 쌓여서 그 빚이 천 섬[石][1]에 이르렀다.

강원도 관찰사가 고을을 순행하면서 환곡 장부를 조사해보고 격노하여,

"어떤 놈의 양반이 이렇게 군량미 공급에 차질을 빚게 한 죄를 저질렀단 말인가?"[2]

하고는 그 양반을 잡아 가두라고 명했다. 군수는 그 양반이 가난하여 빚을 갚을 길이 없음을 내심 안타깝게 여겨 차마 옥에 가두지는 못하였으나,

---

1   1섬은 10말[斗].
2   원문의 '꿥군흥(乏軍興)'은 군수품 조달에 차질을 빚게 한 죄에 적용하는 군율(軍律). '흥(興)'은 관청에서 물자를 징발하는 것.

그 역시 어찌할 수도 없는 노릇이었다. 양반은 해결할 뾰족한 방도가 없어 밤낮으로 울기만 하고 있으니, 그의 아내가 욕설을 퍼부으며 말했다.

"당신은 평생 글 읽기만 좋아하더니, 고을의 환곡을 갚는 데에는 아무런 보탬이 되지 않는구려. 쯧쯧, 양반, 그놈의 양반! 한 푼어치도 못 되는 양반."

그 마을의 어떤 부자가 가족들과 상의하였다.

"양반은 비록 가난해도 늘 존귀하고 영광스러운 대접을 받으며, 우리는 아무리 잘살아도 항상 허접한 대우를 받아왔다. 감히 말도 타지 못하며, 양반을 만나면 굽신굽신하고 안절부절못한다. 엉금엉금 기어서 뜰아래 엎드려 절을 해야 하고, 코를 땅에 처박고 무릎으로 기어야 하니, 우리는 노상 이런 수모를 받고 사는 신세이다. 지금 저 양반이 환곡을 갚을 길이 없어 바야흐로 크게 곤란을 당하고 있으니, 양반의 신분을 도저히 보전하지 못할 형편이다. 내가 장차 그 양반의 신분을 사서 가져야 하겠다."

드디어 양반의 집을 찾아가 그 환곡을 대신 갚아주고 양반을 사겠다고 청했다. 양반이 크게 반색하며 그렇게 하자고 승낙했다. 그리하여 부자는 즉시 곡식을 실어 가서 관에 바쳤다. 군수는 양반이 환곡 갚은 것을 놀랍게 여겨, 그를 위로할 겸 또 환곡을 갚은 정황도 물어보려고 몸소 찾아갔다. 그런데 그 양반이 벙거지를 쓰고 짧은 잠방이를 입고 길에 엎드려 '쇤네'라고 아뢰며 감히 쳐다보지도 못하는 것이 아닌가. 군수가 깜짝 놀라 내려가서 양반을 부축하며 말했다.

"그대는 왜 이렇게 자신을 낮추어 욕되게 하시오?"

양반은 더욱더 황송해하며 머리를 조아리고 땅에 엎드려 아뢴다.

"황송하옵니다. 쇤네가 제 몸을 스스로 욕되게 하려는 것이 아니옵니다. 이미 쇤네의 양반 신분을 스스로 팔아서 환곡을 갚았습지요. 마을의 부자가 이제는 양반이옵니다. 소인이 이제 다시 어떻게 예전의 칭호를 함부로 쓰면서 양반인 척하겠습니까?"

군수가 탄복하며 말했다.

"군자로구나! 부자여. 양반이로다! 부자여. 부자이면서도 인색하지 않음은 의로운 행동이요, 남의 어려운 일을 돌봐줌은 어진 행동이요, 비천한 것을 싫어하고 존귀한 것을 사모하는 것은 지혜로운 행동이니, 이 사람이야말로 진짜 양반이로다. 비록 그렇다 하더라도 사적으로 자기들끼리 사고팔고 아무런 증서도 만들어두지 않는다면 장차 소송의 빌미가 될 수 있다. 내가 너와 약조하여 고을 백성들을 증인으로 세우고, 증서를 작성하여 미덥게 하도록 하자. 본관이 마땅히 거기에 서명할 것이다."

그리고 군수는 관청으로 돌아와, 고을의 사족들 및 농부, 장인바치, 장사치 들을 모조리 불러다 뜰 앞에 모이게 하였다. 부자를 향소鄕所[3]의 바른편에 앉히고, 양반은 공형公兄[4]의 아래에 서게 하고, 다음과 같이 매매문서를 작성했다.

건륭乾隆 10년(1745) 9월 어느 날. 아래의 증서는 양반 신분을 돈으로 팔아서 관청의 곡식을 갚기 위한 것으로, 양반의 값은 천 섬이다.

대체 그 양반이란, 여러 가지 이름으로 일컬어진다. 글 읽은 사람을 선비라 하고, 정치하러 나가면 대부가 되고, 덕을 가지면 군자가 된다. 무관은 서쪽 반열에 도열하고 문관은 동쪽 반열에 늘어서는데, 이것이 양반이다. 네가 문반으로 나갈지 무반으로 나갈지는 네 임의대로 따르라.

비루한 일을 일체 끊고, 훌륭한 옛사람을 흠모하고 뜻을 고상하게 가진다. 항상 오경[5]에 잠자리에서 일어나 유황에 불을 붙여 기름등잔을 켜고, 시선은 코끝을 향하고 발꿈치로 궁둥이를 괴고 앉아 얼음 위에 박통이 미끄럽게 굴러가듯 『동래박의東萊博議』[6]를 달달 암송한다. 주림을 참고 추위

---

3 수령을 보좌하던 자문기관인 향청에 딸린 좌수(座首), 별감(別監) 등의 인물.

4 각 고을의 호장, 이방, 수형리의 세 관속.

5 새벽 3시에서 5시 사이의 시간.

를 견디며, 입으로 가난 타령을 하지 않는다. 아래위의 이빨을 서로 딱딱 부딪치고(叩齒), 머리 뒤를 손가락으로 퉁기는(彈腦) 양생법을 하고, 침을 입안에 머금고 가볍게 양치질하듯 한 뒤 삼킨다. 털로 만든 방한모를 옷소매로 닦아 먼지를 털며 털에 물결무늬가 생기게 한다. 세면을 할 땐 주먹을 쥐고 때를 밀 듯 비비지 말고, 입안을 헹군 물은 그릇에 뱉지 않는다. 계집종을 부를 때는 목소리를 길게 뽑으며, 걸음은 느릿느릿 신발을 땅에 끌 듯이 걸어야 한다.『고문진보古文眞寶』[7]와『당시품휘唐詩品彙』[8]를 깨알같이 베껴 쓰되, 한 줄에 백 글자씩 쓴다.

  손에 돈을 잡지 말고 쌀값도 묻지 말며, 더운 날씨에도 버선을 벗지 않는다. 상투 차림으로 밥을 먹지 말고, 밥보다 국을 먼저 떠먹지 말라. 후루룩 소리를 내며 마시지 말고, 젓가락을 내릴 때는 방아를 찧지 말라. 생파를 먹지 말고, 막걸리를 마시고 나서 수염을 빨지 말며, 담배를 피울 때는 볼이 움푹 파이도록 빨지 말라. 분통이 터져도 아내를 때리지 말고, 성이 나도 그릇을 발로 차지 말며, 아이들을 구타하지 말라. '뒈져라' 하고 노복을 나무라지 말고, 말과 소를 꾸짖을 때 그것을 판 원래의 주인까지 싸잡아 욕하지 말라. 병이 들어도 무당을 불러 굿을 하지 말고, 제사에 중을 불러 죽은 이의 명복을 비는 재齋를 드리지 말라. 얼어 죽어도 화로에 곁불을 쬐지 말고, 말할 때 입에서 침을 튀기지 말라. 소를 잡지 말고, 노름하지 말라.

  무릇 이 모든 행실 가운데 양반의 처신에 어긋남이 있다면 이 문서를 관청에 가져와서 시비를 따져 바로잡을 것이다.

  성주城主 정선군수旌善郡守 수결手決, 좌수座首와 별감別監 서명.

---

6   남송(南宋)의 학자 동래(東萊) 여조겸(呂祖謙, 1137~81)이『춘추좌씨전』의 기사(記事)를 논평한 역사평론서. 문장 공부와 과거시험을 위한 필수 교재로 사용됨.

7   송나라 황견(黃堅)이 선집했다고 하는 책으로, 전국시대부터 송나라까지의 이름난 시와 산문을 가려 뽑은 책.

8   명나라 고병(高棅)이 편찬한 당시(唐詩) 선집.

이에 통인通引[9]이 문서의 여기저기에 도장을 찍는데, 그 소리가 마치 임금 거둥 때 치는 의전용 북소리처럼 크고, 그 모양은 북두칠성과 삼성參星[10]이 종횡으로 늘어선 것 같았다. 호장戶長이 문서를 다 읽자, 부자가 어처구니없어 한참 멍하니 있다가 말했다.

"양반이라는 게 고작 이것뿐입니까? 제가 듣기로는 양반은 신선 같다던데, 정말 이와 같다면 천 섬의 곡식을 아주 강탈당한 꼴이니, 바라옵건대 이익이 되도록 고쳐주옵소서."

그리하여 다시 문서를 작성했다.

하늘이 백성을 낳을 때 백성을 사·농·공·상의 넷으로 구분했다. 네 부류의 백성 가운데 가장 귀한 사람은 사(선비)인데, 선비가 양반으로 불리게 되면 그 이익이 막대하다. 농사도 안 짓고 장사도 안 하며, 대강 글줄이나 섭렵하면 크게는 문과文科에 급제하고, 작게 되면 진사가 된다. 문과 급제 때 받는 합격증 홍패紅牌는 두 자 길이에 불과하지만, 온갖 물건이 갖추어지니 이게 바로 돈 보따리이다.

나이 서른에 진사가 되어 첫 벼슬에 나가더라도, 세운 공명으로 그 자손들이 벼슬을 할 것이다. 일이 잘되면 품계가 높은 음직의 벼슬아치가 되어서, 나다닐 땐 일산 그늘의 바람 때문에 귓바퀴가 희어지고, 가만히 앉아서 설렁줄로 하인을 부르는 탓에 뱃살이 볼록 튀어나온다. 방 안에는 어여쁜 기생이 귀걸이로 단장을 하고, 뜨락에는 곡식으로 학을 키운다.

가난한 선비가 시골에 살더라도 나름 무력으로 횡포를 부릴 수 있어서, 이웃의 소를 끌어다 자기 논을 먼저 갈고, 마을의 일꾼으로 자기 논의 김을 매게 하여도 누가 감히 나를 업신여기랴! 너의 코에 양잿물을 부어 숨이

---

9   지방 관아에 소속되어 수령의 잔심부름을 하는 사람.
10   오리온자리에 속한 서남방의 세 개의 별.

막히게 하고, 상투를 잡아 현기증 나도록 회술레를 시키고 귀밑털을 뽑더라도 감히 원망하지 못할 것이다.

문서를 작성하는 중간쯤에 부자는 혀를 내두르며,
"그만두시오, 그만둬. 참으로 맹랑하구려. 장차 나를 도적놈으로 만들겠다고 작정을 하였소이까?"
하고, 도리질을 치고는 가버렸다.
그 후부터 부자는 종신토록 양반의 일을 다시는 입에 담지 않았다.

『방경각외전』에 붙이는 글放璚閣外傳 自序

선비〔士〕란 바로 하늘이 임명한 존재로	士廼天爵
선비의 마음〔心〕이 뜻〔志〕이 되나니	士心爲志
그 뜻이란 모름지기 어떠해야 하는가?	其志如何
권세와 잇속을 도모하지 않아야 한다.	弗謀勢利
출세하여도 선비의 본분을 버리지 않고	達不離士
곤궁해도 선비의 도리를 잃지 않아야 한다.	窮不失士
명예와 절의는 갖추지 않으면서	不飭名節
한갓 문벌과 신분을 상품으로 삼아	徒貨門地
조상의 덕이나 팔고 있다면	酤鬻世德
장사꾼과 다를 게 무엇이랴.	商賈何異

선비란 무엇인가[11]

대저 선비란 아래로는 농부·기술자와 같은 부류에 속하나, 위로는 천자·제후와 벗이 된다. 지위로 따지면 농부·기술자와 다를 것이 없지만, 덕으로 따지면 천자·제후가 평소 섬기는 존재이다. 선비 한 사람이 글을 읽으면 그 은택이 천하에 미치고 그 공적은 후세까지 남게 된다. 『주역』에 말하기를 "학덕과 경륜을 이룬 선비가 세상에 나오면 천하가 문명하게 된다〔見龍在田 天下文明〕"고 했으니, 이는 글을 읽는 선비를 두고 말하는 것이다.

염재라는 방에 대한 기록念齋記

송욱宋旭이 술에 취해서 자다가 아침나절이 되어서야 술이 깨었다. 누워서 들으니 솔개가 울고 까치가 지저귀며, 수레 소리와 말발굽 소리가 시끄럽고, 울타리 밑의 방아 찧는 소리와 부엌의 그릇 씻는 소리, 늙은이의 부르는 소리와 어린아이의 웃음소리, 남녀하인들의 꾸짖고 기침하는 소리 등, 무릇 문밖에서 일어나는 일을 분별하지 못할 것이 없건만 유독 자신의 소리는 없었다.

이에 몽롱한 정신으로 중얼거렸다.

"집안사람들이 모두 다 있건만 어찌하여 나는 없는가?"

눈을 두리번거리며 살펴보았다. 저고리는 나무 횃대에 바지는 대나무 횃대에 걸려 있고, 갓은 벽에 걸려 있고 허리띠는 횃대 끝에 걸려 있으며, 책갑은 책상에 있고, 거문고는 뉘어져 있으며 가야금은 세워져 있고, 거미줄은 대들보에 얽혀 있고 쉬파리는 들창에 붙어 있다. 무릇 방 안에 있던 모든 것들이 본래대로 있지 않은 것이 없건만 유독 자기 자신만은 보이지 않았다.

화들짝 일어나 자기가 잠자던 곳을 서서 살펴보니, 베개를 남쪽으로 하여 자리를 폈고 이불은 삐죽 그 속이 드러나 보인다. 그제야 송욱이 발광을 하여 벌거벗은 몸으로 집을 나갔다고 생각하고는 몹시 슬퍼하고 불쌍한

---

11   원제 '원사(原士)'에 나오는 한 단락이다.

생각이 나서 꾸짖기도 하고 또 비웃기도 하였다. 이윽고 그의 의관을 챙겨서 그를 찾아 입혀주려고 이 길 저 길을 두루두루 찾아다녔으나, 송욱은 보이지 않았다.

드디어 한양 도성 동쪽의 점치는 판수에게 점을 치게 하였다. 판수가 점을 치는데

"서산대사西山大師께서 갓끈을 끊고 구슬을 흩어서 저 올빼미를 불러다 길흉을 알아내라신다."

하고 엽전을 던지니, 둥근 것이 잘 굴러가다가 문지방에 부딪혀 멈추었다. 판수가 엽전을 주머니에 넣고 축하하며 말했다.

"주인이 놀러 나갔고 나그네는 여행길에 입을 옷이 없구나. 아홉을 잃고 하나가 남았으니 7일이 되어서야 돌아오리라. 이 점괘의 말이 크게 길하니 응당 과거시험에 장원급제하리라."

송욱이 크게 기뻐하여 매번 과시를 열어서 선비를 뽑을 때마다 반드시 유건儒巾을 쓰고 과장에 나아가, 문득 자기 손으로 자기 답지에 비점批點을 치고 큰 글씨로 높은 등수를 써놓았다. 그래서 한양 속담에 반드시 성사되지 못할 일을 두고 '송욱 과거 보기'라고 말한다.

군자가 이 이야기를 듣고 말했다.

"미쳤다고 말한다면 미쳤다고 할 수 있으나, 참으로 선비로구나. 이 사람은 과장에 가긴 갔으나 과거시험에 뜻을 두지는 않은 사람이로다."

계우季雨[12]는 성격이 소탈하고 화통하여 술 마시고 호기롭게 노래하며, 스스로 주성酒聖[13]이라고 불렀다. 그래서 겉으로 틀거지를 빼면서도 속마음은 무골충인 세상 사람을 보면 마치 더러운 물건이나 본 듯 구역질을 하였다.

---

12   신광직(申光直, 1738~94)의 자.
13   호쾌하게 술을 마시는 사람.

내가 그를 놀리며 말했다.

"술에 취해서 자신을 성인이라 일컫는 것은 사리 분별을 하지 못하는 미침〔狂〕을 숨기려고 함이니, 그대가 만약 술에 취하지 않았는데도 반성하지〔忿〕 않는다면 큰 미치광이에 가깝지 않겠는가?"

계우가 수심에 잠겨 안색이 변해 한동안 있다가

"그대의 말이 옳소."

하였다.

드디어 자기가 거처하는 방의 이름을 '염재念齋'라 짓고, 나에게 기문을 지어달라고 부탁하였다. 그래서 송욱의 이야기를 써서 그를 권면하려 한다. 대저 송욱은 미치광이기는 하지만, 그 또한 미친 척하면서 스스로 노력하는 사람이다.

백영숙을 기린협으로 보내며贈白永叔入麒麟峽序

영숙永叔은[14] 장수 집안의 자손이다. 그의 조상 중에는 충성으로 나라를 위해 죽은 사람이 있어서 지금도 사대부들이 그 일을 슬퍼한다.[15] 영숙은 전서篆書와 예서隸書를 잘 쓰고, 우리나라의 제도와 관례를 잘 알았다. 젊어서는 말도 잘 타고 활도 잘 쏘아 무과에 급제하였다. 비록 벼슬과 녹봉은 시대와 명운에 구애되었으나,[16] 충군 애국하려는 그의 뜻은 조상의 큰 공적을 계승할 만하여 그가 사대부 되기에 부끄럽지 않았다.

아하! 그런 영숙이 어째서 온 집안 식솔들을 이끌고 강원도 두메산골로

---

14 백동수(白東修, 1743~1816)의 자(字). 호는 인재(靭齋), 야뇌(野餒)이며, 서얼 출신으로 이덕무의 처남. 무인으로 이름을 날린 인물로, 조상 백경신(白景臣)이 고려시대 상장군을 지냈다고 한다.

15 증조부 백시구(白時耈)가 신임사화 때 죽임을 당함.

16 40대 후반이 되어서야 벼슬을 하고, 뒷날 비인현감(庇仁縣監)과 박천군수(博川郡守)를 지냈다.

들어가려고 하는가?

영숙은 일찍이 나를 위해 황해도 금천金川 연암燕巖이라는 산골짜기에 집터를 잡아준 일이 있었다. 연암 골짜기는 산이 깊고 길은 막혀 종일토록 가도 사람 하나를 만날 수 없는 곳이었다. 둘이서 갈대밭에 말을 세우고, 채찍으로 높은 언덕에 구획을 나누며 말했다.

"저기에 울타리를 치고 뽕나무를 심으면 좋겠습니다. 갈대를 불사르고 밭을 일구면 한 해에 좁쌀 천 석은 거둘 수 있겠습니다."

시험 삼아 부싯돌을 쳐서 불을 놓으니 바람을 따라 불길이 솟았다. 꿩이 푸드덕 놀라서 날아가고 노루 새끼가 앞으로 튀어 달아났다. 팔을 걷어붙이고 쫓아가다가 시냇물에 막혀서 돌아와 마주 보고 웃으며 말했다.

"백 년도 못 살 인생에 어떻게 답답하게 일생을 나무와 돌 속에 파묻혀, 조밥이나 먹고 꿩과 토끼를 사냥하는 사람으로 살아갈 수 있겠습니까?"

그랬던 영숙이 이제 강원도 기린협麒麟峽[17]으로 들어가 살고자 한다. 송아지를 업고 들어가 그걸 키워서 밭을 간다 하고, 음식에 소금과 메주도 없어서 돌배나 산아가위로 간장을 담가 먹으려 한다. 그 험준하고 궁벽한 품이 어찌 연암협과 비교하여 같다고 할 수 있겠는가?

나를 돌아보면 나 자신은 갈림길에서 이럴까 저럴까 망설이며 아직까지 거취를 결정하지 못하고 있는 형편인데, 하물며 영숙의 길을 감히 만류할 수 있겠는가? 나는 그의 의지를 장하게 생각할지언정, 그의 곤궁함은 가엾게 여기지 않는다.

소완정이 여름밤 벗을 방문한 이야기에 답하다酬素玩亭夏夜訪友記

6월 어느 날이었다. 낙서洛瑞 이서구李書九[18]가 밤에 나를 방문하고 집으

---

17   강원도 인제군 기린면 소재 골짜기. 백동수는 1773년 기린협에 들어가 무술을 연마함.

18   이서구(1754~1825)의 자는 낙서, 호는 강산(薑山), 척재(惕齋), 소완정(素玩亭), 녹천관(綠

로 돌아가 「여름밤 벗을 방문하다[夏夜訪友記]」라는 글을 지었는데, 거기에 이런 내용이 있었다.

"내가 연암 어른을 찾아뵈었더니, 어른은 사흘이나 끼니를 거른 채 망건을 벗은 맨상투와 버선도 신지 않은 맨발 차림으로, 방의 창문턱에 다리를 올려놓고 행랑의 아랫것들과 이야기하고 계셨다."

여기 연암燕巖(제비가 집을 지은 바위)이란 말은 곧 황해도 금천金川의 협곡에 내가 거처하는 곳의 바위 이름으로, 사람들이 이 때문에 연암을 나의 별호로 삼았다.

당시 나의 식솔들은 처가의 광릉廣陵[19]에 있었다. 나는 본시 몸집이 비대해서 더위가 몹시 괴로운 데다가, 풀과 나무가 우거져 찌는 듯이 덥고 답답하며, 여름밤엔 모기와 파리가 설쳐대고 논에는 개구리 울음소리가 밤낮으로 그치지 않는 것이 아주 고통스러웠다. 이 때문에 매양 여름이 되면 늘 서울의 집[20]에서 더위를 피하였다. 서울 집은 비록 지대가 낮고 매우 비좁기는 하나 모기, 개구리, 풀, 나무로 인한 고통은 없었다. 다만 계집종 하나가 집을 지키고 있었는데 갑자기 눈병을 앓다가 미친 듯 소리를 지르더니 주인을 버리고 달아나는 바람에 밥을 지어줄 사람이 없었다. 그리하여 행랑 사람에게 밥을 부쳐 먹게 되니 자연 친근해졌으며, 그들도 나를 꺼려하지 않아 마치 하인처럼 부리게 되었다.

혼자 조용히 거처하니 마음에 아무런 생각이 나지 않고, 이따금 시골(광릉)에서 보내온 편지를 받더라도 그저 평안하다는 두 글자만 대충 훑어볼 따름이었다. 갈수록 야무지지 못하고 게으른 것이 그만 버릇이 되어서 남의 경조사조차 아주 발길을 끊어버렸다. 혹 여러 날 동안 얼굴을 씻지 않기도 하고, 혹 열흘 동안 망건도 싸매지 않았다. 손님이 찾아와도 더러 말없

天館)이다.

19 광릉은 경기도 광주군을 말하며, 처가가 있던 광주군 돌마면은 지금의 성남시 분당구 일대.

20 전의감동(典醫監洞)의 셋집을 말하며, 지금의 서울 종로구 견지동과 공평동에 있었음.

이 차분하게 앉아 있기만 하고, 어떤 때는 땔나무장사나 참외장사가 지나가면 불러들여서 효제충신과 예의염치를 말하기도 하였는데 간곡하게 하는 말이 여러 수백 마디였다.

사람들이 간혹 나무라기를, 내가 세상 물정에 한없이 어둡고 가당찮으며 말이 지루하여 짜증나게 만든다고 해도 나는 그칠 줄 몰랐다. 또 어떤 사람은 내가 멀쩡히 집을 놔두고 자기 집에서 혼자 나그네처럼 지내고, 아내를 두고 중처럼 지낸다고 비웃고 놀리기도 했지만, 그럴수록 더욱 마음이 느긋해져 바야흐로 아무 일도 없는 것을 만족하게 여겼다.

새끼까치 한 마리가 다리가 부러져 절뚝거리며 다니는 것이 우스워서 밥알을 던져주었더니, 갈수록 길이 들고 날마다 찾아와서 서로 친하게 되었다. 드디어 그 까치에게 희롱하는 말을 건넸다.

"도대체 맹상군孟嘗君[21]은 없고, 평원군平原君[22]의 식객食客만 있구나."

우리나라 세속에서 돈을 문文이라 하므로, 맹상군이라 일컫은 것이다.

잠을 자다가 깨서 책을 보고, 책을 보다가 또 잠을 자도 깨워줄 사람이 없어서 혹 종일토록 아주 푹 자기도 하였다. 때때로 글을 지어서 나의 생각을 드러내기도 하고, 작은 구라철현금을 처음으로 배워서 피로가 몰려오면 두어 가락 뜯기도 하였다. 어쩌다가 친구가 술을 보내주면 번번이 흔쾌하게 술을 마셨다. 취한 뒤에는 나를 기리는 글을 지었으니

나는 내 몸만 아끼는 것은 양주楊朱[23]와 닮았고
모두를 사랑하는 것은 묵적墨翟[24]을 닮았고

---

21   중국 전국시대 제(齊)의 왕자로, 성은 전(田)이고 이름은 문(文)이며, 맹상군은 시호다. 식객
      천여 명을 거느렸다고 한다. 田文은 발음이 같은 錢文으로 보아, 돈을 지칭하는 은어로 썼다.
22   중국 전국시대 조나라의 공자로 이름은 조승(趙勝). 삼천여 명의 식객을 거느렸는데, 그중
      에 다리를 저는 식객이 있어서 평원군의 애첩이 비웃었다. 다리를 저는 까치를 빗대어 말함.
23   전국시대 사상가 양자(楊子). 자기 머리칼 하나를 뽑아 천하가 이롭게 된다 해도 그렇게 하
      지 않겠다는 극단적 이기주의자.

쌀독이 자주 비는 것은 안연顔淵을 닮았고

꼼짝하지 않는 것은 노자老子를 닮았고

남에게 구애받지 않는 것은 장자莊子를 닮았고

참선을 하는 것은 석가釋迦를 닮았고

덜렁거리고 태만한 것은 유하혜柳下惠[25]를 닮았고

술을 마시는 것은 유령劉伶[26]을 닮았고

밥을 얻어먹는 것은 한신韓信[27]을 닮았고

잠을 잘 자는 것은 진단陳摶[28]을 닮았고

거문고를 타는 것은 자상子桑[29]을 닮았고

책을 저술하기는 양웅揚雄[30]을 닮았고

유명 인물에 견주는 것은 제갈량諸葛亮을 닮았으니

나는 아마도 성인일 것이다.

다만 신장은 9척 되는 조교曹交[31]만 못하고

청렴함은 오릉於陵[32]을 못 따라가니

부끄럽고 부끄럽네.

그러고는 혼자 껄껄대며 웃었다.

그때 나는 정말 사흘째 끼니를 잇지 못하고 있었는데, 행랑 사람이 남의 지붕을 이어주고 품삯을 받아와서야 비로소 밤에 저녁밥을 지었다. 행랑

---

24   묵가로 불리는 전국시대 사상가로, 겸애설을 주장함.

25   노(魯)나라 대부로 이름은 전획(展獲). 어떤 임금이라도 섬기겠다는 적극적인 인물.

26   위진(魏晉) 때 인물로 죽림칠현의 하나이며, 애주가였다.

27   한(漢)나라 개국공신으로, 젊어 가난한 시절에 빨래하는 아낙에게 밥을 얻어먹음.

28   오대(五代) 말 북송(北宋) 초의 인물로 희이(希夷)선생으로 불렸고, 한번 자면 100일을 잤다고 함.

29   『장자』에 나오는 인물로, 거문고 연주를 잘했다고 함.

30   서한(西漢) 때의 학자로『태현경(太玄經)』『법언(法言)』『방언(方言)』등의 저서가 있음.

31   전국시대 조(曹)나라 임금의 아우로, 키가 9척 4촌이었다고 함.『맹자』참조.

32   제(齊)나라 진중자(陳仲子)로, 매우 청렴했음.『맹자』참조.

의 어린애가 밥투정을 하며 울면서 선뜻 먹으려 하지 않자, 행랑 사람이 부아가 치밀어 밥사발을 엎어 개에게 주면서 '나가 뒈지라'고 악다구니를 퍼부었다. 당시 나는 겨우 밥을 먹고 곤해서 누웠다가, 송나라 장괴애張乖崖[33]가 촉蜀 지방을 다스릴 때 어떤 아이가 장난으로 늙은 아비의 뺨을 때렸는데 장괴애가 그 아이의 목을 벤 고사를 들어서 깨우쳐주었다. 또 말해주었다.

"평소에 아이를 가르치지 않고 도리어 꾸짖기만 한다면 커갈수록 부자간의 은의를 원수로 갚는다네."

그리고 하늘을 올려다보니 은하수는 지붕 위에 드리웠고 별똥별은 서쪽으로 흐르며 공중에 흰 흔적을 남긴다.

말을 채 마치기 전인데 낙서가 찾아와서 물었다.

"어르신은 혼자 누워 누구와 이야기하십니까?"

낙서의 글에 '행랑의 아랫것들과 이야기를 했다'는 내용은 이를 두고 한 말이다.

또 낙서의 글에 눈 오는 날에 떡을 구워 먹던 때의 일을 기록했다. 당시 나의 옛 거처가 낙서의 집과 대문을 마주하고 있었으므로, 그는 어려서부터 내게 찾아오는 손님이 날마다 그득하고 내가 당세에 뜻을 두고 있었음을 보았다. 그런데 금년 내 나이 마흔이 안 되어 머리가 이미 하얗게 센 것을 보고는 자신의 감개무량한 심정을 적은 것이다. 그러나 나는 이미 병들고 지쳤으며 기백이 쇠락하여, 덤덤하니 세상사에 뜻이 없어져 더 이상 지난날의 내가 아니었다. 이에 이 글을 지어서 낙서의 글에 화답한다.

열녀 함양박씨의 전기烈女咸陽朴氏傳 幷序[34]

제齊나라 사람 왕촉王蠋의 말에 "충신은 두 임금을 섬기지 않고, 열녀는

---

33   북송 초의 문신인 장영(張咏, 946~1015).
34   본래 밀양박씨인데 함양으로 출가했기 때문에 함양박씨라고 불렀다.

두 지아비를 섬기지 않는다"고 했으니, 예컨대『시경』「패풍邶風」의 「백주 장柏舟章」[35]은 재가하지 않으려는 여성의 절개를 노래한 시이다. 우리나라 『경국대전』에 "개가한 어머니에서 태어난 자손은 문무 관직에 등용하지 않는다"고 하는 규정이 있으니,[36] 이 조문이 어찌 애초에 벼슬할 수도 없는 일반 서민과 무지한 백성을 위해 만든 법이겠는가? 그런데도 왕조 400년 이래로 백성들은 오랫동안 교화에 젖어, 여인네들은 신분의 귀천을 막론 하고 피붙이가 한미하든 현달하든 간에 과부로 수절하지 않은 사람이 없 어, 드디어 이것이 하나의 풍속이 되었다.

옛날의 열녀라고 일컫던 여성은 지금의 모든 과부에 해당하는 것이다. 그리하여 촌구석의 어린 아낙이나 여염의 청상과부까지 저희 부모의 몰이 해와 개가 강요의 핍박이 있지도 않고, 자손들의 벼슬길이 막히는 치욕이 있는 것도 아니건만, 수절하는 것만으로는 오히려 절개가 될 수 없다고 여 긴다. 그리하여 자신을 대낮의 촛불처럼 무의미한 존재로 여기고, 스스로 목숨을 끊어 남편을 따라 저승에 가기를 기원한다. 물과 불에 뛰어들거나 독약을 마시고 목을 매다는 것을 마치 낙토樂土로 가듯 한다. 열녀라고 한 다면 열녀라고 할 수도 있겠으나, 이 어찌 지나친 일이 아니겠는가?

옛날 이름난 벼슬을 하는 형제가 있었다. 어떤 사람이 학식과 문벌이 높 은 사람이나 하는 벼슬에 오르려고 하자, 이를 막으려고 그 어머니 앞에서 의논하였다.

그 어머니가 물었다.

"무슨 허물이 있기에 남의 벼슬길을 막으려 하느냐?"

"조상 중에 과부가 있었는데, 바깥의 소문이 썩 떠들썩하더군요."

---

35   소박을 맞은 부인이 개가하지 않을 것을 맹세하여 지은 시라고 한다.
36   『경국대전』「이전(吏典)」「경관직(京官職)」에 '실행(失行)한 부녀와 재가한 부녀의 소생은 동·서반직에 서용(敍用)하지 못한다'고 하였다.

어머니가 깜짝 놀라며 다시 물었다.

"남의 집 안방에서 일어났을 일인데, 어디에서 알았단 말이냐?"

"바람결에 떠도는 소문이 그렇습니다."

"바람이란 소리만 있지 형체는 없는 것이다. 눈으로 볼 수도 없고 손으로 잡을 수도 없으며, 허공에서 생겨 만물을 뒤흔드는 게 바람이다. 어쩌자고 형체 없는 일을 끄집어내어, 온당하지 못하고 생각이 없는 데서 사람을 평가하려고 하느냐? 더구나 너희들 역시 과부의 자식이 아니더냐? 그래 과부의 아들이 도리어 과부를 따질 수 있다는 게냐? 게 잠시 앉아라. 내 너희들에게 보여줄 것이 있다."

어머니는 품 안에서 동전 한 닢을 꺼내어 물었다.

"이 엽전에 윤곽이 있느냐?"

"없습니다."

"여기에 글자가 있느냐?"

"없는데요."

어머니는 눈물을 글썽이며 말했다.

"이것이 네 어미를 죽지 못하게 참고 버티도록 만든 부적이다. 십 년이나 손으로 만지작거리느라 다 닳아빠진 것이다.

대저 사람의 혈기란 음양에 근본을 두고, 정욕이란 혈기에 모이며, 그리움이란 고독한 데서 생기고, 아프고 슬픈 감정은 그리움에서 우러나온단다. 과부야말로 고독한 신세요, 아프고 슬프기 그지없는 존재이다. 때때로 혈기가 왕성하게 오르니 과부라고 해서 어찌 성적 욕구가 없겠느냐? 가물가물하는 등잔불 아래에 제 그림자를 마주하고 자신의 신세를 가련하게 여기며 홀로 있는 밤은 새벽을 맞이하기 어렵다. 더구나 낙수 소리가 처마 끝에서 또닥또닥 나거나, 허연 달빛이 창으로 들이비칠 때, 뜰에서 나뭇잎 하나가 나뒹굴고 하늘에서 외기러기 울며 지날 적에, 먼 마을의 닭 울음소리는 들리지 않고 어린 종년의 코를 고는 소리만 요란한데, 두렵고 불안하여 잠 못 이루는 이 쓰라린 심정을 어느 누구에게 하소연하겠느냐?

이럴 때 내가 이 엽전을 꺼내서 굴리며 온 방을 더듬고 돌았다. 둥근 것이 또르르 잘 구르다가도 모서리에 부딪히면 그만 넘어진다. 그것을 찾아내어 다시 굴리고 이렇게 하룻밤에도 항상 대여섯 번 굴리고 나면 날이 밝았다. 십 년 동안 해마다 굴리는 횟수가 차츰 줄어들더니, 십 년이 지나서는 혹 닷새 밤에 한 번 굴리고, 혹 열흘 밤에 한 번 굴리게 되었더라. 혈기가 아주 쇠약하여서는 다시 굴릴 필요가 없었다. 그러나 내가 열 겹으로 꼭꼭 싸서 이십여 년을 간직하고 있는 까닭은 그 공로를 잊지 말자는 이유이고, 또 내 스스로 경계할 바가 있기 때문이란다."

드디어 모자가 서로 붙들고 울었다.

군자가 그 이야기를 듣고 "그야말로 열녀라고 말할 만하구나!" 했다. 아! 어려운 절개와 맑은 행실이 이와 같았건만, 그 당세에도 드러나지 않고 후대에도 이름이 전해지지 않는 까닭은 무엇 때문인가? 이제 과부의 수절쯤이야 전국의 일반적인 현상이 되어버린 만큼, 목숨을 한 번 끊지 않고서는 과부의 부류에서 남다른 절개를 드러낼 수 없기 때문이다.

내가 안의安義[37] 고을에 현감으로 부임한 이듬해 계축년(1793) 모월(7월) 어느 날이었다. 날이 샐 무렵 내가 잠이 어렴풋이 깨었는데, 동헌 앞에서 몇 사람이 낮은 목소리로 소곤거리는 소리가 들리고 마음이 아파서 한숨 짓는 소리도 났다. 아마 다급한 일이 생겼으나 내 잠을 깨울까 조심하는 것 같았다.

그래서 내가 큰소리로 물었다.

"닭이 울었느냐?"

---

37   경남 거창과 함양 중간에 있는 고을.

아랫사람들이 대답한다.

"벌써 서너 홰나 쳤습니다."

"밖에 무슨 일이 있느냐?"

"통인通引[38] 박상효朴相孝 형의 딸이 함양咸陽으로 시집을 갔다가 청상과부가 되었는데, 삼년 거상을 마친 후 독약을 마시고 죽게 되었답니다. 와서 목숨을 구하라고 급한 전갈이 왔으나, 상효가 지금 숙직 당번을 들고 있는 까닭에 황공하여 감히 제 마음대로 가지 못하고 있습니다."

나는 빨리 가보라고 명했다.

저녁나절에 물었다.

"함양 과부가 살아났느냐?"

아랫사람들이 답하였다.

"이미 죽었다고 들었습니다."

내가 길게 탄식하며 말했다.

"열녀로구나, 이 여자야말로."

그리고 아전들을 불러서 물었다.

"함양에 열녀가 났다지? 본래 안의 태생이라는데 나이는 지금 몇이고 함양 누구의 집으로 시집갔고, 어려서 그의 마음씨와 행실이 어떠하였느냐? 너희 중에 아는 사람이 있느냐?"

여러 아전이 흐느끼며 아뢴다.

"박녀의 집은 대대로 안의현의 아전 집안인데, 아비 상일相一이 그 딸 하나를 두고 일찍 죽었고 그 어미마저 일찍 죽었습지요. 어려서부터 조부모 손에 크면서 자손 된 도리를 다하다가 나이 열아홉에 함양 임술증林述曾의 아내가 되었는데, 시댁 역시 대대로 아전의 집안이더랍니다. 술증은 본래 몸이 허약한 사람이라 한 번 초례를 치르고 돌아간 지 반년도 안 되어 죽

었습지요. 박녀는 초상에 예절을 극진하게 하였고, 며느리의 도리를 다해서 시부모를 섬기니 양쪽 고을의 친척과 이웃이 모두 그의 어진 마음을 칭찬했었습니다. 지금 와서 보니 과연 그러하옵니다."

늙은 아전 하나가 감정이 복받쳐 말하였다.

"여자가 시집가기 두어 달 전에 어떤 사람이 와서 신랑 될 임술증은 병이 골수에 사무쳐 남편 구실을 할 가망이 만무하니, 왜 혼기를 물려놓고 보지 않느냐고 일러주더랍니다. 그 조부모도 은밀하게 손녀딸에게 타일렀으나, 그 계집은 잠자코 응하지 않았답니다. 혼인날이 임박하자 그 계집의 집에서 사람을 시켜 술증을 몰래 보고 오라고 했더니, 술증이 비록 생김새는 곱상하나 폐병에 걸려 기침을 콜록거리는 모습이 마치 버섯 같은 몸으로 서 있고 그림자가 다니는 것 같더랍니다.

박씨 집에서 덜컥 겁이 나서 다른 데로 혼처를 정하려고 하자, 그 계집이 정색을 하고 '전번 지어놓은 옷이 뉘 몸에 맞추어 지은 것이며, 뉘 옷이라고 말했습니까? 저는 처음 지은 옷을 지키렵니다'라고 하더랍니다. 집안 사람들이 그 뜻을 알고 드디어 기약한 날에 손자사위를 맞았으나, 비록 명색 혼인을 했다고 하였지만 기실 빈 옷만 지킨 셈입니다."

얼마 후 함양군수 윤광석尹光碩[39]이 밤에 이상한 꿈을 꾸고 느낌이 있어 열부의 전기를 지었고, 산청현감 이면제李勉齊[40]도 전기를 썼다. 거창의 신돈항愼敦恒[41]은 글 잘하는 선비인지라 그도 박씨를 위해서 그 절개와 의리의 전말을 찬술하였다.[42]

박씨의 심경을 추측해본다면 나이 어린 과부로서 세상을 오래 살아가자

---

39   윤광석(1747~99)은 소론으로, 자는 기중(頎中), 호는 송초(松樵)다.

40   이면제(1743~?)의 자는 공화(公華). 산청현감, 청송부사 등을 역임했다.

41   신돈항(1743~1809)의 자는 자상(子常), 호는 외재(畏齋).

42   신돈항의 「열부박씨행록(烈婦朴氏行錄)」, 윤광석의 「열부박씨전(烈婦朴氏傳)」, 이면제의 「박열부전(朴烈婦傳)」이 있고, 이 외에 선비 이학전(李學傳), 승려 응윤(應允), 작자 미상의 「박열부전」이 있다.

면 두고두고 친척들에게 불쌍히 여기는 신세가 될 것이고 공연히 이웃 사람들의 몹쓸 억측을 벗어나지 못할 터이니, 차라리 빨리 이 몸이 죽어 없어짐만 못하다고 생각한 것이 아닐까?

슬프다! 초상이 나서 처음 상복을 입고도 자결하지 않았음은 초상을 치를 일이 남아 있기 때문이었고, 장사를 지내고도 죽지 않았음은 1주기 제사인 소상小祥이 남아 있기 때문이었고, 소상을 지내고도 죽지 않았음은 2주기 제사인 대상大祥이 남아 있기 때문이었으리라. 대상을 마쳤으니 삼년상을 다 치른 것이다. 남편과 한날한시에 따라서 죽으려는 처음의 뜻을 이룬 것이니, 이 어찌 열녀가 아니랴!

노비도 사람이다[43]

내가 젊은 시절 심장병을 앓을 때였지요. 세상의 부인들이 갓 해산을 하고 나서 혼곤히 잠이 들었다가 만에 하나라도 잠결에 아기 입을 젖으로 누르기라도 하면 어떡할까 하는 생각이 들어, 밤에 일어나서 서성거리며 몸둘 데를 몰랐어요.

이제 머리가 허옇게 센 나이에 고을 수령이 되어 5천 호戶의 많은 남녀 주민을 맡아서 기르게 되었으니, 이들이야말로 맹자가 말한 벌거숭이 아이이고 노자가 일컬은 갓난아이인 셈이지요. 갓난아이도 성이 나면 제 머리털을 쥐어뜯고, 울면 누워서 발버둥질 칩니다. 다른 사람은 온갖 방법으로 아무리 달래고 어르더라도 칭얼대는 것이 무슨 말이며 원하는 뜻이 어디에 있는지 알아낼 수 없지만, 오직 그 어머니만은 찾아내 이해하고 미리 탐색하여 그 뜻을 알아맞히지요. 그제야 갓 해산한 아낙네는 자나 깨나 일념으로 젖을 먹이는 데 마음을 쓰고 있어서 소리와 냄새가 없는 속에서 묵

---

43 원제는 '하삼종질종악배상인논시노서(賀三從姪宗岳拜相因論寺奴書)'이다. 삼종질(三從姪, 9촌 조카)인 박종악이 정승에 제수됨을 경하하고, 그와 함께 시노(寺奴) 문제를 논한 편지.

묵히 들을 수 있고, 꿈속에서도 잠자코 아기를 보살핀다는 사실을 깨달았습니다. 지극한 정성이 아니고서야 어찌 이렇게 할 수 있겠어요?

스스로 생각해보면, 갓 부임한 첫 솜씨치고는 제대로 풀리지 않는 일이 그다지 없다 했는데, 나라의 공적인 노비〔寺奴〕300명에 대한 일은 생각하고 또 생각할수록 배와 등에 열이 나고 끓어 30년 전 심장병이 다시 도집니다. 일찍이 들으니, 도망가거나 숨은 노비들을 찾아 정원을 채울 때, 다만 통솔 책임자인 우두머리 노비가 밀봉하여 올린 진술만을 그 근거로 한답니다. 이리하여 새로 충원된 사람은 모두 외손의 외손이고, 그 보증도 모두 외가의 외가 쪽 사람이 선 것이라고 하더군요.

세상의 내로라하는 벼슬아치 집안도 8대까지의 족보가 잘 정리되어 있기가 드문 까닭은 대개 씨족이 여러 차례 변천하고 그 근거를 자세히 상고할 수 없기 때문이겠지요. 하물며 먼 지방의 무식한 백성은 제 아비의 이름도 기억하지 못하는 사람이 대부분인데, 어떻게 외가 쪽으로 이리저리 퍼져나간 소생의 근원을 알 수 있을까요? 그 정도의 친척뻘이야 비록 사대부라 하더라도 길에서 만나면 말을 탄 채 읍이나 한번 하는 인사만으로도 충분할 터인데, 어찌 종신토록 얽매여서 집안이 거덜이 난 뒤에야 그만둘 것을 좋아할 사람이 있겠어요?

진정 그들이 이 고을에 토착하여 산다면 그래도 진짜인지 가짜인지 그 허실은 명단을 조사해서 검열한다는 것이 그래도 말이 되겠지만, 딴 고을에 자취를 숨겨서 신역身役 대신에 베〔布〕나 무명을 몰래 바치고 실제 이름을 항상 숨긴다면, 살았는지 죽었는지 진짜인지 가짜인지 아무리 명부를 세밀히 점검하고 끝까지 조사코자 해도 그럴 형편이 못 됩니다.

혹 죽은 자가 다시 산 자로 되고, 혹은 여자가 남자로 둔갑해 있으며, 혹은 시집도 안 간 처녀에게 자식을 내어놓으라 으름장을 놓고, 혹은 가짜로 만든 이름에 진짜 사람이 나타나기를 독촉합니다. 우두머리 노비가 이르는 곳마다 꼬임과 협박이 뒤따르고, 이 틈을 타고 간사한 짓을 꾸미는 것은 그 형편상 그렇게 될 수밖에 없는 일이지요. 이런 등등의 폐단은 이미 죽은 사람과 젖비린내 아기에게 구실을 징수하는 백골징포와 황구첨정보다 더 심하건만 오히려 원통함을 드러내놓고 호소하지 못합니다. 괴로움과 아픔이 골수에 사무쳐도 자취가 혹시라도 드러날까 두려워 남몰래 뇌물을 주면서 스스로 이웃 마을로 종적을 감추지요. 속담에 '동무 몰래 양식 내기' '병은 알려야 낫는다' '가려운 곳은 가리키지 않고 남에게 긁어주기를 바란다' 하는 격이니, 이는 일이 아주 다급하여 어쩔 수 없거나 지극히 난처한 사정이 그 사이에 있는 것 아니겠어요?

이러므로 노비의 문서에 약간만 관련되면 비록 딸을 다섯이나 두더라도 장가를 들려는 사람이 없게 됩니다. 그리하여 머리가 세도록 시집도 못 가본 채 동정녀로 살아야 하는 한을 간직하고 일생을 마치게 되니, 천지간의 음양이 서로 합쳐서 생성되는 기운을 손상함이 응당 어떻겠소이까?

고을 수령이 이런 일 때문에 전후에 종종 처벌을 받기도 하지만 이는 또한 덮어두고 따지지 않더라도, 다만 국가를 위해 천지의 화기를 인도하여 맞이하고 임금의 은택을 널리 알리려면 이 폐단을 빨리 바로잡는 것보다 앞설 일이 없소이다. 지금 나는 안의安義 한 고을에만 유독 더 심하다고 말하는 게 아니에요. 이 고을이 이러하니 다른 고을도 알 수 있고, 경상도가 이러하다면 팔도의 일도 상상할 수가 있지요.

명성과 지위가 높은 그대는 지방의 감사 자리에서 지금 내직으로 들어와 새로 정승의 자리에 올랐으니 이러한 일들을 반드시 목격했을 터이고, 그 폐단의 근원도 응당 익히 살폈을 겁니다. 임금을 알현하는 첫 자리에서 이보다 먼저 아뢸 일은 없을 겁니다. 변변치 못한 제 생각에는 그대가 천하의 걱정을 남보다 먼저 걱정하기를 깊이 바라고 있답니다. 이만 줄입니다.

아전도 관리이다[44]

무릇 관리의 이吏는 다스린다는 의미의 글자이다. 관리의 종류로는 천리天吏, 명리命吏, 장리長吏, 연리椽吏가 있다. 하늘을 대신해 사물을 다스리는 관리를 천리라 하고, 나라의 교화를 받들어 백성들에게 고르게 펴는 관리를 명리라 하고, 세상일을 보살펴 백성을 기르는 관리를 장리라 말한다. 연리라는 것은 옛날의 부府·사史·서胥·도徒[45]에 해당하는데, 장리를 도와서 문서를 만들고 창고나 맡아보던 아랫사람들이다. 이른바 서민이면서 관아에 드나들며 일하는 사람이다. 신분이 비천하고 직위도 낮아서 임금에게 임명을 받는 벼슬이 아닌 만큼 왕의 신하가 될 수 없다.

그러나 옛날의 제도에는 중앙의 가장 낮은 관리인 하사下士와 똑같은 녹봉을 받도록 규정되어 있다. 그러므로 임금에서 이서吏胥와 아전衙前에 이르기까지 각자 다스리는 일은 비록 크고 작은 차이가 있을망정, 그 직책으로 보면 모두가 관리인 것이다.

아하! 지금 각 고을의 아전들이란 어찌 서민이면서 관아에 드나들며 일하는 사람이 아니겠는가? 그러면 그들이 받는 녹봉이 중앙의 최하급 관리와 같아서 직접 농사를 짓지 않고도 생활할 수 있는 정도가 되는가? 지금 각 고을의 장리들은 모두 사대부 출신이 아니던가? 그러면 그들이 세상일을 보살펴 백성을 기르는 임무를 과연 옛날의 사대부들과 조금도 차이 없이 하고 있는가?

그런데 지금 서민 신분이면서 관청 일을 하는 사람들이 농사를 짓지 않고도 생활할 만한 녹봉이나, 중앙의 가장 낮은 관리가 받는 만큼의 녹봉을 받지 못하고 있다면, 그들이 국가 창고에서 재물을 훔쳐내고, 소송하는 백

---

44   원제는 '거창현오신사기(居昌縣五愼祠記)'로, 거창현의 다섯 신씨를 모신 사당 이야기다.
45   '부'는 부고(府庫, 창고)를 관장하고, '사'는 문서를 담당하며, '서'는 차역(差役) 열 명의 우두머리인 십장(什長)이고, '도'는 차역된 일꾼을 말한다.

성들을 등쳐먹고, 문서 농간으로 간교한 잇속을 챙기는 짓은 진실로 형편상 그럴 수밖에 없다. 사대부 출신으로서 각 고을의 책임을 맡은 장리 중에 수많은 아전의 마음을 아주 두렵게 만들어서 그들이 감히 법에 어긋나는 일을 하지 못하게 할 수 있는 인물이 있는가? 이는 모를 일이다.

그런데도 사람들은 항상 말하기를, 젖은 섶나무를 묶어놓듯 아전들을 불끈 쥐어 호되게 단속해야 한다고 한다. 그들의 단속이란 것이 과연 예절, 의리, 염치로서 하는 것이라면 함께 조정에 오르지 못할 아전들이 얼마나 되겠는가? 만약에 오랏줄로 묶거나 차꼬와 족쇄를 채워 끌다시피 해서 언제나 창피와 모욕을 주는 대우를 하면서 '나는 아전들을 잘 단속하노라'고 말한다면, 이는 아전을 마소처럼 취급하고 도적놈처럼 다루는 것이다. 사람이 마소나 도적놈에게 절개, 의리, 충성, 신용과 같은 것을 따질 수 없음은 아주 명백한 노릇이다.

아전들이 원님 앞에서 분주히 뛰어다니며 심부름하는 모습을 내가 일찍이 보았다. 무릎으로 기면서 숨을 헐떡거릴 정도에 이르지 않으면 태만한 놈이라고 말하고, 눈을 혹시 치뜨다가 상관의 허리띠 위를 보기만 해도 막되어먹은 놈이라고 말한다. 분명히 이치에 당치 않은 분부나 호령에도 얼른 '지당하옵니다' 하고 대답하지 않거나, 혹 감히 '됩니다, 안 됩니다'라고 토를 달면 얼굴이 파랗게 질려서 '네놈이 어찌 감히, 그 무슨 버르장머리냐?' 하고 꾸짖지 않는 원님이 누가 있다는 말인가?

그래서 들고 날 적에 고개를 푹 숙이고, 진흙 바닥에 설설 기어다니며 꿇어 엎드려야만 그제야 공손하다고 본다. 만약 한 번이라도 이와 어긋나면 비단 그 아전만 외람되고 간악하고 교활하다고 해서 형벌을 면치 못할 뿐만 아니라, 그 수령까지도 젖은 섶나무처럼 아전을 제대로 단속하지 못하였다고 해서 관찰사의 인사고과에서 최하점을 맞고 쫓겨나게 된다.

그 때문에 사대부들이 위엄 있게 내려다볼 때 설설 기면서 '예, 예' 하는 아전들의 모습이 마치 자신들의 뜻대로 뜨거운 물이나 불에라도 뛰어들라 명령하면 뛰어들 것 같지만, 하루아침에 위급한 사태가 있을 때 과연 윗사람을 위해서 자신을 희생하는 절개를 그들에게 바랄 수 있겠는가?

영남의 고을 거창居昌의 관청 소재지 왼편으로 영계灣溪라는 물가에 다섯 사람의 신씨愼氏를 나란히 배열하고 제사 지내는 창충사彰忠祠라는 사당이 있다.[46] 그들에게 모두 좌랑佐郎 벼슬이 증직되었는데, 이름은 석현錫顯, 극종克終, 덕현德顯, 치근致勤, 광세光世이다. 이 다섯 사람은 한 고을의 조그만 아전이었건만 그들의 충성·의리·공적은 나라의 역사서에 드러나고 고을의 읍지에 기록되었으니, 이는 어찌 『예기』에 말한바 "큰 환란을 막아낸 사람에 대해서는 제사를 올려야 한다"[47]는 경우가 아니겠는가?

슬프다! 영조 4년 무신년(1728)에 흉악한 역적이 영남에서 크게 일어나자[48] 그 당시 수령으로서 관인을 내던지고 숲속으로 숨거나 도망친 자들이 있었으니, 각 고을의 아전들이 선동에 빌붙어 부화뇌동하고 위협에 못 이겨 따라나서기도 한 사람이 있었음을 알 수 있다. 그런데 맨 먼저 사나운 기세를 꺾어버려서 역적이 쇠티고개〔牛峙〕를 감히 넘어 충청도를 짓밟고 북으로 향하지 못하게 만든 것은 그 누구의 공이었던가?

아하! 높직한 마루 위에 앉아서 인장과 군사 동원용 부절符節을 어루만지고 이 다섯 사람을 굽어보면서 이래라저래라 지휘하던 자는 누구였던가? 평소에 그들의 단속을 과연 어떠한 방법으로 하였던가? 그들은 과연 설설 기어다니거나 땅만 내려다보고 있어서 수령을 잘 모신다고 하던 그런 사람들인가? 아니면, 외람되고 교활하다는 지목을 받아서 수령까지 인사고과에 낮은 점수를 받고 쫓겨나게 했던 아전들이었던가?

바야흐로 창졸간에 난리가 일어나서 아전과 백성이 모두 정신을 못 차

---

46   경상남도 거창군 거창읍 동리에 있다.
47   『예기』「제법(祭法)」에 "능한대환 즉사지(能捍大患, 則祀之)"라는 말이 있다.
48   이인좌의 반란 때, 충청은 이인좌, 호남은 박필현, 영남은 정희량 등이 주력부대였다.

리고 새와 짐승처럼 전부 산지사방 내빼는 판인데, 이 다섯 사람이 소리를 외치고 큰 의리를 펴서 마침내 흉악한 무리의 기세를 꺾고 한양을 방어하게 하였다. 이렇게 탁월한 공적을 세운 것을 본다면 진실로 의리의 마음을 평소 가슴속에 쌓아서 확고히 견인불발하는 사람이 아니었다면 어찌 이런 일을 처리할 수 있었겠는가?

생각하건대, 지금 임금이 왕위에 오른 지 12년 되는 해(1788)는 그 무신년이 다시 돌아오는 해이다. 난리를 평정한 선왕의 정치적 업적과 군사적 공로를 추념해서 임금이 명령을 선포하여 온 나라에 알렸다. 그 명령으로 인하여 강풍이 불고 햇빛이 빛나듯 전국이 들끓어서 아무리 멀어도 닿지 않는 곳이 없고 아무리 적어도 드러나지 않는 것이 없어서, 정려와 포상의 은전이 시골구석에 있는 미천한 집안까지도 빼놓지 않았다. 이 아니 성대한 일인가? 과연 성대한 일이로구나!

내가 이웃 고을 안의安義의 수령으로 있으면서 매양 창충사를 지날 때면 멈칫멈칫하며 얼른 지나쳐 가지 못했더니, 거창 현령 유한기兪漢紀[49]가 나에게 기문을 지으라고 부탁하기에 드디어 나의 이러한 소감을 쓴다. 또 이로써 사대부 출신으로 아전들의 우두머리가 된 장리들을 경계코자 한다.

천좌쟁이를 어찌하랴[50]

병영兵營[51]의 취지는 알기 어렵지 않았으므로, 그 공문에 적힌 내용에 따라 범인에게 진술을 받을 즈음에 타일러 가르치기를 간곡하고도 진실하게 하였습니다. 그런데 그자(김필군金必軍[52])는 자신이 자수한 본의가 아니라는

---

49   유한기(1739~?)의 본관은 기계(杞溪), 자는 운장(雲章)이다.
50   원제는 '답순사서(答巡使書)'로, 당시 충청도 관찰사 이태영(李泰永)에게 답한 편지다. '천좌쟁이'는 '천주학쟁이'를 그렇게 불렀다.
51   병마절도사가 주재하여 있는 지방 관청.
52   면천군 범천면(현 당진시 면천면)에 살던 천주교 신자로 1798년에 박지원에게 자수함. 연암

이유를 들어 도리어 의구심을 내고, 제 딴에 '범죄 사실의 내용을 이런 글로 올리면 영원히 해명하기 어려운 진짜 확증이 된다'고 생각하여, 병영에 올리는 문서를 언문으로 번역하여 자기가 하나를 가지겠다고 청하기에 이르렀습니다.

그가 스스로 후일을 염려하는 생각과 행동이 이처럼 심각하고 간절한데, 또한 관청에서 도리어 불성실함을 보일 수는 없는 일입니다. 이 점이 바로 병영에서 유감을 품게 된 까닭입니다. 이것은 오히려 사소한 일이라 여러 말을 할 가치도 없지만, 풍속 교화에 중대한 전환점이 되는 문제에 대해서는 세상을 다스리는 올바른 도리를 위하여 한번 말하지 않을 수 없습니다.

대저 예로부터 이단이 그 시초에는 어찌 사학邪學이라고 자처한 적이 있었겠습니까? 백성의 타고난 천성은 누구나 선행을 즐기고 어진 이를 좋아하는 마음을 가지고 있습니다. 오직 선택이 정확하지 못하고 판단이 빠르지 못하기 때문에 유교의 인의에 어긋나서 양주楊朱[53]·묵적墨翟[54]과 같은 이단의 무리가 되었으며, 그 부모와 임금을 부정하는 막돼먹은 행동의 재앙은 이미 불교에서 증명이 되었습니다.

오늘날 소위 사교邪敎(천주교)를 금지하려는 사람들은 이런 어리석은 백성들을 포박하여 끌고 와서 관청 뜰아래에 꿇리고 다짜고짜 차꼬를 채우고 내려다보면서 "너는 어찌해서 사학을 했느냐?" 하면, 그자는 한마디로 가로막고 "쇤네는 사학을 한 적이 없습니다" 하고 딱 잡아뗍니다. 그러면 수령이 된 자는 그들의 가르침이 어째서 사악한 것인지도 모르고 있으니 추궁하는 말이 황당무계하여 자기가 먼저 버벅대고 헷갈려, 그들이 대답하

은 자수한 인물이므로 구속하지 않고 타이르는 선처를 했으나, 당시 병영에서는 체포한 실적으로 만들려고 하여 연암과 갈등을 빚었다.

53 전국시대의 철학자로, 극단적으로 자신만을 위하는 위아주의(爲我主義)자였다.

54 전국시대의 사상가로, 겸애주의자. 묵가의 대표적 학자.

는 내용을 가지고 자복한 줄로 여기고 억지로 다짐을 받을 뿐입니다.

그중 교활한 놈은 수령이 불성실하다고 도리어 비웃고, 어리석은 놈은 마음속에 더욱 의혹이 붙어나 "내가 즐기는 것은 선행이요 공경하는 바는 하늘인데, 어찌하여 나의 선행을 막고 나의 공경을 막으려고 하는가?" 하고 말합니다. 이는 다른 이유가 없습니다. 근본 원인을 타개하지 못하고 보잘것없는 말단만 해결하고자 하니, 한갓 그들의 소굴을 찾으려다 스스로 길을 잃어버리는 격입니다.

혹은 억지로 복종시키기에 급급하여 냅다 곤장을 치고, 혹은 바르지 못한 방법으로 위협하고, 알아듣게 타이른다는 것이 방법상 잘못되었으며, 혹은 윽박질러 야소耶蘇(예수)를 저주하고 천주를 지목하여 질책하도록 서약하게 하고서, 그가 배반했는지 시험해보고 그 진위를 관찰합니다. 저들이 하늘을 '천주'라는 거짓 이름으로 속여 부르는 까닭은, 비록 사람들의 의심을 틀어막고 천주에 기대어 자신을 방어하려는 수단이긴 하지만, 드디어 우매한 백성들 중에는 그렇게 하는 것이 절개를 위해 순절하고 대의를 지키다 죽는 것인 양 생각하는 사람이 있게 되었습니다.

천주교도들이 거짓으로 꾸미고 속이는 것이 이 지경에 이르렀다면, 스스로는 죄인을 굴복시키고 제압하는 요령을 얻었다고 말하는 수령들은 이 점을 대수롭지 않게 업신여기고 함부로 형벌을 가할 뿐 아니라, 말을 잘못하는 실수를 저지르기까지 합니다. 이것이 어찌 지금 같은 성스러운 세상에 백성을 교화하고 풍속을 도탑게 하려는 지극한 뜻이라고 하겠습니까?

지금 그들을 죽여서 멸절시키고자 해도 그 무리가 실로 너무 많으니, 이는 사람을 태울 수 없는 물이 새는 배에 만백성을 싣고서 호수나 바다에 띄운 위험천만한 격이라 어떻게 할 수도 없습니다. 무릇 임금의 통치를 돕고 백성의 우두머리가 되는 지방 관원의 반열에 있는 자는 어느 누군들 임금의 은택을 받들어 교화를 펴는 직분을 맡고 있지 않겠습니까?

자신의 몸을 바르게 하여 백성을 인도함으로써 스스로 난세에 지조를 지키는 기둥이 되어, 예교와 법질서를 만든 까닭과 거짓되고 사악한 말의 실체를 하루속히 밝혀서, 예전부터 물이 들었거나 새로 뻗어 나간 천주교의 나쁜 풍속이 밝고 아름다운 태평성대 아래에 융합되게 하되, 하늘에 구름이 지나간 것처럼 흔적이 없게 하는 것, 이것이 가장 좋은 방법입니다. 공로와 이익만을 따져서 국가의 형벌을 남용하여 우리 백성들을 반신반의하도록 만들고 관과 백성이 서로 등지고 잘잘못을 겨루게 만든다면, 비록 한때의 승리는 거둘 수 있으나 상처를 입는 백성이 더욱 많아져서,『주역』'사괘師卦'에서 '이기는 사람과 지는 사람이 모두 불길하다'고 말한 것처럼 되는 것, 이것은 가장 좋지 않은 방법입니다.

맹자의 제자 서벽徐辟이 묵가墨家 이자夷子에게 맹자의 학설을 전해 알려주고,[55] 한창려韓昌黎가 승려 문창文暢에게 유가의 도를 써서 주었던 것처럼,[56] 저들 천주교도들에게 비록 우리 유가의 말을 전해주지는 못할망정 스스로 위신을 손상해가며 남이 스스로 속죄하려는 물품(천주교 관련 책자와 성화)을 이용해서 이미 항복한 자에 대해 공을 세우려고 해서야 어찌 옳겠습니까? 병영의 이러한 태도가 천주교를 금하면 금할수록 더욱 복종하지 않게 만드는 이유입니다.

본관은 밤낮으로 조마조마 마음이 놓이지 않으며 우려가 깊고 생각이 많아, 흉년으로 인한 한 해의 재난을 구제하기에도 허덕허덕하느라 여유가 없습니다. 조용히 생각해보면 순찰사께서는 세상에 드물게 총명하시고 기량과 도량이 절륜하여 무릇 세간의 인심과 세태를 눈매와 얼굴 표정만 보고도 알아차리시니, 하찮은 이 몸이 절하節下[57]의 처분을 바라는 바가 어찌 한 충청도의 흉년 조세 감면을 공정히 하고 굶주린 백성을 구휼하는 노고를 다해달라고 하는 데에만 그치겠습니까? 이런 일은 다만 담당 관리의

---

55   『맹자』「등문공상(滕文公上)」참조.
56   한유의「송부도문창사서(送浮屠文暢師序)」참조.
57   예하의 수령이 순찰사를 높여 부르는 말.

일개 직책에 불과합니다.

　남보다 먼저 근심하고 남보다 나중에 즐거워하며,[58] 특이한 공적과 눈앞의 가까운 효과를 가지고 잘난 척하지 않는 자세는 반드시 평소에 마음속으로 다짐한 바 있으실 터이니, 저로서는 이 문제를 절하에게 보고하지 않고 그 누구와 상의하겠습니까?

아내를 잃고[59]

한 침상을 쓰다가 잠시 헤어졌건만 이미 천 년이나 된 듯
눈으로 볼 수 있는 데까지 먼 하늘로 돌아가는 구름 바라본다
하필이면 오작교 건너 나중에 만나보랴
은하수 서쪽 가에 달이 배처럼 떠 있거늘
同床少別已千年　極目歸雲倚遠天
後會何須烏鵲渡　銀河西畔月如船

그대 떠난 곳 산꼭대기 아니면 물가이겠지
돌아가는 넋은 명정처럼 나부끼고 꿈은 연기처럼 사라졌어라
매화나무 가지 끝으로 반달은 누렇게 떠 있는데
그래도 추운 새는 어스름한 달그림자 아래 잠들었구나
不是山巓卽水邊　歸魂如旆夢如烟
半規黃月梅梢外　猶有寒禽半影眠

58　본문의 '선우후락(先憂後樂)'은 범중엄(范仲淹)의 「악양루기(岳陽樓記)」에 나오는 말.

59　원제는 '도망시(悼亡詩)'이다. 배우자를 잃고 지은 시를 '도망시'라고 부른다. 본래 20수였으나 원고를 잃었는데, 요행『흠영(欽英)』이란 책에 2수가 실려서 전한다.

형수 이씨 묘지명伯嫂恭人李氏墓誌銘

큰형수 공인恭人[60] 모某는 완산完山(전주) 이동필李東馝의 따님이요, 중종 임금의 왕자 덕양군德陽君의 후손이다. 16세에 반남潘南[61] 박희원朴喜源에게 출가하여 아들 셋을 낳았으나, 모두 양육하지 못했다.

형수는 평소 몸이 여위고 약하여 온갖 병이 걸렸다. 희원의 조부는 당대에 이름난 고관이었는데,[62] 선왕 영조 임금은 매양 한漢나라 탁무卓茂[63]의 고사를 인용하여 벼슬을 올려주었다. 그러나 시조부는 공직에 계실 때 재산을 축적해서 자손에게 물려주기를 조금도 하지 않았으므로 가난과 쓸쓸함이 뼛속까지 스몄으며, 시조부가 돌아가시던 날에 집안에는 물자도 떨어지고 열 냥의 돈도 없었다. 게다가 해마다 줄초상이 났다.[64]

형수는 있는 힘을 다하여 그 열 식구의 생계를 떠맡았으며, 제사 받들고 손님 대접하는 데에 명문가의 규모와 법도를 잃는 것을 부끄럽게 여겨, 사전에 미리미리 준비하고 부족한 것을 보충하였다. 20년 동안, 애간장을 토해내고 골수가 빠지는 노력과 고생을 했으나 쌀독과 돈자루가 거의 바닥이 나게 되니, 기가 꺾이고 마음이 위축되어 마음먹은 뜻을 한 번이라도 펴본 적이 없었다. 매양 늦가을에 나뭇잎이 떨어지고 날이 추워지면 마음은 더욱 허전하고 좌절하여 병증이 더욱 심하게 나타났다. 몇 해를 시름시름 계속 앓다가 마침내 지금 임금(정조) 2년 무술년(1778) 7월 25일에 운명하였다.

아! 옛사람은 가난한 선비의 아내를 약소국의 대부大夫에 견주었다. 기

---

60 '공인'은 정5품, 종5품 벼슬아치의 부인에게 내리는 작호.

61 '반남'은 전라남도 나주 지역의 옛 지명이다.

62 조부 박필균(朴弼均, 1685~1760)은 도승지, 경기 감사, 병조참판 등을 역임했다.

63 탁무(?~28)는 전한 시대의 유학자로, 선정을 베풀었던 인물.

64 1759년에 시어머니, 1760년에 시조부, 1761년에 시조모, 1767년에 시아버지 초상이 각각 있었다.

울어가는 나라를 지탱하려 하나 언제 망할지 아침저녁을 장담할 수 없는 상황에서도 외교적 언사와 사회적 법도 사이에 능히 자신의 힘만으로 자립하려고 했던 약소국의 대부처럼, 가난한 선비의 아내로서 보잘것없는 제수祭需로나마 제사를 받들어 조상신을 굶기지 않았고, 변변찮은 부엌 음식이나마 아름다운 연회의 자리를 풍족하게 하였다. 이 어찌 이른바 "몸이 닳도록 힘을 다하여 죽어서야 그만둔다"[65]는 그런 분이 아니겠는가?

시동생인 나 지원趾源의 자식이 갓 태어나자마자, 형수는 사내아이임을 보고는 드디어 자기의 아들로 삼았다. 그 아들(종의宗儀)이 지금 열세살이 되었다. 지원이 화장산華藏山[66] 속 연암燕巖 골짜기에 새로 살 곳을 정하고, 그곳의 산수를 좋아하여 직접 가시나무와 잡목을 베어내고 나무에 의지하여 지붕을 얹고 집을 지었다.

언젠가 나는 형수를 마주 보고 말했다.

"우리 형님은 늙었으니 장차 이 아우와 함께 은거하는 것이 옳습니다. 담장에는 뽕나무 천 그루를 빙 둘러 심고, 집 뒤에는 밤나무 천 그루를 심고, 문 앞에는 배나무 천 그루를 접붙이고, 시내의 아래위로는 복숭아나무와 살구나무 천 그루를 심으려 합니다. 세 이랑 되는 연못에는 한 말(斗)의 어린 물고기를 방류하고, 바위 벼랑에는 벌통 백 개를 놓고, 울타리 사이에는 여섯 마리의 소를 매어놓을 것입니다. 저는 농사를 짓고 제 집사람은 길쌈하며, 형수님은 다만 계집종에게 기름 짜는 일을 맡기고 살펴서, 밤에 이 시동생이 옛사람의 글을 읽도록 도와주시지요."

형수는 이때 비록 병이 깊었으나, 자기도 모르게 벌떡 일어나 손으로 머리를 떠받치고 활짝 웃으며 말했다.

"이는 제가 오래전부터 마음먹었던 소망이에요."

그래서 함께 오기를 밤낮으로 매우 간곡하게 바라고 있었는데, 그해 벼

---

65   제갈량의 「후출사표(後出師表)」에 나오는 말. "국궁진췌 사이후이(鞠躬盡瘁 死而後已)."
66   현 황해북도 장풍군 소재의 산.

이삭이 채 익기도 전에 형수는 그만 일어나지 못하게 되었다. 마침내 생전에 못 오시고 죽어 관에 실린 몸으로 연암협에 오게 되어 그해 9월 10일에 집 북쪽 동산 서북쪽을 등진 묏자리에 장사 지냈으니, 형수의 생전 소망을 이루어주기 위해서였다. 그곳은 황해도 금천군金川郡에 속한 땅이다.

지원은 친구 규장각 직제학 유언호俞彦鎬[67]에게 명銘[68]을 지어달라고 요청했는데, 유언호는 때마침 개성유수開城留守로 재임하고 있었다. 개성은 연암 골짜기와 인접하여 있었으므로 장례를 도와주고 명도 지어주었다. 그 명은 이러하다.

연암 골짜기, 산 그윽하고 물 맑은데	燕巖之洞山窈而水淥
여기 시동생이 터를 닦고 집을 지었네	繄惟小郞之所營築
슬프다! 온 가족 함께 은거해 살 계획이었거늘	嗚呼 鹿門盡室之計
뜻밖에 이곳에 홀로 몸을 의탁하게 되셨도다	竟於焉而托體
묏자리 안온하고도 단단하니	旣安且固
그 후손들을 보우하소서	以保佑厥後

큰누님 묘지명伯姉贈貞夫人朴氏墓誌銘

돌아가신 누님의 이름은 박 아무개이고 본관은 반남潘南이다. 그 동생 지원趾源 중미仲美는 다음과 같이 묘지명을 쓴다.

누님은 열여섯 살 때 덕수德水이씨[69] 이택모李宅模 백규伯揆[70]에게 시집

67 유언호(1730~96)의 자는 사경(士京), 호는 칙지헌(則止軒). 문집 『연석집(燕石集)』이 있다.
68 '명'은 묘지명의 서술 부분 뒤에 붙이는 일종의 결론적 내용의 운문으로, 그 사람의 공덕이나 묘지의 위치, 부탁의 말씀 등을 적는다.
69 현 개성시 덕수리를 관향으로 하는 성씨.
70 이택모(1729~1812)는 이현모(李顯模)의 처음 이름이다. 백규는 그의 자인데, 뒷날 개명하

가서 1녀 2남을 두었다.[71] 신묘년(1771) 9월 1일에 세상을 떠나니 나이 마흔 셋이었다. 남편의 선산이 까막골〔鴉谷〕[72]이라고 하는 곳이라서 장차 경좌 庚坐[73] 좌향 언덕에 모셔다가 장사를 지내려고 하였다. 백규가 어진 아내를 잃자 가난하여 살림을 꾸려갈 수 없게 되었다. 어린 자식들과 계집종 하나 와 크고 작은 솥 등 부엌살림 몇 가지, 상자, 고리짝 등 생활용품을 챙겨서 배를 타고 강을 건너 산골로 들어가려고 상여와 함께 출발하였다. 새벽녘 에 나는 두뭇개〔斗浦〕[74]의 나룻배 안에서 상여를 떠나보내고 통곡을 하고 돌아왔다.

아, 슬프다! 누님이 시집가는 날 새벽, 새색시 단장을 하던 일이 어제와 같구나. 그때 내 나이 여덟 살이었다. 드러누워 발버둥 치고 뒹굴며 응석 을 부리다가 새신랑의 말을 흉내 내며 더듬더듬 점잖게 말하였더니, 누님 은 부끄러운 나머지 그만 빗을 내 이마에 떨어뜨렸다. 내가 골이 나서 울며 불며 분통에 먹을 칠하고 침을 거울에 발랐는데, 누님은 옥으로 된 오리 모 양의 비녀와 금으로 된 꿀벌 모양의 노리개를 꺼내 내게 주며 울지 말라고 달래었다. 지금 스물여덟 해가 되었구나.

강가에 말을 세워놓고 멀리 바라보니, 붉은 명정이 바람에 펄럭이고 돛 대 그림자가 어른거리다가 산모퉁이를 돌아 나무에 가려지면서 다시는 더 보이지 않게 되었다. 강가에 멀리 서 있는 검푸른 산은 그 옛날 누님의 쪽 진 머리채 같고, 강물에 비치는 달빛은 그 옛날 누님의 거울 같고, 새벽달 모습은 누님의 눈썹과 같았다. 소리 없이 눈물 지으며 그 옛날 빗을 떨어뜨 리던 때를 생각하니, 유독 어렸을 때 일이 가장 똑똑히 기억되고 또 기쁨과

면서 자도 회이(誨而)로 고쳤다. 택당〔澤堂〕 이식(李植)의 후손이다. 선공감 감역, 동지중추 부사를 지냈다.
71　1744년 연암 8세 때 누님은 16세의 나이로 혼인했다.
72　현 경기도 양평군 양동면 소재.
73　남서쪽을 등진 곳의 방향.
74　현 성동구 옥수동 동호대교 북단 부근의 나루.

즐거움이 많았던 것 같다. 길고 긴 세월 중에 언제나 괴로움, 이별, 우환, 가난으로 문득문득 꿈속을 살아온 듯 후딱 지나갔는데, 남매로 지냈던 날은 어찌 그리도 빠르게 흘러갔을까?

떠나는 사람 정녕코 다시 온다고 기약을 남기건만
그래도 보내는 사람의 옷을 눈물로 젖게 만드네
조각배 이제 떠나면 언제나 다시 되돌아오려나
보내는 사람 부질없이 언덕 위로 발길을 돌리네
去者丁寧留後期 猶令送者淚沾衣
扁舟從此何時返 送者徒然岸上歸

황윤지에게 사례하며 謝黃允之書[75]

지원趾源은 머리 숙여 인사드립니다. 지난번 청지기 김가金哥가 형의 친필 편지를 가지고 왔기에, 형제분들이 친상親喪 중에 근황이 좋다는 사실을 자세히 알았습니다. 온 가족과 함께 시골로 가서 선산에 의지하고 사는 것, 이는 바로 제가 지난 가을에 미처 이루지 못했던 계획입니다. 작별할 때 하신 말씀을 잊지 못하고 마음에 두고 있으니, 어쩌면 저의 마음을 이렇게도 슬프게 하는지요?

긴 장마가 잠시 걷히자 가을도 이미 절반이나 지났는데, 형제분들의 기력은 어떠하신지요? 돌아가신 부모를 생각하는 효심은 계절의 변화에 감응하여 더욱 새록새록 날 터인데, 새로 장만한 임시 거처의 모든 일은 자못 정돈되고 자리를 잡아가고 있습니까? 자꾸 마음에 걸리고 생각이 나서, 서글프고 참담한 심정을 견딜 수 없습니다.

---

75 윤지는 황승원(黃昇源, 1732~1807)의 자.

이 아우는 모진 목숨을 연명하여 어느덧 삼년상을 마치게 되니, 천지가 텅 빈 듯하고 신세는 외롭고 애통하기 그지없습니다.[76] 평생에 자식 노릇을 제대로 해본 적이 거의 없었으므로 삼년상의 기간이나마 심력을 기울여볼까 했으나, 오랫동안 고질병을 앓느라고 빈소에 아침저녁 음식을 올리는 일도 며칠을 하지 못했건만, 눈 깜짝할 사이에 벌써 궤연几筵[77]을 치우게 되니, 부여잡고 곡을 하려 해도 곡할 곳이 없어 애통하고 애통합니다.

원발元發[78]은 미관말직에 골몰하느라고 여가가 없을 터이고, 유구悠久[79]는 진작 남쪽으로 내려갔을 것으로 생각되고, 여중汝中[80]은 가끔 만나보기는 하나 대체로 1년 중 서너 차례에 불과합니다. 형 또한 상중에 있는 외로운 신세이므로 앞으로 3년은 뵙지 못하겠습니다. 지금 산소 옆에 시묘살이를 위한 움막을 이미 지었을 터이니, 상복 입은 모습이 아련합니다. 인생은 만남과 이별, 슬픔과 기쁨의 소장성쇠를 벗어나지 못하는 것 같습니다. 돌이켜 생각하면 대릉大陵과 소릉小陵 사이[81]에서 서로 따르며 놀던 일이 일장춘몽 같으니 어찌 마음속에 사무치지 않겠습니까?

장례를 치른 이래로 저의 모습은 매미가 허물을 벗듯 변했고, 맹하기는 흙으로 빚은 인형과 같습니다. 이승에 붙어 살며 오로지 꿈에만 빠져 있으니, 잠잘 때는 흐뭇하지만 깨고 나면 슬퍼집니다. 30년 사이에 이리저리 이사 다닌 것이 서너 번이지만, 잠을 자면 넋이 떠돌다가 항상 한양 서쪽의 옛집에 살고 있는 꿈을 매번 꾸게 됩니다. 꿈에서 저는 살구, 배, 복숭아 나무 밑을 노닐며 더러 참새를 잡고 혹은 매미도 잡고 나비도 쫓습니다. 동쪽

연암의 부친 박사유(朴師愈)는 1767년 6월에 별세했다. 3년상은 1769년 8월에 마침.

77 빈소에 마련된 신위와 그에 딸린 물건들.

78 신광온(申光蘊, 1735~85)의 자. 연암의 절친으로 젊은 시절에 금강산 유람을 함께함.

79 이영원(李英遠, 1739~99)의 자. 본관이 전주이고, 경상감사, 대사헌, 한성부판윤 등을 지낸 이연상(李衍祥)의 아들로서, 1774년 진사시에 급제했다.

80 이심전(李心傳, 1738~?)의 자.

81 서울 중구 정동 일대.

동산에는 온갖 꽃이 일제히 피어 있고 또 잘 익은 과일을 따기도 합니다. 저의 조부와 부친은 별 탈 없이 집에 계시고, 중부仲父(박사헌朴師憲)와 계부季父(박사근朴師近) 및 나의 종형(박진원朴進源)도 완연히 살아 있을 때 평소 모습과 다름없습니다. 급기야 꿈에서 깨고 나면 멍하니 무엇을 잃은 것 같고, 쫓아가면 그리 되돌아가서 거의 만날 수 있을 것 같습니다. 그러나 다시 볼 수 없게 되니, 슬피 울고 가슴을 치며 꿈에서 깨어난 것을 후회한답니다.

이 세상에 살아계셨던 때를 가만히 따져보면, 또한 꿈속에서처럼 많이 모시거나 살갑게 대하지 못했으니 꿈속이 더 즐거울 수밖에 없습니다. 이대로 편안히 죽는다한들 그 즐거움이 꿈속보다 더 즐겁기야 하겠습니까?

네 살짜리 어린 아들[82]은 조금 분별력이 생겨서 남을 보고 아비 어미라 부르지는 않게 되었습니다. 항상 품속에서 떠나지 않기에 수십 글자를 입으로 가르쳐주었는데, 갑자기 묻더군요.

"나는 아부지가 있는데, 아부지는 어째서 아부지가 없나요? 아부지의 엄마는 어디 있어요? 아부지도 일찍이 엄마의 젖을 먹었나요?"

나도 모르게 무릎 아래로 아들을 밀쳐버리고 한참을 무심결에 목 놓아 울었습니다. 이는 모두 제가 상을 당한 뒤에 겪은 슬프고 쓰라린 심정이니 다른 사람에게 굳이 이야기할 필요는 없겠습니다. 지금 형께서 부친상(황환黃驩)을 막 당해 근심되고 괴로운 정황일 터인데, 필시 저 때문에 한바탕 눈물을 흘리겠군요.

상중에 예禮와 관련된 책을 읽는 여가에 또 무슨 책을 보시는지요? 지금부터 우리들의 생활 방편은 다만 경서를 몸에서 떼지 않으면서 몸소 농사짓는 일이라 하겠습니다. 『시경』「빈풍豳風」과 「당풍唐風」의 시들은 농삿집의 책력이요, 『논어』 한 질은 시골에 사는 비결이요, 『중용』 30장章은 건강관리의 좋은 방법이니, 늘그막까지 힘써 할 일은 여기서 벗어나지 않을 것

---

82   1766년 3월에 태어난 장남 박종의(朴宗儀)를 가리킨다.

입니다. 저는 9월 보름쯤에 남한강 상류 지방으로 올라가 돌아다니면서 단양丹陽과 영춘永春의 사이에서 농지를 구해볼까 하는데, 뜻대로 잘될지 모르겠습니다.

황망하여 마음속의 말을 다 못 합니다. 부디 슬픔을 절제하고 자신을 보호하시기 바라며, 혹시라도 지나친 슬픔으로 몸을 상하지 않게 하십시오. 이만 줄입니다.

상중의 윤지允之 대형께

8월 초이틀 담제인禪制人[83] 아우 모某가 절하며 올림.

아이들에게 1

『아동기년我東紀年』 두 권을 지었으나 실로 소략한 곳이 많아 안타깝다. 그렇긴 해도 참고하고 고증하기엔 좋으니, 모름지기 동생 뇌아賴兒[84]에게 주어 수시로 상세하게 보게 함이 옳겠다. 연소하고 총명할 때 보지 않을 수 없는 책이다.

『박씨가훈朴氏家訓』 한 권은 올라갔더냐? 선조의 이름은 조심(諱)하는 뜻으로 이름 위에 푸른색 종이를 붙여서 가리는 것이 어떻겠니? 이 책은 절대로 남에게 빌려주지 말거라. 잃어버리기 쉽기 때문이다.

『소학감주小學紺珠』[85]는 간신히 필사한 책인데, 공연히 분실했다 하니 어찌 대단히 애석하지 않겠느냐? 넌 책에 대해서 어쩌면 이렇게도 무성의하니? 항상 못마땅해서 한숨이 난다.

나는 공문서를 처리하는 여가와 틈틈이 한가할 때면 수시로 글을 짓거

---

83 삼년상을 마친 후 다음다음달 하순에 지내는 탈상의 제사가 담제다. '담제인'은 그 기간에 처한 상주를 이르는 말.

84 연암의 차남인 박종채(朴宗采)의 아명.

85 송나라 왕응린(王應麟)이 숫자에 따라 17개 항목을 배열한 책. 연암은 여항인 이기득(李驥得)이 필사한 책을 애지중지함.

나 혹 법첩法帖을 임서하여 글씨를 연습하기도 하거늘, 너희들은 한 해가 다 가도록 하는 일이 무엇이냐? 나는 4년간 『강목綱目』[86]을 면밀하게 읽어 두 번 세 번 두루 보았으나, 연로하여 책을 덮으면 곧잘 잊어버리기에 부득이 작은 책자 하나를 베껴서 만들지 않을 수 없었는데, 그리 긴요하지 않은 책이 되고 말았다.[87] 나는 손이 근질거리고 그만둘 수 없어서 만든 것이지만, 너희들이 심심하게 날을 보내고 어영부영 해를 보내는 걸 생각하면 어찌 대단히 애석하지 않겠느냐? 아주 우습다, 웃기는 일이야.

고추장 작은 단지 하나를 찾아 보낸다. 사랑방에 두고 밥 먹을 때마다 먹으면 좋을 것이다. 내가 직접 담근 것인데, 아직 완숙되지 않아 맛이 들지는 않았다.

보내는 물건: 육포 세 첩貼,[88] 곶감 두 접, 고기볶음 한 상자, 고추장 한 단지.

아이들에게 2

초사흘에 관아 하인이 한양에서 돌아오며 기쁜 소식을 가지고 왔더구나. '응애 응애', 갓난아이 우는 소리가 편지 종이에 가득하니, 사람의 즐거운 일이 이보다 더 나은 게 어디 있겠느냐? 육순 노인이 귀찮은 일 접어두고 손자나 데리고 놀며 즐겁게 지낼 뿐, 달리 무엇을 더 바라겠느냐?

또 초이틀에 보낸 편지에 며늘아기 산후의 여러 증상이 아직도 몹시 괴롭고 심하다 하니, 아주 걱정스럽다. 산후 복통에는 반드시 생강나무[89]를 달여 먹어야 한다. 두 번만 먹으면 즉시 낫는다. 이는 네가 태어날 때 시험

---

86 주희의 『자치통감강목(資治通鑑綱目)』을 말한다.
87 자식에게 읽히려고 만들었으나, 자식들이 공부를 하지 않아 책의 저술이 무의미하게 되었다는 뜻.
88 육포 100장이 1첩임.
89 이른 봄에 노랗게 꽃이 피는 낙엽 관목으로 산동백, 새앙나무로 부르기도 함.

해본 것이다. 경험 많은 의원 채응우蔡應祐[90]의 처방인데 써보니 신통한 효험이 있었으므로 네게 일러준다.

나는 예전처럼 그런대로 고을 순행을 다니는데, 초엿새에 수송대愁送臺[91]에서 놀다가 저녁에는 안의 관아로 들어왔다. 이튿날 아침에 죽리관竹裏館에서 놀았다. 모인 사람은 거창현감, 단성현감, 대구판관이다.[92] 놀이가 자못 무르익어 대단히 떠들썩하게 즐기다가 돌아들 갔다. 새로 지은 집은 그윽하고 조용하여 꽃과 대나무를 심은 다른 건물들보다 훨씬 낫다. 너희들이 그 안에서 글을 읽지 못하는 게 유감이다.

오늘은 내 손자(효수孝壽)의 삼칠일(태어난 지 21일째 되는 날)이 되는 날이라 아침에 2백여 명의 관아 식솔들에게 국과 밥을 먹였더니 몹시들 기뻐하며 축하해주더구나. 경술년(1790) 원자元子 아기씨[93]가 탄생하자 산해진미를 갖추어 대단히 기뻐하며 억조창생을 고무시킨 임금님[94]의 마음을 이제야 우러러 헤아릴 수 있겠다. 이만 줄인다.

병진년(1796) 3월 10일, 아비 쓰다.

큰아이에게

너의 첫 편지에 "태어난 아이의 미목이 밝고 수려하다"고 했고, 두 번째 편지에서는 "점점 충실해져서 조금씩 달라지는 모습이 자못 볼품없지는 않다"고 했으며, 종간宗侃[95]의 편지에는 "골상이 비범하다"고 했더구나. 대저 이마가 넓다든지 튀어나왔든지 모가 났다든지, 정수리는 평평하다든지

90　　『일성록』에는 應이 膺으로 되어 있음.
91　　경남 거창군 수승대(搜勝臺)의 옛날 이름.
92　　순서대로 김유(金鍒), 윤가기(尹可基), 홍이간(洪履簡)이다.
93　　뒷날 순조 임금 이공(李玜).
94　　정조(正祖) 임금을 말함.
95　　연암의 둘째 아들. 종채(宗采)라고도 했다.

둥글다 하는 식으로 어째서 하나하나 구체적으로 적어 보이지 않느냐? 답답하구나.

올해의 성균관 입학시험은 아직 시행하지 않았느냐? 모름지기 이번 시험은 보지 않는 게 옳겠다.[96] 광주廣州의 경작지 일은 어떻게 되었느냐? 이번 고을 순찰할 때 쓴 숙식 비용이 너무 많아서, 비록 가만히 앉아서 임기 마치기를 기다린다 해도 결국 한 푼도 남는 게 없게 생겼으니, 빚만 안 져도 다행이겠다. 모름지기 나의 이 뜻을 잘 헤아려주면 아주 좋겠다.

지난번 두 차례 보낸 쇠고기 장볶음은 잘 받아서 아침저녁의 찬거리로 먹었느냐? 어째서 한 번도 맛이 어떤지 말이 없니? 아주 답답하고 맥이 빠진다. 난 그게 육포나 장조림 등등의 반찬보다 더 낫더라. 고추장도 내가 직접 담근 것인데, 맛이 좋은지 어떤지 자세히 알려다오. 앞으로도 두 물건을 계속 인편에 보내려고 생각한다.

그림 두루마리는 둘 다 좋고 서책 두 권도 더욱 묘하여, 죽리관에서 맑게 감상하기에 그저 그만이다. 청장靑莊[97]의 행장行狀[98]은 대충 그럴듯하게 짓기는 했으나 아직 탈고하지는 못했다. 이 뜻을 그의 아들(광규光葵)에게 말해주면 어떻겠니? 완성되면 마땅히 사람을 시켜서 보내겠다.

4월 보름에서 20일 사이에 만일 다른 걱정이 없거든 여기 안의安義로 내려오면 좋겠다. 네 아우와 같이 와도 좋겠고, 누가 오려고 하는 사람이 있으면 길동무해서 함께 와도 무방하다.

---

96   당시 성균관 관장은 이서구(李書九)였던바, 연암은 아들에게 '친밀한 이에게 뽑히는 일은 영광이나 아름다운 일이 아닐 뿐 아니라, 관장에게도 폐가 된다'고 하였다. 『과정록』 권4 참조.
97   이덕무의 호.
98   한문문체의 하나로, 죽은 사람의 평생의 업적과 행적을 기록한 글.

2장
우정론과 그 실현

말거간꾼馬駔傳

말거간꾼과 집주름[1]이 손뼉을 치며 맹세하고 손가락으로 하늘을 가리키며 마음을 맹세하는 행동이나, 관중管仲[2]과 소진蘇秦[3]이 닭·개·말·소의 피를 입가에 바르고 맹세했던 일은 모두 믿음을 보이기 위한 행동이다. 헤어지자는 말만 얼핏 들어도 가락지를 벗어서 던지고, 시집올 때 친정어머니에게 받아 허리에 차고 있던 수건을 찢어버리며, 등잔불을 등지고 벽을 향해 돌아앉아 고개를 처박고 울음소리를 삼키는 것은 믿을 만한 여자임을 보이기 위한 행동이요, 속마음을 털어놓고 상대의 손을 잡고 마음을 증명해 보이는 것은 신뢰할 만한 친구임을 보이기 위한 행동이다.

그러나 콧잔등을 부채로 가리고 눈을 좌우로 껌벅거리는 것은 거간꾼과 집주름의 술책이며, 겁주는 말로 상대방을 위협하고 상대가 꺼리는 곳을

---

1   집을 사고 파는 사람들 사이에 흥정을 붙이는 것을 직업으로 하는 사람.
2   춘추시대 제나라의 재상으로, 환공을 춘추 5패의 하나로 만든 인물. '관포지교' 참조.
3   전국시대 유세가로 6국의 재상을 지낸 인물.

건드려 그 속을 떠보며 강한 상대방은 협박하고 약한 상대방은 짓눌러서 동맹국을 갈라놓거나 분열된 나라들을 통합하게 하는 것은 제후의 우두머리나 유세가遊說家 들이 상대방을 마음대로 가지고 노는 권모술수이다.

옛날 어떤 사람에게 심장병이 있었다. 아내에게 약을 달이게 하였는데 그 양이 일정치 않고 많았다 적었다 하였기에 그만 화가 나서 첩에게 달이게 하였더니 그 양이 항상 일정하였다. 그 첩이 마음에 매우 흡족하여 창구멍을 뚫고 약 달이는 것을 엿보았더니, 약이 많으면 땅에 버리고 적으면 물을 타는 것이었다. 이것이 약의 양을 항시 같게 만드는 방법이었다. 그러므로 귀에 대고 속삭이는 소리는 좋은 말이 아니고, 비밀이니 남에게 발설하지 말라 신신당부하는 사람은 깊은 사귐이 아니며, 우정이 얼마나 깊은지 따지는 사람은 돈독한 친구가 아니다.

송욱宋旭, 조탑타趙闒拖, 장덕홍張德弘, 세 사람이 광통교廣通橋[4] 위에서 벗을 사귀는 방법에 대하여 이야기하고 있었다. 탑타가 말했다.

"제가 아침나절에 일어나 바가지를 두드리며 동냥을 다니다가 포목점에 들렀습니다. 포목을 사려고 가게에 들어온 사람이 있었는데, 포목을 골라 혀로 핥아보기도 하고 공중에 비추어 보기도 하더군요. 포목 값은 입안에 넣어놓고 주인과 손님이 서로 먼저 말해보라고 양보하더니, 이윽고 둘 다 포목은 잊어버린 채 주인은 갑자기 먼 산을 바라보며 무심한 척하느라고 '구름이 무심하게 산속 동굴에서 나왔다'고 흥얼대고, 손님도 무심한 척 하느라고 뒷짐을 지고 서성대며 벽에 걸린 그림을 보고 있습디다."

송욱이 말했다.

"너는 그럴듯하게 사귀는 태도는 보았으나 사귀는 도리는 터득하지 못했도다."

---

4   종로 네거리에서 을지로 네거리 방향으로 나가다가 청계로와 만나는 길목의 청계천에 있던 다리.

덕홍이 말했다.

"꼭두각시놀이에서 장막을 앞에 드리우는 까닭은 꼭두각시를 조종하는 끈을 감추기 위한 것이지요."

송욱이 말했다.

"너는 그럴듯하게 사귀는 겉모습은 얻었다만, 사귀는 도리는 아직 터득하지 못했도다. 대저 군자가 사람을 사귀는 방법에는 세 가지가 있으며, 거기에 대처하는 구체적 방법은 다섯 가지가 있다. 나는 그 가운데 하나도 제대로 하지 못했기 때문에 나이 서른이 되었어도 하나의 벗도 없다. 비록 그렇긴 하나 그 이치만은 내가 옛날에 들었지. 속담에 술잔 잡은 손의 팔뚝이 밖으로 펴지지 않는다고 했으니, 술잔을 잡기 위한 것이지."

덕홍이 말했다.

"그렇습니다.『시경』에 본래 그런 말이 있습지요. '우는 학이 그늘에 있으니, 그 새끼가 따라서 운다. 내가 좋은 벼슬을 가지고 있으니, 내가 너와 함께 차지한다〔鳴鶴在陰 其子和之 我有好爵 吾與爾靡之〕' 하였으니, 아마도 이를 두고 하는 말이겠지요."[5]

송욱이 말했다.

"너와 함께 벗에 대한 이치를 말할 수 있겠구나. 내가 금방 세 가지 중 하나를 알려주었는데, 너는 나머지 두 가지를 아는구나. 세상 사람들이 추종하는 것은 세력이요, 모두가 함께 도모하는 것은 명예와 이익이다. 술잔이 입과 의논한 것도 아니건만 팔이 저절로 안으로 굽혀지는 까닭은 응당 그럴 수밖에 없는 형세 때문이다. 학과 그 새끼가 울음을 주거니 받거니 하는 것은 바로 명예 때문이 아니겠느냐? 대저 좋은 벼슬자리는 이익을 위한 것이다. 그러나 추종하는 사람이 많으면 세력은 분산되고, 도모하는 사람이 여럿이면 명예와 이익에 제 몫이 없게 된다. 그러므로 군자는 이 세 가

---

5   이 말은『주역』'중부괘(中孚卦)'에 나오는 말이다.

지를 숨기고 말하기를 꺼려한 지 오래되었다. 내가 일부러 은유적인 말로 너에게 이야기해주었는데 네가 이를 알아차렸구나.

네가 남과 교제할 때, 첫째, 상대방의 훌륭함을 칭찬하지 말라. 이미 알려진 장점을 칭찬하면 그만 진력나서 신통하게 여기지 않을 것이다. 둘째, 상대방이 미처 생각하지 못한 것을 깨우쳐주지 말라. 장차 자기가 실행해보고 거기에 이르게 되면 머쓱해서 실망하게 될 것이다. 셋째, 사람이 많이 모인 자리에서는 누구를 제일이라고 말하지 말라. 제일이란, 그보다 나은 사람이 없다는 말이므로 좌중이 썰렁해져 기가 꺾일 것이다.

그러므로 사람을 사귀는 데에는 기술이 있다. 첫째, 장차 누구를 칭찬하려거든 드러내놓고 나무라는 것이 제일 좋다. 둘째, 장차 환심을 보여주려거든 화를 냈다가 얼굴을 밝게 한다. 셋째, 장차 친해지려고 하거든 나무처럼 꼿꼿이 서서 집중해서 보다가 부끄러운 듯 몸을 돌려라. 넷째, 남에게 나를 믿게 하려거든 의심할 것을 만들어놓고 풀릴 때까지 기다려라. 대저 열사烈士는 비분강개가 많고 미인은 눈물이 많다. 그러므로 영웅이 잘 우는 이유는 남을 감동시키려는 까닭이다.

이 다섯 가지 수단은 군자가 은밀하게 사용하는 방법이고, 처세에 있어서 어디에서나 통하는 방법이다.”

탑타가 덕홍에게 말했다.

“대저 송선생의 말씀은 담고 있는 의미가 너무도 어려우니, 수수께끼 같습니다. 나는 도대체 이해할 수가 없습니다.”

덕홍이 말했다.

“네까짓 게 어찌 알아들을 수 있으랴? 대저 잘한 일을 도리어 성토하여 나무라면 이보다 더한 칭찬은 없을 것이다. 대저 사랑하는 마음에서 노여움이 생기고 꾸지람하는 데서 정이 나오므로, 집안사람에겐 때때로 엄하게 야단쳐도 싫어하지 않는 법이다.⁶ 대저 친한 사이일수록 더욱 소원하게 대한다면 이보다 더 친숙한 관계가 있겠는가? 이미 믿고 있는데도 오히려 의심을 하게 만든다면 이보다 더 친밀한 믿음이 있겠는가?

술이 거나해지고 밤이 깊어져 모든 사람이 졸고 있을 때 말없이 서로 쳐다보다가, 남은 술기운을 빌려 슬픈 심회를 자아내면 뭉클하여 공감하지 않을 사람이 없을 것이다. 그러므로 사교에는 서로 알아주는 것보다 더 귀중한 것이 없고, 즐거움은 서로 공감하는 데서 가장 고조된다. 성급하고 고집이 센 사람의 노여움을 풀어주고 시기심으로 남을 해코지하려는 사람의 원한을 진정시키는 데에는 소리 없이 눈물을 흘리며 우는 것보다 더 빠른 방법은 없다. 나는 남과 사귀며 미상불 눈물을 흘리며 울려 하지 않은 적이 없건만 울어도 눈물이 나오지 않더라. 이 때문에 31년을 나라 안을 돌아다녀도 친구를 하나도 사귀지 못했구나."

탑타가 말했다.

"그렇다면 충심으로 사교를 하고, 의리로 벗을 얻으려고 하면 어떻겠습니까?"

하자, 덕홍이 탑타의 얼굴에 침을 뱉고 꾸짖었다.

"참으로 비루하구나! 네 말이란 게. 그것도 말이라고 하느냐? 너는 잘 들어보아라. 가난뱅이는 바라는 것이 많기 때문에 끝도 없이 의리를 사모한다. 왜 그렇게 하는가? 저 말이 없는 하늘을 봐도 곡식이 떨어지길 생각하고, 남의 기침 소리만 듣고도 목을 석 자나 빼고 무엇을 기대한다. 대저 재물을 쌓아둔 사람이 자린고비라는 별명을 부끄러워하지 않는 이유는 남들이 자신에게 기대하는 것을 애초에 끊어버리려는 까닭이다. 대저 빈천한 사람은 아까울 것이 없기 때문에 충심을 다하여 어려운 것도 마다하지 않는다. 왜 그렇게 하는가? 물을 건널 때 바짓가랑이를 걷지 않는 까닭은 해진 잠방이를 입고 있기 때문이다. 수레를 타는 사람이 가죽신을 신고도 덧신을 껴 신는 까닭은 그래도 진흙이 묻을까 걱정하기 때문이다. 신발 바

---

6   "집안사람에겐 (…) 싫어하지 않는 법"이라는 말은 『주역』 '가인괘(家人卦)'에 나온다.

닥도 오히려 소중하게 여기는데, 하물며 제 몸뚱이야 말해서 무엇 할까? 그러므로 충심이니 의리이니 하는 것은 빈천한 것들에게는 흔히 있는 일상적 일이지만 부귀한 사람에게는 따질 것이 아니다."

탑타가 화를 내며 안색이 변하며 말했다.

"내 차라리 세상에 벗이 없을지언정 군자들의 사교술은 할 수 없다."

그리하여 서로 갓과 옷을 찢어버리고, 때 묻은 얼굴에 봉두난발을 하고 허리에 새끼줄을 두르고 저잣거리에서 노래를 부르며 돌아다녔다.

골계선생滑稽先生[7]이 「우정론」에 말하였다.

나는 알고 있다. 나무를 이어 붙이려면 부레로 풀을 쑤어 붙이고, 쇠붙이를 붙이려면 붕사硼砂를 녹여 붙이며, 사슴이나 말의 가죽을 붙이려면 찹쌀풀보다 더 단단한 것이 없음을. 사람을 사귀는 데에는 그 사이에 틈이 있으니, 연燕나라와 월越나라처럼 먼 거리도 거리가 아니고, 산천이 가로막고 있어야 간격이 있는 것이 아니다. 무릎을 맞대고 나란히 앉아도 붙은 것이 아니고, 어깨를 치고 소매를 잡는 관계라 하더라도 합치하는 것이 아니다. 그런 사이에도 틈이 있기 마련이다.

상앙商鞅[8]이 제도帝道와 왕도王道에 대해 장황하게 말을 하자 패도覇道에 관심이 있던 진秦나라 효공孝公은 때때로 졸았고, 범저范雎[9]가 화를 내지 않았더라면 채택蔡澤[10]은 입을 다물고 있었을 것이다. 그러므로 밖으로 나와서 상앙을 꾸짖어주는 자가 있었으니 반드시 두 사람 사이의 틈새를 엿

---

7   우스개 이야기를 잘하는 사람이란 뜻으로, 연암 자신을 빗댄 말.
8   전국시대 진(秦)나라의 재상이자 법가 정치가.
9   전국시대 진(秦)나라의 정치가로, 자는 숙(叔)이며 위(魏)나라 사람이다. 다른 이름은 장록 (張祿).
10   전국시대 연(燕)나라 사람으로 유세가. 그는 진(秦) 소양왕(昭襄王)을 만나기 위한 수단으로, 자신이 왕을 만나면 재상 범저의 자리를 빼앗게 될 것이라는 소문을 내 범저를 화나게 만들었고, 화난 범저는 채택을 왕과 만나도록 주선했다. 『사기』 「범저·채택열전」 참조.

본 사람이며, 채택의 말을 전해주어 범저가 화를 내도록 하는 데도 그 사이에 반드시 그런 사람이 있었던 것이다. 평원공자平原公子 조승趙勝은 중간에서 사람을 소개하는 역할을 하였다.[11] 대저 성안군成安君[12]과 상산왕常山王[13]은 사귐에 조금도 틈이 없이 절친하게 지냈으므로 한번 틈이 벌어지자 누구도 그 사이에 끼어들 수가 없었다.[14] 그러므로 귀중하게 여길 만한 것이 틈이 아니겠으며, 두려워할 만한 것도 틈이 아니겠는가? 아첨도 그 틈을 파고들어 영합하는 것이고, 헐뜯는 말도 그 틈을 파고들어 이간시키는 것이다. 그러므로 남과 잘 사귀는 사람은 먼저 그 틈을 이용하고, 남과 잘 사귀지 못하는 사람은 그 틈을 이용할 줄 모른다.

대저 강직한 사람은 외골수여서 곧이곧대로 행동하므로 자세한 곡절이나 사정을 살피지 않고 무턱대고 나아가고 융통성이 없이 일을 하며, 한번 말을 꺼냈다가 맞지 않으면 누가 이간질하지 않아도 제풀에 기가 꺾인다. 그래서 속담에 이르기를, '열 번 찍어 안 넘어가는 나무 없다' '아랫목 귀신에게 잘 보이기보다는 부뚜막 귀신에게 잘 보여라'라고 했으니, 이를 두고 말한 것이다.

따라서 아첨을 떠는 데도 방법이 있다. 몸과 얼굴을 닦고 다듬어 말을 얌전하게 하며, 명예와 이익에 담백하며 교유에 별로 뜻이 없는 척해서 상대방 스스로 환심을 드러내게 하는 것, 이것이 최상의 아첨이다. 다음으로, 올곧은 말을 간곡하게 하여서 자신의 충정을 드러내고, 그 틈을 잘 이용하여서 자신의 뜻을 전하여 알리는 것, 이것이 중급의 아첨이다. 말발굽이 닳

---

11 진(秦)이 조(趙)나라를 포위했을 때, 제(齊)나라 노중련(魯仲連)은 위(魏)나라 장수 신원연(新垣衍)을 설득해 조나라를 돕게 했는데, 조나라 평원군이 노중련을 신원연에게 소개시켜 주었다.

12 초한(楚漢)시대의 진여(陳餘).

13 초한(楚漢)시대의 장이(張耳). 진여와 장이는 문경지교를 맺었으나 뒤에 사이가 벌어져 원수가 됨.

14 『사기』「장이·진여열전」 참조.

고 앉은자리가 해지도록 찾아다니며 상대의 입술을 올려다보고 안색을 살펴서, 그가 하는 말마다 '지당하옵니다' 하고 아뢰며, 하는 일마다 훌륭하다고 칭송하면, 처음 들을 때는 기뻐하다가도 오래 들으면 도리어 염증을 내게 된다. 염증이 나면 상대를 비루하게 여길 것이고 급기야는 '저게 나를 가지고 놀고 있는가' 하고 의심하게 된다. 이것이 하급의 아첨이다.

대저 관중管仲이 제후를 아홉 번 규합하고, 소진蘇秦이 여섯 나라를 합종시켰으니, 천하의 위대한 교제라고 말할 만하다. 그렇긴 하나, 송욱과 탑타는 길거리에서 구걸하여 먹고, 덕홍은 저잣거리에서 미친 듯 노래를 부르고 다니면서도 오히려 말거간꾼의 술수를 쓰지 않았거늘, 하물며 군자로서 글 읽는 사람이야 더 말할 나위가 있으랴!

분뇨를 치우며 사는 은자穢德先生傳

선귤자蟬橘子[15]에게 예덕선생穢德先生이라고 불리는 친구가 있다. 그는 종본탑宗本塔[16] 동쪽에 살면서 매일 마을의 분뇨를 쳐서 져 나르는 일을 생업으로 하였는데, 마을 사람들은 모두 그를 엄행수嚴行首라고 불렀다. '행수'란 막일꾼의 연장자에 대한 호칭이고, '엄'은 그의 성씨이다.

제자 자목子牧[17]이 선귤자에게 따져 물었다.

"예전에 제가 선생님께 벗에 대해 듣기를 '친구란 함께 살지 않는 아내요, 핏줄이 같지 않은 형제이다'라고 말씀하셨습니다. 친구란 이처럼 귀중한 존재입니다. 세상의 이름 있는 사대부들이 선생님을 따라 그 아랫자리에서 종유하기를 원하는 자가 많건마는 선생님은 그들을 아무도 받아주지 않았습니다. 대저 엄행수라는 자는 마을의 천한 막일꾼으로 하류인생들이

---

15 이덕무(李德懋, 1741~93)의 별호.
16 종로 탑골공원의 석탑.
17 이정구(李鼎九, 1756~83)의 자. 이정구는 이서구(李書九)의 사촌동생.

사는 곳에 살면서 사람들이 치욕으로 여기는 일을 하고 있습니다. 선생님은 자주 그의 덕행을 칭송하여 선생이라고 부르고, 장차 그와 교분을 맺어 친구로 삼으려 하십니다. 이 제자에겐 매우 부끄러운 일이니, 이만 선생님의 문하를 하직할까 하옵니다."

선귤자가 웃으며 말했다.

"게 앉아라. 내가 너에게 친구에 대해 말할 터이니. 속담에 '의원이 제 병 못 고치고, 무당이 제 굿 못 한다'고 했다. 사람들은 모두 자기가 잘한 일을 남들이 알아주지 못하면 안타까워 못 견디며, 마치 자기 허물을 듣고 싶은 것처럼 행동한다. 그럴 때 칭찬만 늘어놓는다면 아첨에 가까워 재미가 없게 되고, 단점만 이야기한다면 허물을 들추어내는 것에 가까워 무정하게 된다. 그의 잘못한 일을 두루뭉술하게 띄어놓고 빙빙 돌리며 변죽만 울리되 제대로 꼬집지 않으면 비록 크게 책망하더라도 화를 내지는 않을 것이다. 그가 정말 꺼리는 곳을 건드리지 않았기 때문이다. 그가 잘한 일을 우연히 언급하다가 마치 야바위꾼이 나열한 물건 중에서 엎어놓은 것을 알아맞히듯 비밀을 맞추면, 마치 가려운 곳을 긁어주는 것처럼 진심으로 감동할 것이다. 가려운 곳을 긁어주는 데도 방법이 있다. 등을 쓰다듬을 때는 겨드랑이에 가까이 가지 말고, 가슴을 어루만질 때는 목을 건드리지 말아야 한다. 허공에 하는 빈말인 것 같은데도 자기를 찬미하는 말로 귀결된다면, 뛸 듯이 기뻐하며 자신을 알아주는 지기라고 말할 것이다. 이렇게 친구를 사귀면 옳겠느냐?"

자목이 귀를 막고 뒷걸음치며 말하였다.

"이는 선생님께서 시정잡배와 하인이나 하는 짓을 제게 가르치는 것입니다."

"그렇다면 네가 수치로 여기는 것이 과연 여기에 있지 저기에 있는 것이 아니로구나. 무릇 장터에서는 이해관계로 사람을 사귀고, 마음이 아닌 얼굴만의 친구는 아첨으로 사귀는 법이다. 그러므로 아무리 친한 관계라도 세 번 손을 벌리면 멀어지지 않을 수 없고, 비록 묵은 원혐이 있더라도 세 번만 편을 들어주면 친해지지 않을 수 없게 된다. 그러므로 이해로 사귀면 관계를 지속하기 어렵고, 아첨으로 사귀면 오래갈 수 없다. 대저 존귀한 사귐은 꼭 얼굴을 마주보지 않아도 되고, 훌륭한 벗은 꼭 가까이 접촉하지 않아도 되는 법이니, 다만 마음으로 사귀고 인품으로 벗하면 된다. 이를 도덕과 의리의 사귐이라고 하는 것이다. 책을 통해 아주 먼 옛사람과 벗을 해도 아득하지 않고, 서로 만 리里나 떨어져 사는 사람과 사귀어도 먼 것이 아니니라.

저 엄행수라는 사람은 일찍이 나에게 자신을 알아달라고 요구하지 않았으나, 나는 항상 그를 예찬하길 마다하지 않았다. 그가 밥을 먹을 때는 머리를 조아리고 다소곳이 먹고, 길을 갈 때는 조심조심 걸으며, 졸릴 때는 정신없이 꾸벅거리고, 웃을 때는 껄껄 웃으며, 가만히 있을 때는 바보처럼 보이지. 흙벽을 쌓고 이엉을 덮은 움막에 구멍 같은 작은 문을 내고, 들어갈 때는 새우처럼 등을 굽혀 들어가서 잘 때는 개처럼 피곤하게 웅크리고 잠을 자지만, 아침이 되면 기쁜 마음으로 일어나서 삼태기를 지고 마을 안으로 들어와 뒷간을 치운다.

9월에 서리가 내릴 철에서 10월 살얼음이 낄 때쯤이면 뒷간의 말라붙은 인분, 마구간의 말똥, 외양간의 소똥, 횃대 아래 떨어진 닭똥·개똥·거위똥, 돼지우리의 돼지똥, 들비둘기똥, 토끼똥, 숫참새똥 따위를 주옥인 양 쓸어 담아도 누구 하나 염치없다고 하지 않는다. 이익을 독차지해도 의로움을 해친다고 하지 않으며, 욕심껏 많이 챙겨도 사람들은 그가 양보할 줄 모른다고 비난하지 않는다. 손바닥에 침을 퉤퉤 뱉어 가래를 잡고서 마치 새가 먹이를 쪼듯 구부정하게 허리를 굽혀 일에만 열중하여, 아무리 화려한 볼거리라도 마음에 두지 않고 아무리 좋은 음악이라도 거들떠보지 않는다. 대저 부귀는 사람이면 누구나 바라는 것이지만, 원한다고 해서 다 얻을 수 있는 것은 아니므로 부러워하지 않는 것이니라. 그러므로 그를 예찬한다고 해서 그에게 더 영광될 것도 없으며, 그를 헐뜯는다고 해서 그에게 욕될 것도 없다.

왕십리往十里의 무, 살곶이〔箭串〕[18]의 순무, 석교石郊[19]의 가지·오이·수박·호박, 연희궁延禧宮[20]의 고추·마늘·부추·파·염교, 청파靑坡[21]의 미나리, 이태인利泰仁[22]의 토란 등은 최상급의 밭에 심는데, 모두 엄씨의 분뇨를 가져다 써야 땅이 비옥해지고 수확도 풍성해진다. 해마다 그 수입이 6천 푼이 되지만, 그는 아침에 밥 한 사발을 먹으면 일을 하려는 의지가 충만하고 든든해지며, 날이 저문 뒤에야 다시 밥 한 사발을 먹을 뿐이다. 남들이 고기를 먹으라고 권하면 '목구멍으로 넘어가면 채소나 고기나 배부르기는 매한가지인데 무엇 때문에 맛을 따지냐' 하고, 좋은 옷을 입으라고 권하면 '소매 넓은 도포는 몸에 거추장스럽고, 새 옷을 입으면 더러운 것을 짊어질 수 없다'고 사양한다더군.

해마다 정월 초하루 아침이 되어서야 비로소 갓을 쓰고 허리띠를 매며 의복에 신발을 갖추고 이웃들에게 두루 세배를 다니고, 돌아와서는 바로 헌 옷으로 갈아입고 다시 삼태기를 메고 마을 안으로 들어간다네. 엄행수 같은 사람이야말로 이른바 '자신의 덕행을 더러움 속에 감추고 세속에 숨은 큰 은자'가 어찌 아니겠는가?[23]

『중용』에 '현재 부귀에 처해 있으면 부귀하게 살고, 현재 빈천한 데 처해 있으면 빈천하게 산다'[24]고 하였다. 대저 '처해 있다'라는 말은 이미 정해져 있다는 것을 의미한다. 『시경』에 '이른 새벽부터 밤까지 공적인 일을

---

18   서울 성동구 뚝섬의 옛이름.
19   서울 성북구 석관동 일대.
20   서울 서대문구 연희동에 있던 별궁.
21   서울 용산구 청파동 일대.
22   서울 용산구 이태원동 일대.
23   '예덕선은(穢德仙隱)'이라는 말은 『사기』「열전」「동방삭(東方朔)」편에 나온다.
24   『중용』14장. "소부귀 행호부귀 소빈천 행호빈천(素富貴 行乎富貴 素貧賤 行乎貧賤)".

처리하니, 진실로 타고난 팔자가 다르기 때문이다'[25]라고 하였으니, 팔자란 그 사람의 분수를 말하는 것이다. 대저 하늘이 만백성을 태어나게 할 때 각기 정해진 분수가 있게 했으니, 팔자를 타고난 이상 무슨 원망할 것이 있겠는가?

새우젓을 먹으면 달걀이 생각나고, 갈옷을 입으면 모시옷이 부럽게 되기 마련이니, 이로부터 천하는 크게 어지러워져 백성들이 땅에서 들고일어나 논밭은 황무지가 될 것이다. 농민 반란을 일으켰던 진승陳勝·오광吳廣·항우項羽[26]의 무리는 그 뜻이 어찌 농사일에 안주할 사람들이었겠는가? 『주역』에 '등에 짐을 지고 가야 마땅할 사람이 수레를 탔으니 도적을 불러들일 것이다'[27]라고 말한 것도 기실 이를 두고 말한 것이니라.

정말 의로운 것이 아니라면 비록 엄청난 양의 녹봉이라 하더라도 불결한 것이 있을 터요, 힘들이지 않고 재물을 이룬다면 비록 그 부가 최고의 갑부와 맞먹더라도 갑부라는 이름에 악취가 날 것이다. 그러므로 사람이 죽으면 입안에 구슬을 넣어 반함飯含을 하는 까닭은 그가 생전에 고결하게 산 것을 밝히려는 이유에서다.

대저 엄행수는 뒷간을 치고 분뇨를 져서 자기의 힘으로 생활을 해결하니, 그 하는 일은 지극히 불결하다고 말할 수 있다. 그러나 밥벌이하는 방법은 매우 향기롭다 할 것이다. 그가 몸을 두는 곳은 대단히 지저분하지만, 그가 의리를 지키는 점은 지극히 높고 꿋꿋하니, 그의 심지를 미루어본다면 비록 엄청난 녹봉이라도 취하지 않으리라는 것을 알 수 있느니라.

이를 가지고 판단해보면 깨끗하다고 하는 것에도 깨끗하지 않은 것이 있고, 더럽다고 하는 것에도 더럽지 않은 것이 있는 법이다. 그래서 나는

---

25 『시경』「소남(召南)」「소성(小星)」, "숙야재공 식명부동(夙夜在公 寔命不同)".
26 진승과 오광은 초(楚)나라 출신으로 진(秦)나라 멸망의 계기를 제공한 농민반란 지도자이며, 항우는 진나라의 무장으로 진나라를 멸망시키고 스스로 서초(西楚)의 패왕이 된 인물이다.
27 『주역』'해괘(解卦)' 육삼(六三)의 효사인 "부차승 치구지(負且乘 致寇至)".

먹고사는 일에 매우 견디지 못할 것이 있으면 나보다 형편이 못한 사람을 떠올리지 않은 적이 없지만, 엄행수를 생각하기에 이르면 견디지 못할 일이 없었다. 만약 좀도적질할 생각이 마음에 없다면 엄행수를 생각하지 않을 수 없을 터이니, 이런 마음을 미루어 확대해나간다면 성인의 경지에도 도달할 수 있을 것이다. 따라서 명색 선비라고 하면서 궁핍하게 산다고 해서 궁기를 얼굴에 달고 사는 것도 수치스러운 일이고, 욕망을 마음껏 이루었다고 하여 온몸을 으스대는 것도 부끄러운 일이니, 장차 엄행수를 본다면 누구라도 부끄럽게 여기지 않을 사람이 거의 드물 것이다. 그래서 나는 엄행수를 선생이라고 부르는 것이다. 어찌 감히 친구로 하자고 말할 수 있겠느냐? 때문에 엄행수에 대해서 그 이름을 감히 부르지 못하고, 예덕선생이라고 부르는 것이다."

홍덕보에게 보낸 답서答洪德保書[28]

저의 평생 교유한 범위가 넓지 않은 것이 아니어서, 상대방의 인격을 헤아리고 그 처지를 따져보아서 웬만하면 모두 친구로 허여하였습니다. 친구로 허여한 사람 중에는 명성을 좇고 권세에 빌붙는다는 혐의가 없지도 않았으니, 그런 사람 눈에는 친구는 보이지 않고, 오직 명성, 잇속, 권세만 보였을 것입니다. 이제 저는 스스로 거친 풀숲 속으로 도피해 있으니[29] 그야말로 머리를 깎지 않은 비구승이요, 아내를 가진 승려라고 말할 만합니다.

산 높고 물 깊은 이곳에서 명성을 구해서 무엇에다 쓰겠습니까? 옛사람의 말에 "까딱만 해도 비방을 당하지만 그래도 명성은 뒤따른다"[30] 했으나, 아마도 그 역시 빈말인 것 같습니다. 겨우 한 치의 명성을 얻어도 벌써

---

28   덕보는 홍대용(洪大容, 1731~83)의 자, 호는 담헌(湛軒)이다.
29   1778년 황해도 금천 연암협으로 피신했던 일을 말함.
30   한유(韓愈)의 「진학해(進學解)」에 나오는 말.

한 자의 흉하적을 부르게 됩니다. 명성을 좋아하는 사람은 늙어서야 그런 사실을 응당 알게 될 겁니다.

저 역시 젊은 시절에는 헛된 명성에 몸이 달아서 옛사람의 문장을 표절하고 꾸며서 칭찬과 격려를 빌고 얻으려고 하였지요. 그 결과 얻은 명성은 겨우 송곳 끝만 한데, 반면에 얻은 비난은 태산을 이루었습니다. 매양 한밤중에 스스로 따져보면 이빨에 신물이 날 지경입니다. 명성과 실제의 관계에서 잘못된 것을 제 손으로 깎아낼 겨를이 없거늘,[31] 하물며 다시 가까이 하려 하겠습니까? 명성을 구하기 위한 친구는 제 눈에 사라진 지 이미 오랩니다.

일찍이 소위 잇속이나 권세라는 길에도 발을 들여놓아보았지만, 대체로 모두 남의 것을 가로채서 자기에게 가져갈 궁리요, 애당초 제 것을 덜어내어 남에게 보태주는 일은 본 적이 없습니다. 명성이란 본시 공허한 것이고, 사람들은 값을 들이지 않는 공짜라고 해서 혹 쉽사리 서로 주고받고 하지만, 실제의 잇속이나 권세야 누가 자기 것을 기꺼이 양보해서 남에게 준단 말입니까? 덤벼들어 한몫 챙기려는 사람은 대부분 앞으로 고꾸라지고 뒤로 자빠져서 결국 스스로 기름(油)을 가까이하다가 옷을 더럽히는 꼴을 보게 됩니다.

이 역시 이해관계를 따지려는 비루하고 허튼소리이겠으나, 기실 이처럼 명명백백한 사실이옵니다. 또 제가 일찍이 형에게 조심하라고 충고를 받은 적도 있는 만큼, 이 잇속과 권세의 두 길에서 물러난 지도 벌써 10년이나 오래되었습니다. 제가 이 명성, 잇속, 권세의 친구들을 이왕에 떠나고 나서야 눈을 크게 뜨고 이른바 친구를 구해보려고 하니, 대개 한 사람도 없는 것 같습니다.

벗의 참된 도리를 다하려고 할진대 친구를 사귀기란 참으로 어렵다고

---

31   『맹자』에 "명성이 실제보다 지나친 것을 군자는 부끄러워한다(聲聞過情 君子恥之)"라는 구절이 있다.

하겠습니다. 그렇다고 해서 어찌 정말 한 사람도 없기야 하겠습니까? 어떤 일을 당했을 때 바르게 충고해준다면 비록 돼지를 키우는 종놈도 진실로 저의 좋은 벗이요, 의로운 일을 보고 충고해준다면 비록 나무하는 머슴도 저의 훌륭한 친구일 것입니다. 이렇게 생각해본다면 저에게 이 세상의 벗이 정말 부족하다고 할 수는 없습니다.

그러나 돼지 키우는 종놈은 유교 경전을 논하는 자리에 함께 참여하기 어렵고, 나무하는 머슴은 예의범절을 차려야 하는 대열에 둘 수 없으니, 고금 인물의 사적과 제 처지를 비교해보면 왜 마음에 답답한 생각을 하지 않을 수 있겠습니까?

연암협에 입산한 이래로는 또한 이런 생각조차 끊어버렸지만, 그래도 중국의 삼국시대 덕조德操[32]가 친구 방덕공龐德公[33]을 찾아갔다가 주인도 없는 친구 집에서 그 아내에게 조밥을 지으라고 재촉했다던 그 아름다운 정취가 눈에 어슴푸레 떠오르고, 춘추시대 장저張沮와 걸익桀溺[34]이 사이좋게 함께 밭갈이하던 그네들의 참다운 즐거움이 눈에 선합니다. 산에 오르거나 물가에 임했을 때 미상불 그 광경을 그려보지 않은 적이 없었습니다.

생각건대, 형은 벗을 사귀는 일에 대해서는 타고난 진정성을 가지고 있는 줄 알고 있거니와, 구봉九峰[35] 등 여러 중국 사람이 하늘 저 끝에서 이 땅의 끝으로 여러 인편을 거쳐 어렵사리 편지를 보내옴은 그야말로 천고에 기이한 일이라고 말할 만합니다. 그러나 이 시대, 이 세상에서 다시 만날 수 없다면 꿈속의 정황과 다름이 없어 실로 참된 정취는 없을 겁니다.

---

32 삼국시대 사마휘(司馬徽, ?~208)의 자. 수경(水鏡)선생이라 불리는 은자로, 유비에게 제갈량과 방통(龐統)을 천거함.

33 동한(東漢) 말기에 녹문산(鹿門山)에 은거한 명사로, 서서(徐庶), 사마휘(司馬徽), 제갈량(諸葛亮), 방통(龐統) 등과 교유함. 제갈량을 와룡(臥龍), 방통을 봉추(鳳雛), 사마휘를 수경(水鏡)이라고 일컬었다.

34 두 사람은 춘추시대 인물로, 농사짓는 일에 숨은 은자임. 『논어』에 나온다.

35 엄성(嚴誠, 1732~67)의 형 엄과(嚴果)의 호. 엄성은 담헌의 중국인 친구다.

혹시나 우리나라 안에서 한번 보고 그런 친구를 발견하여 서로 숨기거나 꺼려서 이야기하지 못할 것도 없다면, 천 리 길도 멀다 않고 수레를 몰게 하여 찾아가는 것이 어렵진 않을 겁니다. 모르겠습니다만, 형도 아직 그런 친구를 만난 적이 없는지요? 아니면 가슴속에 이런 생각 자체를 끊어버렸는가요? 지난날 의기투합하여 수다스럽게 이야기할 때에도 이런 문제는 언급하지 않았습니다만, 지금 때마침 일단의 울적한 생각이 들어 그냥 형께 이렇게 여쭈어봅니다.

『회성원집』에 붙인 발문繪聲園集跋

옛날에 붕우를 말할 때 사람들은 '제2의 나'라고 말하기도 하고, 혹 자신의 일처럼 돌보아주는 사람이란 뜻에서 주선인周旋人이라고 일컬었다. 이 때문에 한자를 만드는 사람이 깃 우羽라는 글자를 빌려서 벗 붕朋이라는 글자를 만들고, 손 수手와 또 우又라는 글자를 합쳐서 벗 우友라는 글자를 만들었다. 벗이란 새가 양 날개를 협력해서 날 수 있고, 사람에겐 두 손이 있어야 함과 같음을 말한 것이다.[36]

그런데도 붕우를 이야기하는 사람은 '천고의 옛사람을 벗한다〔尙友千古〕'고 말한다. 이 얼마나 답답한 말인가? 천고의 옛사람이란 이미 죽어 없어져 떠돌아다니는 티끌이나 싸늘한 바람이 되었을 것인즉, 누가 장차 '제2의 나'가 될 것이며, 누가 나의 '주선인'이 될 것인가?

양자운揚子雲[37]은 자신이 살던 시대에 지기知己를 도저히 얻을 수 없게 되자 슬퍼 탄식하며 천 년 뒤의 자신을 기다리겠다고 했다. 우리나라의 조보여趙寶汝[38]가 이 말을 비웃으며 말했다.

---

36 마테오 리치의 「교우론」에 나오는 말을 인용한 것이다.
37 서한(西漢) 때의 학자 양웅(揚雄, BC 53~AD 18).
38 조귀명(趙龜命, 1693~1737)의 자. 호는 동계(東谿). 문집 『동계집』이 있음.

"내가 양자운의 저서 『태현경太玄經』을 읽으매 눈으로 보면 내 눈은 양자운의 눈이 되고, 귀로 들으면 내 귀는 양자운의 귀가 되고, 손과 발로 춤추고 뛰면 각기 하나의 양자운이 되니, 하필 천 년이나 먼 뒤의 양자운을 기다릴 것인가?"

내가 이 말에 더욱 답답하고 울적하다 못해 바로 발광이 나려고 하여 이런 말을 하였다.

"눈도 때로는 보지 못하는 것이 있고 귀도 때로는 듣지 못하는 것이 있으니, 소위 손과 발이 춤추고 뛰는 양자운이란 장차 누구에게 듣게 할 것이며 누구에게 보게 할 것인가? 아! 눈과 귀, 손과 발이란 내 한 몸에 생겨나서 함께 붙어 있으니 나에게 이보다 더 가까운 것은 없다. 그런데도 오히려 믿지 못할 것이 이와 같은즉, 누가 능히 위로 천고의 앞 시대를 답답하게 거슬러 올라가 친구를 할 것이며, 어리석게 천 년 뒤의 나를 지루하게 기다리게 할 것인가?"

이렇게 본다면 벗이란 반드시 지금 현재의 이 세상에서 구해야 함이 분명하다.

아! 내가 청나라 사람 곽집환郭執桓[39]의 『회성원집』을 읽자 나도 모르게 마음속이 뜨겁게 달아오르고 눈물이 마구 쏟아져 이런 생각이 들었다.

'나와 봉규封圭 씨는 이 세상에 태어나서 함께 살고 있으니, 한유韓愈의 이른바 '나이가 서로 같으며 학문의 깊이도 서로 비슷하다'는 말에 해당하겠는데, 어찌 서로 친구가 될 수 없으랴? 정말 장차 친구가 될 수 있을진대 어찌 서로 만나볼 수 없다는 말인가? 사는 곳이 서로 만 리나 떨어져 지리적으로 너무 멀기 때문에 그런 것인가? 그렇지는 않다. 아아! 서로 만나볼 수 없는 처지라면 그래도 이를 친구라고 말할 수 있을까? 나는 봉규 씨의 신장이 몇 척이며, 수염과 눈썹이 어떻게 생겼는지 알지 못한다. 용모를 알

---

39   청나라 산서(山西) 사람. 자가 봉규, 근정(覲庭)이고 호는 반우(半迂), 동산(東山)이다.

수 없다면 나는 동시대에 함께 사는 사람에게 어떤 존재인가? 그렇다면 나는 장차 어찌해야 하는가? 내 장차 천고의 옛사람을 벗하는 방식으로 그를 친구로 삼을 것인가?'

봉규의 시는 매우 훌륭하다. 장편의 시는 요·순의 음악을 발현하였으며, 짧은 시는 옥구슬처럼 맑게 울린다. 시가 품위 있고 온아함은 마치 낙수洛水에 놀라 날아가는 기러기를 보는 듯하고, 깊고 쓸쓸함은 동정호洞庭湖[40] 물가의 낙엽 지는 소리를 듣는 듯하다. 나는 또 모르겠다. 이 시를 지은 사람이 양자운인지, 읽고 있는 나 자신이 양자운인지.

아, 우리는 비록 말이 다르지만 한자漢字라는 글자는 같으니, 시에서 표현된 기뻐 웃고 슬퍼 우는 감정만은 통역을 거치지 않고서도 서로 통한다. 왜 그런가? 감정을 겉으로 꾸미지 않았고, 소리는 진심에서 우러나왔기 때문이다. 나는 앞으로 봉규 씨와 함께 한편으로는 후세의 양자운을 기다리겠다는 사람을 비웃어주고, 한편으로는 천고의 옛사람과 벗하겠다는 사람을 불쌍하게 여길 것이다.

『회우록』에 붙인 서문會友錄序

우리나라 서른여섯 도회지의 땅을 두루 돌아서 동쪽으로 큰 바다를 굽이보면 바닷물이 하늘에 맞닿아 끝이 보이지 않고, 이름난 산과 거대한 봉우리가 그 안에 터를 잡고 있어서 백 리 되는 들판이 드물고 천 가구 되는 고을이 없다. 그 땅덩어리라는 것이 이미 좁다고 할 것이다.

그런데도 옛날의 소위 양주楊朱, 묵적墨翟, 노자, 부처 등의 이단도 아니건만 대립하는 의론의 네 파가 거기에 생겨났고, 옛날의 소위 사·농·공·상이 아닌데도 거기에 명분의 유파가 넷이 있다. 오직 옳다고 주장하는 바가

---

40   낙수는 중국 하남성 낙하(洛河)이고, 동정호는 호남성 북부에 있는 큰 호수.

같지 않을 뿐이건만 서로의 격렬한 의론은 적대하는 두 나라인 진秦, 월越 보다 더 멀어졌고, 서로의 처지가 다른 것일 뿐이건만 비교하고 따지는 명분은 중국과 오랑캐의 구분보다도 더 엄격하게 한다.

그리하여 형적이 드러날까 꺼리어 피차 소문을 들으면서도 서로 알고 지내지 않고, 신분상의 위엄에 구애되어 서로 교류하면서도 감히 벗으로 사귀지 못한다. 사는 동리가 같고 종족이 같으며, 언어나 복식도 나와 다른 것이 거의 없는데도, 서로 알고 지내지 않고 있으니 서로 혼인을 하겠는가? 감히 벗으로 사귀지 않으니 서로 동지가 될 수 있겠는가? 이 네 가지 의론과 네 가지 유파가 아득하니 수백 년 동안 진秦과 월越처럼, 중국과 오랑캐처럼 집을 나란히 하고 담을 잇대고 살고 있다. 그 습속이 어찌 이리도 좁아터졌는가?

덕보德保 홍대용洪大容이 일찍이(1765) 말 한 필을 타고 사신 행차를 따라서 중국에 갔다. 북경의 거리와 시장 사이를 서성거리기도 하고, 누추한 골목을 기웃거리다가 드디어 항주杭州에서 온 세 선비를 만났다. 그래서 스스로 그들의 숙소를 찾아가서 마치 오랜 친구처럼 환담하였다. 사람과 하늘, 성명性命의 근원, 주자학과 육상산[41]·왕양명[42] 학문의 차이, 역대 정치와 사상의 변천, 선비의 출처出處 태도를 고증하고 따지는 데서 서로 일치되지 않는 것이 없었다. 서로 충고하고 권면하는 말이 모두 간절한 성심과 염려하는 마음에서 우러나왔다. 처음에는 서로 알아주는 친구로 허여했다가 드디어 결의형제가 되었다. 서로 흠모하고 기뻐하기를 마치 탐나는 물건을 욕심내듯 하고, 서로 저버리지 말자고 언약하기를 마치 동맹국이 맹세하듯 하니, 그 의리가 족히 사람들을 감동시켜 눈물을 흘리게 할 만하였다.

---

41   송나라 육구연(陸九淵, 1139~93)의 호. 주희의 경쟁자로, 내면의 성찰을 강조함. 왕양명이 그 학문을 계승 발전시킴.

42   명나라 때의 사대부 사상가이자 교육가인 왕수인(王守仁, 1472~1528)의 호. 육상산의 학설을 발전시켜 성리학인 정주학(程朱學)에 대항함.

아아! 우리나라에서 항주까지는 거의 만 리의 거리이다. 홍군은 두 번 다시 그 세 선비를 만날 수 없을 것이다. 그런데 과거에 자기 나라에 있을 적에는 한 동네에 사는 사람조차 서로 알지 못하고 지내더니 이제 만 리 밖의 사람을 사귀며, 자기 나라에 살고 있을 때는 같은 종족끼리도 서로 교제하지 않다가 지금 다시는 보지 못할 사람과 벗을 하며, 전에 자기 나라에 살고 있을 때는 언어와 복식이 같으면서도 서로 친구하지 않더니 이번에는 느닷없이 말도 다르고 의복도 다른 사람들을 허교하는 것은 무엇 때문인가?

홍군이 수심으로 얼굴색이 변하더니 이윽고 말하였다.

"내가 우리나라 안에는 그럴 만한 사람이 없어서 벗을 사귈 수 없다고 감히 말하는 것은 아니라네. 실로 처지에 제약되고 습속에 구속되어, 마음속에 답답한 생각이 없을 수 없었네. 난들 오늘의 중국이 옛날의 중국이 아니며, 또 그 사람들의 복식이 옛날의 옷차림이 아니라는 것을 어찌 모르겠는가? 그러나 그 사람들이 거처하는 곳은 요·순·우·탕·문왕·무왕·주공·공자가 밟고 다니던 그 땅이 아니겠는가? 그들이 사귀는 선비들은 제齊·노魯·연燕·조趙·오吳·초楚·민閩·촉蜀 등에서 넓은 견문으로 멀리 유학을 한 선비가 아니겠는가? 그 사람들이 읽는 책이란 하夏·은殷·주周 3대 이래로 사해만국에 널리 퍼진 문헌이 아니겠는가?

제도는 비록 변했으나 도덕과 의리가 달라지지 않았다면, 이른바 옛날의 중국이 아닌 지금의 중국(청나라)에 백성으로 살고 있을망정 그 나라의 신하는 되지 않겠다고 하는 사람이 어찌 없다고 하겠는가? 그렇다면 그 세 사람이 나를 볼 때에 중국인이 아니고 오랑캐라고 여기는 차별과 형적이 드러나고, 신분의 위엄이 손상될까 꺼려하는 마음이 어찌 없다고 하겠는가? 그런데도 번거로운 겉치레를 벗어던지고, 까다로운 예절을 씻어버려 진정을 토로하고 간담을 털어놓았네. 그 틀이나 도량의 크고 넓은 점으로 볼 때 어찌 하찮은 명예·권세·잇속이나 바라고 악착스럽게 덤비는 그런

째쩨한 사람이겠는가?"

그러고는 세 선비와 필담한 내용을 묶어 만든 세 권의 책을 내게 내보이며 말한다.

"자네가 서문을 써주게."

내가 그 책을 다 읽고 나서 이렇게 탄복하였다.

"달관했구나, 홍군의 벗을 사귀는 방법이여! 나는 이제야 벗을 사귀는 도리를 터득하겠구나. 그가 누구를 벗하는가를 보고, 누구의 벗이 되는지 살펴보며, 또한 누구를 벗하지 않는지를 살펴보는 것, 이것이 내가 벗을 사귀는 방법이다."

홍대용 묘지명洪德保墓誌銘

덕보德保가 죽은 지 3일째 되는 날에 사신 행차를 따라 중국으로 들어가는 문객이 있었다. 그 노정이 삼하三河[43]를 지나가게 될 터인데, 삼하에는 덕보의 친구가 있다. 이름은 손유의孫有義, 호는 용주蓉洲이다. 몇 년 전이었다. 내가 북경으로 가는 길에 용주를 방문했다가 만나지 못해서 그 부인에게 편지를 남겨 덕보가 남쪽 땅에서 벼슬을 하고 있다는 소식을 갖추어 말하고, 우리나라의 토산품 몇 가지를 놓아두어 뜻을 전하고 돌아왔다. 용주가 편지를 뜯어보고 의당 내가 덕보의 친구임을 알았을 것이다. 그래서 중국으로 가는 문객에게 부탁하여 그에게 다음의 부고訃告를 전하게 하였다.

"건륭 계묘년(1783) 모월(10월) 모일에 조선 박지원은 머리 숙여 용주 귀하에게 아룁니다. 우리나라의 전임 영천榮川군수 남양南陽 홍담헌洪湛軒, 이름은 대용大容이요 자는 덕보가 올해 10월 23일 유시酉時[44]에 병석에서

---

43   중국 하북성 통주(通州)와 계주(薊州) 사이에 있는 지명.

44   오후 5시에서 7시 사이의 시간.

영영 일어나지 못했습니다. 평소에 지병이 없었는데 갑자기 풍증이 생겨서 입이 돌아가고 말문을 닫더니 잠깐 사이에 이 지경에 이르렀습니다. 향년 53세입니다. 아들 원薳[45]은 가슴 치며 통곡하느라 제 손으로 편지를 써서 부고를 전할 수 없습니다. 게다가 양자강 이남은 소식을 전할 길이 없사오니 귀하께서 절강浙江에 전달하여 중국의 친구들에게 그가 사망한 날짜라도 알게 해주신다면 산 사람이나 죽은 사람에게 여한이 없을 것입니다."

중국으로 가는 문객을 보내고 나서, 나는 항주 사람들의 글씨, 그림, 편지, 여러 문헌 등 모두 열 권을 직접 수습하여 관 옆에 진설하고, 관을 어루만지며 통곡하였다.

만 리 밖에서 의기투합하여 사귄 친구들, 이로부터 끊어지게 되었구나.

슬프다! 덕보는 사물의 이치에 통달하고 민첩하며 겸손하고 고상하였다. 식견은 심원하고 견해는 정밀하였으며, 특히 음률과 천문학에 정통하였다. 손수 만든 혼천의渾天儀 등과 같은 여러 기구는 생각과 고심을 거듭 축적하여 자신의 독창적 기지에서 나온 것이다. 처음에 서양인들은 지구가 둥글다는 것만 알았지 지구가 돈다는 사실을 말하지 못하였으나, 덕보는 일찍부터 지구가 한 번 돌아서 하루가 된다고 논설하였다. 그 학설이 미묘하고 심오했으나 미처 책으로 저술하지는 못하였으되 만년에는 땅이 돈다는 사실을 더욱 믿어 의심치 않았다.

세상에서 덕보를 존경하는 사람들조차도 그가 일찍부터 과거시험을 폐하고 명예나 잇속에 뜻을 끊어 조용히 들어앉아서 좋은 향이나 피우고 거문고와 가야금이나 타는 것을 보고서는 그가 담박하게 스스로 희희낙락하며 마음을 세상일에 두지 않으려는 정도로 그를 평가할 뿐이었다. 그러나 덕보가 모든 일을 종합하고 다스리며 어지럽고 잘못된 것을 정리하여 한 나라의 재정 관리와 외교적 능력을 갖추고 있고, 군대를 통솔하여 외적을

---

[45] 홍원(洪薳, 1764~?)은 홍대용의 아들로, 자는 장원(長遠)임.

막을 수 있는 기발한 책략을 가지고 있었지만, 단지 남들에게 드러내 보이기를 좋아하지 않는다는 사실은 자못 모르고 있었다. 그래서 몇몇 고을을 다스릴 때는 그저 서류를 잘 정리하고 매사를 미리미리 준비해서 고작 아전들을 공손하게 만들고 백성들이 잘 따르게만 하였을 따름이었다.

일찍이 그는 서장관으로 가는 숙부(홍억洪億)를 따라서 북경에 갔다가 유리창琉璃廠에서 육비陸飛,[46] 엄성嚴誠,[47] 반정균潘庭筠[48]을 만났다. 세 사람은 모두 전당錢塘[49] 사람으로 문장과 예술로 이름난 선비들이다. 그들은 중국 내의 명사들과 교유하는 인물들이었으나 모두 덕보를 큰 학자로 떠받들고 승복하였다. 그들과 필담한 수만 마디 말들은 경전의 뜻, 천인성명설天人性命說,[50] 역사 인물들의 출처와 대의 등을 논변 분석한 것이었으니, 해박하고 뛰어나서 그 즐거움을 다 말할 수 없었다.

영영 작별할 때가 되자 서로 바라보고 눈물을 흘리며 '한번 이별하면 다시 만나지 못할 것이니, 지하에서 만나더라도 부끄러운 일이 없도록 하자'고 맹세하였다. 특히 엄성과는 더욱 뜻이 서로 맞아서, '군자는 시대 상황에 따라 세상에 나오기도 하고 숨기도 한다'고 은근히 암시하였다. 엄성은 크게 깨닫고 남방으로 귀향할 뜻을 굳혔고, 그로부터 몇 년 뒤 복건福建에서 객사하였다. 반정균이 편지를 써서 덕보에게 부고를 했고, 덕보는 애통한 조사弔辭를 지어 향과 함께 용주에게 부쳤다. 그것이 여러 경로를 거쳐 전당 지방에 도착했으니, 그날은 바로 장차 대상大祥[51]을 지내는 날 저녁이었다. 서호西湖 주위의 각 고을에서 제사에 참례하러 왔던 손님들이 모두 놀라고 탄복하여 죽은 사람의 영혼이 이룬 이적異蹟이라 하였다. 엄성의

---

46   육비(1719~?)의 자는 기잠(起潛), 호는 소음(篠飮).

47   엄성(1732~67)의 자는 역암(力闇), 호는 철교(鐵橋)임.

48   반정균(1742~?)의 자는 난공(蘭公), 호는 추루(秋樓)임.

49   중국 절강성 항주(杭州)의 지방 이름.

50   인성(人性)과 천명(天命)에 관한 유교의 학설.

51   죽은 지 두돌 만에 지내는 제사.

형님 엄과嚴果는 덕보가 보낸 향으로 분향하고 애사를 읽으며 초헌을 하였다.

엄성의 아들 엄앙嚴昻[52]이 편지를 보내 덕보를 큰아버지라 호칭하며, 선친의 문집인『철교유집鐵橋遺集』을 보낸 것이 여러 사람의 손을 거쳐 돌고 돌아 9년 만에 비로소 이르렀는데, 문집에는 엄성이 직접 그린 덕보의 작은 초상화가 있었다. 엄성은 복건福建 지방에서 병이 위독할 때도 덕보가 준 조선의 먹을 꺼내어 냄새를 맡아보다가 가슴에 얹어놓고 운명하였다. 그리하여 그 먹을 관 속에 넣어주었다. 절강浙江 일대에서는 이 이야기가 신기한 일로 널리 전파되었으며 이를 소재로 하여 시문을 다투어 지었다. 주문조朱文藻[53]라는 사람이 편지를 보내 이런 정황을 알려 왔다.

아아! 덕보가 살았을 때의 우뚝한 모습은 마치 저 먼 옛날의 기이한 사적과 같았다. 선량한 성품을 가진 그의 친구들이 반드시 그 사적을 널리 퍼뜨려 비단 양자강 남쪽 지방에만 이름이 퍼지지는 않을 터이니, 그렇게 된다면 그 무덤에 내가 묘지명을 쓰지 않더라도 덕보의 이름은 영원히 없어지지지 않으리라.

덕보의 부친 역櫟은 목사를 지냈으며, 조부 용조龍祚는 대사간을 지냈고, 증조부 숙㙉은 참판을 지냈다. 어머니 청풍淸風김씨는 군수를 지낸 김방金枋의 따님이다. 덕보는 영조 신해년(1731)에 태어났다. 음직으로 선공감繕工監[54] 감역監役을 받았고, 곧 돈령부敦寧府[55] 참봉으로 옮겼다가, 다시 세손익위사世孫翊衛司[56] 시직侍直에 제수되었다. 사헌부 감찰로 승진되고, 종친

---

52   엄앙은 본시 엄성의 형인 엄과의 아들이다. 엄성의 아들이 너무 어렸기 때문에 엄앙을 엄성의 양자로 들여 초상을 치르게 하였다.

53   주문조(1736~1806)는 항주 출신의 장서가로, 자는 영순(暎淳), 호는 낭재(朗齋), 벽계거사(碧溪居士)임. 엄성 사후에 그의 글을 수습해 문집을 만들었다.

54   궁궐과 관청의 건축, 수리를 담당한 기관.

55   종친부에 속하지 않은 종친과 외척을 예우하기 위해 만든 관청.

56   세손의 호위 임무를 맡은 기관이며, 당시 세손은 뒷날 정조 임금이다.

부宗親府 전부典簿로 전임하였다가, 외직으로 태인泰仁현감으로 나가고, 영천榮川[57]군수로 승진되어, 몇 년 뒤에 모친이 연로하다는 이유를 들어 벼슬을 버리고 돌아왔다.[58] 부인은 한산韓山이씨 이홍중李弘重의 따님이다. 슬하에 1남 3녀를 두었는데, 사위는 조우철趙宇喆, 민치겸閔致謙, 유춘주兪春柱이다. 조우철에게는 아들 둘, 유춘주에게는 아들 하나를 두었으나 모두 어린 나이이다. 덕보는 일찍이 죽은 사람에게 반함을 할 적에 각사角柶[59]를 사용하는 것이 불편하다고 회의하여, 식구들에게 반함을 하지 말라고 부탁하였다. 덕보의 초상에 아들 원薳은 통곡하고 발을 구르며 "아버님이 생전에 정신이 있을 때 남긴 당부이시다" 하고, 드디어 반함은 하지 않았다. 그해 12월 8일 청주 아무 묏자리[60]에 장사 지냈다.

북경 유리창에 홀로 서다[61]

수레를 몰아 정양문正陽門을 나가 유리창琉璃廠[62]을 지나갔다. 유리창은 집이 몇 칸이나 되느냐고 물었더니 대답하는 사람이 모두 27만 칸이 된다고 한다. 대개 정양문에서 가로로 뻗어서 선무문宣武門에 이르기까지 다섯 거리가 있어 모두 유리창인데, 국내외의 온갖 재화와 보물들이 모여들고 쌓여 있는 곳이다.

나는 유리창의 한 누각에 올라 난간에 기대어 탄식하며 문득 이런 생각이 들었다.

---

57   경상북도 영주(榮州)시의 옛이름.
58   1780년에서 1783년까지 근무함.
59   뿔로 만든 숟가락으로, 반함을 할 적에 입이 닫히는 것을 방비하기 위해 이것으로 치아를 고인다.
60   충청남도 천안시 동남구 수신면 장산리 소재.
61   「관내정사(關內程史)」 8월 4일 일기의 한 대목을 이 제목으로 바꿈.
62   북경의 고문화거리로, 서점과 문방사우, 골동품, 서화를 파는 상점이 약 1킬로미터에 걸쳐 있는 곳이다.

천하에 정말 자신을 알아주는 사람이 단 하나라도 있다면 그에게는 족히 여한이 없을 것이다. 아! 사람들의 심정은 항상 그런 사람이 있는지 살펴보려고 하여, 그런 지기知己를 얻을 수 없으면 때때로 아주 큰 천치가 되거나 미치광이가 되고 만다. 이럴 때 내가 아닌 타인의 처지에서 나를 살펴보아서, 자신이 만물과 조금도 다를 바 없다고 느껴져야, 장차 몸놀림이 자유로워져서 여유가 있고 거리낌이 없게 될 것이다.

성인들은 이런 방법을 사용했으므로 세상을 버리고 은둔하여도 고민이 없을 수 있었으며, 외롭게 혼자 있어도 두려움이 없을 수 있었다. 공자는 '남들이 자신을 알아주지 않아도 화를 내지 않는다면 군자답지 않겠는가?'라고 했으며, 노자는 '나를 알아주는 사람이 많지 않으면 나는 아마 귀한 존재일 것이다'라고 했다.

그들은 자신의 존재를 남들에게 알리고 싶지 않았음이 이와 같아서 자신의 의복을 바꾸어 변장하기도 하고, 용모를 바꾸기도 하며, 이름을 바꾸어버리기도 했다. 이것이 성인, 부처, 현인, 호걸 들이 완세불공하고, 비록 천하를 다스리는 왕의 자리를 준다 해도 자신의 즐거움과 바꾸지 않을 수 있었던 까닭이다. 이런 경우, 천하에 한 명이라도 자신을 알아주는 사람이 있으면 자신의 행적을 드러내지 않으려는 생각은 그만 실패로 돌아가게 된다.

그러나 그 사람의 속마음을 정말 들여다본다면 미상불 천하에 한 명쯤은 자신을 알아주는 사람이 있기를 못내 기대하였을 것이다. 그러므로 요堯임금이 평상복으로 갈아입고 거리에 나섰으나 태평성대를 노래하는 농부가 있었고, 석가가 모습을 변장했으나 제자 아난阿難이 알아보았다. 주나라 태백太伯은 왕위를 동생에게 물려주려고 문신을 하고 피했지만 그 아우 중옹仲雍이 알아보고 뒤를 따라갔다. 전국시대 예양豫讓이라는 사람은 임금의 원수를 갚기 위해 몸에 옻을 칠하여 문둥이처럼 되었으나 알아보는 벗이 있었다. 초나라 굴원屈原은 모함을 받고 쫓겨나서 얼굴이 홀쭉하게 말랐으나 알아보는 어부가 있었으며, 월越나라 범려范蠡[62]는 치이자鴟夷子로 이름을 바꿨으나 월왕의 애첩 서시西施가 알아보았다. 진秦나라 재상 범저范雎[64]는 장록張祿으로 성명을 바꾸어 여관에서 어정거렸으나 위魏나라 대부 수가須賈가 알아보았고, 진시황을 죽이라고 자객을 보낸 일이 실패하고 들통이 나자 장량張良은 성명을 바꾸고 하비下邳의 흙다리 위에서 조용히 숨어서 있었으나 황석공黃石公[65]이 그를 알아보았다.

지금 나는 유리창 안에 홀로 외롭게 서 있다. 내가 입은 옷과 쓴 갓은 천하의 사람들이 알지 못하는 것이다. 나의 용모는 천하 사람들이 처음 보는 모습이다. 나의 성씨인 반남潘南박씨는 중국 사람들이 들어보지 못한 성씨일 것이다. 이렇게 천하 사람들이 나를 몰라보게 되었으니 나는 성인도 되고, 부처도 되고, 현인과 호걸이 된 셈이다. 거짓 미친 체했던 은나라 기자箕子[66]나 초나라 접여接輿[67]처럼 미쳐 날뛰어도 되겠지만, 그러나 장차 누구와 함께 이 지극한 즐거움을 논할 수 있겠는가?

어떤 사람이 물었다. 공자가 송宋나라를 지날 때 습격을 받아 위험에 처하자 변복을 했다고 하는데, 당시 공자는 무슨 옷과 모자로 변장을 했느냐고. 나는 크게 웃으며 "아무렇지도 않게 사람을 함부로 죽이려고 하는 그런 위험이 어디에서 언제 닥칠지 모르는 상황에서 미복을 하여 별의별 차림으로 다녔을 터인데, 어느 누가 공자의 모습을 제대로 보았겠는가?"라고 말해주었다. 당시 공자는 제자 안연顔淵이 뒤에 처져서 오지 않자 혹 죽었는가 걱정을 하였는데, 안연이 뒤따라와서 '선생님께서 계시온데 제가 어찌 감히 먼저 죽을 수 있겠습니까?'라고 말했다. 공자에게 천하의 사람

---

63 춘추시대 월나라 왕 구천(句踐)의 책사로 오나라를 멸망시킴. '토사구팽' 참조.
64 중국 전국시대 진나라의 정치가.
65 중국 진(秦)나라 말기의 은자이자 병법가. 장량의 스승이 되었다.
66 은(殷)나라 왕족 출신으로, 우리나라로 왔다는 인물(기자동래설).
67 전국시대 초나라 광인인 육통(陸通)의 별명.

중에서 공자 자신을 진정 알아준 사람을 논하여보라고 한다면, 오직 안연한 사람을 꼽았을 것이다.

취해서 운종교를 거닐던 이야기醉踏雲從橋記

초가을 13일 밤이었다.[68] 박성언朴聖彦[69]이 이성위李聖緯,[70] 그 아우 성흠聖欽,[71] 원약허元若虛,[72] 여생呂生, 정생鄭生, 동자 현룡見龍을 데리고 이무관李懋官[73]에게 들렀다가 이무관까지 이끌고 나를 찾아왔다. 그때 마침 참판 서원덕徐元德[74]이 먼저 찾아와 자리에 앉아 있었다. 성언이 책상다리를 하고 앉아서 옆 사람에게 일부러 방해라도 하듯 팔을 옆으로 뻗고는 밤이 깊은지 자주 살폈다. 입으로는 간다 간다 하면서도 오랫동안 눌러앉아 이리저리 돌아보며 눈짓을 해도 아무도 먼저 선뜻 일어서려고 하지 않았다. 원덕도 좀처럼 갈 뜻을 보이지 않자, 결국 성언이 사람들을 앞세우고 가버렸다.

한참 있다가 동자가 되돌아와서 전갈하였다.

"손님도 이제는 돌아갔을 것이라며, 여러분들이 거리를 산보하며 어르신이 오시기를 기다려 술을 마시려고 한답니다."

원덕이 웃으면서 말한다.

"진秦나라 출신이 아니라고 손님을 쫓아내는구나!"[75]

---

68 1776년 음력 7월. 연암 40세.

69 박제가의 적형(嫡兄)인 박제도(朴齊道)의 자.

70 이희경(李喜經, 1745~1805)의 자. 호는 윤암(綸菴), 사천(槎泉).

71 이희명(李喜明, 1749~?)의 자. 『열하일기』에는 주민(朱民)으로 되어 있다.

72 원유진(元有鎭, 1751~1826)의 자.

73 이덕무(李德懋, 1741~93)의 자. 호는 형암(炯菴), 아정(雅亭), 청장관(靑莊館).

74 서유린(徐有隣, 1738~1802)의 자. 호는 영호(穎湖). 호조참판, 이조판서를 지냄.

75 진시황이 천하를 통일하고 나서 진나라 출신이 아닌 식객을 쫓아낸 일이 있었다. 이사(李斯)가 「상진황축객서(上秦皇逐客書)」를 써서 진시황의 마음을 바꾸게 하였다고 한다.

드디어 일어나 동자를 데리고 걸어서 거리로 나왔다. 성언이 핀잔하는 투로 말한다.

"달 밝은 밤에 어른이 찾아갔으면 술이라도 내놓고 환대하지는 않고, 유독 지위 높은 분을 붙들고 이야기에만 정신이 팔려서 어른을 밖에서 어찌 이렇게 오래 서 있게 한단 말이오?"

내가 재바르지 못하였음을 사과하자, 성언은 주머니에서 50전을 꺼내어 술을 샀다. 약간 취해서 운종가雲從街[76]를 나와 종각 아래까지 달빛을 밟으며 걸었다. 그때 밤은 깊어 이미 자정을 조금 넘긴 시각이었다. 달빛은 더욱 밝아서 사람의 그림자가 모두 열 길씩이나 뻗치니 스스로 돌아보면서 섬뜩하니 무서운 마음이 들었다. 거리에는 여러 마리의 개가 요란스럽게 짖는 중에 덩치가 크고 희며 여윈 맹견이 동쪽에서 나타났다. 여러 사람이 에워싸고 쓰다듬어주니 그놈은 좋아서 꼬리를 흔들면서 고개를 숙이고 한참 동안 서 있었다.

일찍이 들으니 이 커다란 개는 몽고 태생인데, 큰놈은 말만 하고 성질도 사나워 다루기 어렵다고 한다. 중국에 들어간 종자는 그중에서도 특히 작아서 길들이기가 쉽고, 우리나라에 들어온 놈은 또 그중에서도 작은 종자라고 하지만 우리 토종개에 비하면 월등하게 크다. 낯선 것을 보고도 잘 짖지 않지만 한번 화를 내면 으르렁거리며 위협을 가한다.

세속에서는 이 개를 '호박개(胡白)'라고 부르며, 그중에서 아주 작은 놈은 세간에서 '발바리'라고 부르는데 중국 운남雲南에서 나는 종자다. 모두 고기를 좋아하지만 아무리 배가 고플 때라도 불결한 것은 먹지 않는다. 불러서 뭘 시키면 주인의 의사를 잘 알아차리고, 목에 편지를 걸어주면 비록 먼 곳이라도 반드시 전해주며, 혹 사람을 만나지 못하면 그 집의 어떤 물건을 물고 돌아와서 편지를 전했다는 표시를 보인다고 한다. 해마다 항상 중

---

76   종로 거리.

국에 다녀오는 사신을 따라 우리나라로 들어온다. 그러나 대부분 굶어 죽고, 살아남은 것도 항상 혼자 돌아다니며 기를 펴지 못한다.

무관이 취한 김에 그놈의 자字를 '호백豪伯'이라 지어서 불렀다. 조금 지나서 그놈이 어디론지 가버리자, 무관은 서운해서 동쪽을 향하여 마치 친구나 부르듯 "호백아!" 하고 연거푸 세 번 불렀다. 모두 크게 껄껄 웃어 거리가 떠들썩해지자 여러 마리의 개가 이리 뛰고 저리 닫고 하면서 더욱 짖어대었다.

드디어 현현玄玄[77]을 찾아가서 술을 더 마시고 흠뻑 취하여 운종교를 거닐면서 난간에 기대어 옛날 일을 이야기하였다. 지난날 정월 대보름 밤에 연옥連玉[78]이 이 다리 위에서 춤을 추었고, 백석白石[79]의 집에 가서 차를 마셨었지. 그때 혜풍惠風[80]은 거위의 목을 끌고 몇 바퀴를 돌면서 마치 하인에게 분부나 하듯 장난을 쳐서 모두 웃고 즐거워했는데, 벌써 여섯 해가 흘렀구나. 혜풍은 남쪽으로 금강錦江에 유람을 갔고, 연옥은 서쪽 평안도로 내려갔는데 다들 무탈한지?

수표교水標橋[81]로 다시 와서 다리 위에 나란히 걸터앉았다. 달은 바야흐로 서쪽으로 기울어 진홍빛을 띠고, 별빛은 더욱 일렁이며 둥글게 커져 곧 얼굴 위에라도 떨어질 듯하고, 이슬은 무거워 옷과 갓이 죄다 젖었다. 흰구름이 동쪽에서 일어나서 차츰차츰 가로질러 북쪽으로 옮겨가니, 도성 동쪽의 청록빛은 더욱 짙게 보였다. 와글와글 개구리 소리는 마치 눈과 귀가 어두운 고을원님에게 관할 백성들이 몰려들어 송사를 아뢰는 것 같고,

---

77   누구의 호인지 미상. 혹 당시 모임에 참여했던 원유진의 부친 원중거(元重擧)의 호가 현천(玄川)인데, 원유진의 집으로 몰려가서 술을 마신 것이 아닌지 추측해본다.

78   유련(柳璉, 1741~88)의 자. 다른 자는 탄소(彈素), 호는 기하(幾何). 뒤에 유금(柳琴)으로 개명했다.

79   이홍유(李弘儒, 1743~1812)의 호. 자는 사종(士宗). 뒷날 이정유(李正儒)로 개명.

80   유득공(柳得恭, 1748~1807)의 자. 호는 영재(泠齋).

81   서울 중구 수표동(水標洞)과 종로구 관수동(觀水洞) 사이의 청계천 다리. 당시에는 난간이 없었다.

맴맴 매미 소리는 마치 공부를 엄하게 시키는 학당에서 시험을 보는 날이 닥쳐와서 학동들이 글을 암송하는 것 같으며, 꼬끼오 닭 우는 소리는 마치 용맹 강직한 한 선비가 임금에게 직간하는 것을 자신의 소임으로 여겨 바른말을 하는 것 같다.

벗을 잃은 슬픔[82]

지독한 더위에 형제분들은 여전히 잘 지내시는가? 성흠聖欽[83]은 근래 어떻게 생활하고 있는가? 마음에 걸려 더욱 잊을 수 없네. 중존仲存[84]과는 때때로 서로 만나 술이라도 마실 수 있겠지만, 백선伯善[85]은 청교靑橋[86]를 떠났고 성위聖緯[87]도 이동泥洞[88]에 없으니, 이런 긴긴 여름날에 어떻게 소일하는지 모르겠네.

들자 하니 재선在先[89]은 이미 관직을 그만두었다고 하던데, 돌아온 후에 몇 번이나 서로 만났는가? 그 사람이 진작 조강지처를 여의고, 또 무관懋官[90] 같은 훌륭한 친구를 잃게 되어 아득한 이 세상에 아주 외롭고 쓸쓸한 신세가 되었을 것이니, 그의 얼굴과 말은 보고 듣지 않더라도 상상할 수 있

---

82   원제는 '여인(與人)'이다. 신유사옥 때 처형된 문인화가 이희영(李喜英, 세례명 루카, 호는 추찬秋饌, 1757~1801)에게 보낸 것으로 추정된다. 수신인을 일부러 감추기 위해 '어떤 사람에게'라고 한 것으로 보인다.

83   이희명(李喜明, 1749~?)의 자. 『열하일기』에는 '성흠'이라는 자를 감추기 위해, '주민(朱民)'이라고 썼다. 이희영의 형이다.

84   이재성(李在誠, 1751~1809)의 자. 연암의 처남이다.

85   남덕신(南德新, 1749~?)의 자. 부친은 판관을 지낸 남윤정(南胤正)이다.

86   중구 쌍림동 소재.

87   이희경(李喜經, 1745~1805)의 자. 호는 윤암(綸菴), 십삼(十三), 사천(麝泉). 이희명, 이희영의 형이다. 동생으로 희정(喜楨), 희명, 희영, 희성(喜成)이 있다.

88   서울 종로구 운니동.

89   박제가(朴齊家, 1750~1805)의 자.

90   이덕무(李德懋, 1741~93)의 자.

겠네. 정말 천지간에 의지가지 하나 없는 불쌍한 사람이라고 말할 만하네.
아! 마음 아픈 일일세.

내 일찍이 이런 생각을 해보았네. 친구를 잃은 슬픔은 아내를 잃은 슬픔
보다도 더 심하다고. 아내를 잃은 사람은 그래도 두 번 세 번 장가라도 들
수 있고, 서넛의 첩을 두더라도 못 할 일은 없네. 마치 의복이 터지고 해지
면 깁고 꿰매며, 그릇이 깨지고 이가 나가면 새것으로 바꾸는 것과 같네. 때
에 따라서는 후처가 전처보다 나을 수 있고, 혹 나는 비록 늙었더라도 후처
가 젊고 예쁘다면 그 신혼의 즐거움이 초혼과 재혼의 차이가 없을 것이네.

친구를 잃는 고통을 당하게 되면, 내 다행히 눈이 있다고 한들 누구와
내가 보는 것을 함께 볼 것이며, 내 다행히 귀가 있다 하더라도 누구와 내
가 듣는 것을 함께 들을 것이며, 내 다행히 입이 있다 한들 누구와 내가 맛
보는 것을 함께 맛볼 것이며, 내 다행히 코가 있다고 한들 누구와 내가 맡
는 냄새를 함께 맡을 것이며, 내 다행히 마음이 있다 하더라도 누구와 나의
지혜와 깨달음을 함께할 것인가?

종자기鍾子期[91]가 죽었을 때, 백아伯牙라는 사람은 석 자의 오동나무 거
문고를 끌어안고, '내 장차 누구를 향해 연주할 것이며, 누구에게 이 소리
를 듣게 할 것인가?'라고 생각했을 것이다. 그 형세를 말하자면 부득불 옆
구리에 차고 있던 칼을 뽑아 다섯 줄의 현을 한 번 긁었을 터이니, 그 소리
가 '뜨르르렁' 하고 났으리라. 그리고 거문고 줄을 끊고, 거문고를 동강 내
고, 부딪치고, 깨고, 부수고, 밟아서 모조리 아궁이에 처넣고 단번에 불살
라버린 연후라야 마침내 분이 풀려 후련했을 것이네. 그리고 자신에게 자
문자답했겠지. '네 속이 이제 후련하냐?' '아주 통쾌하지.' '너는 통곡하고
싶겠지?' '그래 울고 싶다.' 그러자 통곡 소리가 천지간에 가득 차서 마치
종과 경쇠가 소리를 내는 듯하고, 눈물이 솟구쳐 옷섶에 떨어지니 유리알

---

91   춘추시대 초(楚)나라 인물로 음악에 정통하였고, 거문고의 명수였던 백아의 음악을 잘 이해
      했다.

과 옥구슬 같았으리라. 눈물을 드리운 채 눈을 들어 바라보면 "텅 빈 산에 사람 하나 보이지 않는데, 무심하게도 물은 절로 흐르고 꽃은 흐드러지게 피었다"[92]는 정경, 바로 그것이었으리라.

당신이 백아를 만나보고 이런 소리를 하느냐고 묻는다면, 나는 '아무렴, 보았고말고!'라고 대답하리라.

정석치 제문祭鄭石癡文[93]

석치石癡! 살아 있는 자네라면 초상집에 함께 모여서 통곡할 수 있고, 함께 모여서 조문할 수도 있고, 함께 모여서 욕도 할 수 있고, 함께 모여서 낄낄거릴 수도 있고, 몇 섬의 술을 퍼마시고 서로 벌거벗은 몸으로 치고받고 싸울 수 있으며, 몸이 꼬꾸라지도록 대취하여 자네와 내가 너나들이하는 사이라는 것도 잊어버리고, '웩' 하고 토해내어 머리가 지끈지끈 쑤시고 속이 뒤집혀 어질어질 어지러워 거의 초주검이 되어서야 그칠 터인데, 지금 이 초상집에 자네가 없는 걸 보니 석치 자네는 정말 죽었구나.

석치! 자네가 죽자 자네 시신을 둘러싸고 통곡하는 사람은 바로 자네의 처첩과 형제 및 자손, 친척이다. 모여서 곡을 하는 사람이 적지 않은데, 상주의 손을 잡고 서로 위로하며 "훌륭한 가문이 불행하여 지혜로운 사람이 어쩌다가 이 지경에 이르렀습니까?"라고 말하면, 형제들과 자손들은 "저희 집안의 흉악한 재앙입니다"라 말하네. 자네의 친구들과 동료들이 서로 "이런 사람은 정말 쉽게 얻을 수 없는 인물인데" 하면서 탄식하니, 모여서 조문하는 사람이 실로 적지 않구나.

석치! 자네와 원한이 있는 사람은 자네에게 "염병 들어 뒈져라" 하고 욕

---

92 "공산무인 수류화개(空山無人 水流化開)"라는 말은 소동파의 작품에 나오는 구절이다.

93 석치는 정철조(鄭喆祚, 1730~81)의 호. 자는 성백(誠伯). 벼루를 매우 좋아하여 호를 석치라고 했다.

을 했던 사람일 터인데, 석치 자네가 죽으매 자네를 욕하던 사람의 원한은 이미 갚은 것이네. 죽음보다 더 심한 앙갚음은 없는 법이니 말일세.

세상에는 정말 인간 세상을 허황한 꿈의 세계로 여기고, 이 속세를 즐겁게 놀며 장난하는 사람이 있지. 이 사람이 자네의 죽음 소식을 듣는다면 장차 한바탕 웃으며 참 세상으로 돌아갔다 여길 것이야. 한바탕 웃느라 입안에 머금은 밥알을 벌떼처럼 뿜어낼 것이고, 턱을 조인 갓끈은 썩은 새끼줄처럼 쉽게 끊어지리라.

석치! 자네는 정말 죽었는가? 귓바퀴는 이미 썩어 문드러지고, 눈알도이미 썩었는가? 정말 듣지도 보지도 못한단 말인가? 술을 부어 강신降神을하여도 정말 마시지도 않고 취하지도 않는구나. 평소 자네와 술을 마시던무리와 이젠 정말 작파하고 떠나며 뒤돌아보지 않으려는가? 정말 작파하고 떠나며 뒤돌아보지 않는다면, 우리끼리라도 서로 모여 큰 바가지로 술을 한바탕 퍼마시리라.

자네의 제문을 지어 읽겠네. (이하 원문 누락)

이몽직의 죽음에 부친 애사李夢直哀辭[94]

무릇 사람이 살아간다는 것은 가히 요행이라고 말할 만하다. 그럼에도그 죽음이 교묘하지 않고 그럴 만한 이유가 있음은 무슨 까닭인가?

하루에도 죽을 위험에 부딪치고 근심과 재난을 당하는 것이 몇 번이나되는지 알 수 없다. 그러나 그런 일이 단지 털끝만 한 사이에 갑자기 일어나고 잠깐 사이에 스쳐 지나가는 데다가, 때마침 귀와 눈이 알아서 민첩하게 피하고, 손과 발이 막아주기 때문에 그렇게 되었던 까닭을 자각하지 못했을 뿐이다. 그리하여 대부분 사람은 느긋하고 거리낌 없이 마음대로 나

다닐 수 있고, 당장 오늘 저녁에라도 무슨 일이 일어나지나 않을까 하는 근심을 하지 않게 된다. 만약 사람마다 뜻밖의 무슨 변을 당하지 않을까 하고 항상 근심을 품는다면, 무참할 정도로 두려움에 싸여 비록 종일 문을 닫아걸고 눈을 감고 들어앉아 있어도 그 근심을 다 견뎌내지 못할 것이리라.

옛날에 사람의 기를 보고 길흉을 점치는 관상쟁이가 한 여자의 상을 보고는 소에게 받히는 것을 조심하라고 일러주었다. 그 여자가 어느 날 방문 앞에서 귀이개로 귀를 후비다가 방문이 벌컥 열리며 부딪히는 바람에 죽었다. 귀이개는 소뿔로 만든 것이었다. 또 운수를 보는 사주쟁이가 한 사내의 사주를 논하며 쇠를 먹고 죽을 팔자에 해당한다고 했는데, 어느 날 그 사내가 이른 아침에 밥을 먹다가 숟가락이 허파 속으로 빨려 들어가는 바람에 죽고 말았다.

그 기이하게 적중하고 공교롭게 징험된 것이 이와 같은 데다가, 또한 아닌 게 아니라 사건이 생기기 전에 조심하라고 주의까지 받지 않았던가? 그러나 쇠는 먹을 수 있는 물건이 아니고 소는 여자들의 거처에 기르는 가축이 아닌 만큼, 비록 운명을 아는 술사術士일지라도 미리 헤아리고 이를 삼가 조심하기는 어려웠을 것이다.

아하! 『중용』에 이르기를 "군자는 누가 듣지 못하는 곳에서도 두려워하고, 누가 보지 못하는 곳에서도 조심한다"[95] 했으나, 어찌 소에 받힌다거나 쇠를 삼킨다는 따위를 두고 한 말이겠는가? 요컨대 높은 곳에 오르지 않거나 깊은 물가에 가지 않거나 말을 신중히 하고 음식을 절제하라는 내용이어서, 나의 마음속에 일어나는 한 가지 생각을 경계하라는 의미일 따름이니, 밖에서 닥쳐오는 환난에 대해서야 또한 다시 어찌하겠는가?

이몽직李夢直의 이름은 한주漢柱이다. 본관은 덕수德水이며, 충무공 이순신의 후손이다. 그 선친은 절도사를 지낸 이관상李觀祥[96]으로, 금오랑金吾

---

95   『중용』 1장에 "계신호기소부도 공구호기소불문(戒愼乎其所不睹 恐懼乎其所不聞)"라는 말이 있다.

郎 벼슬을 하는 나의 자형 서중수徐重修[97]에게 외삼촌이 된다. 그래서 몽직은 어린 시절부터 내게 글을 배웠고, 그 매부인 박제운朴齊雲[98]은 연소하나 문장에 능하다. 호를 초정楚亭이라 하는데 나와는 친한 사이이다.

몽직은 대대로 장수 집안이라서 비록 무관의 직업에 종사했으나, 글 하는 선비를 좋아하여 항상 초정을 따라와 내게 와서 놀았다. 사람됨이 어려서는 곱상했으며, 장성해서는 소탈 명랑한 것이 좋아할 만했다.

하루는 남산에서 활쏘기를 연습하다가 잘못 날아온 화살에 맞아 죽었다. 그렇게 죽은 데다가 자식도 두지 못했다. 슬프다! 나라가 오래 태평하고 사방 변경에는 전란으로 싸울 일이라고는 없는데도, 장사가 홀로 활촉 아래에 죽는다는 것이 어찌 공교로운 일이 아니랴. 무릇 사람이 하루하루를 산다는 것이 정말 요행이라 말할 만하다. 여기 애사哀辭를 지어 저 전장에서 죽은 장사를 애도하고, 이로써 몽직의 죽음에 애도를 표한다.

장사는 기세 좋게 싸움터로 달려가니	士踊躍兮赴戰場
양군이 대적하매 바람과 모래 몰아친다	風沙擊兮兩軍當
그 소리 쉬고 사납지만 높지는 않고	聲嘶暴兮還不颺
입으로 칼을 물고 창 춤을 추며 나간다	口含劍兮前舞槍
뭇 칼날 모여들어도 눈 하나 깜짝 않고	目不瞬兮集衆鋩
오른발로 밟아버리고 왼발로 날려버린다	踏右足兮左脚揚
죽을힘을 다함은 군왕을 위함이요	竭膂力兮爲君王
용모와 목소리 거칠지만 정말 미쳐서가 아니다	容聲惡兮諒非狂
아, 슬프다!	嗚呼
전사한 지 오래나 선 채 거꾸러지지 않고	死已久兮立不僵

---

96 이관상(1716~70)은 이몽직의 생부로, 자는 국빈(國賓)이고 함경도 병마절도사를 지냄.

97 서중수(1734~1812)는 연암의 둘째 자형이고, 자는 성백(成伯)이다.

98 박제가의 처음 이름으로, 이관상의 셋째 딸과 혼인하여 이몽직에게는 매부가 된다.

두 손을 불끈 쥐며 부릅뜬 두 눈　　　　　　手猶握兮兩目張

자손에게 음공을, 그 마을에 정표旌表 남겨　　蔭子孫兮表其鄕

청사에 기록되어 아름다운 이름 길이 전하리라　史書之兮流芬芳

　나는 나의 벗 이사춘李士春[99]이 죽은 뒤로는 다시는 사람들과 교제하고 싶지 않았고, 아울러 경사를 축하하거나 조문하고 위로하는 일 따위를 모두 그만둬버렸다. 평생 절친하게 지내던 유사경兪士京[100]과 황윤지黃允之[101] 등이 뜻밖의 위험을 당해 섬에 유배되어 거의 죽게 되었어도 한 글자의 안부조차 일찍이 묻지 않았다.[102] 비록 오고 갈 일이 있어도 이웃에 물이나 불을 빌리러 가거나, 상복을 입어야 할 가까운 집안의 초상에 문상을 다니는 정도에 지나지 않았다. 사람들이 자못 원망하고 노여워하여 꾸지람과 책망이 함께 이르기까지 했으나, 또한 감히 스스로 이같이 된 사정을 말할 수도 없어 버림받고 절교를 당하는 것을 내심 달갑게 여길 수밖에 없었다. 비록 미치광이나 슬기롭지 못한 사람으로 지목되었어도 그들을 원망하지는 않았다.

　무릇 사람의 생각이란 모두 망상이요, 인연이란 모조리 악연이다. 생각하는 데서 인연이 생기고, 인연이 생기면 교제하게 되고, 교제하면 친하게 되고, 친하면 정이 생기고, 정이 생기면 곧 원통한 업보가 되는 법이다. 정든 사람의 죽음이 이사춘처럼 처참하고 이몽직처럼 공교롭게 된다면 일평생에 기쁘거나 즐거운 일은 거의 없을 터이고, 바로 재앙, 근심, 죽음, 초상의 뼈아픈 고통만 있을 것이다. 이는 어찌 망상과 악연이 모여 이루어진 원통한 업보가 아니겠는가?

99　　이희천(李羲天, 1738~71)의 자. 호는 석루(石樓). 금서인 『명기집략(明紀緝略)』을 소지했다
　　　는 이유로 저자에서 효수되었다.

100　　유언호(兪彦鎬, 1730~96)의 자. 호는 즉지헌(則止軒)이고 문집 『연석(燕石)』이 있다.

101　　황승원(黃昇源, 1732~1807)의 자.

102　　유언호와 황윤지는 당쟁에 관련된 글을 올렸다가 1772, 1773년에 각각 흑산도로 유배되었다.

만약 애초부터 이몽직과 면식이 없었더라면 비록 그가 죽었다는 소식을 들었다 하더라도 애태우고 참담한 고통이 의당 이처럼 심각하지는 않았으리라. 몽직이 내게 와 교유한 것이 비록 이사춘처럼 정이 깊고 정의가 도탑지는 못했지만, 그래도 달 밝은 저녁이나 눈이 소복하게 내린 밤에 문득 술을 잔뜩 가지고 와서 거문고를 뜯고 그림을 품평하며 질탕하게 놀고 실컷 퍼마셨다.

내가 조용히 거처하며 자리에 편하게 앉았거나 혹 쓸쓸히 달밤을 거닐고 있으면 몽직이 이미 와 있었고, 눈 내리는 것을 보고 문득 몽직을 생각하면 문 두드리는 소리가 나고 어김없이 몽직이 왔었다. 이제는 끝났구나. 내가 기왕에 그의 집에 가서 곡하고 조문을 할 수 없는 형편이었기에, 이 애사를 지어서 당나라 한유韓愈가 「구양생애사歐陽生哀辭」[103]를 짓고, 이를 두 통 써서 친구와 문인에게 각각 주었던 고사를 본떠 한 통을 써서 초정에게 준다.

---

103 한유가 요절한 벗 구양첨(歐陽詹, 755~800)을 위해 지은 애사.

3장
『열하일기』, 북학과 세계정세 인식

1. 연행의 자세

『북학의』에 붙인 서문北學議序[1]

학문의 길에는 특별한 방법이 없다. 모르는 것이 있으면 길에 가는 낯선 사람을 붙잡고서라도 물어봄이 옳다. 부리는 종복이라 하더라도 나보다 한 글자라도 많이 안다면 우선 그들에게 배울 것이다. 자신이 남보다 못함을 부끄러워하면서도 자신보다 나은 사람에게 묻지 않는다면, 이는 종신토록 고루하고 어떻게 할 방법이 없는 상태에 자기를 가두어놓는 것이다.

옛날 순임금은 농사짓고, 질그릇 굽고, 물고기 잡는 일에서부터 임금 노릇 하기에 이르기까지 남이 잘하는 것을 배우지 않은 적이 없었다. 공자가 "내가 젊은 시절 미천하였기 때문에 여러 가지 비천한 일에 능하였다"[2]라고 말한 것을 보면, 그 일이란 것도 농사짓고, 질그릇 굽고, 물고기 잡는 일

---

1   박제가(朴齊家)의 『북학의(北學議)』에 쓴 서문이다.

2   『논어』 「자한(子罕)」편.

따위였을 것이다.

비록 순임금과 공자같이 아무리 거룩하고 재주 많은 분으로서도 실제 사물에 나아가 기술과 솜씨를 창안하고, 일에 맞닥뜨려서 도구를 만들려면 날짜도 부족하고 지혜도 막히는 바가 있었을 것이다. 그러므로 순임금과 공자가 성인이 된 이유도 남에게 잘 묻고 잘 배운 것에 지나지 않는다.

우리나라 선비들은 세상의 구석진 한 모퉁이 땅에서 편협한 기질을 타고나, 발은 중국 땅을 밟아보지 못하고 눈으로는 중국의 인사들을 만나보지 못한 채, 생로병사를 할 때까지 이 나라, 이 강토를 벗어난 적이 없다. 그러하니 마치 학의 다리가 길고 까마귀 날개가 검은 것이 자기 잘난 멋으로 여기듯 각각 타고난 천품이려니 하며 지키고 앉았고, 우물 안의 개구리와 밭둑의 두더지처럼 제 사는 곳에만 갇혀서 자기 사는 곳이 제일인 양 믿고 있다. 예절은 차라리 소박한 편이 낫다고 말하고, 비루한 꼬락서니를 도리어 검소한 것으로 인식하고 있다. 이른바 사·농·공·상이라는 백성의 직업적 분류라는 것도 겨우 이름만 남았고, 이용후생의 도구는 날마다 어렵고 딱한 상태로 치닫는다.

여기에 다른 이유가 없다. 배우고 질문할 줄 모르는 탓이다. 만약 배우고 묻고자 할진대 중국을 버려두고 어디에서 할 것인가. 그러나 선비들은 말한다. 지금 중국의 주인은 오랑캐라고. 그들 되놈에게 배우기를 부끄럽게 여길 뿐 아니라, 중국에서 전해 오는 문화 제도까지 싸잡아서 더럽고 야만적인 것으로 업신여긴다.

지금 저들 중국 사람이 머리를 깎아 변발을 하고 옷깃을 왼쪽으로 여미는 오랑캐 복장을 하고 있음은 사실이다. 그러나 그들이 터를 잡고 사는 땅이야 하·은·주 이래로 한·당·송·명나라를 지나온 중국 땅이 아니겠는가. 그 땅 안에 사는 사람이야 어찌 하·은·주 이래로 한·당·송·명나라 백성들의 후예가 아니겠는가. 만약 법이 좋고 제도가 훌륭하다면 정말 오랑캐라고 하더라도 장차 나아가 모범으로 삼아야 할 터인데, 하물며 그 광대한 규모, 정미한 마음 씀씀이, 웅장한 예악, 찬란한 문장에는 하·은·주 이래로 한·당·송·명나라의 고유한 옛 제도를 아직 그대로 보존하고 있음에랴.

우리나라와 저 중국을 비교해본다면 우리에겐 정말 한 치도 나을 것이 없으련만, 유독 한 움큼 상투 튼 것을 가지고 자신들이 천하에 제일인 체하면서, 오늘의 중국은 옛날의 중국이 아니라고 말한다. 중국의 산천은 비린 내와 누린내가 난다고 책망하고, 그 인민은 개나 양이라고 욕하며, 그들의 언어는 되놈의 말이라고 업신여길 뿐 아니라, 중국 고유의 좋은 법과 아름다운 제도마저 깡그리 배척한다. 그렇다면 장차 어느 나라를 본받아 실행할 것인가?

내가 북경에서 돌아오니,[3] 재선在先[4]이 그의 『북학의』 내·외편을 보여주었다. 재선은 나보다 먼저 북경에 다녀온 사람이다.[5] 그는 농업·양잠·목축·성곽·궁궐·주거·선박·수레에서부터 기와·대자리·붓·자(尺) 따위의 제도에 이르기까지 눈으로 계산하고 마음속으로 비교해보지 않은 것이 없었다. 그리고 눈으로 미처 보지 못한 것은 반드시 중국 사람에게 물었고, 마음에 미심쩍은 것이 있으면 반드시 그들에게 배웠다.

책을 한번 펼쳐서 비교하여 살펴보니 나의 『열하일기』와 조금도 어긋남이 없어, 마치 한 사람 손으로 쓴 것 같았다. 이러한 까닭에 그도 기꺼이 나에게 보여주었고, 나 역시 기쁜 마음으로 받아 사흘 동안이나 읽었다. 그러나 싫증이 나지 않았다.

아하! 이것이 어찌 우리 두 사람이 한갓 눈으로 직접 보고 나서 그렇게된 것이랴? 일찍이 비 오는 지붕과 눈 내리는 처마 밑에서 연구하고, 술을 데우고 등잔불의 불똥을 따는 즈음에 손뼉을 치며 담론했던 것을 한 차례

---

3   연암은 1780년 5월에 한양을 출발해 중국에 갔다가 그해 10월에 돌아왔다.

4   박제가(1750~1805)의 자. 이외에 차수(次修)라는 자가 있고, 호는 초정(楚亭), 위항도인(葦杭道人), 정유(貞蕤) 등이 있다.

5   박제가는 1778년 이덕무와 함께 사은사 채제공(蔡濟恭)을 따라 중국을 다녀옴.

눈으로 확인했던 것일 뿐이다.

　중요한 문제는, 이런 내용을 남들에게 말할 수 없고 사람들도 이를 믿어주지 않는 데에 있다. 믿지 않는다면 당연히 우리에게 화를 내리라. 화를 내는 성품은 천하의 한 귀퉁이 땅에서 타고난 편협한 기질에서 연유하며, 믿으려 하지 않는 근본 원인은 중국의 산천에 비린내와 누린내가 난다고 탓을 하는 데 있다.

한바탕 통곡하기 좋은 곳[6]

　정사正使의 가마를 타고 삼류하三流河[7]를 건넜고, 냉정冷井[8]에서 조반을 먹었다. (낭자산浪子山 숙박지에서) 십여 리를 가다가 한 산기슭을 돌아나가니 태복泰卜이란 놈이 갑자기 몸을 굽혀 절을 하고는 말머리로 쫓아와서 땅에 엎드리고 큰 소리로 외친다.

　"요양遼陽 백탑白塔이 현신하였기에, 이에 아뢰나이다."

　태복은 정 진사의 마두이다.

　산기슭이 아직 가로막고 있어 백탑이 보이지 않기에 말을 급히 몰아 수십 보를 채 못 가서 겨우 산기슭을 벗어났는데, 안광이 어질어질하더니 홀연히 검고 동그란 물체가 오르락내리락한다. 나는 오늘에서야 비로소 깨달았다. 사람이란 본래 의지하고 붙일 곳이 없이 단지 하늘을 이고 땅을 밟고 이리저리 나다니는 존재라는 사실을.

　말을 세우고 사방을 둘러보다가 나도 모르게 손을 들어 이마에 얹고 말했다.

　"한바탕 통곡하기 좋은 곳이로구나. 통곡할 만하다."

6　「도강록(渡江錄)」 7월 8일 일기의 한 부분을 떼어 제목을 붙임.
7　요양(遼陽) 시내를 지나 태자하로 흘러가는 냇물.
8　요양시 태자하구(太子河區) 망보대(望寶臺) 마을에 있는 샘으로, 조선 사람들이 붙인 이름.

정 진사가 묻는다.

"천지간에 이렇게 시야가 툭 터진 곳을 만나서는 느닷없이 통곡할 것을 생각하시니, 무슨 까닭입니까?"

나는 말했다.

"그렇긴 하나, 글쎄요. 천고의 영웅들이 잘 울었고, 미인들이 눈물을 많이 흘렸다고는 하나 기껏 소리 없는 눈물이 두어 줄기 옷깃에 굴러떨어진 것에 불과하였지, 그 울음소리가 천지 사이에 울려 퍼지고 가득 차서 마치 악기에서 나는 것 같다는 얘기는 들어보지 못했어요.

사람들은 단지 희로애락애오욕의 칠정七情 중에서 오로지 슬픔만이 울음을 유발한다고 알고 있지, 칠정이 모두 울음을 자아내는 줄은 모릅니다. 기쁨이 극에 이르면 울음이 날 만하고, 분노가 극에 이르면 울음이 날 만하며, 즐거움이 극에 이르면 울음이 날 만하고, 사랑이 극에 이르면 울음이 날 만하며, 미움이 극에 이르면 울음이 날 만하고, 욕심이 극에 이르러 울음이 날 만합니다. 막히고 억눌린 마음을 시원하게 풀어버리는 방법에는 소리를 지르는 것보다 더 빠른 것은 없으니까요.

통곡 소리는 천지간에 우레와 같아서 지극한 감정에서 터져 나오고, 그 터져 나온 소리는 사리에 절실한 것이니 웃음소리와 뭐가 다르겠어요? 사람들이 태어나서 그 사정이나 형편이 이런 지극한 경우를 진작 겪어보지도 않고서 칠정을 교묘하게 배치하여 슬픔에서 울음이 나온다고 짝을 맞추어놓았습니다. 그래서 초상이 나야 비로소 억지로 '아이고' 하는 등의 소리를 질러댑니다.

그러나 정말 칠정 하나하나를 느껴서 나오는 지극하고 진실한 통곡 소리는 억누르고 참고 억제하여서 천지 사이에 답답하게 쌓여 있지만, 감히 아무 장소에서나 터져 나오지는 못하는 법입니다. 저 한나라 때 가의賈誼[9]

---

9   가의(BC 200~BC 168)는 전한(前漢) 때의 정치가 문신으로, 당시 정세를 분석하여 통곡할 일과, 눈물 지을 일, 한숨 쉴 일 등을 조목조목 따져서 올린 이름난 상소문이 있다. 가생(賈

는 통곡할 마땅한 자리를 얻지 못해 울음을 참다가 견뎌내지 못하고 갑자기 한나라 궁궐인 미앙궁未央宮을 향해 한바탕 길게 울부짖었으니, 어찌 사람들을 놀라게 하고 괴이하게 만들지 않을 수 있었겠습니까?"

정 진사가 대꾸한다.

"지금 여기 울기 좋은 장소가 저토록 넓으니, 나 또한 그대를 좇아 한바탕 울어야 마땅하겠는데, 칠정 가운데 어느 감정에 감동해서 울어야 할지 모르겠습니다."

내가 말했다.

"그건 갓난아이에게 물어보시지요. 갓난아이가 처음 태어나 칠정 중 어느 감정에 감동되어 우는지. 갓난아이는 태어나 처음으로 해와 달을 보고, 그다음에 부모와 앞에 꽉 찬 친척을 보고 즐거워하고 기뻐하지 않을 수 없을 것입니다. 이런 기쁨과 즐거움은 늙을 때까지 두 번 다시 없을 터이니, 슬퍼하거나 화를 낼 이치가 없을 것이고 응당 즐거워하고 웃어야 할 것이 아닌가요. 그런데도 도리어 한없이 울어대고 분노와 한이 가슴에 꽉 찬 듯이 행동을 한단 말입니다. 이를 두고서, 신성하게 태어나거나 어리석고 평범하게 태어나거나 간에 사람은 모두 죽게 되어 있고, 살아서는 허물과 걱정 근심을 백방으로 겪게 되므로, 갓난아이는 자신이 태어난 것을 후회하여 먼저 울어서 자신을 위로하는 것이라고 말한다면, 이는 갓난아이의 본마음과는 너무나도 동떨어진 말입니다.

태아가 어머니 태중에 있을 때 캄캄하고 막히고 좁은 곳에서 웅크리고 부대끼다가 갑자기 넓은 곳으로 빠져나와 손과 발을 펴서 기지개를 켜고 마음과 생각이 확 트이게 되니, 어찌 참소리를 질러 억눌렀던 감정을 크게 씻어내지 않을 수 있겠습니까?

그러므로 거짓과 조작이 없는 갓난아이의 참소리를 응당 본받는다면

生)이라 불렀다.

금강산 비로봉에 올라 동해를 바라봄에 한바탕 통곡하기 적당한 장소가 될 것이고, 황해도 장연長淵의 금 모래사장을 거닐며 한바탕 통곡할 장소가 될 것입니다. 지금 요동 들판에 임해서 여기부터 산해관에 이르기까지 1,200리가 도무지 사방에 한 점의 산이라고는 없이, 하늘 끝과 땅끝이 마치 아교로 붙인 듯 실로 꿰맨 듯 맞닿아 있습니다. 고금에 비 내리고 구름 떠 있는 이곳은 단지 일망무제로 툭 터져 있으니, 바로 여기가 한바탕 통곡해볼 장소가 아니겠어요?"

말 위에서 구상한 토론 주제[10]

나는 곡정鵠汀[11]과 필담을 가장 많이 하였다. 엿새 동안 창문을 마주하며 거처하였는데, 밤을 새워가면서 이야기를 하였기 때문에 특별히 신경을 쓰지 않고 조용하게 잘 지낼 수 있었다. 그는 정말 굉장한 선비로 우뚝하게 뛰어났으며, 논설이 종횡무진 엎치락뒤치락 자유자재였다.

내가 한양을 떠나서 여드레 만에 황해도 황주黃州에 도착하였을 때 말 위에서 혼자 생각해보았다. 학식이라곤 전혀 없는 나로서 남의 도움을 받아서 중국에 들어갔다가 위대한 학자라도 만나면 장차 무엇을 가지고 의견을 주고받고 질의를 할 것인가를 생각하니, 걱정되고 초조하였다. 그래서 예전에 들어서 알고 있는 내용 중에서 지전설地轉說과 월세계 등에 관한 이야기를 찾아내서, 매양 말고삐를 잡고 안장에 앉은 채 졸면서 이리저리 생각을 풀어내었다.

무려 수십만 마디의 말, 문자로 쓰지 못하는 글자를 가슴속에 쓰고, 소리 없는 문장을 허공에 썼으니, 그것이 매일 여러 권의 분량이 되었다. 비록

---

10 「곡정필담(鵠汀筆談)」이라는 편의 뒤에 붙어 있는 후지(後識)다.

11 연암이 열하에서 만난 왕민호(王民皡)의 호. 강소성 출신이며 나이 54세로 태학의 거인(擧人)이었다.

말이 황당무계하긴 하나, 이치가 또한 함께 붙어 있는 것이었다. 말안장에 있을 때는 피로가 누적되어 붓을 댈 여가가 없었으므로, 기이한 생각들이 하룻밤을 자고 나면 마치 전쟁터에서 죽은 군자는 원숭이와 학으로 변하고 소인은 벌레와 모래로 변했다는 말처럼 비록 남김없이 스러지긴 했지만, 이튿날 가까운 경치를 쳐다보면 뜻밖에 기이한 봉우리가 나타나듯 다시 새로운 생각이 샘솟고, 또 돛을 따라서 새로운 세계가 수시로 열리는 것처럼, 정말 긴 여정에 훌륭한 길동무가 되고 멀리 유람하는 길에 지극한 즐거움이 되었다.

열하에 들어가서는 먼저 이 학설을 가지고 안찰사 기풍액奇豊額[12]에게 물었더니, 그는 머리를 끄덕이며 수긍은 하되 그다지 깊이 이해하지는 못했다. 곡정과 지정志亭[13] 역시 의심하며 듣는 것이 많았는데, 그러나 곡정은 이 학설이 아주 틀렸다고 말하지는 않았다. 대개 곡정은 응수하는 대답이 민첩하여, 종이를 잡고 수천 마디의 말을 거침없이 써 내려가 천고의 역사를 종횡무진 멋대로 누비고 다녔다. 경전과 역사, 제자백가와 개인의 문집에 이르기까지 손에 닥치는 대로 뽑아내서 아름다운 구절과 묘한 문장을 입을 여는 대로 문득 만들어냈는데, 모두 조리가 있어서 조금도 흐트러지거나 맥락이 닿지 않는 것이 없었다.

어떤 것은 성동격서聲東擊西의 격으로 전혀 엉뚱한 것을 가리키기도 하고, 어떤 것은 견백동이堅白同異의 궤변처럼 말을 해서 나의 행동을 관찰하기도 했고, 나의 말을 유도해내기도 하였다. 참으로 박식하고 달변의 선비라고 할 만하나, 벼슬도 하지 못한 채 황량한 변방에서 머리가 희끗희끗해지며 장차 쓸쓸한 황야로 돌아가게 될 터이니, 정말 서글프기 짝이 없다.

북경에 들어가서 사람들과 필담을 해보았는데, 말이 단단하고 예리하지 않은 사람이 없었다. 그러나 그들이 지은 글을 읽어보면 모두 필담하는 말

---

12   만주족 출신으로 자는 여천(麗川)이고, 당시 귀주(貴州) 안찰사.
13   안휘성 출신 학성(郝成)의 자. 호는 장성(長城)이고 당시 산동(山東) 도사(都司).

보다 못하였다. 그제야 나는 우리나라와 중국이 글을 짓는 방식이 다르다는 사실을 비로소 깨달았다. 중국은 바로 문자가 말이 되기 때문에 모든 종류의 책들의 내용이 모두 입속에서 말을 이루게 되는데, 이는 기억력이 특별히 남들보다 나아서 그런 것이 아니다. 그 때문에 억지로 시문을 지으려고 하면 속생각을 잃게 되어서 결국 말과 문장이 분리되어 두 개의 물건이 된다.

우리나라의 글을 짓는 사람은 잘 맞지도 않고 틀리기 쉬운 옛글자를 가지고서 다시 한 차례 이해하기 어려운 우리말을 번역해야 하니, 그 문장의 뜻이 아주 캄캄해져 알 수 없게 되고 표현이 애매모호하게 되는 까닭은 오로지 이 때문이 아니겠는가? 내가 귀국한 뒤에 나라 안의 사람들에게 두루 이야기해보았으나, 대부분 그렇지 않다고 말하였다. 정말 개탄할 노릇이지만, 달리 어찌해볼 도리가 없다.

연암 계곡의 엄화계罨畫溪[14] 물가에서 비 내리는 날, 붓 가는 대로 쓰다.

도道는 강물과 언덕의 중간 경계에 있다[15]

압록강의 물살이 빨랐으나 사공들이 뱃노래를 일제히 부르며 힘을 쓰고 공을 들인 덕분에 배는 유성처럼 번개처럼 빠르게 나아갔다. 황홀함이 마치 새벽이 밝아오는 것 같았다. 멀리 통군정統軍亭[16]의 기둥과 난간이 팔방으로 다투어 빙빙 도는 것 같고, 전송 나온 사람들은 아직 모래 언덕에 서 있는데 아득하여 마치 콩알처럼 작게 보였다.

나는 수석 역관 홍명복洪命福[17] 군에게 물었다.

---

14   연암협에 있는 냇가로, 낚시하고 그물질하기 좋은 그림 같은 계곡이라서 붙인 이름이다.
15   「도강록」 6월 24일 일기의 한 대목에 붙인 제목이다.
16   평안북도 의주군 의주읍에 있는 누정.
17   홍명복(1733~?)은 역관으로, 자는 경수(敬受). 저서 『방언집석(方言集釋)』이 있다. 1765년 홍대용, 1778년 심염조(沈念祖), 1780년 박지원, 1785년 박명원(朴明源), 1790년 서호수(徐

"자네 도道를 아는가?"

홍군은 두 손을 마주 잡고는 되묻는다.

"아니, 그게 무슨 말씀이신가요?"

나는 말했다.

"도란 알기 어려운 게 아닐세. 바로 저기 강 언덕에 있네."

홍군이 반문한다.

"이른바 『서경』에 '먼저 저 언덕에 오른다〔誕先登岸〕'라는 말을 이르는 것입니까?"

내가 일러주었다.

"그것을 말하는 게 아닐세. 이 압록강은 바로 우리나라와 중국의 서로 경계가 되는 곳일세. 그 경계란 언덕이 아니면 강물이네. 무릇 천하 인민들의 떳떳한 윤리와 사물의 법칙은 마치 강물이 언덕과 서로 만나는 피차의 중간과 같은 것일세. 도라고 하는 것은 다른 데가 아니라 바로 강물과 언덕의 중간 경계〔際〕에 있네."

홍군이 또 묻는다.

"무슨 말씀을 하시는 것인지 감히 묻습니다."

내가 말했다.

"『서경』에 '인심人心은 오직 위태롭게 되고, 도심道心은 오직 희미해진다〔人心惟危 道心惟微〕'라고 했네. 서양 사람들은 기하학에서 하나의 획을 분별하여 하나의 선으로 깨우치기는 했으나, 그 미약한 부분까지 논변하고 증명할 수는 없기에 '빛이 있고 없는 그 경계〔有光無光之際〕'라고 말했고, 그리고 불교에서는 그 경계에 임하는 것을 '붙지도 않고 떨어지지도 않았다〔不卽不離〕'라고 말했다네. 그러므로 그 경계〔際〕에 잘 처신함은 오직 도를 아는 사람만이 능히 할 수 있으니, 정鄭나라 자산子産[18]이라는 사람

浩修), 1792년 김정중(金正中)과 함께 연행을 함.

18   춘추시대 정나라 공손교(公孫僑)의 자. 외교술에 뛰어나 강대국의 틈바구니에서 나라를 잘

이…(이하 내용이 끊어짐)"

호기심의 발동[19]

새벽에 큰비가 내려서 출발하지 못하고 통원보通遠堡에서 하루를 더 머물렀다. 진사 정각鄭珏, 주부主簿 주명신周命新, 어의御醫 변관해卞觀海, 박래원朴來源, 주부 조학동趙學東 등과 시간도 보낼 겸, 술값도 보탤 겸 해서 투전판을 벌였다. 모두들 나의 투전 솜씨가 서투르다며 노름판에 끼워주지 않고, 잠자코 옆에 앉아 구경이나 하다가 술이나 먹으라고 한다. 속담에 소위 '굿이나 보고 떡이나 먹지'라는 격이어서 더욱 분통이 터지고 원망이 생겼지만 어찌할 수도 없는 노릇이다. 옆에 앉아서 누가 따고 잃는지 승패나 구경하고 술은 내가 먼저 마실 수 있으니 해롭지 않은 일이다.

그때 벽 사이로 여인의 말소리가 이따금 들려온다. 간드러지고 애교 있는 소리가 제비와 꾀꼬리가 지저귀는 것 같아, 속으로 주인집 아낙인데 필시 절세가인이려니 하는 생각이 들었다. 나는 일부러 담뱃대에 불이나 붙이러 간다는 핑계를 대고 부엌으로 들어갔다. 나이 오십 이상쯤 되어 보이는 한 부인이 문 쪽을 향해 걸상에 걸터앉았는데, 얼굴이 아주 험상궂고 못생겼다.

나를 보고는
"아주버님, 복 많이 받으세요."
하기에, 나도
"덕분에요, 주인도 큰 복 누리시오."
라고 대답했다.
나는 일부러 오랫동안 재를 뒤적이며 곁눈질로 부인을 흘깃흘깃 훔쳐보

다스림.

19 「도강록」 7월 1일 일기의 한 대목에 붙인 제목이다.

았다.

쪽 찐 머리에는 온통 꽃을 꽂았고, 금 팔찌와 옥 귀걸이에 붉은 분까지 얇게 발랐다. 몸에는 흑색의 긴 옷을 한 벌 걸쳤는데 옷에는 은단추를 빼 곡하게 달았고, 발에는 화초와 벌 나비를 수놓은 한 쌍의 가죽 장화를 신었 다. 대개 만주 여성들은 발을 작게 만들기 위해 피륙으로 발을 동여매지도 않고, 전족을 위한 가죽신 궁혜弓鞋도 신지 않는다.

주렴 안에서 한 처녀가 돌아 나오는데 나이나 얼굴 생김으로 봐서 스무 살 이상쯤 되어 보였다. 가운데를 갈라서 위로 틀어 올려 묶은 머리 모양 을 보아 처녀로 짐작할 수 있겠다. 생김새가 역시 우악스럽게 보이지만 살 결만큼은 희고 깨끗하다. 쇠로 된 냄비를 가지고 나와 녹색의 자배기를 기 울여 수수밥을 한가득 퍼 담고 물 한 주발을 가득 담아서 냄비에 말아 서 쪽 벽 아래에 있는 접이의자에 앉아 젓가락으로 밥을 들이마시듯 부어 넣 으며, 한편으론 길쭉한 잎이 달린 파 뿌리를 장에 찍어서 밥과 번갈아 먹는 다. 목덜미에는 달걀만 한 큰 혹이 달려 있다. 밥을 먹고 차를 마시는 데 조 금도 수줍어하는 기색이 없다. 대개 여러 해 동안에 우리나라 사람을 보아 와서 대수롭지 않기도 하고 친숙하기 때문일 것이다.

굿이나 보고 떡이나 먹자[20]

군기처軍機處[21] 대신이 황제의 명을 받들고 와서 사신에게 전한다.

"서번西番(티베트)의 성승聖僧(판첸라마)을 가서 만나보겠느냐?"

사신이 대답하였다.

"황제께서 작은 나라를 사랑하여 중국 사람과 대등하게 대해주시니 중 국 사람들과 내왕하는 것이야 무방하겠습니다만, 그 밖의 다른 나라 사람

---

20   「태학유관록(太學留館錄)」 8월 10일의 일기의 한 대목에 붙인 제목이다.

21   청나라 옹정제 때 설치된 군사·정무의 최고 기관.

에 대해서는 감히 서로 사귀지 않는 것이 본래 우리같이 작은 나라의 예법입니다."

군기대신이 가고 나자 사신들의 얼굴에는 모두 수심이 그득하다. 당번 역관은 허둥지둥 왔다 갔다 하며 마치 술이 덜 깬 사람처럼 엄벙덤벙한다. 비장裨將들도 공연히 성을 내며 투덜거린다.

"황제가 시키는 일이 참으로 고약하네. 저러다가 반드시 망하지. 아무렴, 망하고말고. 오랑캐의 하는 일이란. 명나라 때라면 어찌 이런 일이 있었겠는가?"

수역首譯이 그 황망한 중에도 비장들을 향해서 주의를 주었다.

"지금 춘추대의를 따질 자리가 아니네."

잠시 뒤, 군기대신이 또 말을 급히 달려와서 황제의 명을 구두로 전한다.

"서번의 성승은 중국 사람과 한 몸 같은 사람이니, 즉시 가보는 것이 옳겠다."

사신들이 서로 상의를 하는데, 구구각각이다.

"가서 만나본다면 결국 더 어려운 일에 빠지게 될 것입니다."

"예부에 글을 올려서 이치로 한번 따져봅시다."

당번 역관은 말하는 사람의 말끝마다 '지당합니다'라고 말할 뿐이다.

나는 한가하게 놀려고 따라온 사람이니 무릇 사신들의 일이 잘되고 못되고 간에 털끝만큼도 간섭할 수 없고, 또 나한테는 한 번도 의견을 물은 적도 없고 혹 내가 의견을 낸 적도 없었다.

이때 나는 마음속에 기발한 생각이 일었다.

'이건 정말 좋은 기회인데.'

또 손가락을 뾰족하게 하여 허공에 동그라미를 그리며 생각했다.

'참으로 재미있는 문제야. 지금 만약 사신이 주변의 만류를 뿌리치고 자기 멋대로 하겠다고 강퍅하게 고집을 피우면서 황제의 말을 거부한다는 상소를 한번 올린다면, 의로운 명성이 천하에 울릴 것이고 나라를 크게 빛

낼 터이지.'

나는 또 속으로 자문자답하였다.

'황제가 군대를 출정시켜 조선을 정벌할 것인가? 아니지. 이건 사신이 저지른 죄인데, 어떻게 그 나라에 대고 화풀이를 할 수 있겠는가? 사신들은 결국 저 멀리 운남雲南과 귀주貴州 쪽으로 귀양 가는 것을 피할 수 없을 테지. 내가 의리상 혼자 조선으로 돌아갈 수는 없으니, 서촉西蜀(사천성)이나 강남의 땅을 내 장차 밟게 되리라. 강남은 그리 멀지 않은 곳이나, 교주交州(월남)와 광동 지방은 북경과 1만여 리가 되는 먼 길이니, 내가 놀러 갈 일이 어찌 찬란하고 호탕하지 않을 수 있겠나?'

나는 마음속으로 기쁘고 어쩔 줄 몰라 곧바로 달려서 밖으로 나왔다. 동쪽 행랑채 아래에 서서 건량 마두인 이동二同을 불러서 말했다.

"속히 가서 술을 사 오너라. 쩨쩨하게 돈을 아끼지 말고. 이제 너와도 작별이다."

술을 마시고 들어가니 회의는 아직 결판이 나지 않았고, 예부에서의 재촉은 성화보다 급하다. 비록 뱃심 좋고 느긋하기로 이름난 명나라의 하원길夏原吉[22]과 같은 명신이라도, 지금의 형세는 엎어지고 넘어지며 쫓아가 하명을 받들지 않을 수 없을 것이다.

말과 안장을 준비하는 사이에 절로 꾸물거리게 되어 날이 이미 저문다. 오후부터 날씨가 너무 뜨거워 행재소의 문을 지나고 성 서북쪽의 길을 따라서 갔다. 일행이 반쯤 못 갔을 때 홀연히 황제의 조칙이 왔다.

"금일은 이미 날이 기울었으니, 사신은 돌아가서 모름지기 다른 날을 기다리도록 하여라."

이에 서로 돌아보며 예상 밖의 일이라 놀라서 숙소로 되돌아갔다.

이른바 성승이란 자는 서번西番의 승왕僧王으로서 반선불班禪佛(판첸라

---

22   하원길(1366~1430)은 명나라 초기의 인물로, 인자하고 도량이 넓은 정치가.

마)²³이라 불리고, 또 장리불藏理佛²⁴로 불리기도 한다. 중국 사람들은 대부분 성승을 존중하고 믿어서 살아 있는 부처인 활불活佛이라고 일컫는다. 그는 스스로 마흔두 번이나 세상에 태어났는데, 전생에 여러 번 중국에 태어났고 현재 나이는 마흔셋이란다.²⁵ 지난해 5월 20일에 그를 열하에 오도록 초청하여서, 별궁을 지어주고 스승으로 섬기고 있다고 한다.²⁶

혼술 마시러 가다²⁷

한 과일 가게에 들어가니 제철에 나는 햇과일이 언덕처럼 쌓여 있다. 중국 동전 100닢²⁸으로 배 두 개를 사가지고 나왔다. 맞은편 술집 누각의 깃발이 난간 앞으로 펄럭거리고, 은으로 만든 호리병과 주석으로 만든 술병이 처마 밖으로 춤을 추듯 모여 있다. 녹색 난간은 허공에 뻗쳤으며, 황금빛 간판은 햇살에 비친다. 술집의 좌우 깃발에

신선은 옥 패물을 맡기고   神仙留玉佩

공경은 금관자와 담비 옷을 푼다   公卿解金貂

라고 적혔다.

누각 아래에는 수레와 말이 그다지 많지 않은데 누각 위에는 사람 소리

---

23 '반선'은 본래 지혜로운 대학자의 뜻.

24 장리불이란 장(藏, 티베트 지방, 특히 판첸라마가 있는 시가체日喀則 지방)을 다스리는[理] 부처.

25 제6세 반선(第六世 班禪)인 나상화단익희(羅桑華丹益希, 1738~80)이다.

26 반선6세는 1778년 건륭제의 초청을 받아, 1779년 티베트 찰십륜포사에서 출발해 그해 겨울을 청해성 탑이사(塔爾寺)에서 보내고, 1780년 7월 21에 열하(승덕)에 도착했다. 그해 11월 2일 42세의 나이로 북경 서황사(西黃寺)에서 입적했다.

27 「태학유관록」 8월 10일 일기의 한 대목에 붙인 제목이다.

28 16닢이 우리의 1전(錢)과 같다.

가 벌떼와 모기떼처럼 웅성거리며 들끓는다. 내가 느긋하게 이층으로 오르니 계단은 열두 층계이다. 탁자를 둘러싸고 의자에 앉은 사람들이 어떤 자리에는 서너 명, 어떤 자리는 대여섯 명인데, 모두 몽고와 회족 사람으로 무려 십여 패거리가 있다.

몽고 사람들이 머리에 얹고 있는 모자는 꼭 우리나라 쟁반처럼 생겨 모자의 테가 없고 위에는 양털을 붙여서 누렇게 물들였다. 더러 갓을 쓰고 있는 사람도 있는데, 그 만든 법이 우리나라의 이른바 벙거지라고 부르는 전립氈笠과 같으며, 대나무로 만든 것과 털가죽으로 만든 것이 있어 안과 밖에 금칠을 하기도 하고, 혹 오색으로 구름무늬를 알록달록 그리기도 하였다. 모두 누런 윗도리와 붉은 바지를 입고 있었다.

회족 사람들은 붉은 윗도리를 입었으며, 검은 옷을 입은 사람도 많았다. 붉은 모직물로 고깔을 만들어서 썼는데, 테두리가 매우 길고 단지 차양이 앞뒤에만 있어 마치 돌돌 말린 연잎이 물 밖으로 나와 있는 것 같기도 하고, 또 약을 가는 약연藥研의 쇳덩어리 몽치같이 양 끝만 뾰족하다. 생긴 모습이 너무 경박하고 촐싹거리는 같아서 웃음이 절로 난다. 내가 쓰고 있는 갓은 마치 벙거지같이 생겨서 장식은 은으로 새기고 정수리에는 공작의 깃털을 꽂았으며 목에는 수정의 갓끈으로 묶었으니, 저들 두 오랑캐의 눈에는 어떤 모습으로 비칠지.

한족이든 만주족이든 간에 중국 사람이라고는 한 명도 보이지 않고 누각 이층에는 몽고족과 회족 두 오랑캐 종족만 있다. 모두 사납고 추하게 생겼다. 괜히 올라왔다고 후회가 되었으나 이미 술집 종업원을 부른 마당이라 할 수 없이 좋은 의자 하나를 골라서 자리에 앉았다.

종업원이 술을 몇 냥이냐 마시겠냐고 묻는다. 대개 술을 무게로 달아서 팔기 때문이다. 나는 넉 냥어치를 가져오라고 시켰다. 종업원이 가서 술을 데우려 하자 나는 데우지 말고 생술 그대로 무게를 재서 가져오라고 소리를 질렀다. 종업원은 싱긋이 웃으며 술을 따라서 가지고 오는데 먼저 작은 잔 두 개를 가지고 와서 탁자에 펼쳐 놓는다.

　나는 담뱃대로 작은 잔을 쓸어 뒤집고는 큰 사발을 가지고 오라고 냅다 소리를 질렀다. 그러고는 한꺼번에 술을 모두 따라서 단숨에 쭉 들이켰다. 뭇 오랑캐들이 서로서로 얼굴을 빤히 쳐다보며 다들 경이롭게 여긴다. 아마도 내가 호쾌하게 마시는 것을 씩씩하게 보는 모양이다.

　대체로 중국의 술을 마시는 법이란 대단히 고상해서, 비록 한여름이라도 술은 반드시 데워서 마시고 비록 소주라도 데워서 마신다. 술잔은 살구 알만큼 작은데 그것도 이빨에 걸쳐가지고 홀짝홀짝 마시다가 그나마 남은 것도 탁자 위에 놓았다가 다른 때에 다시 홀짝거리지, 결코 잔을 뒤집어 털어 넣는 법이 없다. 저들 오랑캐들의 술을 마시는 법도 중국과 대동소이해서 우리 풍속의 소위 사발술처럼 술잔을 뒤집어서 털어 넣는 법은 결코 없다.

　내가 술을 데우지 말고 찬술을 그대로 가지고 오라고 하고, 또 단번에 넉 냥어치의 술을 들이마신 까닭은 저들을 겁주기 위해서 이처럼 대담한 척한 행동이었다. 실상은 겁에 질려 쫄아서 그런 것이지 진정한 용기는 아니었다. 내가 찬술을 시킬 때 저들 오랑캐들은 이미 열에 셋쯤 놀랐을 터이고, 단번에 들이마시는 것을 보고는 크게 놀라 도리어 내게 겁을 먹었을 것이다.

　내가 주머니에서 엽전 여덟 푼을 꺼내어 종업원에게 계산하고 막 일어서려고 하니까, 뭇 오랑캐들이 의자에서 내려와 머리를 조아리며 일제히 내게 자리에 다시 앉으라고 청한다. 한 놈이 일어나서 자기의 의자를 비워주며 나를 부축하여 그 자리에 앉힌다. 저들은 비록 선의로 하는 행동이겠으나, 내 등은 이미 땀으로 흥건하게 젖었다.

　내가 젊은 시절에 하인들이 술 마시는 것을 보았는데, 그들이 벌주를 마시며 하는 말 중에 '그 집 문 앞을 지나가긴 했으나 집에 들어가지는 않았는데도 나이 칠십에 아이까지 낳았다 하니, 내 놀라 땀이 나서 등이 다 젖었소이다'라고 하였다. 내 성품이 본시 웃음을 잘 참지 못하는지라, 그 소리를 듣고 얼마나 웃었던지 사흘 동안이나 허리가 다 시큰거린 적이 있었다. 오늘 아침에 만 리 변방 밖에서 갑자기 뭇 오랑캐들과 술을 마시게 되었으니, 만약 벌주를 마시는 이유를 대라고 한다면 응당 '땀이 나서 등이 흥건하게 젖었소이다'라고 말해야 할 것이다.

오랑캐 하나가 일어나 술 세 잔을 따르고 탁자를 두드리며 내게 마시길 권한다. 나는 일어나서 사발 안에 있던 찻잎 찌꺼기를 난간 밖으로 던져버리고, 세 잔 술을 그 사발에 모두 부어 단번에 기울여 호쾌하게 마셨다. 그러고는 몸을 돌려 크게 읍을 하고는 성큼성큼 큰 걸음으로 계단을 내려오는데, 그들이 뒤에서 쫓아오는 것 같아 모발이 쭈뼛하고 서걱거렸다.

한길에 나와 서서 누각 위를 되돌아보니 아직도 시끌벅적 웃음소리가 나는데, 아마도 내 이야기를 하는 모양이다.

2. 『열하일기』의 문체

밤중에 고북구 장성을 빠져나간 이야기夜出古北口記[29]

북경에서 열하로 가는 길은 창평昌平 지방을 경유하면 서북쪽 거용관居庸關 장성으로 나가게 되고, 밀운密雲 지방을 경유하면 동북쪽 고북구古北口 장성으로 나가게 된다. 고북구로부터 장성을 따라서 동쪽의 산해관까지 700리이고, 서쪽의 거용관까지 280리이다. 거용관에서 산해관 사이에 있는 만리장성 중에서 고북구 장성보다 더 험준한 요새는 없다. 몽고가 중국을 출입할 때에 이곳이 항상 중요한 길목이 되기 때문에 여러 겹의 관문을 만들어서 그 험준한 요새를 제압하고 있다.

---

29   「산장잡기(山莊雜記)」편에 실린 글이다.

송나라 나벽羅壁의 『지유識遺』에 말하기를 "북경 북쪽 100리에 거용관이 있고, 거용관 동쪽 200리에 호북구虎北口가 있다"고 했으니, 호북구란 곧 고북구이다. 당나라 때 임금의 이름 호虎 자를 피하여 처음으로 고북구라는 이름으로 바꾸어 불렀으며,[30] 중국 사람들은 장성 밖을 말할 때 구외口外라고 일컫는다. 구외는 모두 당나라 때 동북방 오랑캐 추장 해왕奚王의 군사 진영의 본거지가 되었다. 『금사金史』를 살펴보면, 금나라 말로 유알령留斡嶺이라고 부른 곳이 바로 고북구이다.

대개 만리장성 밖에 구口라는 명칭이 붙은 곳이 백 군데 정도 된다. 산을 따라서 성을 쌓았는데, 그 절벽의 계곡과 깊은 골짜기는 짐승이 아가리를 벌린 듯 깊은 함정이 파였고, 물이 들이쳐서 구멍이 뚫려 성을 쌓을 수 없는 곳에는 보루를 설치하였다. 명나라 홍무洪武(1368~98) 때에 방어하는 수어천호소守禦千戶所를 두어 관문을 다섯 겹으로 만들었다.

나는 무령산霧靈山[31]을 끼고 돌아가서, 배로 광형하廣硎河(백하白河)를 건너 한밤중에 고북구를 빠져나갔다. 밤이 이미 삼경[32]을 지난 시간에 겹겹의 관문을 빠져나갔다. 장성 아래에 말을 세우고, 그 높이를 헤아려보니 가히 10여 길은 됨 직했다. 붓과 벼루를 꺼내고 술을 부어 먹을 갈아서 장성을 어루만지며 글자를 썼다.

"건륭 45년 경자년(1780) 8월 7일 밤 삼경, 조선의 박지원 여기를 통과하다."

그리고 한바탕 웃으며 말했다.

"나는 서생의 몸으로, 그것도 머리가 하얗게 세어서 한 번 장성 밖을 나가보는구나."

옛날 진시황 때 만리장성을 쌓은 몽염蒙恬이 약을 먹고 자결하며 스스로

---

30   당나라를 건국한 이연(李淵)의 조부 이름이 이호(李虎, ?~551)였다.
31   북경, 천진, 당산, 승덕 사이에 있는 산.
32   밤 11시에서 새벽 1시 사이의 시간.

말하였다.

"내가 임조臨洮[33]에서 시작하여 요동까지 이어서 장성을 쌓고 참호를 판 만여 리 가운데는 지맥을 끊은 곳도 없지는 않았다."

지금 고북구 장성을 보니 과연 산을 파내고 계곡을 메웠다는 말을 믿을 수 있겠다.

하아! 여기 고북구는 옛날부터 수없이 전쟁을 치른 격전의 장소였다. 후당後唐의 장종莊宗[34]이 연왕燕王 유수광劉守光[35]을 사로잡을 때 별장 유광준劉光濬이 여기 고북구에서 승리했다. 거란의 태종이 산남山南(연산燕山 남쪽) 지방을 점령할 때 먼저 이곳 고북구로 내려왔으며, 여진이 요나라를 멸망시킬 때 장수 희윤希尹[36]이 요나라 병사를 격파한 곳이 바로 이곳이었고, 그들이 연경을 점령할 때에 장수 포현蒲莧[37]이 송나라 병사를 패배시킨 곳도 바로 여기였다. 원나라 문종文宗이 즉위하자 장수 당기세唐其勢[38]가 여기에 병사를 주둔시켰고, 여진 장수 살돈撒敦[39]이 상도上都[40]의 병사를 추격한 곳도 여기였으며, 독견첩목아禿堅帖木兒[41]가 북경으로 쳐들어오자 원나라 태자는 여기 관문으로 도망하여 흥송興松[42]으로 갔다. 명나라 가정嘉靖 때(1550) 북쪽 오랑캐 엄답俺答[43]이 북경을 침범할 때에도 모두 여기로

---

33 현재의 감숙성 정서(定西)시.

34 후당 개국 황제 이존욱(李存勖, 885~926).

35 유수광(?~914)은 주전충(朱全忠)에게 연왕으로 봉해졌다가, 후에 대연(大燕)을 개국하여 황제로 칭하다가 이존욱에게 멸망당함.

36 금(金)나라 초기의 중신 완안희윤(完顔希尹, 1080~1140).

37 『금사(金史)』에는 포희(布希)로 표기됨.

38 당기세(?~1335)는 원나라 장수로, 쿠데타를 일으켜 문종을 황제로 옹립했다.

39 살돈(?~1335)은 돌궐계 사람으로, 원나라에서 승상을 지낸 인물.

40 원나라 초기에 난하(灤河) 북쪽에 개평부(開平府)를 설치했다가, 후에 상도라고 부름. 북경의 대도(大都)와 함께 양도라고 칭해짐.

41 독견첩목아(?~1365)는 원나라 혜종(惠宗) 때 재상을 지낸 인물.

42 홍주(승덕 난하진灤河鎭)와 송주(승덕 동부 평천平泉시)를 말함.

43 몽고의 알탄 칸(阿勒坦汗, 孛儿只斤, 1507~81).

드나들었다.[44]

고북구 장성 아래는 바로 날고뛰고 전쟁과 정벌을 하던 전쟁터였으나, 지금 사해는 전쟁을 하지는 않지만 여기 사방의 산 주위를 둘러보면 수많은 골짜기는 오히려 음산하며 매우 어둡고 침침하다.

때마침 달은 상현달로 고갯마루에 걸려 넘어가려고 하는데, 그 빛이 싸늘하고 모난 모습이 마치 숫돌에 벼린 칼처럼 생겼다. 조금 뒤에 달은 더욱 고개 아래로 내려갔으나 그래도 양쪽에 뾰족한 모습을 드러내더니, 홀연히 붉은색으로 변하여 마치 두 개의 횃불이 산에서 나오는 것 같다.

북두칠성은 반쯤 관문 가운데에 꽂혔으며, 사방에서는 풀벌레 소리가 일고, '획' 하며 긴 바람이 숙연하게 불어와 숲과 골짜기가 모두 울린다. 짐승처럼 생긴 바위와 귀신 모양의 낭떠러지는 마치 전쟁터에 병장기를 모조리 세워둔 것 같다. 강물이 양쪽의 산 사이에서 쏟아져 나오며 부딪치고 싸우는 모습이, 건장한 말들이 내닫고 징 소리 북소리가 마구 울리는 것 같다. 하늘 끝에 학의 울음소리가 대여섯 번 나는데, 그 소리가 맑고 아련하게 들리는 것이 마치 피리 소리처럼 길게 간드러지게 들린다. 어떤 사람은 이것이 군용 나팔의 일종인 천아天鵝의 소리라고 말한다.

덧붙이는 이야기

우리나라의 선비들은 생로병사를 하는 동안에 우리의 강토를 벗어나지 않는다. 근세의 선배로는 오직 노가재老稼齋 김창업金昌業[45]과 나의 벗 담헌 홍대용이 중원의 한 모퉁이를 밟아보았다.

연燕나라는 전국시대의 일곱 나라 중 하나였고, 『서경』 「우공禹貢」 편에 나오는 구주九州 중에 기주冀州(하북성)는 그중의 하나였으니, 천하의 땅덩

---

44 이곳의 역사적 사실은 고염무(顧炎武)의 「창평산수기(昌平山水記)」에서 인용한 것이다.
45 김창업(1658~1721)의 자는 대유(大有), 호는 가재(稼齋) 또는 노가재(老稼齋). 1712년 형 김창집(金昌集)을 따라 연행에 참여했고, 『노가재연행일기(老稼齋燕行日記)』를 남김.

어리를 가지고 본다면 연경과 하북 지방은 그야말로 한 모퉁이의 땅에 지나지 않을 것이로되, 원나라 명나라에서부터 지금 청나라에 이르기까지 천하를 통일한 천자는 이곳 북경을 도읍지로 삼아서 마치 옛날의 장안이나 낙양처럼 중국의 수도가 되었다.

소자유蘇子由[46]는 중국의 선비인데도 오히려 자기 시대의 수도인 개봉開封에 이르러 궁궐의 장대함과 국가의 창고와 곳간, 성곽과 연못, 정원과 동산의 풍부하고 대단함을 우러러본 뒤에 천하의 크고 화려한 것을 알게 된 것을 스스로 행운으로 여겼다고 하니, 하물며 우리나라의 선비가 그 거대하고 화려한 볼거리를 한번 볼 수 있다면 스스로 행운으로 여김이 응당 어떻겠는가? 지금 나의 이번 여행에서 노가재와 담헌보다 더더욱 스스로 행운으로 여기는 점은 장성 밖을 나가서 사막 북쪽인 막북漠北에까지 이르게 된 것이니, 이는 선배들에게 일찍이 없었던 일이다.

그러나 캄캄한 밤중에 여정을 쫓아가니 마치 장님이 꿈속을 가는 것 같아서, 산천의 빼어난 경관과 국방 관문의 웅장하고 기이한 모습을 두루 볼 수가 없었다. 그때 바로 상현달이 관문 안쪽을 비껴서 비추고, 양쪽 절벽은 100길 낭떠러지로 벽처럼 서 있으며, 길은 그 사이에 나 있다. 골짜기는 길어서 상자 같고, 지름길은 깊어서 우물 같다. 진秦나라의 함곡관函谷關, 조趙나라의 정형井陘의 관문과 입구가 응당 이와 같을 것이다.

나는 유년 시절부터 담이 작고 겁이 많은 탓에, 더러 대낮에 빈방에 들어가거나 밤중에 희미한 등불을 마주치기라도 하면 머리카락이 곤두서고 가슴이 두근거리지 않은 적이 없었다. 마치 꿈속에서 귀신이 쫓아오는데 소리를 질러도 입에서 소리는 나오지 않고, 달려가려고 해도 다리에 힘이 빠져서 물러지는 것 같았다.

지금 내 나이 마흔넷이건만, 두려워하는 성격은 아직도 어릴 때와 마찬

---

46   송나라 소철(蘇轍)의 자.

가지이다. 오늘 한밤중 홀로 만리장성 아래에 서고 보니, 달은 떨어져 캄캄하고 냇물은 소리를 내며 흐르고 바람은 오싹하게 불며 반딧불은 이리저리 날아다니니, 보고 듣는 모든 상황이 겁이 나고 휘둥그레지며 기이하고 야릇하지 않은 것이 없다.

그런데 홀연히 두려운 생각이 사라지고 특이한 흥취가 도도하게 솟아나며, 헛것으로 보이며 사람을 놀라게 했던 숲과 바위에 마음이 꿈쩍하지 못하게 되어 동요하지 않으니, 이것이 더더욱 다행으로 여길 점이다.

다만 한스러운 바는 벼루는 작고 붓은 가늘며, 돌에는 이끼가 끼고 먹물은 말라서 큰 글자로 이름을 쓸 수 없고, 또 시를 남겨서 만리장성의 고사를 만들지 못한 점이다. 이른바 크게 쓴다는 것은 특별히 크게 말하는 것일 터이다. 이런 기문을 지음에 오고 가는 7천여 리 사이에 어느 하루도 좋은 구절과 글자를 다듬으려 생각하지 않은 날이 없었다. 그러나 이 한 편을 겨우 지으려고 하자 문장의 성취가 이처럼 쇠잔하고 나약하여 보잘것없게 되었다.

이제 이 기문을 읽어보니 한밤중에 웅장한 관문을 빠져나가는 기개라고는 전무하다. 글 짓는 어려움이 이와 같음을 이제야 알겠구나. 이에 아울러 기록하여 당시 마주친 기이한 경치와 글 짓는 어려움을 표해둔다.

오미자 소동[47]

절에는 단지 승려 두 명이 거처하고 있고, 뜰 난간 아래에서 오미자 몇 섬을 한창 말리고 있었다. 나는 무심코 오미자 알맹이 몇 알을 주워서 입에 넣었다. 승려 하나가 물끄러미 쳐다보더니 갑자기 눈을 부릅뜨고 성을 버럭 내어 나를 꾸짖는데, 그 행동거지가 아주 흉악하고 막돼먹었다. 나는 즉

---

47   「환연도중록(還燕道中錄)」 8월 17일 일기의 한 대목에 붙인 제목이다.

시 일어나 난간 가에 기대섰다.

우리 일행 중 마두 춘택春宅이 때마침 담뱃불을 붙이러 들어오다가, 그 꼴을 보고는 크게 분노하여 대뜸 앞으로 나가서 욕을 해댔다.

"우리 어르신께서 더운 날씨에 시원한 물이 생각나셔서, 자리에 널린 하고많은 오미자 중에 불과 몇 알을 씹어서 입에 침이 절로 돌게 하여 갈증을 그치게 하려는 것일 뿐이거늘, 이 도적놈의 까까중이 양심도 없구나. 하늘에도 높은 하늘이 있고 물에도 깊은 물이 있거늘, 이 당나귀 같은 도적놈이 하늘 높은 줄 모르고 물이 깊은 줄도 모르는구나. 이 무례한 놈아. 이 당나귀 같은 도적놈아, 이게 무슨 짓거리이냐?"

그러자 중은 모자를 벗어 손에 쥐고 입에는 허연 게거품을 물고는, 어깨를 모로 꼬고는 까치걸음으로 앞으로 나오며 대든다.

"너희 어른이 나와 무슨 상관이냐? 뭐, 하늘이 높다고? 너는 겁날지 모르겠지만 나는 하나도 안 무섭다. 뭐야, 이거. 관운장이 살아서 온다고 해도, 급살을 내리는 귀신이 문 앞에 닥치더라도 뭐 그런 게 겁이 나겠어?"

춘택이 손바닥으로 그의 뺨을 한 대 올려붙이고는 입에 담을 수조차 없는 우리말 욕을 마구 해대니, 중은 뺨을 부여잡고는 머리를 들이댄다. 내가 큰소리로 춘택을 나무라며 야료를 부리지 말라 해도, 춘택은 분기를 삭이지 못해 씩씩거리며 그 자리에서 아예 끝장을 보려는 태세이다.

중 하나는 부엌문에 기대서서 다만 웃음을 머금은 채, 그 중을 편들지도 않고 싸움을 뜯어말리려 하지도 않는다. 춘택이 또 한주먹으로 그를 때려 자빠뜨려놓고는 욕을 해댄다.

"우리 어르신께서 만세야萬歲爺(황제)께 일러주어, 네 이 도적놈의 머리통을 빠개놓던지, 아니면 이 절간을 확 쓸어버려 깨끗한 평지로 만들어버리겠어."

그 중은 일어나 옷을 털고 욕을 하며 씨불인다.

"너희 어른이 공연히 남의 오미자를 슬쩍하고는, 너 같은 놈을 부추겨

도리어 바리때 같은 주먹으로 마구 사람을 치게 하니, 이게 무슨 놈의 도리이냐?"

그 기색을 살펴보니 점점 기세가 꺾여 풀이 죽는 것 같다. 춘택은 더더욱 날뛰고 씩씩거리며 욕을 한다.

"뭐, 공연히 슬쩍했다고? 이걸 한 말을 자셨냐? 한 되를 자셨냐? 눈곱만한 작은 알맹이 하나를 가지고 우리 어르신을 산더미처럼 부끄러워 죽게 만드는구나. 만약 황제께서 이따위 짓을 아시기라도 한다면, 너 이 도적놈의 그 번들거리는 대가리는 재깍 댕강하고 잘려 나갈 게다. 우리 어르신이 가서 만세야께 아뢸 때, 네놈이 우리 어르신을 겁내지 않는다고 하지만, 어디 만세야도 겁이 안 나는지 두고 보자."

그 중은 더욱 기가 죽어서 감히 더 이상 대꾸하지 못한다.

춘택은 그래도 끝도 없이 함부로 욕을 해댄다. 세도를 믿고 더 기가 살아서 걸핏하면 만세야를 팔고 있으니, 이 시각에 응당 만세야의 두 귀가 간질간질했으리라. 춘택이 말끝마다 황제를 입에 올리고 있는 모습은 가히 세력을 믿고 허풍을 떠는 것이라 말할 만한데, 기가 살아서 펄펄 뛰는 모습이야말로 사람을 포복절도케 만든다. 그러나 저 막돼먹은 중은 정말 겁을 집어먹고, 만세야 세 글자 듣기를 마치 천둥 번개나 귀신 소리처럼 들었을 것이다.

춘택이 벽돌 하나를 뽑아서 찍으려고 하자 두 중은 곧바로 웃으며 달아나 숨었다가, 즉시 산아가위 두 개를 가지고 와서 화를 풀라는 듯 배시시 웃으며 바치고는 청심환을 달라고 청한다. 당초 야료를 부렸던 까닭도 청심환을 뜯어내려는 수작이었다. 그들의 심술을 따져보면 정말 불량하다고 말할 만하다. 내가 즉시 청심환 하나를 주자 그 중은 수도 없이 머리를 조아리는데, 참으로 낯짝이 두꺼워 부끄러움이 없다. 아가위는 크기가 살구만 한데 너무 시어서 먹을 수가 없다.

이중존에게 답하다答李仲存書[48]

그들이 『열하일기』를 두고 오랑캐의 호칭을 쓴 원고라고 시비한다는 게 도대체 무엇을 두고 그러는지 모르겠네. 청나라 연호인 건륭을 썼다고 그런 건가? '열하'라는 지명을 두고 말하는 것인가? 『열하일기』는 기행잡록에 불과한 책이네. 이런 책이야 있든 없든, 또 잘된 책이든 못된 책이든 간에 세상에 그다지 큰 영향을 끼칠 것이 못 되는데, 애당초 춘추의리와 비교하여 따질 수 있겠는가? 만약 어떤 사람이 갑자기 춘추의리를 들고 나와서 남에게 완전무결하고 진선진미하게 되기를 추궁한다면, 이는 잘못된 일이네.

서글프네. 청나라의 연호를 세상에 처음 쓸 때 우리 선현 중에 관직의 임명장에 그 연호를 쓰지 말자고 청하는 상소를 올린 분이 있었지.[49] 또 사대부들이 비석을 새길 때 숭정崇禎 기원후紀元後의 연호를 쓰는 관례는 있네. 그러나 공문서이든 사문서이든 지금의 모든 문서에는 청나라 연호를 피할 수 없으니 대개 부득이한 까닭이지. 그래서 논밭이나 집을 장만할 때는 모두 후세까지 계승시키려 하지만, 정작 문서를 만들 때는 그 당시의 연호를 쓰지 않으면 매매가 성립될 수 없네. 나는 알 수 없네. 그래, 춘추의리에 그렇게 철저한 분들이라고 해서 집문서에 오랑캐 연호가 붙었다고 그 집에서 살지 않겠다고 말할 것이며, 또 밭문서에 오랑캐 연호가 붙은 땅이라고 해서 거기서 나는 소출을 먹지 않겠다고 말할 것인가?

예전에 내가 중국 여행을 하면서 그 노정, 숙박 장소, 기후, 날짜를 기록해놓지 않을 수 없었네. 그래서 처음 압록강을 건너던 그날에 첫머리를 '후삼경자後三庚子(숭정 후 세 번째 되는 경자년)'라 하고, 그리고 다시 해설을 붙였다네.

---

48 중존은 연암의 처남 이재성(李在誠, 1751~1809)의 자.
49 효종 때 조빈(趙贇, 1587~?)이 상소했고, 김상헌(金尙憲, 1570~1652)이 이를 지지함.

"왜 후後라는 글자를 쓰는가? 숭정 기원이 지난 이후부터 따지기 때문이다. 왜 세 번째인가? 숭정 이후 세 번째 돌아오는 경자년이기 때문이다. 왜 숭정이란 연호를 숨겼는가? 장차 압록강을 건너 청나라로 들어가기 때문이다."

그렇게 쓰고는 붓을 던지고 웃으며 말하였지.

"옛날에 겉으로는 군소리가 없으나 마음속으로는 옳고 그름을 따지는 소위 피리춘추皮裏春秋[50]라는 것이 있다더니, 이제 나는 겉껍데기만 『춘추』를 따진다는 소위 곽외공양전鞟外公羊傳[51]을 쓰고 있구나."

이렇게 말하는 그 자체가 벌써 구차한 가식임을 스스로 슬퍼하지 않을 수 없네. 그러나 그날의 날씨를 기록하면서 그 위에 『춘추』의 연·월·일 쓰는 방법으로 대서특필한다면 정말 틀려먹은 짓이네. 명칭을 이렇게 쓸까 저렇게 쓸까 망설이다가 왕왕 청나라 연호인 강희나 건륭으로 그 시대를 구별했던 것인데, 도리어 이를 춘추필법을 가지고 책망하니 어안이 벙벙해지지 않을 수 있겠는가? 이건 정말 『열하일기』를 읽어보지도 않고서 하는 억장이 무너지는 소리이네. 꼭 '되놈의 임금'이라거나 '오랑캐 황제'라고 배척하고 떠들어야만 비로소 춘추의리에 철저하게 된다는 말인가?

만약 중국이 오랑캐의 땅임을 수치로 여겨 중국 지명을 따서 책 이름을 '열하'라고 지을 수 없다면 그것은 더더욱 황당한 일이네. 불행하게 중국이 오랑캐에게 점령된 것은 비단 오늘날에만 그렇게 된 건 아닐세. 그러면 모두 오랑캐 땅이 되었던 곳이라고 해서 그 지명을 쓰지 못해야 하는가? 순舜임금은 동쪽 오랑캐 지역의 인물이고, 문왕文王은 서쪽 오랑캐 지역 출

---

50 배 안에 『춘추』를 가지고 있다는 말로, 저부(褚裒)라는 인물은 겉으로는 남을 평가하지 않고 속으로 포폄하는 내용을 감추었기 때문에 피리춘추라는 별명이 있었다. 『진서(晉書)』「외척전(外戚傳)」과 「저부전(褚裒傳)」참조.

51 가죽 밖의 『공양전(公羊傳)』이란 말로, 겉으로 면피용의 『춘추』라는 뜻. 『공양전』은 『춘추』의 한 해설서로 주로 문답체의 글로 구성되었는데, 연암의 「도강록서」가 문답체의 글이기 때문에 자신의 『열하일기』를 희화하여 '곽외공양전'이라고 말한 것이다.

신이네. 지금의 춘추의리를 따지는 사람처럼 할 것 같으면 장차 순임금과 문왕을 위해서 그 출생지 역시 왜곡하고 거짓으로 꾸며야 옳지 않겠는가?

『춘추』란 본래 중국을 존중하고 오랑캐를 배척하는 내용을 담은 책이네. 그렇지만 그 저자인 공자도 일찍이 동쪽 오랑캐 땅에서 살고 싶다고 말씀한 적이 있었지.[52] 청나라를 오랑캐 땅이라고 여기는 지금의 생각이라면, 성인은 무엇 때문에 자기가 배척하는 그 땅에 가서 살고 싶다고 했겠는가? 춘추의리를 그들 같은 방식으로 지킬진댄, 호안국胡安國[53]이 지은『춘추호씨전春秋胡氏傳』은 되놈 호胡 자가 들어 있다고 해서 일절 연구하지 말아야 옳은 것 아닌가? 공자께서 '나를 알아줄 것도『춘추』요, 나를 책망할 것도『춘추』로다' 했으니, 나를 벌주거나 나를 알아주거나 간에 정당하게 『열하일기』의 시비를 변론하는 사람이 있을 것이네.

무릇 내가 과거시험을 일찌감치 폐하고부터 마음과 생각이 자못 한가하여 법도 밖에 놀려고 했었는데, 드디어 숙원을 이루었다네. 그래서 멀리는 고려 말 목은 이색을 사모하고, 가까이는 노가재 김창업을 본떠 주체궂은 짐도 없이 채찍 하나와 가벼운 행장으로 중국 여행 만 리 길을 떠났었지. 생각해보면 훈련을 받은 적이 없는 병졸의 신분인 자제군관子弟軍官으로 따라나섰지만 명색 선비이고, 역관도 의원도 아닌 신분이라 처신하기 불편하고, 또 슬그머니 갔다가 슬그머니 온다고 해도 호칭을 숨기기도 어려웠네. 정말 조심하고 몸을 단정하게 갖는 군자의 도리로 따져보면 내심 스스로 부끄러워하지 않은 적이 없었다네.

매일 동틀 무렵 말고삐를 쥐며 마음속으로 중얼거리며

"천하 명승을 구경한다는 것이 무어 그리 장한 일인가? 고을의 이름이 마음에 안 든다고 수레를 돌린 사람이 있었다는 이야기를 듣지 못했는

---

52 『논어』「자한(子罕)」편에 "공자께서 아홉 종족이 있는 오랑캐 땅에 살려고 하셨다(子欲居九夷)"라고 했다.

53 호안국(1074~1138)은 송나라의 유학자로 저서로『춘추호씨전』30권이 있다.

가?"[54]라고 다짐하였네.

이윽고 시뻘건 아침 해가 요동 벌판에 꽉 차면 공중에 솟아, 밝게 빛나는 탑이 말머리에서 나를 맞아주었지. 수은 같은 연기는 나무에 자욱하고 황금빛 기와집들은 구름 속에 봉긋봉긋 솟아 있더군. 그 가운데서 왼편으로 푸른 바다를 따르며 바른편으로 험준한 산을 끼고 앞으로 또 앞으로 나아가니 마음과 눈이 하루하루 새로워져, 아침나절 다짐했던 소견이 좁아빠졌음이 우습고, 마음속이 탁 트임을 깨닫게 되었네. 나는 드디어 만리장성을 나가서 사막 북쪽의 북방 유목민족이 살던 곳까지 갔던 것인데, 이것이 내가 열하까지 구경하고 돌아오게 된 까닭일세.

귀국한 후에는 비단 시비하는 사람이 없었을 뿐만 아니라, 도리어 나의 여행을 부러워하는 사람까지 있었네. 그 뒤 연암협에 은거하며 무료하기도 해서 전날 적어놓았던 종이쪽지를 정리해서 몇 권의 책으로 만들었으니, 이것이 바로 『열하일기』를 저술하게 된 내력이야.

예리하고 세심한 나의 관찰력으로 보지 못한 것이 없었다고 자부했었는데 정작 문자로 옮겨놓고 보니 구우일모九牛一毛 격으로 대부분 빠졌고 그나마도 필치가 변변치 못한 것이라, 베개에 기대어 졸다가 생각해보면 여행 출발 초의 마음과는 이미 멀어졌었네.

지난 발자취를 돌이켜 생각하면 이리저리 떠돌아다닌 것이 부질없고, 이따금 책장을 떠들어보면 이것저것 쓰잘머리 없는 것을 긁어모았다는 게 드러나네. 내가 보기에도 시답잖으니 다른 사람이야 누가 다시 보기나 할 것인가? 그동안 집안에 우환이 잦았고 초상도 나서 미처 거두어 갈무리할 경황도 없었으며, 또 벼슬을 한 뒤로는 더더욱 이리저리 흩어지고 그저 이름만 남아서 가증스럽고 몹쓸 책으로 취급받았다네. 이것이 그들이 말하는 소위 오랑캐의 칭호를 썼다는 책이라네.

---

54 묵자(墨子)는 음악을 좋아하지 않았기 때문에 '아침부터 노래한다'는 뜻의 조가(朝歌)라는 지명을 앞에 두고 수레를 돌려 들어가지 않았다고 한다. 여행지에 대한 신중한 태도를 말함.

기나긴 지난 20년 동안에 글을 쓴 나 자신은 갈무리해둔 것조차 잊어버려 꿈이라고 생각해 찾지도 않았건만, 유언비어를 퍼뜨리는 사람들은 저 잣거리에 호랑이가 나타났다는 정도로도 부족해 호랑이에 두 날개까지 달렸다고 떠들어대고 다니니, 이 어찌 지나치지 않은가?

자네는 나를 위해 지금 춘추의리를 따진다는 그자들에게 전해주게. 왜 이렇게 나를 책망하지 않느냐고.

"자네가 지난번 유람한 곳은 하·은·주 이래로 성스럽고 현명한 제왕들과 한·당·송·명나라가 다스리던 지방일세. 지금 비록 불행하게도 오랑캐가 중국을 차지하고 있을망정, 그 성곽·궁궐·주거·인민은 모두 옛날 그대로요, 이용·후생·정덕에 필요한 모든 도구도 본래 있던 그대로요, 최崔·노盧·왕王·사謝 같은 명문 씨족도 폐족이 되지 않았고, 장횡거·정자·주자의 학문도 없어지지 않고 그대로 있네. 저 오랑캐들도 중국을 점유하는 것이 자기들에게 이롭다는 것을 잘 알기 때문에 강탈하여 차지하기에 이른 것일세.

자네는 어째서 옛날부터 내려오던 중국의 훌륭한 법도와 아름다운 제도라든지 자랑할 만한 중국의 전통과 사실을 터득하여 이를 책으로 모두 저술하여서 우리나라에 유용하도록 만들지 않았는가? 자네는 이런 일은 하지 않고 한갓 조공을 바치는 사신들의 뒤꽁무니만 따라다녔는가?

지금 『열하일기』에 기술된 내용이란 난잡하고 알맹이가 없는 말뿐이니, 한때 여기저기 질펀하게 싸돌아다닌 행적 따위의 내용을 가지고서야 어떻게 남들에게 큰소리로 자랑할 수 있다는 말인가? 단지 자기의 이상과 목표를 스스로 잃게 되고, 자신의 인격마저 손상시킬 따름이네."

이렇게 꾸짖는다면 듣는 나로서도 어찌 등골이 서늘하고 입이 딱 벌어져, 부끄러워 고개를 푹 파묻은 채 여생을 마치려고 하지 않겠는가? 제후를 끌어다가 제후를 공격하였기 때문에 공자는 『춘추』를 저술하였네. 이제 갑자기 어떤 사람이 나서서 『춘추』를 끌어다가 남을 욕보이려고 한다면 그것이 옳은 태도인가? 나는 모르겠거니와, 춘추의리의 실천이 어떻게 부드러운 말소리와 웃는 낯빛의 가식적인 언행으로 가능하겠는가?

남공철에게 보낸 답서答南直閣公轍書[55]

작년 12월 28일 보낸 그대의 편지를 금년(1793) 정월 16일에 받고서야 그대가 규장각에 재직하고 있음을 비로소 알게 되었소. 서둘러 편지를 펴 보고 또한 그대가 모든 일이 평안함을 알았는데, 채 절반도 못 읽어서 혼비백산 정신이 달아나 두 손으로 편지를 떠받들고 꿇어 엎드려 머리를 땅에 조아렸소이다.

대개 편지는 비록 사적으로 온 것이긴 하지만 어명을 받아 보낸 것이라, 처음에는 경황없고 멍하더니, 뒤이어 눈물과 콧물이 마구 쏟아졌소. 천지처럼 위대한 임금께서 만물을 기르지 않음이 없고, 일월처럼 밝은 임금의 총명은 미물이라도 비추지 않음이 없다는 사실을 참으로 알게 되었소. 그러나 그 내용이 얕고 속되어 버림받은 책(『열하일기』)이 위로 임금의 눈을 더럽힐 줄 어찌 생각이나 하였겠소이까?

이곳 안의安義는 한양에서 천 리나 떨어진 작은 고을이지만 임금의 위엄은 지척만큼도 떨어져 있지 않고, 이 몸은 졸렬하고 경솔한 일개 미천한 신하이건만 임금의 은혜로운 분부는 측근의 신하와 차이가 없습니다. 엄한 스승으로서 대하시고 자애로운 아버지로서 가르치시어, 비단 임금의 총명을 미혹시킨 죄목으로 공개 처형을 가하지 않을 뿐만 아니라 도리어 한 편의 순정한 글을 지어서 속죄하라고 하명하셨으니, 서캐나 이〔蝨〕 같은 비천한 신자臣子로서 어이하여 군부君父께 이런 처분을 받는단 말이오?

---

55 남공철(南公轍, 1760~1840)의 자는 원평(元平), 호는 사영(思穎), 금릉(金陵). 아버지는 대제학 남유용(南有容)이다. 대제학, 영의정을 역임한 문신으로 『귀은당집(歸恩堂集)』 『금릉집(金陵集)』을 남겼다.

아! 선비로 이 세상에 태어난 사람으로서 몸소 요·순과 같은 교화를 펴는 시대를 만나고도, 융합 화평한 음향을 진작시키거나 『서경』 『시경』과 같은 고전을 본받아 임금의 정책을 아름답게 표현하여 국가의 융성을 드날리지 못한다면, 이는 진실로 선비의 수치입니다. 하물며 나 같은 사람은 중년 이래로 실의에 빠져 불우하게 지내다 보니 자중자애하지 아니하고 장난삼아 글을 지어, 때때로 곤궁한 시름과 따분한 심정을 드러낼 때도 있었으니 모두 조잡하고 실없는 말이요, 스스로 광대처럼 행동하며 남들에게 웃음거리를 제공했으니 정말 천박하고 비루하였지요.

게다가 본성마저 게으르고 산만해서 장난으로 지은 글을 수습하고 단속할 줄 몰라, 나도 모르는 사이에 남의 글을 겉모습만 모방하고, 글자 구절이나 다듬는 잔재주를 가지고 이미 저 자신을 그르치고 남까지 그르치게 했어요. 항아리 덮개와 장롱이나 바르기에 적합한 종이 쪼가리로 만들고, 혹 잘못된 내용을 가지고 더욱 잘못된 내용을 전파하였습니다. 차츰차츰 패관소품稗官小品을 탐구하고 빠져든 것은 그렇게 하지 않으려고 해도 저도 모르게 그렇게 되었고, 이 사람 저 사람 손을 타다가 대중들에게 인기를 끌게 된 것도 그렇게 되기를 기약하지 않았는데도 저절로 그렇게 되었습니다. 글 짓는 기풍이 이로 인해 진작되지 못하고 선비의 풍기가 이로 말미암아 날마다 쇠퇴하고 문란해졌다면, 이는 정말 임금의 교화를 해치는 재앙의 백성이요 문단의 버림받을 인물입니다. 장차 밝은 정치가 실현되는 시대에 법망을 모면하는 것만으로도 다행이라 하겠지요.

심지어 저 자신은 웅대하고 중후한 문체를 위반하면서 젊은이들이 고문古文의 법도를 기꺼이 계승하지 않는다고 혀를 차며, 곤충과 새 소리처럼 자잘하고 잡다한 소품小品의 문사를 가지고 우쭐대고 뽐내며 '옛사람들은 듣지도 알지도 못한 것이다'라고 자랑했으니, 이는 나와 그대에게 모두 죄가 있다 하겠소. 지금은 문단을 해치는 귀신들이 나대지 못하고, 임금의 덕으로 재앙이 절로 사라진 시대입니다. 우리들이 그렇게 된 근본 사정을 따져 보면 비록 알량한 재주가 그렇게 시킨 것이라 하더라도, 이는 정말 무슨 마음으로 그렇게 했던가요? 우리 스스로 회초리로 때리며 기억을 해야 할 터입니다.

우리의 허물과 죄를 용서하시니, 임금의 교화 영역 안에 우리가 존재함을 확실하게 알았소이다. 마음을 고치고 생각을 바꾸어 모름지기 인재를 가르치고 기르려는 임금의 뜻을 저버리지 않아야 할 것이오. 이는 나와 그대가 죽을 때까지 함께 힘쓸 바이니, 처벌받아 마땅한 죄를 고치고 젊은 시절의 실수를 뒤늦게나마 수습하여 다시는 어진 임금의 태평시대에 죄인이 되지 않도록 감히 시급하게 도모하지 않을 수 있겠습니까?

부附: '남공철'의 편지

서울에는 한 자가 넘는 눈이 내려서 두터운 털옷을 입지 않고는 외출하지 못할 지경인데, 남쪽 소식은 어떤지 몰라 그립고 애달픈 마음 그지없습니다. 엎드려 생각하건대 요즘 고을을 다스리는 모든 일이 편안하신지요? 영남 지방은 기근의 피해가 눈에 차고 넘친다는데, 그곳 고을은 조세를 독촉하는 일과 기민 구제 사업 때문에 정신이 사납지는 않으신지요? 이것저것 삼가 염려되옵니다. 어지러운 속세에서 실낱같은 꿈을 꾸며 지내는 것이 예전의 저의 모습 그대로입니다.

저는 지난번에 문체가 명明·청淸의 소품을 배웠다 하여 임금님께 꾸지람을 크게 받았고,[56] 치교穉敎[57] 등 여러 사람과 함께 서면으로 죄를 추궁받기에 이르렀습니다. 저는 또 규장각으로부터 죄가 무거운 쪽으로 처벌한다는 법의 적용을 받아서 죗값으로 돈을 바쳐 속죄하였답니다. 그 돈으

56　정조 임금은 자신이 글을 배운 스승 남유용(南有容)의 아들인 남공철이 어떻게 '대책문(對策文)'에 패사소품체를 쓸 수 있느냐며 꾸중하고, 그의 지제교(知製敎)의 직함을 박탈하라고 지시함.『실록』정조 16년 10월자 참조.

57　심상규(沈象奎, 1766~1838)의 자.

로 술과 음식을 장만하여 내각에서 북청부사北靑府使로 부임하는 성사집成士執[58]의 송별연을 열었는데, 대개 사집은 문체가 순수하고 바르기 때문에 이런 어명이 있었습니다. 낙서洛瑞[59] 영감과 여러 검서관이 송별연에 모두 참여하였으니, 문단의 성대한 사건이요 규장각의 미담이라, 지극히 영광되고 감격이 뒤따랐기에 이에 보고를 드립니다.

어제 경연에서 임금께서 저에게 어명을 내렸습니다.

"요즈음 문풍文風이 이렇게 된 것은 그 근본 원인을 따져보면 모두 박朴 아무개의 죄이다. 『열하일기』는 내가 진작 자세히 눈여겨보았으니 어찌 감히 속이고 숨길 수 있겠느냐? 이 사람이야말로 법망을 빠져나간 괴수이다. 『열하일기』가 세상에 유행한 뒤로 문체가 이렇게 되었으니 그에게 결자해지結者解之하게 함이 마땅할 터이다."

저에게 이런 뜻으로 선배님에게 편지를 쓰라고 명령하고 말씀하셨습니다.

"신속히 순정한 글 한 질을 지어 즉각 올려 보내어 『열하일기』로 지은 죄를 씻도록 하라. 그리한다면 비록 음직으로 제학提學[60]의 자리라도 어찌 아낄 것이 있겠는가? 그렇게 하지 않는다면 마땅히 엄중한 징벌이 있을 것이로다."

이런 임금의 은혜로운 말씀을 들으면 필시 영광스러운 마음과 송구한 마음이 함께 생길 것으로 생각되오나, 다만 이 '순정한 글 한 질'은 실로 졸지에 갖추기는 어려울 터이니, 어떻게 대처하시려는지 모르겠습니다. 이는 실로 당세의 올바른 사상과 예교를 돈독히 하고, 문풍을 진작시켜 선비들의 의지와 행동을 바로잡으시려는 우리 성상의 고심과 높은 도덕심에서 나온 것이니, 어찌 감히 그것의 만에 하나라도 사례하고 보답하지 않을

---

58 성대중(成大中, 1732~1809)의 자.

59 이서구(李書九, 1754~1825)의 자.

60 홍문관, 예문관의 종2품직 벼슬로, 원칙적으로 과시 출신자가 아니면 임명될 수 없는 자리임.

수 있겠습니까?

하물며 선배님은 허물을 반성하고 속죄해야 하는 처지인지라 더욱이 잠시라도 지체하는 것을 용납하지 않을 것이고, 글의 제목을 정하기도 썩 쉽지 않을 터이니, 명·청의 학술을 배척하는 글을 한두 권 지어서 올려 보냄이 좋지 않겠습니까? 그렇지 않으면 영남 지방의 산수유람기 한두 권이나 혹은 서너 권을 순정하게 지어 제출함이 좋지 않겠습니까? 이렇든 저렇든 따지지 말고 몇 달 안에 올려 보내는 것을 어떻게 생각하는지요? 이 때문에 편지를 올립니다. 이만 줄입니다.

3. 북벌에서 북학으로

고사리와 춘추대의[61]

어제 백이숙제 사당에서 점심을 먹을 때 고사리와 닭고기를 쪄서 내놓았다. 맛이 매우 좋은 데다가 연도에 오며 입맛을 잃은 지 오래된 터라, 갑자기 맛있는 음식을 만나 흔쾌히 입맛이 당겨 실컷 포식을 했다. 그러나 이제묘夷齊廟에서 고사리를 먹는 것이 예전부터 내려오던 관례인 줄은 몰랐었다.

길에서 갑작스런 비바람을 만나 몸 밖은 춥고 뱃속은 막혀서 먹은 음식이 소화가 되질 않아 그만 체하여 가슴에 얹혔다. 트림이라도 한번 하면 고사리 냄새가 목을 찌른다. 그래서 생강차를 마셔보았지만 속은 여전히 편치 않았다. 내가 물었다.

"지금은 가을철인데, 시절에 맞지 않게 주방에서는 어디에서 고사리를

---

61   「관내정사(關內程史)」 7월 27일 일기의 한 대목에 붙인 제목이다.

구했답니까?"

좌우에서 말한다.

"백이숙제 사당에서 점심을 먹는 것이 예부터 내려오는 관례라서, 반드시 사시사철 어느 때나 반드시 고사리 음식을 낸답니다. 주방은 우리나라에서 마른 고사리를 미리 가지고 와서 여기에 도착하면 국을 끓여 일행에게 제공하는 것이 하나의 전통입니다. 십수 년 전에 연행의 식량을 담당하던 건량청에서 잊어버리고 고사리를 가지고 오질 않아, 여기에 도착해서 고사리 음식을 내놓지 못한 적이 있었습니다. 당시 건량관이 서장관에게 곤장을 얻어맞고 냇가에 가서 통곡을 하며 '백이숙제야, 백이숙제야, 나하고 무슨 원수가 졌느냐? 나하고 무슨 원수가 졌느냐?'라고 했답니다. 소인의 생각으로 고사리 요리는 생선이나 고기 요리보다 못하며, 듣자 하니 백이숙제가 고사리를 캐어 먹다가 굶어 죽었다고 하니, 고사리란 정말 사람을 죽이는 독한 음식입니다."

이 말에 여러 사람이 모두 크게 웃었다.

태휘太輝란 자는 참봉 노이점盧以漸[62]의 말을 부리는 사람이다. 연행이 초행인 데다가 사람됨이 경망하기 짝이 없다. 일행이 조장棗莊을 지나갈 때, 대추나무가 바람에 꺾여 담 밖에 거꾸로 드리워져 있었는데, 태휘란 자가 그 풋대추를 따서 먹다가 복통을 만나 급한 설사가 그치지 않았다. 바야흐로 뱃속은 비고 목이 타서 애를 먹고 있다가, 고사리 독이 사람을 죽인다는 말을 듣고는 갑자기 대성통곡을 하며 소리를 질렀다.

"백이숙채熟菜(삶은 고사리나물)가 사람 잡네. 백이숙채가 사람 죽이네."

숙제叔齊와 숙채叔菜가 서로 발음이 비슷하기 때문이었으니, 한 집에 있던 사람들이 왁자지껄 웃었다.

---

62 노이점(1720~88)은 연암과 함께 연행에 참여한 인물로, 『수사록(隨槎錄)』이라는 연행록을 남겼다. 자는 사홍(士鴻), 호는 추산(楸山)이다.

내가 서대문 근처에 살 때였다. 숭정崇禎(1628)으로 연호를 쓰기 시작한 후 137년이 되는 세 번째 갑신년(1764) 3월 19일은 바로 명나라 의종열황제毅宗烈皇帝가 종묘사직을 위해 자결한 날이다.[63] 시골의 글방 선생이 같은 동리에 사는 사람과 학동들 수십 명을 데리고 한양의 서쪽 송씨가 세를 들어 살던 집[64]을 찾아가 우암尤菴 송시열宋時烈 선생의 유상遺象에 절을 하고, 효종 임금이 우암에게 청나라를 정벌하러 갈 때에 입으라고 하사한 담비 가죽〔貂裘〕 옷을 꺼내놓고 어루만지게 하였다. 비분강개함을 이기지 못해 눈물을 줄줄 흘리는 자까지 있었는데, 돌아오며 성 밑에 이르러서는 분하여 팔짓으로 감자를 먹이고 서쪽을 보고 '되놈' 하고 외쳤다.

글방 선생은 여수旅酬[65]를 위해 고사리 요리를 내놓았다. 당시 나라에서 술을 금했기 때문에 술 대신 꿀물을 그림이 그려진 도자기 동이에 그득 담았다. 도자기 동이에는 명나라 성화成化(1465~87) 연간에 만들었다는 뜻의 '대명성화년제大明成化年製'라는 관지款識가 적혀 있었다.

음복술을 마시는 자들은 반드시 도자기 동이 가운데를 굽어보아야 했는데, 춘추의리를 잊지 않기 위함이다. 드디어 서로 시를 한 수씩 지었다.

한 동자가 시를 지었다.

무왕이 은나라 치다가 실패하여 죽었다면	武王若敗崩
천 년 역사에 주紂임금의 역적이 되었으리라	千載爲紂賊
강태공 여망呂望은 백이를 살려 보냈는데	望乃扶夷去
어찌하여 역적을 비호했다 하지 않는가	何不爲護逆
오늘날 춘추의리로 따져보자면	今日春秋義

---

63 명나라 마지막 황제 의종(숭정 황제)은 1644년 이자성(李自成)의 군대가 북경을 포위하여 불을 지르자 아들들을 자금성에서 탈출시키고, 처첩과 딸 들을 죽이고, 자신은 자금성의 북쪽에 있는 경산(景山)으로 가서 목을 매달아 자살했다.

64 속칭 송동(宋洞)이라 했는데, 명륜 1, 2가에서 혜화동 사이에 있었다.

65 의식이 끝난 뒤에 식에 참여한 사람들이 술잔을 돌려가며 음복술을 마시는 예법.

되놈이라고 욕하는 사람이야말로 되놈에겐 역적이라네   胡看爲胡賊

앉아 있던 사람들이 모두 크게 웃자, 글방 선생은 놀라 멍하니 한참 있다가 말했다.

"아이들에게 일찍부터 『춘추』를 읽히지 않으면 안 되겠구나. 춘추의리를 분변하지 못하기 때문에 이런 괴상망측한 말을 하는 것이야. 경치에 관한 시나 짓는 것이 좋겠다."

또 한 동자가 시를 지었다.

고사리를 캔들 배를 진짜 불릴 수는 없으니   採薇不眞飽
백이는 끝내 굶주려 죽을 수밖에   伯夷終餓死
꿀물은 술보다 훨씬 달콤하니   蜜水甘過酒
이 꿀물을 마시고 죽는다면 원통하리라   飮此亡則寃

선생은 눈살을 찌푸리며 말했다.
"또 괴상망측한 소리를 하는구나."
자리에 있던 사람들이 모두 크게 웃었다.

그런 일이 있은 지 지금 이미 17년이나 지났고 당시 노인들도 다 돌아가셨건만, 또다시 백이숙제의 고사리 때문에 이런 분담을 떨게 되고, 이국의 등불 아래에서 옛날이야기를 기억하다 보니 결국 잠을 설치게 되었다.

중국은 되놈의 나라이옵니다[66]

책문柵門 밖에서 아침 식사를 하고 나서 여행 보따리를 정돈해보니 쌍주머니의 왼쪽 자물쇠가 어디로 갔는지 없어졌다. 풀숲을 샅샅이 뒤졌으나 종시 찾지를 못해 장복張福[67]을 꾸중하였다.

"네가 행장에 마음을 두지 않고 항시 눈을 두리번거리더니 이제 겨우 책문까지 왔거늘 벌써 물건을 잃어버렸구나. 속담에 '사흘 길 하루도 아니 가서'라더니, 앞으로 2천 리를 가서 황성에 거의 도착할 때쯤 되면 네놈의 오장육부까지 잃어버릴까 겁난다. 들자 하니 구요동舊遼東과 동악묘東嶽廟[68]엔 본래 좀도적이 자주 출몰한다고 하던데, 네가 다시 한눈을 판다면 또 무슨 물건을 잃어버릴지 모르겠구나."

장복이 민망하여 머리를 긁적거리며 말한다.

"소인도 이젠 알겠습니다. 그 두 곳에 가서 구경할 때는 소인이 두 손으로 눈알을 의당 감쌀 터이니 어느 놈이 눈을 뽑아 갈 수 있겠습니까?"

나도 모르게 한심한 생각이 들어서

"자 ─ 알 하는구나."

하고 대꾸해주었다.

대체 장복이란 놈은 어린 나이에 중국이 초행인 데다가 성품까지 지극히 미욱해서, 동행하는 마두들이 많이 놀려먹기도 하고 또 거짓말로 속이면 진짜로 믿고 듣는 형편이다. 장복은 매사에 알아듣는 것이 모두 이런 식이다. 먼 길에 의지해야 할 사람이 저 모양이니 참 한심하다고 말할 만하다.

다시 책문 밖에 이르러 책문 안쪽을 바라보니 여염집들이 모두 대들보 다섯 개가 높이 솟았고 띠 이엉으로 지붕을 덮었다. 집의 등마루가 하늘까

---

66   「도강록」 6월 27일 일기의 한 대목에 붙인 제목이다.
67   연암의 말을 관리하던 하인으로 곽산(郭山) 사람이다.
68   북경 조양구(朝陽區)에 있는 사당으로, 태산의 산신을 모신 곳.

지 높고 대문과 창호가 정제되었으며, 길거리는 평평하고 곧아서 양쪽 연도가 마치 먹줄을 튕긴 듯 반듯하다. 담장은 모두 벽돌로 쌓았고, 사람 타는 수레와 짐을 실은 마차가 길 가운데로 종횡무진 누비며, 진열된 살림살이 그릇들은 모두 그림이 그려진 도자기이다. 그 제도가 결코 촌티가 나지 않음을 볼 수 있었다.

친구 덕보 홍대용이 언젠가 '그 규모는 크고, 마음속으로 체득하고 전수하는 방법이 세밀하다'고 말한 적이 있었는데, 책문은 중국 동쪽의 가장 끝인데도 오히려 이와 같다. 길에 나아가서 유람하려니 홀연히 기가 꺾여 문득 여기서 바로 되돌아갈까 하는 생각에 나도 모르게 온몸이 부글부글 끓어오르는 것 같았다.

나는 깊이 반성하며 생각했다.

"이는 질투하는 마음이로다. 내 평소 심성이 담박하여 무얼 부러워하거나 시샘하고 질투하는 것을 마음에서 근본적으로 끊어버렸거늘, 지금 남의 나라 국경에 한번 발을 들여놓고 본 것이라고는 만분의 일에 지나지 않은 터에, 이제 다시 망령된 생각이 이렇게 솟구치는 까닭은 무슨 이유인가? 이는 다만 나의 견문이 좁은 탓이리라. 만약 석가여래의 밝은 눈으로 이 시방세계를 두루 본다면 평등하지 않은 것이 없을지니, 만사가 평등하다면 본래 투기하거나 부러워할 것도 없으리라."

장복을 돌아보며 물었다.

"장복아. 네가 죽어서 중국에 다시 태어나게 해준다면 어떻겠느냐?"

장복은 대답한다.

"중국은 되놈의 나라입니다. 쇤네는 싫사옵니다."

잠시 뒤 한 맹인이 어깨에 비단 주머니를 걸치고 손으로는 월금月琴[69]을 타며 지나간다. 이를 보고 나는 크게 깨달았다.

69　몸체가 달처럼 둥글고 목이 짧은 현악기.

"저 맹인이야말로 진정 평등한 눈을 가진 사람이 아니겠는가?"

천하의 장관은 무엇인가[70]

우리나라 인사人士들은 북경에 다녀온 사람들을 처음 만나면 반드시 이번에 본 것 중에서 제일 장관이 무엇인지 묻고는 차례대로 꼽아서 말해보라 한다. 그러면 사람들은 제각기 자신이 본 것 중에서 가장 장관이라고 생각하는 것을 입에서 나오는 대로 주워섬긴다.

요동 천 리의 넓디넓은 들판이 장관이라느니, 구요동 백탑白塔이 장관이라느니, 연도의 시장과 점포가 장관이라느니, 계문연수薊門煙樹[71]가 장관이라느니, 혹은 노구교蘆溝橋, 혹은 산해관, 혹은 각산사角山寺, 혹은 망해정望海亭, 혹은 조가패루祖家牌樓, 유리창, 통주通州의 선박들, 금주위錦州衛의 목축, 서산西山의 누대樓臺, 네 곳의 천주당, 호권虎圈, 상방象房, 남해자南海子, 동악묘, 북진묘北鎭廟 등등 갈피를 잡을 수 없을 정도로 장관이 너무 많아 손으로 다 꼽을 수도 없다.

이때 일등 선비는 쓸쓸하고 근심 섞인 표정으로 얼굴빛이 변하며, 이렇게 말한다.

"도무지 아무것도 볼만한 것이 없었다. 어째서 볼만한 것이 없냐고? 황제가 머리를 깎아 변발을 했고, 장상將相과 대신, 백관이 변발을 했고, 만백성이 변발을 했으니, 비록 나라의 공덕이 은殷나라와 주周나라와 같고, 부강함이 진秦나라와 한漢나라보다 앞섰다 하더라도, 사람이 생겨난 이래로 아직 머리를 깎고 변발을 했던 천자는 없었다. 지금 청나라에 육롱기陸隴其·이광지李光地[72]의 학문과 위희魏禧·왕완汪琬·왕사징王士徵[73]의 문장이

---

70   「일신수필(馹汛隨筆)」7월 15일 일기의 한 대목에 붙인 제목이다.
71   가로수가 공중에 거꾸로 비치는 신기루 현상으로 계현(薊縣) 지방의 것이 유명함.
72   육롱기(1630~93)의 자는 가서(稼書). 양명학을 배척하고 오직 주자의 학문만을 존숭했다.

있고 고염무顧炎武·주이준朱彝尊[74]의 박학다식함이 있다 하더라도, 한번
머리를 깎고 변발을 했다면 이건 되놈이다. 되놈이라면 개돼지 같은 짐승
일 터이니 개돼지에게 무슨 볼만한 것을 찾을 것인가?"

이것이야말로 바로 으뜸가는 의리이다. 이것저것 주워섬기던 사람들은
그만 입을 다물고 좌중에 있던 모든 사람은 수긋하여 찍소리 없게 된다.

중간쯤 되는 선비는 이렇게 말한다.

"지금 청나라가 가지고 있는 성곽이란 진시황 만리장성의 나머지요, 궁
궐은 아방궁의 찌꺼기이다. 백성들은 위魏·진晉나라의 부화한 후예이고,
풍속은 수·당나라의 사치스러운 모습이다. 명나라가 망하고 나니 중국 산
천은 날고기의 노린내를 피우는 고장으로 변했고, 성인의 전통이 묻히니
언어조차 야만인의 말씨가 되고 말았다. 여기서 볼만한 것이 무엇이란 말
인가? 정말 십만 대군을 얻을 수 있다면 산해관으로 몰고 들어가 온 중국
천지를 한번 말끔하게 씻어낸 뒤라야 장관을 말할 수 있을 것이리라."

이 선비는 『춘추』를 잘 읽은 사람이다. 『춘추』는 바로 중국을 떠받들
고 오랑캐를 물리치는 사상을 담은 책이다. 우리 조선은 명나라를 섬겨온
200여 년 동안 중국에 대한 충성이 간절하여, 비록 말로는 속국이라 일컫
지만 사실은 한 나라나 다름없었다. 임진년 왜놈의 난리에 신종神宗 황제
는 중국의 군사를 내어 우리를 구원하게 했으니, 실로 조선 사람들의 발꿈
치에서 머리털까지 새로 태어난 은혜가 아닌 것이 없다.

병자년(1636) 청나라 군대가 조선을 침략하자 명나라 의종열황제毅宗烈

이광지(1642~1718)의 자는 진경(晉卿), 호는 후암(厚庵) 혹은 용촌(榕村).

73 위희(1624~80)의 자는 빙숙(氷叔), 호는 유재(裕齋) 혹은 작정(勺庭). 왕완(1624~91)의 자
는 초문(苕文), 호는 둔옹(鈍翁) 혹은 요봉(堯峰). 왕사징은 왕사진(王士禛)을 말한다. 왕사
진(1634~1711)의 자는 자진(子眞), 혹은 이상(貽上)이며, 호는 완정(阮亭), 어양산인(漁洋
山人). 옹정황제의 이름을 피하여 사정 혹은 사정(士正)으로 바꾸었다가 건륭 때 사정(士
禎)으로 개명했다.

74 고염무(1613~82)는 명말청초의 대학자로, 자는 영인(寧人), 호는 정림(亭林). 주이준
(1629~1709)은 청나라 학자로, 자는 석창(錫鬯), 호는 죽타(竹垞).

皇帝는 조선의 병화 소식을 듣고 총병總兵 진홍범陳洪範에게 각 진鎭의 수군을 징발하여 구원할 것을 급히 명령하였다. 진홍범이 바다로 관병이 출전했음을 보고할 적에 산동순무山東巡撫 안계조顔繼祖가 조선이 무너져서 강화도가 이미 함락되었음을 보고하자, 황제는 안계조에게 조서를 내려 조선 구원에 제대로 협력하지 못했다고 준엄하게 문책하였다.

그 당시 황제는 안으로는 복건·호남·호북·섬서 등 여러 내란을 진압하지 못하고 있는 상황임에도 불구하고, 오히려 밖으로 형제국가의 우환을 더욱 간절하게 여겨서 물·불과 같은 위급한 경지에 빠진 사람을 구제하려는 뜻이 골육 간의 나라보다 더 특별했다.

마침내 하늘이 무너지고 땅이 꺼지는 비운을 만나게 되자, 천하 사람들의 머리란 머리는 죄다 깎여 모두 되놈으로 변했다. 조선 땅 한 모퉁이가 비록 이 수치를 면했다고는 하지만, 중국을 위해 복수를 하고 치욕을 씻어 보고 싶은 생각이야 어찌 하루인들 잊을 수 있으랴! 우리나라의 사대부들 사이에서 『춘추』의 존화양이尊華攘夷를 논하는 사람들이 우뚝하니 계속 배출되어 100년을 하루처럼 내려오니, 가히 성대하다고 말할 수 있을 것이다.

그러나 중국으로 존중받는 것도 제 할 탓이요, 오랑캐로 업신여김을 당하는 것도 제 할 탓일 것이다. 중국의 성곽과 궁궐, 인민은 본래 있던 그대로 남아 있고, 정덕正德·이용利用·후생厚生의 도구들이 본래 있던 그대로 남아 있다. 육조시대부터 당나라에 이르기까지의 큰 성씨인 최崔·노盧·왕王·사謝의 씨족이 진실로 없어지지 않았으며, 송나라의 주렴계·정이천·장횡거·주자의 학문이 사라지지 않았고, 3대(하·은·주) 이래로 현명한 제왕과 한·당·송·명의 훌륭한 법률과 밝은 제도는 조금도 변함이 없다. 되놈이라 불리는 오늘의 청나라는 무엇이든지 중국의 이익이 되고 오래 누릴 만한 것임을 알기만 하면, 강제로 빼앗아 움켜쥐고는 마치 본래부터 자기들이 가지고 있었던 것인 양한다.

천하를 통치하는 사람은 진실로 인민을 이롭게 하고 나라를 두터이 할 수 있는 일이라면 비록 그 법이 오랑캐에게서 나왔다 하더라도 이를 본받아야 한다. 더구나 3대 이래의 성스럽고 현명한 제왕들의 법도와 한·당·송·명의 역대 국가들이 가졌던 옛것이고 떳떳한 것임에랴! 옛날 성인이 『춘추』를 저술한 본래의 뜻은 존화양이를 위함이었지만, 그렇다고 오랑캐가 중국을 어지럽혔음을 분하게 여겨 중국의 존숭할 만한 사실까지 모조리 내치라고 했단 말은 아직 듣지 못했다.

그러므로 지금 사람들이 참으로 오랑캐를 물리치려고 한다면, 중국의 남겨진 법제를 모두 배워서 우리의 어리석고 고루하며 거친 습속부터 바꾸는 것이 급선무일 것이다. 밭 갈고 누에 치고 질그릇 굽고 쇠 녹이는 풀무질에서부터 공업을 고루 보급하고 장사의 혜택을 넓게 하는 데 이르기까지 그들에게 배우지 못할 것이란 없다. 다른 사람이 열 가지를 배우면 우리는 백 가지를 배워 먼저 우리 인민들을 이롭게 해야 한다. 우리 인민들이 몽둥이를 쥐고서도 저들의 굳은 갑옷과 날카로운 병장기와 대적할 만한 뒤라야, 비로소 중국에는 볼만한 것이 없다고 장담하는 것이 옳으리라.

나는 삼류 선비이다. 나는 중국의 장관을 이렇게 말하리라.

"진정한 장관은 깨어진 기와 조각에 있고, 진정한 장관은 냄새나는 똥거름에 있다."

대저 깨진 기와 조각은 천하의 사람들이 버리는 물건이다. 그러나 민간에서 담을 쌓을 때, 어깨높이 이상은 쪼개진 기왓장을 두 장씩 마주 놓아 물결무늬를 만들고, 네 쪽을 안으로 합하여 동그라미 무늬를 만들며, 네 쪽을 밖으로 등을 대어 붙여 옛날 동전의 구멍 모양을 만든다. 기와 조각들이 서로 맞물려 만들어진 구멍들의 영롱한 빛이 안팎으로 마주 비치게 된다. 깨진 기와 조각을 내버리지 않음으로써 천하의 문양과 채색이 여기에 있게 되었다.

민가의 문 앞뜰은 가난하여 벽돌을 깔 수 없으면 여러 빛깔의 유리기와 조각과 냇가의 둥글고 반들반들한 조약돌을 모아서 얼기설기 서로 맞추어

꽃·나무·새·짐승 문양을 만드니, 비가 오더라도 땅이 질척거릴 걱정이 없게 된다. 자갈과 조약돌을 내버리지 않자, 천하의 훌륭한 그림이 모두 여기에 있게 되었다.

똥오줌이란 세상에서 가장 더러운 물건이다. 그러나 이것이 밭에 거름으로 쓰일 때는 금싸라기처럼 아끼게 된다. 길에는 버려진 재가 없고, 말똥을 줍는 자는 오쟁이를 둘러메고 말 꼬리를 따라다니고 있다. 이렇게 모은 똥을 거름창고에다 쌓아두는데, 혹은 네모반듯하게 혹은 여덟 혹은 여섯 모가 나게, 혹은 누각 모양으로 만든다. 똥거름을 쌓아 올린 맵시를 보아 천하의 문물 제도는 벌써 여기에 있음을 볼 수 있다.

그래서 나는 말한다.

"기와 조각, 조약돌이 장관이다. 똥거름이 장관이다. 하필이면 성곽과 연못, 궁궐과 누각, 점포와 사찰 및 도관道觀(도교 사원), 목축과 광막한 벌판, 수림의 기묘하고 환상적인 풍광만을 장관이라고 말할 것이랴!"

중국 가옥과 벽돌[75]

점심 식사가 아직 멀었다고 해서 지루하게 기다릴 수도 없어서, 드디어 배고픔을 참고 구경에 나섰다. 처음엔 이 집(봉황성 강영태康永太의 집)의 오른쪽 작은 문으로 들어왔기 때문에 집이 웅장하고 사치한 것을 몰랐다. 이제 앞문으로 나가보니 바깥뜰이 수백 칸이나 되어, 삼사三使가 거느린 식솔들이 모두 이 집에 들었으나 대체 어디에 있는지조차 모를 정도로 집이 넓다. 비단 우리 일행이 머문 구역만 넓고 여유가 있을 뿐 아니라, 오가는 상인과 나그네가 끊어지지 않고 이어졌다.

게다가 수레 20여 대가 문이 미어지도록 들어오는데, 수레 하나에 묶인

---

75 「도강록」 6월 28일 일기의 한 대목.

말과 노새가 대여섯 마리인데도 떠들썩한 소리가 들리지 않았다. 마치 큰 장사꾼이 물건을 깊이 감추어두고 가게를 텅 비게 해놓은 것 같았다.[76] 대개 여유 있게 배치한 모든 것이 본시부터 규모가 있어 서로 방해되는 것이 없었다. 밖의 이런 모습을 보면, 기타 세세한 것들이야 모름지기 다 말할 수도 없겠다.

천천히 걸어서 문을 나서니 번화하고 화려한 모습이 비록 황성에 도착하더라도 이보다 더 낫지 않으리라는 생각이 들었다. 중국이 이처럼 번성했을 줄은 생각지도 못했다. 좌우에 들어선 점포들이 휘황찬란하게 이어졌다. 아로새긴 창문, 비단을 바른 문, 그림 같은 기둥, 붉은 칠을 한 난간, 푸른 현판, 금빛으로 쓴 점포 간판에다, 소장하고 있는 물건들은 모두 중국 내지內地의 진기한 것들임을 보아서는, 변방의 궁벽한 촌구석에도 정밀하고 치밀한 감식안과 우아한 식견을 가지고 있음을 알 수 있겠다.

또 어느 집에 들어가니 장대하고 화려함이 강영태의 집보다 오히려 더 뛰어났지만, 집을 지은 제도는 대략 동일했다.

무릇 집을 짓는 제도는, 반드시 수백 보의 땅을 마련하여 가로세로를 서로 적당하게 해서 평평하고 반듯하게 땅을 깎고는, 수평계로 땅을 측량하고 나침반으로 방향을 잡은 뒤에 축대를 쌓는다. 축대는 모두 돌로 만든 주춧돌을 사용해서 만든다. 한 겹이나 혹은 두 겹, 세 겹으로 만들며 모두 벽돌로 쌓는데 돌을 갈아서 만든 벽돌을 사용한다. 대 위에 집을 지을 때는 모두 한 일一 자로 곧게 짓지 굽거나 꺾어서 붙여 짓지 않는다. 안쪽부터 첫째 집이 내실, 둘째 집이 중당中堂, 셋째 집이 전당前堂, 넷째 집이 외실外室이 된다. 외실은 앞으로 큰길에 닿아 있어서 점방이나 시전市廛으로 사용한다. 중당과 전당의 앞에는 좌우에 갓방이 있어 이것을 곁방이나 행랑채로 사용한다.

---

76   "훌륭한 장사꾼은 물건을 깊이 감추어 마치 빈 듯하게 하고, 군자는 성덕을 갖추었으나 용모는 바보처럼 한다"라는 노자의 말이다. 『사기』 「노자열전」.

대략 집 하나의 길이는 반드시 여섯, 여덟, 열, 열두 기둥으로 이루어지고, 기둥과 기둥 사이가 매우 넓어 거의 우리나라의 보통집 두 칸쯤 된다. 나무의 길이에 맞추어 하거나 또는 임의로 넓게 하거나 좁게 하지 못하고, 반드시 정해진 척도로 칸을 만든다. 대들보는 모두 다섯, 혹은 일곱 개를 쓰고 땅에서 용마루까지의 높이를 측량해서 처마를 그 안에 만들기 때문에, 기와 모퉁이의 물 내려가는 홈이 마치 암키와를 세워놓은 것처럼 가파르다.

집 좌우와 뒷면은 군더더기 처마가 없고, 집의 높이만큼 벽돌로 담을 쌓아 서까래 끝을 바로 파묻히게 한다. 동서 양쪽 담벼락은 각각 둥근 창을 내고, 남쪽을 향하여 모두 문을 내며, 정중앙의 한 칸을 출입문으로 써서 반드시 앞뒤로 곧바로 마주보게 한다. 집이 세 겹, 네 겹으로 되어 있으면 문은 여섯 겹, 여덟 겹이 되지만, 훤하게 열어놓으면 내실 문에서 외실 문까지 하나로 보이게 관통하여 화살처럼 곧다. 이른바 겹겹의 문을 열어젖히게 하면서 신하들에게 내 마음이 이와 같이 곧고 환하게 뚫려 있다고 한 송나라 태조의 말은, 일직선으로 나 있는 문을 가지고서 자신의 정직함을 비유한 것이다.

역관으로 3품 당상관인 동지同知[77] 이혜적李惠迪[78]을 길에서 만났더니 웃으며 내게 말한다.

"궁벽한 변방 촌구석에 뭐 볼만한 것이 있습니까?"

"비록 황성에 가더라도 꼭 이보다 낮지 않을 걸요."

"그렇습니다. 비록 크기나 사치한 정도의 차이는 있겠지만, 그 규모는 대부분 서로 같습니다."

집은 오로지 벽돌에만 의존하여 짓는다. 벽돌이란 흙으로 구워 만든 것을 말한다. 길이는 한 자, 폭은 다섯 치이고, 가지런히 포개면 네모반듯하

---

77   동지중추부사(同知中樞府事), 혹은 직함이 없는 노인을 가리키는 용어.

78   아산이씨(牙山李氏)로, 좌윤(左尹)을 지냈음.

고 두께는 두 치가 된다. 하나의 틀에서 찍어내지만, 벽돌귀가 떨어진 것, 모서리가 닳아빠진 것, 몸체가 휜 것 등은 꺼려서 사용하지 않는다. 벽돌 한 장이라도 꺼리는 것을 사용했다가는 집 전체를 망치게 된다. 그래서 한 틀에서 찍어낸 벽돌이라도 들쭉날쭉할까 걱정을 해서 반드시 자로 재어보고, 이상이 있는 놈은 자귀로 깎고 숫돌로 갈아 힘써 가지런하게 만드니 만 장의 벽돌도 그 모양이 모두 일정하다.

벽돌을 쌓는 법은 한 번은 세로로 한 번은 가로로 배열하여, 마치 『주역』 의 감坎(☵)괘와 이離(☲)괘 모양을 이루고, 그 사이 간격은 석회를 종이처럼 얇게 하여 겨우 붙을 정도로만 때워서 봉합한 흔적이 실처럼 가늘다. 석회를 반죽하는 방법은 거친 모래를 섞지 않고 또한 찰진 흙도 피한다. 모래가 너무 굵으면 붙지 않고 너무 찰져도 쉽게 갈라져, 반드시 검고 약간 기름기가 있는 흙을 취해서 같은 분량의 회를 섞는데, 흙 빛깔이 갓 구워낸 기와처럼 거무튀튀하다. 대개 그 성질이 너무 찰지거나 바스러지지 않음을 취하고, 그 빛깔과 바탕의 순수함을 취하려는 것이다.

또한 어저귀[79] 줄기를 털처럼 가늘게 썰어 섞는데, 우리나라에서 미장이가 흙에 말똥을 함께 개는 것과 같아서 질기면서도 터지지 않게 하려는 것이다. 또 오동나무 기름을 타서 우유처럼 부드럽고 매끄럽게 하는데, 아교처럼 붙어서 갈라지지 않게 하려는 것이다.

기와를 이는 법은 더더욱 본받을 만하다. 기와의 모양은 통대나무를 네 쪽으로 쪼갠 것 중 하나와 같은데, 흡사 두 손바닥을 합한 정도의 크기이다. 민가에서는 원앙기와[80]를 사용하지 않으며, 서까래 위에 흙을 받기 위한 나무를 엮지 않고 여러 겹의 갈대자리를 곧바로 깔고 기와를 덮으며 자리에는 진흙을 깔지 않는다. 하나는 위로 보게 하고 하나는 덮어서 서로 암

---

79   아욱과에 속한 한해살이풀.
80   원앙와(鴛鴦瓦, 짝기와)는 궁전, 사관(寺觀)에 사용하고, 민간은 앙와(鴦瓦, 암키와)만을 허용함.

수가 되게 하며, 기와와 기와의 틈새는 석회 반죽으로 때운다. 물고기 비늘처럼 층계를 이루고 아교처럼 붙어서, 참새나 쥐가 뚫는 일이 저절로 없게 된다.

집은 위가 무겁고 아래가 허한 것을 가장 꺼린다. 우리나라의 기와 이는 법은 이와는 완전히 다르다. 지붕에 진흙을 두텁게 깔아 위가 무겁고, 담벼락은 벽돌을 쌓지 않아서 네 기둥이 의지할 수 없기 때문에 아래가 허하게 된다. 기왓장이 너무 무거워 지나치게 굽었고, 그렇기 때문에 본래부터 빈 구멍이 많이 생겨 부득불 진흙으로 메우지 않을 수 없다. 진흙이 무겁게 내려 누르기 때문에 진작부터 용마루가 휠까 하는 걱정이 생긴다. 진흙이 한번 말라버리면 기와의 바닥이 절로 뜨게 되어 비늘처럼 깔린 기와들이 뒤로 밀려나, 드디어 틈새가 벌어지게 되어 바람이 통하고 비가 새며, 새가 뚫고 쥐가 숨으며, 뱀이 똬리를 틀고 고양이가 뒤집는 근심을 막을 수 없게 된다.

요컨대, 집을 짓는 데는 벽돌을 쓰는 것이 가장 훌륭하다. 경계를 높게 하여 담을 쌓을 수 있을 뿐 아니라, 실내외와 넓은 뜰은 모두 벽돌을 깔았고, 눈에 보이는 것이 반듯반듯 바둑판 줄을 그어놓은 것 같다. 집이 벽에 기대어 위는 가볍고 아래는 완전하며, 기둥은 담장 속에 들어 있어 풍우를 겪지 않는다. 그리하여 불이 번질 것을 겁낼 것 없고, 좀도적이 담을 뚫는 것을 겁낼 필요도 없다. 더군다나 참새, 쥐, 뱀, 고양이의 염려가 근절된다. 한번 정중앙의 문을 닫아걸면 절로 성벽의 보루처럼 되어 방 안의 물건들은 마치 궤짝 속에 감춰둔 것과 같아진다. 이로써 볼진대, 허다하게 토목을 쓸 필요도 없고 야장장이와 미장이를 번거롭게 할 것도 없이, 벽돌 한 번 구워내면 집은 이미 다 완성된 것이나 마찬가지이다.

수레를 사용하자[81]

대저 수레라는 것은 하늘의 스물여덟 별자리의 하나인 진軫에서 나와 땅에서 운행을 하니, 육로에서 사용하는 배이고 돌아다닐 수 있는 집이라고 할 수 있다. 나라에서 대단히 유용한 것으로 수레만 한 것이 없다. 그러므로 『주례』에서 임금의 재산을 물으면 수레의 보유 숫자로 대답하였다. 수레는 짐을 싣거나 사람을 태우는 것만 있는 것이 아니다. 전투에 쓰는 융차戎車, 작업에 쓰는 역차役車, 물을 실어 나르는 수차水車, 대포를 싣는 포차砲車 등, 그 쓰임새에 따라 수천 수백 가지인데, 지금 여기서 창졸간에 모두 이야기할 수는 없다. 사람이 타는 수레와 짐을 싣는 수레는 민생과 관계되고 먼저 힘써야 할 것이므로, 시급히 대책을 세우지 않을 수 없다.

나는 전에 홍대용, 이광려李匡呂[82]와 함께 수레 제도에 대해 강론한 바 있다. 수레 제도에서 가장 먼저 해야 할 일은 궤軌, 즉 바퀴와 바퀴 사이의 간격을 동일하게 통일시키는 것이라고 하였다. 이른바 바퀴 간격을 같게 한다는 것은 무엇인가? 수레의 축과 양쪽 바퀴 사이의 간격을 같게 하는 것을 말한다.

두 바퀴의 간격이 정해진 법식을 어기지 않는다면 모든 수레의 바큇자국이 통일될 것이다. 『중용』에서 말하는 소위 '수레바퀴의 간격이 같다'는 뜻의 '거동궤車同軌'가 바로 이것이다. 두 바퀴의 간격을 제멋대로 넓게 하거나 좁게 한다면 길의 바큇자국이 어떻게 하나의 틀에 들어갈 수 있으랴!

지금 길을 따라 천 리를 오면서 매일 수많은 수레를 보건만, 앞의 수레나 뒤의 수레가 동일하게 하나의 바큇자국을 따라간다. 그러므로 미리 의논하지 않고도 같게 되는 것을 일러 한 수레바퀴의 자국이라는 뜻의 '일철一

81　「일신수필」에 수록된 「차제(車制)」의 한 부분에 붙인 제목이다.

82　이광려(1720~83)는 조선 후기의 실학자로, 소론이며 본관은 전주(全州)다. 자는 성재(聖載), 호는 월암(月巖), 칠탄(七灘). 문집 『이참봉집(李參奉集)』이 있다.

轍'이라 말하고, 뒤에 오는 사람이 앞사람의 행적을 일러 '전철前轍'이라고 말하는 것이다. 도성의 문턱에 바퀴가 닿는 곳에는 옴폭하게 홈통이 생기는데,『맹자』에서 '성문의 수레바퀴 자국[城門之軌]'이라는 말이 이것이다.

우리나라에 일찍이 수레가 없었던 것은 아니지만, 바퀴가 아직 완전히 둥글지 않으며 바큇자국이 하나의 궤에 들지 않으니, 이는 수레가 없는 것과 마찬가지이다. 그런데도 사람들은 항상 '우리나라는 고을로 가는 길이 험준해서 수레를 사용할 수 없다'고 말하니, 이게 도대체 무슨 말인가? 나라에서 수레를 사용하지 않으니 길이 닦이지 않을 뿐이다. 수레가 통행하면 길은 절로 뚫리기 마련이니, 어찌 길거리가 좁다거나 고갯마루가 높음을 걱정하랴?『중용』에서 "수레와 배가 이르는 곳 (…) 서리와 이슬이 내리는 곳"[83]이란 아무리 멀어도 수레가 이르지 않는 곳이 없음을 말한 것이다.

중국에는 장안에서 촉蜀 땅으로 들어가는 길에 아홉 구비의 험한 길인 검문각劍門閣과, 산서성 태항산太行山의 구절양장九折羊腸 같은 꼬불꼬불 험한 길이 있지만, 모두 말을 채찍질하여 수레를 몰고 지나간다. 이 때문에 섬서·사천·강소·광동·복건·광서 지방처럼 먼 곳이라도 큰 장사꾼과 식구를 이끌고 부임하는 관리들이 수레바퀴를 서로 부딪쳐 가기를 마치 자신의 마당을 밟고 가듯 하는데, 수레가 내는 굉음이 마치 구름도 없는 백주대낮에 나는 뇌성벽력 소리 같다.

지금 우리가 지나왔던 마천령摩天嶺과 청석령靑石嶺[84]의 고개와 장항獐項[85]과 마전馬轉[86]의 비탈길이 어찌 우리나라보다 덜 험하던가? 바위가 가로막고 있는 그 험준함은 모두 우리의 눈으로 직접 본 것이거늘, 그렇다고 중국 사람들이 수레를 없애고 통행하지 않던가?

---

83   『중용』31장, "주거소지(舟車所至) (…) 상로소추(霜露所墜)".
84   요녕성 요양현 연산관(連山關) 역에서 요양시로 넘어가는 두 고개의 이름.
85   요녕성 단동시 구련성과 오룡배산 사이의 고개.
86   요녕성 봉성(鳳城)시 팔도하와 통원보 사이의 고개.

중국의 풍부한 재화와 물건이 어느 한곳에 막혀 있지 않고 사방으로 흩어져 옮겨 다닐 수 있는 까닭은 모두 수레를 사용하는 이로운 점이 있기 때문이다. 지금 당장의 효과를 따져보아도, 우리 사신 일행이 모든 폐단을 없애고, 우리가 만든 수레에 우리의 물건을 싣고 곧바로 북경까지 닿는다면 편리할 터인데, 무엇을 꺼려서 하지 않는단 말인가?

영남 지방 아이들은 새우젓을 모르고, 관동 사람들은 산사나무 열매를 절여서 간장을 대신하고, 서북 사람들은 감과 귤을 분간하지 못하고, 바닷가에는 썩은 흙처럼 내다 버릴 정도로 생선이 많지만, 어쩌다가 이것이 한번 서울까지만 오면 한 움큼에 한 닢 값이니, 어찌 그리도 귀하게 되는가?

지금 육진六鎭[87] 지방의 마포麻布, 관서 지방의 명주, 삼남 지방의 닥종이, 황해도 해서 지방의 솜과 쇠, 충남 내포內浦의 소금과 생선 등은 모두 민생의 일용품에서 뺄 수 없는 물건이다. 충북 청산靑山·보은報恩의 수천 그루의 대추, 황해도 황주黃州·봉산鳳山의 수천 그루의 배, 전남 홍양興陽(고흥)·남해의 수천 그루의 귤·유자, 충남 임천林川·한산韓山의 수천 밭떼기의 모시, 관동 지방의 수천 통의 벌꿀 등은 모두가 사람들에게 날마다 필요한 자원들로서 서로 교환하여 사용해서 도움을 주는 것이니, 누가 싫다 할 것인가?

그러나 이 지방에서는 천한 것이 저곳에서는 귀하고, 이름만 들었을 뿐 실물을 볼 수 없는 까닭은 대체 무엇 때문인가? 이는 곧 가져올 힘이 없는 까닭이다. 사방 수천 리밖에 되지 않는 좁은 강토에서 백성들의 살림살이와 산업이 이토록 가난한 까닭은, 한마니로 말하자면 국내에 수레가 다니지 않기 때문이다.

그러면 다시 그 이유를 물어보자. 수레는 왜 안 다니는가. 한마디로 선비와 벼슬아치의 죄이다.

---

87   조선 세종 때, 여진족이 침입할 것에 대비하여 두만강 하류 지역에 설치한 여섯 진. 종성(鍾城), 온성(穩城), 회령(會寧), 경원(慶源), 경흥(慶興), 부령(富寧)이 이에 속한다.

사대부들은 다섯 살부터 처음 『천자문』을 읽으며 소리를 높여 '수레 거'라고 한다. '수레라는 것이 어떤 물건인가?' 하고 물으면 '수레라는 것은 바퀴가 두 개이고 물건을 싣는 기구이다'라고 대답한다. 바퀴라는 것은 어떤 물건인가? 물으면 '태양처럼 둥근 것인데, 그 돌아가는 모양을 설명하자니 마땅히 비유할 물건이 없다'고 한다. 그러면서 '아이가 성장하면 응당 알 것이다'라고 하는데, 아이가 커서 혹 수레를 보고서도 그것이 수레인 줄 모른다. 수레〔逑矣〕라는 말은 차車의 우리말이다. 아이가 성장해서는 평생 읽는다는 글이 『주례』라는 성인의 저술인데, 거기에 나오는 거인車人이니 윤인輪人이니 여인輿人이니 주인輈人이니 하는 용어를 말하고 있지만 그저 입으로만 외울 뿐이요, 정작 수레를 만드는 법이 어떠한지, 수레를 부리는 기술이 어떠한지 하는 공부는 없다. 이는 소위 건성으로 읽는 풍월일 뿐이니, 학문에야 무슨 도움이 될 것인가. 오호라! 한심하고도 기막힐 일이다.

황제黃帝가 맨 처음 수레를 만들었다고 하여 이름까지 헌원씨軒轅氏라고 불린 이후, 천백 년을 거치면서 성인들이 머리를 짜서 생각하고, 눈이 뚫어져라 보고 갖은 손재주를 다해왔고, 또 여러 사람의 기술자를 몇 차례나 거쳐왔다. 또 전국시대 위衛나라 상앙商鞅[88]과 진秦나라 이사李斯[89]를 거쳐 제도가 통일되었고, 실로 조정에서 장려하는 학자들이 몇백 명씩이나 숙달되도록 연구하고 오래도록 실천한 것이니, 그들이 어찌 부질없이 그런 일을 했겠는가? 수레란 정말 백성을 이롭게 하는 일용의 물건이고, 국가의 경영에 있어서 중요한 도구이다.

88　전국시대 진(秦)나라의 재상이자 법가 정치가인 공손앙(公孫鞅, BC 390~BC 338).

89　이사(?~BC 208)는 전국시대 진(秦)나라의 법가(法家) 사상가이자 정치가.

말을 기르는 법[90]

내가 무심코 열하의 태학관太學館 문밖으로 나오니, 말 떼 수백 필이 문 앞을 지나간다. 목동 하나가 엄청나게 큰 말을 타고, 손에는 수숫대 하나만 쥐고 그 뒤를 따라간다. 또 소 삼사십 마리가 코뚜레도 하지 않고 뿔도 묶지 않은 채 지나가는데, 뿔은 모두 길이가 한 자 남짓하다. 소의 빛깔은 푸른색이 많고, 노새 수십 마리가 그 뒤를 따라서 간다. 목동이 절굿공이 크기의 큰 막대기를 쥐고서 있는 힘을 다해 앞에 있는 소를 한번 때리자, 소가 놀라서 저돌적으로 앞으로 튀어 나가니 모든 소가 그 뒤를 따라간다. 대오를 맞추어 나가는 모양이 마치 군대가 행진하는 것 같다. 아마도 아침나절에 방목하러 나가는 듯하다.

이윽고 내가 천천히 걸어가며 살펴보니, 집집마다 문을 열고 말과 나귀, 소와 양을 몰아서 나오는데 대체로 수십 마리 이상씩이다. 머리를 돌려서 태학관 밖에 묶어둔 우리나라 말이란 것들의 생김새를 살펴보니 참으로 한심하다고 할 만하다.

내가 언젠가 정석치鄭石癡[91]와 우리나라에서 태어나는 말의 가격을 따진 적이 있었다. 내가 말했다.

"수십 년이 안 되어서 응당 베갯머리맡에서 말을 먹이고, 부시[92] 담는 통을 말구유로 쓰게 될 겁니다."

석치가

"무슨 말씀인가?"

하고 묻기에, 나는 웃으며 말했다.

"늦가을에 깐 보잘것없는 서리병아리를 번갈아 종자를 받으면 4, 5년 뒤

---

90 「태학유관록(太學留館錄)」 8월 14일 일기의 한 대목에 붙인 제목이다.
91 정철조(鄭喆祚, 1730~81)의 호. 술을 잘 마시고, 글씨와 그림에 능했다.
92 부싯돌을 쳐서 불이 일어나게 하는 쇳조각.

에는 베개 속에서 울 정도의 작은 닭이 되는데, 이를 베갯닭이라는 뜻의 침계枕鷄라고 말하지요. 말도 종자가 작으니, 점점 작아져서는 어찌 침마枕馬가 되지 않을 수 있겠습니까?"

석치가 크게 웃으며

"우리가 더 늙으면 새벽에 잠이 더욱 없어져 베개맡에서 닭 소리를 듣게 되고, 또 침마를 타고 측간에 가도 무방하겠지. 다만 세속에서는 말의 교배를 꺼리기 때문에 말이 늙어 죽을 때까지 짝짓기 한 번 못하고 동정으로 살고 있네. 나라 안의 말이라고 해봐야 그 수가 수만 필도 안 되는 마당에, 그나마도 말에게 짝짓기를 시키지 않으니 말이 무슨 수로 번식하겠는가? 이는 나라의 말을 해마다 수만 필씩 잃어버리는 셈이니, 수십 년이 안 되어서 말이든 침마이든 간에 모두 멸종될 것이네"

라고 하며 서로 웃으며 농담을 했다.

사실 내가 연암 골짜기를 취하여 살게 된 까닭은 일찍부터 목축에 뜻을 두었기 때문이었다. 연암 골짜기는 첩첩산중에 자리를 잡고 있고, 그 양쪽은 황무지 골짜기인 데다가 물과 목초가 아주 좋아서 소, 말, 노새, 나귀 수백 마리를 키우기에 충분했다. 나는 일찍부터 말한 적이 있지만, 우리나라가 이토록 가난한 까닭은 대개 목축의 방법이 그 요령을 제대로 얻지 못했기 때문일 것이다.

우리나라에서 목장이랍시고 가장 큰 곳은 다만 제주도 한 곳뿐이다. 이곳에 있는 말들은 모두 원나라 세조世祖가 방목한 종자로서 사오백 년을 두고 종자를 바꾸지 않았다. 애초에는 용매龍媒나 악와渥洼와 같은 우수한 준마였을 터인데, 결국 작은 조랑말인 과하마果下馬나 느림뱅이 관단마款段馬가 되고 말 것은 필연적인 이치이다.

그런데 작은 조랑말과 느림뱅이 말을 궁궐을 지키는 장수들에게 내주고 있다. 고금 천하에 장수가 과하마나 관단마를 타고 적진을 향하여 달리는 꼴이 어찌 있을 수 있는가? 이것이 첫째로 한심한 일이다.

궁궐에서 임금이 사용하는 말에서부터 장수들이 타는 말에 이르기까지 우리나라에서 태어난 말이란 하나도 없다. 모두가 요동과 심양 등 중국에서 사들인 말인데, 한 해에 새로 생기는 말이라고는 네댓 필에 불과한 형편이다. 만약에 요동과 심양의 길이 끊어지게 된다면 장차 어디서 말을 구할 것인가? 이것이 둘째로 한심한 일이다.

임금이 거둥할 때 따르는 행렬에 조정의 백관들은 대부분 말을 서로 빌려 타기도 하고, 혹은 나귀를 타고 임금의 말을 따르게 된다. 이런 모습으로서는 제대로 위의를 갖춘 어가행렬의 차림새가 될 수 없으니, 이것이 셋째로 한심한 일이다.

문관들로서 초헌軺軒을 탈 수 있는 이상의 벼슬아치들은 말을 탈 일이 없으며, 말을 집 안에서 먹이기도 어렵다. 탈 말을 이미 없앴으니 이들의 자제들은 걸어 다니지 않으려고 겨우 작은 나귀 한 마리쯤 먹이게 된다. 옛날 중국에는 백 리 강토에 불과한 작은 나라라도 대부 벼슬쯤 되면 이미 말 40필쯤은 소유했다. 우리나라는 둘레가 몇천 리 되는 나라이니 경상卿相의 벼슬아치쯤 된다면 말 400필쯤은 갖추어야만 할 것이다. 지금 우리나라 대부의 집안은 비록 말 몇 필인들 도대체 어디서 나올 것인가? 이것이 넷째로 한심한 일이다.

삼영三營[93]의 군관들은 병졸 100명을 거느리는 우두머리이지만 가난하여 탈 말을 갖추지 못하고, 한 달에 세 번 하는 군사조련에는 혹 임시로 삯말을 내어 탄다. 삯말을 내어 타고 전장에 나간다는 소리는 이웃 적국에 들리게 해서는 안 될 것이다. 이것이 나섯째로 한심한 일이다.

한양의 영문營門에 있는 장수가 이럴진대, 팔도에 놓아두었다는 기병이란 것도 이름만 있고 실상이 없을 것은 이를 통해 알 수 있으니, 이것이 여섯째로 한심한 일이다.

---

93   훈련원, 금위영, 용호영 등 세 기관.

국내에 있는 역말驛馬은 모두가 우리나라에서 태어난 말 중에서 우수하다는 놈을 가져다 두었건만, 한 번 사신이나 손님을 태우고 나면 죽지 않으면 병이 들게 된다. 왜 그러할까? 사신들이 타는 쌍가마는 그 자체 워낙 무거운 데다가, 반드시 교꾼 넷이 몸을 실은 듯 양옆에 붙어 서서는, 타고 있는 사람이 까불리거나 어지럽지 않도록 가마채를 붙잡는다. 말은 싣고 있는 짐이 무거워 그 형세가 부득불 빨리 달리지 않을 수 없고, 달릴수록 짐은 점점 더 누르기 때문에 말이 죽지 않으면 병이 든다는 것이다. 죽는 말이 날로 늘어나니 말의 가격은 날로 뛰어오른다. 이것이 일곱째로 한심한 일이다.

말의 등에 짐을 싣는 것 자체가 세상에 없는 일이다. 그런데도 우리나라에서는 이미 수레가 나라 안에 운행될 수 없으니, 관청이든 민간이든 간에 짐을 싣는 것은 단지 말 등만 믿고 있다. 말의 힘은 따져보지도 않고, 말이야 죽든 말든 많이 실으려 욕심을 내서 부득불 더운 여물을 많이 먹여 말의 힘을 돋우려고 한다. 그 때문에 말의 정강이뼈가 힘을 못 쓰고 발굽은 물러빠져, 한 번만 교배를 시켜도 그 뒤로는 새끼를 못 낳게 된다. 그래서 세속에서 말을 교배시키고 새끼를 낳게 하는 것을 금하고 있으니, 이러고야 말이 어디에서 생길 것인가?

여기에 다른 이유가 없다. 말을 기르고 다루는 방법이 틀렸고, 말을 먹이는 방법이 옳지 못하고, 좋은 종자를 받을 줄 모르고, 목축을 맡은 관원이 망아지를 가르치고 길들이는 방법에 무식하기 때문이다. 그런데도 채찍을 잡고 말 앞에 나서서 국내에는 좋은 말이 없다고들 떠들어댄다. 어찌 나라 안에 정말 쓸 말이 없겠는가? 이런 한심한 일은 일일이 손으로 모두 꼽을 수도 없다.

4. 천하대세의 전망

천하의 대세를 살피다審勢編[94]

연암씨燕巖氏는 말한다.

중국을 유람하는 사람에겐 다섯 가지 망령된 생각이 있다. 지위와 문벌이 높다고 서로 거들먹거리는 짓은 본시 우리나라 풍속에서도 비루하게 여기는 습관이다. 식견이 있는 사람이라면 우리나라 안에 있으면서도 양반이란 말을 입 밖에 내기를 부끄러워하는 터에, 더구나 변방의 나라에서 지방의 명칭을 딴 성씨를 가지고서 도리어 중국의 오래된 명문세족을 업신여길 것인가. 이것이 첫째 망령이다.

중국 청나라의 붉은 마래기 모자나 말발굽처럼 생긴 옷소매(마제수馬蹄袖)는 비단 한족만이 부끄러워하는 것이 아니라, 만주족 역시 이를 부끄러워하고 있다. 그러나 그들의 예법이나 풍속, 문물 제도는 사방 오랑캐로서는 대적할 수 없고, 또 중국과 겨루어 맞먹을 만한 것이라고는 한 치의 나은 점도 없다. 그런데도 우리나라 사람들은 한 줌의 알량한 상투를 가지고 세상에서 제일인 양 뽐낸다. 이것이 둘째 망령이다.

옛날 월정月汀 윤근수尹根壽[95]가 사신의 소임을 가지고 명나라로 가는 도중에 어사御使 왕도곤王道昆[96]을 만나자, 길옆에서 숨을 죽이고 행차에서 날리는 먼지만 빤히 바라보고도 오히려 이를 영광으로 여겼다고 한다. 오늘날 중국이 비록 만주족 치하의 오랑캐 나라가 되긴 했으나 천자라는 칭호는 아직 바뀌지 않았다. 그렇다면 내각의 대신들은 곧 천자의 고급 벼슬

---

94   김창협(金昌協)의 『농암집(農巖集)』에 「심적편(審敵篇)」이라는 글이 있는데, 연암은 이 글을 읽었다고 했다.

95   윤근수(1537~1616)의 호는 월정. 1594년 중국 사신으로 갔고, 연행록 『조천록(朝天錄)』이 있음.

96   왕도곤(?~1645)은 명나라 세종(世宗) 때의 명신으로, 청나라가 항주를 점령하자 자결함.

아치들이다. 딱히 옛날의 벼슬아치라고 해서 더 떠받들고 오늘의 벼슬아치라고 해서 깔볼 이유가 없다.

사신에 임명된 자는 본래 중국 관리를 만나는 예법이 있어야 할 터인데도 공식 석상에서 절하고 읍하는 것을 도리어 부끄럽게 생각하고, 번번이 이를 대충 넘어가거나 모면하고자 하여 결국은 이것이 규정이나 관례가 되었다. 때때로 접견하는 절차가 있어도 대체로 뻣뻣하고 거들먹거리는 것을 고상한 운치로 여기고, 반면에 공손하고 겸손한 태도를 도리어 치욕으로 여기고 있다. 저들이 비록 이것을 까탈 잡아 책망은 하지 않지만, 어찌 우리들의 무례함을 멸시하지 않으리라고 장담할 수 있으랴. 이것이 셋째 망령이다.

우리가 문자를 알게 된 이후부터 중국의 책을 빌려 읽지 않은 사람이 없다. 중국 역대의 역사를 담론하는 것은 모두 꿈속에서 꿈을 풀이하는 격이련만, 그런데도 과거시험장에서 답안지나 쓰던 해묵은 습관으로 운치도 없는 글을 시문詩文이라고 억지로 지어놓고는 갑자기 중국에는 제대로 된 문장이 없다고 흰소리를 친다. 이것이 넷째 망령이다.

중국 땅의 인사들은 강희康熙 이전은 모두가 명나라의 남은 유민遺民들이요, 강희 이후는 곧 청나라 황실의 신하요 백성이다. 백성으로서 당연히 지금 왕조에 충절을 다하고 법제를 준수하고 받들어야 할 것이다. 만약에 외국 사람과 짧은 시간에라도 무슨 이야기를 하다가 국내의 정보를 외국에 누설한다면, 이는 정말 당세의 난신적자로 내몰릴 수 있을 것이다. 그런데도 어쩌다가 중국 인사를 한번 만나 그가 은택을 받아서 살기 좋은 세상이라고 자랑이라도 하는 것을 보게 되면, 문득 말하기를 '청나라에는『춘추』한 권도 읽을 만한 곳이 없다' 하면서, 매양 '연燕나라, 조趙나라 지역의 거리에는 현실에 비분강개하여 노래를 부르는 인사를 볼 수 없다'고 탄식한다. 이것이 다섯째 망령이다.

중국의 선비에게는 세 가지 어려운 일이 있다. 일단 과거시험 합격자가

되면 역사와 경서 전부를 사건에 따라 척척 변증하고, 제자백가와 구류九
流(아홉 학파)의 본말本末을 대체로 섭렵하여, 메아리가 울리듯 빠르게 묻고
대답해야 한다. 그렇지 못하면 선비가 될 수 없다. 이것이 첫째 어려운 일
이다.

선비는 너그럽고 점잖으며, 예절에 밝고 의젓하여 교만하거나 거만을
떨지 않아야 하고, 자기 마음을 비우고 남을 대함으로써 대국의 체면을 잃
지 말아야 한다. 이것이 둘째 어려운 일이다.

큰 인물이든 작은 인물이든, 또 멀리 사는 인물이든 가까이 사는 인물이
든 간에 법을 두려워하지 않는 사람이 없다. 법을 두려워하므로 관직에 신
중하고, 관직에 조심하기 때문에 제도는 한결같고, 사·농·공·상은 자기의
본업을 나누어 제각기 제 할 일을 하게 된다. 이것이 셋째 어려운 일이다.

우리나라 사람의 다섯 가지 망령된 생각도 실상은 중국인의 자기모멸로
부터 나온 것이지만, 그러나 자기모멸을 하게 된 실상도 역시 중국 사람의
탓이 아니다. 그들이 본래부터 가진 세 가지 어려운 일이란 것 역시 우리나
라 사람의 처지에서는 멸시할 수 있는 대상이 아니다.

옛날 남북조 시절, 양梁나라 진경지陳慶之[97]라는 장수는 북쪽 위魏나라
에서 남방으로 돌아온 이래로 북방 사람들을 매우 정중하게 대우하였다.
학자 주이朱异[98]가 이상하게 여겨 그 까닭을 물었더니 경지는 이렇게 대답
했다.

"진晉나라 송나라 이래로 낙양을 황폐한 중원이라 하였으니, 이는 양자
강 이북이 죄다 오랑캐 땅이 되었음을 두고 말하는 것입니다. 그러나 어제
낙양에 이르러서야 비로소 문명하고 예의 교양을 갖춘 양반이 중원 땅에

---

97 진경지(484~539)는 남조 양나라의 장군으로 자는 자운(子雲). 위(魏)나라와의 전투에서 혁
혁한 공을 세워서 위나라 사람들이 두려워했다.
98 주이(483~549)는 남조 양나라의 학자로 자는 언화(彦和)이며, 경사 잡학에 통달하여 태학
박사가 되었다.

있음을 알게 되었고, 예의가 풍부하고 성대하며 인물이 많아 눈과 귀로 보고 들은 것을 입으로 다 전달할 수 없습니다."

이로써 본다면 작은 도랑물이나 보던 사람이 한번 바다를 보게 되면 그만 넋을 빼고 탄식을 함은 고금에 모든 사람이 보이는 공통적인 행동일 것이다. 나는 열하에서 중국의 많은 사대부와 교유하였다. 평범한 내용의 토론을 통해서도 내가 알지 못하던 지식을 비록 매일 알게 되기는 했으나, 당시 정치의 잘잘못과 민심의 향배에 대해서는 도무지 알아낼 방법이 없었다.

맹자의 말씀에 "그 나라의 예법을 보고서 그 나라의 정치를 알게 되고, 그 음악을 듣고서 그 나라의 도덕을 알 수 있다. 백 세대를 지난 뒤에 백 세대 이전의 왕을 비교해보아 틀리지 않을 것이다"라 하였다. 자공子貢[99]처럼 말을 잘하는 재주와 계찰季札[100]과 같은 지혜를 갖추고 있지 않다면, 비록 앞에서 온갖 악기와 춤추는 도구를 펼쳐놓고 날마다 음악을 연주하더라도 정치와 도덕이 어디에서 나온 것인지 그 근본을 정말 모를 터인데, 하물며 상고시대의 음악을 대충대충 토론만 하고서 지금 세상의 성쇠를 어떻게 알 수 있을 것인가. 그런데도 지루하고 번잡하며 중복된다는 혐의를 회피하지 않고, 일부러 이처럼 현실성이 없고 황당하며 막연한 내용을 물었던 까닭은 무엇인가?

대체로 중국 선비들은 그 성질이 자랑하고 떠벌리기를 좋아하며, 학문은 해박한 것을 귀하게 여겨 경서와 역사서를 닥치는 대로 인용하며 이야기하느라 입에 자개바람이 난다. 그러나 우리나라 사람들은 대부분 외교적 언사에 익숙하지 못해, 혹 어려운 것을 묻는 데 급급하거나 당대의 일을 섣불리 이야기하기도 하며, 혹 우리의 의복과 갓을 과시하면서 그들이 자신의 의복과 모자를 부끄러워하는지 살피기도 하며, 혹은 바로 대놓고 한

---

99 공자의 제자로 말재주가 있으며, 경제에도 밝았다.

100 춘추시대 오나라 사람으로 신의가 있으며, 음악에도 밝아서 노나라에 가서 과거 주나라의 성대한 음악을 알았던 인물.

족을 그리워하느냐고 다그쳐 물어봄으로써 그들의 억장을 무너지게 만든다. 이따위는 비단 그들이 꺼리고 싫어하는 행동일 뿐 아니라, 우리에게 있어서도 어설픈 실수이고 역시 주도면밀하지 못한 짓이다.

그러므로 그들의 환심을 사려고 한다면 반드시 대국의 명성과 교화를 곡진하게 찬미함으로써 먼저 그들의 마음을 푸근하게 만들고, 중국과 외국이 한 몸이나 다름없음을 부지런히 보여주어 혐의를 받지 않도록 힘써야 한다. 한편으로 예법이나 음악의 문제에 뜻을 부쳐서 스스로 전아하도록 보이게 하고, 또 한편으로는 역대의 역사 사실을 거론하되 최근 사정에 대하여는 다그치지 말아야 한다. 겸손한 마음으로 배움을 청하여 마음 놓고 이야기를 터놓도록 유도하고, 겉으로는 잘 모르는 것처럼 꾸며서 그들의 마음을 답답하게 만든다면, 그들의 눈썹 한 번 움직이는 데서도 참과 거짓을 볼 수 있을 것이요, 웃고 이야기하는 동안에도 실정을 능히 탐지해낼 수 있을 것이다. 이것이 내가 종이와 먹을 떠나서 그들의 정보와 소식을 대략이나마 얻을 수 있었던 방법이다.

슬프다! 중국의 도덕과 학술은 산산이 부서지고 지리멸렬해져 천하의 학문이란 한 갈래에서 나오지 않게 되었다. 주자와 육상산이 갈라져 벌써 수백 년이 되도록 서로 원수처럼 헐뜯고 비방을 해왔다. 명나라 말년에 와서는 천하의 학자란 학자는 모두 주자를 으뜸으로 삼아 육상산의 학문을 하는 자가 드물었다. 청나라 사람이 중국에 들어와서 통치하게 되면서부터 그들은 중국 학문의 주류가 어디에 있는지, 그 학문을 따르는 사람은 많은지 적은지를 몰래 살폈다.

그리하여 많은 쪽을 따라서 힘껏 섬기고, 주자를 공자의 수제자 10명과 같은 반열에 올려서 제사 지내며, 천하에 호령하기를 '주자의 도학은 바로 우리 황실이 대대로 해온 가학家學이다'라고 하였다. 드디어 세상에는 주자의 학문에 흡족하여 기뻐서 복종하는 자가 있는가 하면, 겉만 번드르르하게 꾸며서 세속에 영합하는 사람까지 생기게 되어서, 소위 육상산의 학문이란 것은 거의 끊어질 지경이 되었다.

슬프다! 저들이 어찌 주자의 학문을 참으로 이해하여 그 정통을 얻으려고 하는 것이겠는가? 아니, 황제의 높은 지위를 이용하여 겉으로만 순종하고 사모하려는 것이다. 이는 중국의 대세를 살펴서 이를 먼저 차지하고, 천하 사람들의 입에 재갈을 물려서 아무도 감히 자기를 오랑캐라고 부르지 못하게 하려는 의도일 것이다. 무슨 근거로 그렇다는 것을 아는가?

주자는 중국을 떠받들고 오랑캐를 배척하였던 인물이다. 그런즉 건륭황제는 일찍이 『어비통감御批通鑑』이란 책을 지어서 송나라 고종高宗이 춘추대의를 몰랐다고 배척하고, 당시 금나라와 강화를 주장한 역적 진회秦檜[101]의 죄를 성토하였다. 또 주자는 많은 서적에 주석을 달았던 인물이다. 그런즉 황제는 천하의 선비란 선비는 다 모으고 국내의 도서를 모두 거두어들여 『고금도서집성古今圖書集成』과 『사고전서四庫全書』와 같은 방대한 책을 만들어 온 천하에 외치기를 '이는 자양紫陽(주자의 호)이 남긴 말씀이고, 고정考亭(주자의 별호)이 남긴 뜻이다'라고 하였다.

황제가 걸핏하면 주자를 내세우는 이면에는 다른 뜻이 있는 게 아니다. 천하 사대부들의 목을 걸터타고 앞에서는 그 숨구멍을 억누르며, 뒤에서는 그 등을 쓰다듬으려는 의도이다. 천하의 사대부들은 대체로 그 우민화 정책에 동화되고 협박을 당해서 좀스럽게 스스로 형식적이고 자잘한 학문에 허우적거리면서도 이를 능히 눈치 채는 사람이 아무도 없다.

어떤 사람은 물을 것이다. '청나라 사람들이 이미 중국 한족의 예절과 문화를 숭상하고 있으면서도 어째서 만주의 해묵은 풍속은 고치지 않는가?' 그리고 어떤 사람은 말한다. '이것을 통해서 그들의 속사정을 충분히 꿰뚫어 볼 수 있다.' 이에 대해 청나라에서는 이렇게 말할 것이다.

"나는 천하를 사리사욕의 수단으로 삼으려는 것이 아니다. 나는 명나라

---

[101] 진회(1091~1151)는 남송(南宋) 고종(高宗) 때 총신으로, 충신 악비(岳飛)를 무함하여 죽이고 주전파(主戰派)를 탄압하여 금(金)나라와 굴욕적인 화약(和約)을 체결했다. 대표적 간신.

황실을 위하여 큰 원수를 갚고 큰 치욕을 씻어주었다. 그러나 천하에는 천자의 자리를 오래 비워둘 수 없는 법이다. 나는 천하를 위하여 중국 땅을 지키다가 만약에 새로운 주인이 생기게 된다면 나 역시 보따리를 싸가지고 동쪽으로 돌아갈 것이므로, 조상들이 지켜왔던 옛날의 제도를 감히 고치지 않는 것이다.”

혹자는 또 물을 것이다. ‘저들이 자기들의 옛날 습속을 바꾸지 않고 그대로 따르는 일은 당연한 일이겠거니와, 그런데 어찌해서 중국 한족들에게 억지로 자기들의 법을 따르게 하는가?’ 그리고 혹자는 이렇게 말할 것이다. ‘이것을 통해서 그들의 속사정을 충분히 꿰뚫어 볼 수 있다.’ 이에 대해 청나라는 장차 이렇게 대답할 것이다.

“제왕이란 천하의 문자와 도량형을 같게 만들고, 제도를 하나로 통일시키는 사람일 뿐이다. 청나라의 신하가 되려는 자는 그 시대 제왕의 제도에 순응하는 것이 마땅할 터요, 청나라 신하가 되지 않으려는 자는 그 시대 제왕의 제도를 따르지 않으면 그만일 뿐이다.”

중국의 동남 지방은 지혜가 계발되고 문명이 발달한 곳이어서 천하에서 제일 먼저 사회적 문제가 생기게 되고, 사람들의 성품이 말이나 행동도 신중치 못하고 가벼워서 뭔가를 따지기를 좋아한다. 그런즉 강희 황제가 여섯 번이나 강소·절강 지방을 순행한 까닭은 그 지방의 호걸들의 마음을 몰래 억눌러 막기 위함이었고, 지금 건륭 황제도 강희의 뒤를 이어서 다섯 번이나 이 지방을 순행하였다.

한편, 천하의 골칫거리는 언제나 북쪽 오랑캐에게 있으니, 그들을 복종시킨 뒤에도 강희 시절부터 열하에 궁궐을 짓고, 몽고의 막강한 군사들을 유숙시켰다. 중국의 수고를 덜고 오랑캐로 오랑캐를 방비하게 하였다. 이렇게 하면 군사비용은 줄이면서도 변방의 국방을 튼튼하게 하는 것이므로, 지금 황제는 그 자신이 직접 이들을 통솔하여 열하에 거처하며 변방을 지키고 있다.

서번西藩(티베트) 민족은 사납고 억세지만 황교黃敎(라마교)를 몹시 경외하니, 황제는 그 풍속을 따라서 몸소 자신이 황교를 숭앙하고 받들며, 그 나라 법사法師 판첸라마를 맞이하여 궁궐을 거창하게 꾸며서 그들의 마음을 즐겁게 하고, 명색뿐인 왕으로 나누어 봉함으로써 그들의 세력을 꺾었다. 이것이 바로 청나라 사람들이 이웃 사방 나라를 제압하는 전략이다.

다만 중국 땅에 대해서는 아무런 마음을 쓰지 않는 것처럼 보인다. 그러나 그들의 계산은 세상의 일반 백성들이야 세금만 적게 바치게 해주면 안정되리라고 생각하겠으나, 어찌 장담할 수 있으랴? 천하 사람들이 자기들의 모자와 복장을 도리어 편하게 여기고, 자기들의 제도를 바꾸는 것을 바라지 않을 일이 생기지 않으리라고.

다만 천하의 사대부들에 대하여는 둘러보아도 그들을 안정시킬 만한 마땅한 방법이 없었다. 그래서 짐짓 주자의 학문으로 마음이 떠 있는 선비들을 위로하였다. 지혜와 용기가 뛰어나고 기개와 풍모가 있는 선비들은 속으로 화를 낼망정 감히 겉으로는 말하지 못하게 될 것이고, 비루한 아첨쟁이들은 시의時義를 따르는 것으로 일신의 이익을 꾀할 것이다. 한편으로는 중국 땅의 선비들을 밖으로 드러나지 않게 문약하게 만들고, 한편으로는 문명과 교화의 명성을 아주 공개적으로 수용하게 하였다.

옛날 진秦나라처럼 선비를 파묻어 죽이는 방법을 쓰지 않으면서도 그들을 도서교정 사업에 골몰하여 정신없게 만들고, 진나라처럼 책을 불사르지 않으면서도 그들을 『사고전서』를 출판하는 취진국聚珍局에서 갈라지고 분열되게 만들어버렸다. 슬프다! 세상을 우롱하는 그들의 기술이 교묘하고도 심각하다고 말할 만하도다. 소위 책을 구입하게 하는 재앙이 책을 불사르는 행위보다 심하다는 것은 바로 이를 가리키는 말이다.

그러므로 중국의 선비 중에는 왕왕 주자를 반박하는 데에 조금도 주저하거나 꺼리지 않았던 자가 있었으니, 모기령毛奇齡[102] 같은 자가 그런 선비이다. 모기령을 두고 어떤 사람은 주자의 충신이라 말하는 자도 있고, 더러는 유가의 도를 지켜낸 공적이 있다고 말하는 자도 있으며, 혹자는 은인과 원한을 맺었다고도 말을 한다. 모기령에 대한 이러저러한 모든 평가를 통해서 중국 선비들의 은미한 속마음을 충분히 엿볼 수 있을 것이다.

아하! 주자의 도는 중천에 뜬 태양과 같아서 사방 만국이 모두 우러러쳐다보는 대상이니, 황제가 개인적으로 떠받든다고 한들 주자에게 무슨 부담이 될 것인가. 그런데도 중국의 선비들이 그것을 이토록 수치스럽게 여기는 까닭은 아마도 황제가 겉으로는 주자를 떠받드는 척하면서 속으로는 세상을 통제하는 수단으로 삼는 것에 격분하기 때문일 것이다. 그러므로 때때로 주자의 주석 중에서 한두 가지 틀린 내용을 이용하여 청나라 통치 100년간의 괴롭고 원통한 기분을 씻어내려고 한다. 그런즉 오늘날 주자를 반박하는 선비는 옛날 육상산의 학문을 위해 주자를 반박했던 부류와는 결국 다르다는 사실을 증험할 수 있을 것이다.

그런데도 우리나라 사람들은 이런 의도를 모르면서, 중국의 선비와 잠시 만나서 데면데면 이야기하다가도 주자를 건드리는 이야기가 조금이라도 나오면 그만 눈이 휘둥그레져서 듣다가 문득 육상산의 도당이라고 배척하게 된다. 그리고 귀국해서는 나라 사람들에게 '중국에서는 지금 육상산의 학문이 굉장히 성행하고 있고, 사악한 학설이 그치지 않고 있다'고 떠들어댄다. 그 말을 듣는 사람 역시 자초지종을 따져보지도 않고, 마치 그런 이야기를 실제 보고 들은 것처럼 속으로 화부터 먼저 내고 본다.

아하! 사문난적에 대한 성토를 비록 멀리 중국 땅에까지 시행할 수는 없겠으나, 이단을 용납하고 묵인하는 죄는 진실로 지식인 사회에서 용서받기 어려운 것이다.

엄화계罨畫溪[103] 꽃나무 아래에서 약간의 술을 마시며, 다음에 있는「망

---

102   모기령(1623~1716)은 명말청초의 대학자로, 자는 대가(大可) 혹은 자제우(字齊于)이고, 호는 초청(初晴)이며, 제자들은 그를 서하선생(西河先生)이라 불렀다. 저서에 『서하전집』이 있다.

양록忘羊錄」「곡정필담鵠汀筆談」을 뒤적이며 교열을 하다가, 꽃잎에 맺힌 이슬에 붓을 적셔 이런 뜻의 의례義例를 만들었다.[104] 이를 통해서 뒷날 중국을 유람하는 사람에게 주자를 함부로 반박하는 사람을 만나더라도 그를 범상치 않은 선비로 알고 함부로 이단이라고 배척하지 말며, 응대하는 언사를 잘하여 점차로 그 본질까지 찾아내는 데에 효과가 있게 하였다. 모름지기 이런 방법을 써야, 저 천하의 대세를 엿볼 수 있을 것이다.

중국 천하의 형세[105]

남의 나라에 들어가는 사람이 '나는 적국의 사정을 잘 엿보았다'라고 말하기도 하고, '나는 그 나라 풍속을 잘 관찰했다'라고 말하기도 하지만, 나는 그런 말들을 반드시 믿지 않는다.

남의 나라에 들어간 사람이 어떻게 길에 다니는 사람을 붙잡고 갑자기 물어보거나 찾아갈 곳이 있겠는가. 이것이 첫째로 불가능한 일이다. 언어가 서로 달라서 잠시 사이에는 하고 싶은 말을 충분히 하지 못할 터이니, 이것이 둘째로 불가능한 일이다. 그 나라 사람과 외국 사람은 이미 처지가 달라 아무래도 흔적을 남길 혐의가 있을 것이다. 이것이 셋째로 불가능한 일이다. 말의 수준이 얕으면 실제의 사정을 얻지 못할 것이요, 그렇다고 말이 너무 깊이 파고 들어가면 그 나라에서 꺼리는 일을 범하기 쉬우니, 이것이 넷째로 불가능한 일이다. 묻지 말아야 할 일을 물으면 무슨 정탐이나 하는 행적처럼 될 터이니, 이것이 다섯째로 불가능한 일이다. '그 직위에 있지 않으면 그에 대한 정치를 말하지 말라'라는 『논어』의 말은 자기 나라에서도 지켜야 도리이거늘, 하물며 타국에서랴! '그 나라에서 크게 금지하는

---

103   황해도 개성 부근의 연암이 우거하던 연암협 골짜기에 있던 시냇물 이름.
104   이 글의 본래 제목은 '필담의례(筆談義例)'다. 의례라는 말은 저서의 주제와 체제를 뜻한다.
105   「황교문답(黃敎問答)」이란 편에 서문으로 얹은 글이다.

것이 무엇인지 물어본 연후에 감히 그 나라에 들어간다'는 『맹자』의 말은 타국에서 지켜야 할 도리이거늘, 하물며 대국에 대해서랴! 이것이 여섯째로 불가능한 일이다.

하물며 그 나라의 장수와 재상의 잘나고 못난 것, 풍속의 좋고 나쁜 것, 만주족과 한족의 등용되고 소외되는 것, 과거 명나라의 사정 등은 함부로 물어서 안 될 내용이다. 이는 우리가 물어서 안 될 일일 뿐만 아니라, 감히 생각하지도 못할 일이다. 저들도 응당 대답하지 않을 것이며, 감히 생각하지도 못할 일이다.

심지어 돈, 곡식, 군사, 산천, 지형 등과 같은 문제는 그리 큰 관계가 없어 보이지만 이것에 대해서는 말하지 않는 것이 마땅할 뿐 아니라, 물어보면 저들은 반드시 이를 의심하고 괴이쩍게 생각할 터이다. 왜 그러한가? 돈과 곡식은 나라의 허실에 관계된 일이요, 군대는 나라의 강약에 관계된 일이요, 산천과 지세는 관문과 요새에 관계되므로, 이것이 문답해서는 안 되는 이유이다.

저 옛날 사람들은 다른 이야기를 주고받고, 문답하는 내용과 관계가 없는 데서 항상 정보를 얻었다. 예컨대 송나라 범연귀范延貴 같은 사람은 잘 수리된 교량과 밤에 시간을 알리는 북소리의 분명함을 통해서 선정善政 여부를 알아맞히었고,[106] 공자의 제자 자공子貢은 회담하는 자리에서 옥을 잡은 사람의 손 동작을 통해 그가 죽을지 여부를 점치기도 하였다.[107] 시와 음악을 통해 백성의 풍속을 징험하기도 하고, 시장 물가의 높낮이를 통해

---

[106] 송나라 괴애(乖厓) 장영(張詠, 946~1015)이 범연귀를 만나서 훌륭한 관원을 만난 적이 있느냐고 물었는데, 범연귀는 "평향(萍鄉)의 수령 장희안(張希顔)을 보았는데, 고을의 경내로 들어가니 역참과 다리와 길이 모두 완전히 수리되어 있었고, 길거리에는 도박하는 사람이 없었으며, 밤에 여관에서 들으니 경(更)을 치는 소리가 분명한 걸 보아서 훌륭한 관원이 분명하다"고 답했다. '문고미정(聞鼓美政)' 참조.

[107] 자공은 노(魯)나라 정공(定公)과 주은공(邾隱公)이 회담하는 자리에서 한 사람은 옥을 지나치게 높이 들고, 한 사람은 지나치게 낮아서 두 사람이 곧 죽을 것을 예언했다. 『춘추좌씨전(春秋左氏傳)』 정공(定公) 15년 조 참조.

서 민심의 향배를 증험해 맞출 수 있었다. 옛사람 같은 지혜와 재주도 없이 한갓 필담으로 이야기하는 자리에서 이런 정보를 얻으려고 한다면 역시 어려운 일일 것이다. 더구나 세상이 넓고 커서 그 존재 형식이나 속성의 한계를 보지 못함에랴. 하물며 중국 사람을 만나면 피차 귀머거리와 벙어리 같아서 필연코 필묵을 빌려야만 의사가 서로 통함에랴.

내가 열하에 도착해 묵묵히 천하의 형세를 살펴본 것이 다섯 가지가 있었다. 황제는 해마다 열하에 잠시 머무는데, 열하라고 하는 곳은 곧 만리장성 밖의 황량한 벽지이다. 천자는 무엇이 '괴로워'서 이런 변방 밖의 쓸쓸한 벽지에 와서 거주하는 것일까? 피서를 한다는 명분을 들지만, 그 실상은 천자 자신이 몸소 나서서 변방을 방비하려는 목적이다. 그렇다면 여기서 몽고의 강성함을 알 수 있겠다.

황제는 서번西藩(티베트)의 승왕僧王 반선班禪(판첸라마)을 맞이하여 그를 스승으로 삼고 황금 전각을 지어 그곳에 거처하게 하고 있다. 천자는 무엇이 '괴로워'서 이런 격에 넘치고 사치스러운 예우를 하는가? 명목은 스승으로 모시면서도 기실은 황금 전각 속에 그를 감금해두고 세상이 하루하루 무사하기를 비는 것이다. 그리고 본즉 서번이 몽고보다 더 강성함을 알수 있겠다. 이 두 가지 일은 황제의 심정이 이미 '괴롭다'는 것을 보여준다.

사람들의 글줄을 관찰해보면, 비록 그것이 평범하고 몇 줄 안 되는 편지 쪽지라도 반드시 역대 황제들의 공덕을 늘어놓고 지금 세상의 은택에 감격한다고 하는 사람들은 하나같이 한족 문인들이다. 아마도 그들 자신은 망한 명나라의 백성으로서 항상 재난을 당할까 근심을 품고, 혐의를 받을까 경계하는 마음을 견디지 못해 입만 열면 찬미하고 붓만 잡으면 아첨함으로써, 마치 자신들은 지금 세상에 초월한 것 같은 태도를 더욱 드러내려고 하는 것이리라. 이로 보면 한족들의 마음도 이미 '괴로운' 것이다.

남의 나라 사람들과 필담을 할 때는 비록 평범한 내용을 주고받더라도 말을 마친 뒤에는 즉시 종이 쪼가리 한 장을 안 남기고 필담종이를 모두 불에 태워버린다. 이는 비단 한족만 그런 것이 아니고 만주족은 더욱 심하다. 만주족은 모두 황제와 가까운 직위에 있으므로 법령이 엄하고 가혹하다는 사실을 누구보다 더 잘 알고 있기 때문이다. 그렇다면 한족의 심정만 '괴로운' 것이 아니라, 법으로 금지하고 있는 당사자 만주족의 심정도 '괴로울' 것이다.

시장에서 파는 벼루 하나의 값이 백 냥이 되지 않는 것이 없다. 아하! 천하에 전쟁이 있을 때는 구슬과 옥이 굴러다녀도 거두어들이지 않더니, 나라 안이 태평할 때는 땅에 묻힌 기왓장과 벽돌 같은 것도 반드시 파내게 된다. 부귀한 자들은 당연히 구하여 보게 되고, 빈천한 자들은 눈을 부릅뜨고 주워 모은다. 취미로 감상을 하는 자는 어쩌다가 한번 문질러 매만져보지만, 우둔한 자는 발에 굳은살이 박이도록 쏘다닌다. 그리하여 밭 갈다가 얻은 것, 고기 잡다가 건져낸 것, 무덤 속에서 갓 파내 송장 냄새가 밴 것까지 이것저것 모두가 천하의 보물이 된다. 천하의 진기한 보물을 완상하는 심정도 또한 '괴로운' 심정이라 할 것이다.

그렇다면 한 조각 돌덩이로도 천하의 대세를 엿볼 수 있을 터인데, 하물며 중국 사람들의 '괴로운' 심정이 돌을 감상하는 사람의 '괴로움'보다 더 큰 문제가 있음에랴. 이제 필담을 하다가 불태워버린 나머지와 필담의 부스러기로서 반선에 관계되는 것들을 기록하여 「황교문답黃敎問答」이라고 한다.

중국 주변의 민족들[108]

연암은 말한다.

천하에는 별의별 종족과 부락이 많다. 내가 열하에 도착하여 왕이랍시

---

[108] 「황교문답」편의 뒤에 붙인 글이다.

고 모여든 자들을 많이 보았다. 몽고 사대부로서 중국에 태어나고 자란 사람들은 그 문장이나 학식이 만주족이나 한족과 대등했으나, 용모는 우뚝하고 건장하여 자못 닮지 않았다. 하물며 그들 48개 부족의 추장임에랴.

추장들은 각기 왕의 칭호를 가지고 있다. 예컨대 흉노족들에게 붙은 호칭인 좌현왕左賢王[109]이나 곡려왕谷蠡王[110]처럼 서로 신하로 예속되지도 않고 세력이 아무 탈 없이 나뉘고 대적하고 있어서 감히 누구도 먼저 준동하지 못하고 있으니, 이것이 바로 중국이 느긋하게 지낼 수 있는 까닭이었다.

내가 활불의 거처인 찰십륜포扎什倫布[111]에서 두 사람의 몽고 왕을 보았고, 피서산장避暑山莊의 문밖에서도 두 사람을 보았다. 그중 늙은 왕은 나이가 81세였고, 허리가 경쇠처럼 구부정하게 휘었으며 피골은 시커멓게 썩었고, 얼굴은 당나귀처럼 길고 신장은 거의 10척이나 되었다. 젊은 왕은 귀신처럼 생겨서 마치 종규도鍾馗圖[112]에 나오는 귀신의 모습이었다.

서번(티베트) 사람들은 더욱 흉악해 보여서, 사납고 추악하여 마치 괴이한 짐승이나 기이한 귀신처럼 생겼다. 정말 겁이 덜컥 나는구나. 회족은 옛날의 회골回鶻 부족으로 더더욱 사납고 포악해 보였으며, 중국 서남쪽 소수민족의 수령인 토사土司는 서번이나 회골 사람과 비교하면 그 웅건함이 대동소이하다.

악라사鄂羅斯(러시아)는 흑룡강 연안에 있는 부족이다. 집에 가만히 있을 때는 반드시 개를 한 마리 끌어안고 있는데, 개들은 모두 크기가 당나귀만하다. 개의 목걸이에는 십여 개의 방울을 달고, 턱 밑에는 여러 가지 끈으로 장식을 해서 수레를 끌게 한다. 개의 크기가 이러할진댄, 하물며 사람은

---

109 흉노 귀족의 봉호로, 흉노 관제 중에서 최고의 지위다. 후에 '호우(護于)'로 명칭이 바뀌고, '우현왕(右賢王)' '좌곡려왕(左谷蠡王)' '우곡려왕(右谷蠡王)'을 합하여 '사각(四角)'이라고 칭한다.

110 흉노의 관직 이름으로, 군사와 행정을 담당한다.

111 열하에 있는 수미복수지묘(須彌福壽之廟)를 말함.

112 당나라 현종이 꿈에 본 귀신을 화가 오도자(吳道子)를 시켜 그린 그림.

어떠할까? 다닐 때는 반드시 개를 끌고 다니고, 곁눈질하며 피리를 분다. 이들 모자와 의복은 신분에 따라서 모양이 다르므로 쉽게 분간할 수 있다.

만주족이 많이 늘어났다고는 하지만 아직 중국 사람의 절반은 될 수 없다. 그들이 중국 땅에 들어온 지 벌써 100여 년이 되어 중국의 지리 조건에서 태어나고 자라며, 중국의 풍속과 환경에서 길러지고 습관이 들어 한족과 다름없이 말쑥하고 우아해져서 저절로 유순하고 약해빠지게 되었다.

지금 중국의 형세를 살펴보건대 그들이 가장 두려워하는 대상은 항상 몽고에 있지, 다른 오랑캐에 있지 않음은 무슨 까닭인가? 강하고 사나운 것으로만 꼽자면 서번이나 회족만 한 종족도 없겠지만, 그러나 그들의 문화 문물이나 국가의 법률 제도 등은 도저히 중국과 서로 겨룰 만한 것이 없다. 다만 몽고는 땅덩어리가 중국과 100리도 안 되게 가까이 붙어 있고, 가깝게는 흉노와 돌궐로부터, 멀리는 거란에 이르기까지 모두 큰 나라들의 영향 아래 있었기 때문이다.

몽고 지역은 한나라 때 위율衛律[113]과 중항열中行說[114] 같은 사람들이 나라를 배신하고 도망가서 숨는 소굴로 삼았으며, 하물며 몽고의 법률 제도나 문물이 아직 옛 원나라가 남긴 풍속을 그대로 가지고 있음에랴. 게다가 전사戰士와 말이 굳세고 건장하며 몽고 특유의 풍속까지 겸하여 가지고 있으니, 중국 천하의 기강이 한번 느슨하게 풀려서 숨 한 번 들이마시고 내쉴 짧은 시간에라도 위급해지면, 몽고 48개 부족의 왕들이 어찌 변방에서 팔짱을 끼고 있거나 토끼나 여우를 쫓아다니며 활시위를 당기고만 있겠는가?

내가 본 적이 있는 추장들은 이미 그와 같았고, 나와 함께 담론했던 부

---

113 한 무제(武帝), 소제(昭帝) 때 인물. 본시 흉노 출신인 그 아버지가 한나라에 귀화하여 그는 한족화되었으나, 나중에 한나라를 배신하고 흉노에 투항했다. 『사기』「흉노열전(匈奴列傳)」 참조.

114 한 문제(文帝) 때의 환관으로, 흉노 선우(單于)에게 시집간 공주를 보좌하려고 흉노에 들어 갔다가 자국에 불만을 품고 그대로 귀순한 인물. 『사기』「흉노열전」 참조.

재우齋[115]와 앙루仰漏[116] 같은 인물들은 모두 문학에 뛰어난 선비였다. 옛날 오호五胡시대(304~439) 전한前漢을 세운 유연劉淵[117]이라는 흉노가 변방 장성 안에 거처할 때에 유주幽州와 기주冀州 지방의 명사들이 그에게 가서 추종하였다. 유연의 아들인 유총劉聰은 경전과 역사서를 두루 섭렵하였으며 약관의 나이에 수도 낙양에 가서 유학을 하니, 중국의 명사들이 그와 교유하지 않은 사람이 없었을 정도였다.

아하! 중국 천하가 한번 요동쳐서 민초들이 바람처럼 움직이고 들고 일어난다면, 유연이나 유총 같은 무리가 그 안에 섞여 있지 않으리라고 어찌 장담하겠는가? 내가 본 사람은 다만 몇몇 사람일 뿐이니, 하물며 내가 만나보지 않은 사람은 도대체 몇 명인지 알 수도 없음에랴.

지금 열하의 지세를 살펴보니 열하는 천하의 두뇌에 해당하는 지역이다. 황제가 북으로 열하에 연이어 가는 까닭은 다른 특별한 이유가 없다. 두뇌를 깔고 앉아서 몽고의 숨통을 조이려는 것일 뿐이다. 그렇게 하지 않았다면 몽고가 이미 매일같이 출몰하여 요동 지방을 흔들어놓았을 터이다. 요동 지방이 한번 흔들리면 중국 천하의 왼쪽 팔뚝이 잘려 나가는 것이다. 천하의 왼쪽 팔뚝이 잘려 나가면, 중국의 오른쪽 팔뚝인 청해성靑海省 지방만 가지고는 움직일 수 없을 것이다. 그렇게 되면 내가 본 서번의 여러 오랑캐가 비로소 슬슬 나오기 시작해서 감숙성과 섬서성 지방을 엿볼 것이다.

우리나라는 다행히 바다 모퉁이에 치우쳐 있어서 중국 천하의 일과는 무관하다. 그리고 나는 지금 머리가 희끗희끗한 나이인지라 앞날에 벌어질 일을 미처 보지 못할 것은 당연한 일이지만, 앞으로 30년이 지나지 않

---

115 파로회회도(破老回回圖)의 자. 몽고 출신의 강관(講官). 『열하일기』 「경개록(傾蓋錄)」 참조.

116 경순미(敬旬彌)의 자. 몽고 출신의 강관(講官). 『열하일기』 「경개록」 참조.

117 유연(?~310)은 흉노족 출신으로, 5호16국 시기에 한(漢)을 개국하여 304년에서 310년까지 재위함.

아서 천하의 근심을 능히 근심할 줄 아는 사람이 있다면 내가 오늘 하는 말을 응당 다시 생각하게 될 터이다. 그래서 내가 본 오랑캐와 여러 종족을 여기 기록해둔다.

천하의 근심을 남보다 먼저 걱정하다[118]

아아! 슬프다. 명나라는 지난날 우리나라가 조공을 바치던 상국上國이었다. 상국이 그에 예속된 나라에 하사하는 물건은 그것이 비록 실오라기나 터럭같이 미미한 것일지라도 마치 하늘에서 내려준 물건처럼 여겨, 영광이 온 나라에 진동하고 경사가 먼 후대까지 끼칠 것이다. 그리고 황제가 내리는 문서는 그것이 비록 몇 줄 되지 않는 서찰이라 하더라도 하늘처럼 높이 여기고, 뇌성벽력이 치듯 깜짝 놀라야 하며, 가뭄에 내리는 단비처럼 감동해야 할 것이다.

왜 그렇게 해야 하는가? 우리가 상국으로 여기는 나라이기 때문이다. 무엇 때문에 상국이 되었는가? 천하의 중앙에 있으며 그 문명이 가장 화려한 중화中華이기 때문인데, 우리의 선왕과 조정을 임금과 나라로 인정해주었다. 그래서 그들이 도읍한 연경燕京을 일러 경사京師 즉 서울이라 말했고, 천자가 궁궐을 떠나 순행하며 머무는 곳을 일러 행재行在라고 하며, 우리의 토산품을 바치는 의식을 직공職貢이라 한다.

황제의 자리에 있는 사람을 천자天子 즉 하늘의 아들이라 말하며, 그 조정을 일러 천조天朝 즉 하늘의 조정이라 말하고, 속국에서 천자의 뜰에 나아가는 것을 조천朝天 즉 하늘에 조회를 간다 말하며, 우리의 강토로 나오는 외교를 맡은 관원을 천사天使 즉 하늘의 심부름꾼이라 한다. 명나라의 속국인 우리나라에서 부인이나 아이 들이 상국을 이야기할 때에 하늘 천

---

118 「행재잡록(行在雜錄)」편 서문으로 얹은 글이다.

天을 일컬으며 높이지 않은 적이 없어, 400년을 오히려 하루처럼 해왔던 까닭은 우리나라가 명나라 왕실에서 받았던 은혜를 잊을 수 없기 때문일 것이다.

옛날 임진년 왜놈이 우리의 강토를 뒤집어놓았을 때, 우리 신종神宗 황제께서 천하의 군사를 동원하여 동쪽으로 가서 우리를 구원하게 했다. 궁중의 내탕금을 다 고갈시켜가면서까지 군사들에게 제공해 한양, 개성, 평양을 회복하고, 팔도를 되찾게 하였다. 우리의 조종朝宗은 나라가 없어질 판국에 나라를 다시 찾게 되었고, 백성들은 이마에 문신을 뜨고 풀로 만든 옷을 입는 섬 오랑캐의 풍속을 면하게 되었으니, 실로 그 은혜는 피부와 골수에 사무치고 만대를 두고 잊지 못할 터이니 이는 모두 상국 명나라가 우리에게 베푼 은덕이다.

지금 청나라는 조선이 명나라의 옛 신하였음을 살피고 사해를 하나로 여겨, 우리나라에 혜택을 보태어준 것이 또한 여러 세대가 지났다. 금이 조선에서 나는 물산이 아니라고 하여 공물의 품목에서 빼주었고, 무늬가 있는 조선 말이 쇠약하고 작다고 하여 면제시켜주었으며, 쌀·모시·종이·돗자리의 폐백도 해마다 바치는 양을 줄여주었다. 근년 이래로는 칙사를 내보내야 할 일도 우리 사신 편에 문서를 받아 가도록 맡겨서 사신을 맞이하고 보내는 번거로운 폐단을 없애주었다.

이번에 우리 사신이 북경에서 열하로 올 때는 군기대신軍機大臣이라는 측근의 신하를 특별히 파견하여 길에서 맞이하도록 했고, 사신이 천자의 뜰에 설 때는 청나라 대신의 대열에 함께 서도록 반열을 명했으며, 연회를 구경할 때에는 조정의 신료들과 나란히 하여 연회를 베풀고 선물도 하사하였다. 또 조서를 내려, 정식 사신이 올리는 공물 이외에 특별 사신의 토산품은 영구히 바치지 말도록 면제해주었다. 이는 실로 전에 볼 수 없었던 성대한 특전으로, 명나라 시절에도 받지 못했던 대우이다.

그런데도 우리는 이를 혜택이라고 생각하지 은혜라고 생각하지 않으며,

이를 근심으로 여기지 영광으로 여기지 않음은 무슨 까닭인가? 청나라가 상국이 아니기 때문이다. 우리가 지금 황제가 있는 처소를 일러 행재行在라고 말하고 거기서 일어나는 일을 기록하면서도, 그러나 정작 나라에 대해서는 상국이라고 말하지 않는 까닭은 무엇 때문인가? 문명국 중화中華가 아니기 때문이다. 우리가 청나라의 힘에 굴복하여 복종했으니 그들은 바로 강대국이다. 청나라는 힘으로 우리를 정벌하여 굴복시킨 강대국이지 우리나라를 처음부터 나라로 인정해준 천자의 나라는 아니다.

지금 저들의 하사품을 내려주는 총애와 공물을 감면해주는 조칙은, 대국의 처지에서는 그저 작은 나라를 불쌍히 여기고 먼 변방의 나라를 어루만지는 정책에 지나지 않을 것이다. 그렇다면 세대마다 하나의 공물을 면제해주고 해마다 하나의 폐백을 감면해주는 이것은 혜택일 뿐이지, 우리가 말하는 이른바 은혜는 아닐 것이다.

슬프다! 오랑캐들의 탐욕이란 밑도 끝도 없는 계곡이나 골짜기와 같아서 싫증이 나도록 만족시킬 수 없는 습성을 가졌다. 가죽 폐백이 부족하다고 여기면 가축이나 말을 요구할 것이고, 가축이나 말도 부족하다고 여기면 구슬과 옥을 바랄 것이다. 그러나 지금은 그렇게 하지는 않는다. 우리를 자애로 보살피고 관대하고 정성스럽게 대하고, 친근하게 이해하고 상세히 살펴주어서 번거롭고 가혹한 일을 행하지 않으며, 우리의 요구를 어기거나 거절하는 일도 없다. 이는 비록 사대하는 우리의 정성이 그들을 감동시켜서 그들의 만족할 줄 모르는 성질을 순화시킨 결과이겠으나, 그들의 의중에서는 단 하루도 우리의 존재를 잊은 적이 없을 것이다.

왜 그런가? 저들이 중국 땅에 들어와 빌붙어서 살아온 지 백 년이 넘었으나 지금까지 중국의 땅을 뜨내기의 객지로 보지 않은 적이 없으며, 미상불 우리나라를 인접한 나라로 보지 않은 적이 없었다. 지금 사해가 태평한 날이 되었건만 우리에게 친절을 은근히 보이려는 사람들이 많은 까닭은 우리를 두텁게 대우해서 덕을 팔려는 것이고, 우리와 견고한 관계를 맺어 우리의 대비를 느슨하게 풀게 하려는 속셈이다.

뒷날 청나라가 자기의 본고장인 만주로 되돌아가 국경을 깔고 앉아서는 우리에게 예전의 군신관계의 예를 따지면서, 흉년이 들었을 때는 구제를 청하고 전쟁이 났을 때는 원조를 바란다면, 지금 저들이 자질구레한 종이 쪼가리나 돗자리를 감면해주는 혜택이 뒷날에는 가축과 말이나 구슬과 옥을 요구하는 끝없는 욕심의 빌미가 되지 않으리라고 어찌 장담할 수 있겠는가? 그들의 조치를 우대하는 것으로 여기지, 영광으로 여기지 않는다고 말하는 이유는 바로 이 때문이다.

지금 황제의 뜻이 꼭 이런 의도에서 나온 것만은 아니겠으나, 우리나라가 사사로이 강대국의 넉넉한 대접을 받은 지 여러 해가 되고 본즉, 사람들의 마음이 느긋해져서 이런 일을 가볍게 보거나 소홀하게 생각하기 쉬운 법이다. 내가 여기 「행재잡록行在雜錄」편에 우리가 중국에 아뢴 문건이나 황제의 조칙을 기록하는 까닭은 천하의 근심을 남보다 먼저 걱정하는 사람을 기다리고자 함이다.

5. 「허생 이야기」와 「범의 호통」

허생 이야기[119]

나도 윤영尹映이란 사람에게 들은 이야기를 하였다. 일찍이 그가 말하기를 변승업卞承業[120]의 부유함은 그 재물이 조상으로부터 내려온 내력이 있었다고 했다. 변승업의 조부[121] 때에는 돈이 수만에 불과했으나 언젠가 선

---

119 「옥갑야화(玉匣夜話)」의 여러 이야기 중에서 허생 부분을 떼서 붙인 제목.

120 변승업(1623~1709)은 조선 후기 사역원 소속 일본어 역관으로, 조선 후기를 대표한 거부 (巨富) 역관 중 한 명이다.

비 허생許生의 은자 10만을 얻고서 드디어 그 부가 일국의 으뜸이 되었는데, 변승업 대에 이르러서는 조금 쇠퇴하였다. 처음 집안에 재산이 불어날 때는 마치 그렇게 되라는 명운이 있었던 것 같다고 한다. 그와 허생 사이에 있었던 일을 살펴보아도 몹시 이상한 일이다. 허생은 끝내 자기의 이름을 말하지 않았기 때문에 세상에서는 그 이름을 아는 이가 없다고 했다. 윤영이 말해준 허생의 이야기는 이러하다.

허생은 묵적동墨積洞[122]에 살았다. 묵적동에서 곧장 남산 아래로 이르는 곳에 우물이 있고, 우물가에는 오래된 살구나무가 서 있다. 살구나무를 향해서 사립문이 열려 있고, 몇 칸 안 되는 초가집은 비바람도 제대로 가리지 못했다. 그러나 허생은 책읽기를 좋아하고, 그 아내가 남의 삯바느질을 하여 겨우 입에 풀칠을 하고 살았다.

하루는 그 아내가 배가 너무 고파서 눈물을 흘리며 말했다.

"임자는 평생 과거시험에 응시하지도 않으면서 책을 읽어서 뭘 하려고 그러시오?"

허생이 웃으며 말했다.

"내가 책을 읽는 것이 아직 미숙해서 그렇다오."

"그렇다면 장인바치 일이라도 하지 그러시오?"

"장인바치 일은 본래 배우지 못했으니 어찌하란 말인가?"

"그럼 장사가 있잖습니까?"

"장사야 본시 밑천이 있어야 하는 법인데, 어찌하란 말인가?"

그 아내가 왈칵 화를 내고 버럭 소리를 질렀다.

"밤낮으로 책을 읽는다더니 고작 배운 게 '어찌하란 말인가?'라는 말뿐이오? 장인바치 일도 못 한다, 장사도 못 한다면, 어째서 도적질은 못 하는

---

121   변계영(卞繼永)을 말한다.
122   묵사동(墨寺洞), 묵정동(墨井洞), 묵적골 등으로 불린 남산 아래 동네.

게요?"

허생이 읽던 책을 덮고는 일어서면서

"애석하도다. 내 본래 책읽기를 10년을 기약했었더니, 이제 7년 만에 그만 접어야 하다니."

라고 말하고는, 문을 나서서 가버렸다.

허생은 평소에 알고 지내는 사람도 없고 해서, 곧바로 번화한 운종가雲從街[123]로 나아가 시중의 사람들에게 물었다.

"한양에서 누가 제일 부자요?"

변씨卞氏[124]라고 말해주는 사람이 있어서, 허생은 드디어 그 집을 찾아갔다. 허생은 변씨를 만나 길게 읍을 하고 말했다.

"내가 집이 가난한데 조그마한 일을 시험해보려는 것이 있으니, 그대에게 돈 1만 금을 빌릴까 하오."

변씨는 '그러시오' 하고는 그 자리에서 만 금을 내주었다.[125] 허생은 끝내 고맙다는 인사도 하지 않고 나가버렸다.

변씨 집의 자제들과 와 있던 손님들이 허생의 몰골을 보니, 이건 영락없는 비렁뱅이였다. 허리를 두른 실띠는 술이 빠졌고, 갓신의 뒤축은 자빠졌으며, 갓은 찌그러지고 도포는 그을려 행색이 꾀죄죄한 데다가, 코에서 맑은 콧물이 줄줄 흘렀다. 허생이 가고 나자 모두 대경실색하여 물었다.

"대인께선 저이를 아십니까?"

"모른다네."

"아니, 지금 평생 알지도 못하는 사람에게 갑자기 1만 금의 돈을 함부로 던져버리고서도 그 이름조차 묻지 않으시다니, 대체 이게 무슨 영문입니

---

123 조선시대 종로 일대는 시전이 설치되어 육의전을 비롯한 많은 점포가 집중적으로 발달되어 있어 많은 사람이 구름처럼 모여들었으므로 운종가라 불리었다.

124 변승업의 조부인 변계영, 혹은 부친 변응성(卞應星)으로 추정됨.

125 '금'은 '냥'을 뜻한다. 당시 1만 금은 현재의 가치로 약 5억 정도 되는 금액으로 추정한다.

까?"

"자네들이 알 수 있는 일이 아니네. 무릇 남에게 무얼 빌리러 오는 사람은 반드시 자기 생각과 뜻을 대단히 떠벌리고 자신의 신의를 먼저 보이려고 자랑하지만, 안색은 부끄러움 때문에 비굴하고 말은 중언부언하기 마련이라네. 그런데 그 손님은 비록 행색은 꾀죄죄하나, 하는 말은 간단하고 눈은 오만하게 뜨며 얼굴에 부끄러워하는 기색이 전혀 없으니, 필시 재물을 가지고 만족하는 그런 속물은 아닐 것이네. 그가 시험해보자는 것이 작은 일이 아닐 것이매, 나 역시 그 손님에게 시험해보려는 것이 있네. 주지 않으려면 그만이겠거니와 이미 만 금을 주고 났는데 성명은 물어서 무엇 하겠는가?"

한편, 1만 금을 빌린 허생은 다시 집으로 돌아가지 않고 그 길로 바로 경기도 안성安城으로 내려가 거기에 머물며 거처를 마련하였다. 안성 지방이 경기도와 충청도의 경계이고, 삼남 지방의 길목이 된다고 생각했기 때문이다. 거기서 대추, 밤, 감, 배, 석류, 귤, 유자 등의 과일을 시세의 곱절 가격으로 모조리 사들였다.

허생이 사재기하는 바람에 과일이 동나서 나라 안에서는 잔치를 하거나 제사를 지낼 수 없게 되었다. 얼마 지나자 허생에게 곱절의 가격으로 팔았던 장사치들이 도리어 열 배의 가격으로 되사게 되었다. 허생이 한숨을 쉬고 탄식하며 말했다.

"겨우 1만 금으로 한 나라를 휘청하게 만들었으니, 나라의 경제 규모를 짐작할 만하다."

허생은 다시 칼, 호미, 베, 명주, 무명을 사가지고 제주도로 들어가서 그곳의 말총을 다 거두어들였다.

"몇 해가 지나면 나라 사람들이 머리를 싸매지 못할 것이다."

과연 얼마 있다가 망건 값이 열 배로 치솟았다.

허생이 늙은 뱃사공을 찾아서 물었다.

"바다 밖에 사람이 살 만한 빈 섬이 있던가?"

"있습지요. 언젠가 태풍에 표류하여 곧장 서쪽으로 사흘을 가서 한밤중에 어떤 빈 섬에 닿았습니다. 따져보니 중국의 사문沙門(하문厦門)과 일본의 장기도長崎島(나가사끼)의 중간쯤 될 겁니다. 꽃나무가 절로 피며, 과일이 절로 익어 있고, 사슴들이 떼를 지어 다니고, 물고기는 사람을 봐도 놀라질 않았습지요."

허생이 크게 기뻐하며 말했다.

"자네가 나를 그곳으로 데려다준다면 부귀를 함께 누리게 해줌세."

사공이 그 말을 따르기로 하였다. 드디어 동남풍을 타고 그 섬에 들어가게 되었다. 허생은 섬의 높은 곳에 올라서 사방을 둘러보고는 그만 실망이 되어 탄식하였다.

"땅이 고작 천 리가 되지 못하니, 무슨 큰일을 할 수 있겠는가? 땅은 기름지고 샘물은 달콤하여 그저 돈 많은 늙은이는 될 수 있겠구먼."

그러자 사공이 물었다.

"텅 빈 섬에 사람이라곤 없는데 도대체 누구와 함께 살아간다는 말씀이시오?"

"덕이 있다면 사람이란 절로 모이기 마련이네. 덕이 없는 걸 걱정해야지 어찌 사람이 없음을 근심하겠는가?"

그때 전라도 변산邊山 반도에는 도적떼 수천이 우글거리고 있었다. 그 지방의 고을과 군에서 군졸을 풀어 추격하고 잡으려고 했으나 잡을 수가 없었다. 그러나 도적떼도 감히 나돌아 다니며 함부로 노략질을 할 수가 없어서 바야흐로 굶주림에 허덕였다. 허생이 도적의 소굴로 들어가서 그 괴수를 설득했다.

"천 명이 1천 금을 털어서 나누면 한 사람 앞으로 얼마의 돈이 돌아가는가?"

"한 사람에 한 냥씩 돌아가지요."

"자네에게 아내가 있는가?"

"없답니다."

"가진 밭뙈기라도 있는가?"

도적떼들이 코웃음을 쳤다.

"아니, 밭 있고 아내가 있다면 무엇 때문에 괴롭게 도적이 된단 말이오?"

"자네들이 그렇게 잘 안다면 어째서 장가를 들어 집을 짓고, 소를 사서 밭을 갈 생각은 하지 않는 겐가? 그리되면 살아서 도적놈이란 이름도 없을 터이고, 집에 살면서 부부의 즐거움도 있을 것이네. 돌아다녀도 관에 붙잡힐 염려도 없게 될 터이고, 길이길이 의식의 풍요함을 누릴 수 있지 않겠는가?"

"어찌 그런 생활을 원하지 않겠소이까? 다만 돈이 없어서 못 하고 있을 뿐입죠."

허생이 웃으며 말했다.

"너희들이 명색 도둑이련만 어찌 돈이 없다는 걱정을 다 하누? 내가 너희들을 위해 돈을 마련해줄 것이니, 내일 바다 위를 바라보게나. 바람에 붉은 깃발이 펄럭이는 배가 모두 돈을 실은 배일 터이니, 어디 자네들 마음껏 한번 가져가보게."

허생이 도적들과 약조를 하고 떠나자, 도적들이 모두 '미친놈'이라고 비웃었다.

다음날이 되어 해상에 허생이 돈 30만 냥을 싣고 나타나자, 모두들 매우 놀라 허생을 에워싸고 절을 하였다.

"오직 장군의 명령대로 따르겠소이다."

"있는 힘대로 지고 가보게."

그리하여 군도들이 다투어 돈을 짊어졌으나, 사람마다 고작 1백 금을 넘지 못했다.

허생이 말하였다.

"너희들 힘이란 게 고작 1백 금을 들기도 부족하거늘, 어찌 도적질이라도 변변히 할 수 있겠는가? 지금 너희들은 비록 평민이 되려고 해도 이름이 이미 도적의 명부에 올라 있으니 어디 갈 곳도 없을 것이다. 내가 여기서 너희들을 기다릴 터이니, 각자 1백 금씩 가지고 가서 한 사람이 아내 한 사람과 소 한 마리를 장만해 오너라."

군도들이 모두 좋다고 승낙하며 흩어졌다.

그동안 허생은 2천 명이 한 해 먹을 양식을 장만하고 그들을 기다렸다. 군도들이 도착하는데 뒤에 처진 사람이 하나도 없었다. 드디어 모두 배에 싣고, 그 섬으로 들어갔다. 허생이 도적들을 싹쓸이하자 나라 안에는 도적 걱정이 없어지게 되었다.

한편 섬으로 들어간 허생과 도적들은 나무를 찍어서 집을 만들고, 대나무를 엮어서 울타리를 만들었다. 땅 기운이 온전하니 온갖 곡식이 심는 대로 크고 무성하며, 김을 매거나 쟁기질을 하지 않아도 한 줄기에 이삭이 아홉 개씩 달렸다. 3년 먹을 식량을 비축해두고 나머지는 모두 배에 싣고 장기도로 가서 팔았다. 장기도는 일본에 속한 고을로, 31만 호가 되는 큰 지방인데 바야흐로 큰 기근이 들고 있었다. 그리하여 굶주린 사람들을 진휼하고 은 백만 냥을 얻게 되었다.

허생이 탄식하면서 말했다.

"이제야 나의 자그마한 시험을 마치게 되었구나."

그러고는 남녀 2천 명을 모두 모아놓고 명령을 내렸다.

"내가 처음 자네들과 이 섬에 들어올 때의 계획으로는 먼저 너희들을 풍요롭게 만들어놓고 그 다음에 별도의 문자를 만들고, 의관 제도를 새로이 제정하려고 하였느니라. 그런데 여기 땅이 좁고 내 덕이 얇으니, 나는 이제 여기를 떠나련다. 아이들이 태어나 숟가락을 잡게 되면 오른손으로 잡도록 가르치고, 하루라도 나이가 많은 사람이 먼저 먹도록 양보하게 하라."

그러고는 다른 배를 모두 불태워버리고

"나가는 사람이 없으면 들어오는 사람도 없을 테지."

하고, 은자 5십만 냥을 바닷속에 던지며 말했다.

"바다가 마르면 얻는 사람이 생기겠지. 100만 냥이나 되는 돈은 나라 안에서도 놓아둘 곳이 없거늘, 하물며 이 작은 섬에서랴!"

글을 아는 사람은 모두 배에 실어서 함께 섬을 빠져나오며 말했다.

"이 섬에 화근을 없애려 함이다."

뭍으로 나온 허생은 나라 안을 두루 돌아다니며 가난하고 의지할 곳이 없는 사람들을 구제하였다. 돈을 그렇게 써도 아직 은자 10만 냥이 남았다.

"이 돈이면 변씨에게 빌린 돈을 갚을 수 있겠군."

허생이 변씨를 찾아가서 물었다.

"나를 기억하겠소이까?"

변씨는 깜짝 놀라며 말했다.

"그대의 얼굴색이 조금도 나아지지 않은 걸 보니, 혹 만 금을 다 까먹은 건 아니오?"

허생이 웃으며 말했다.

"재물을 가지고 얼굴이 번드르르해지는 일이야 당신 같은 장사치들의 일일 뿐이오. 만 금이란 돈이 어찌 사람의 도를 살찌우기야 하겠소?"

이에 은 10만 냥을 변씨에게 주며 말했다.

"내가 잠시 굶주림을 참지 못하여 책 읽기를 마저 끝내지 못하고, 그대에게 만 금을 빌렸던 것이 부끄럽소이다."

변씨는 깜짝 놀라서 일어나 절을 하고 10만 냥을 다 받을 수 없다고 사양하며, 그 10분의 1만 이자로 쳐서 받겠다고 하였다. 허생이 버럭 화를 내며

"당신은 어째서 나를 한낱 장사꾼 따위로 취급하려는 게요?"

라고 말하고는 옷자락을 뿌리치고 휙 가버렸다.

변씨가 몰래 그의 뒤를 밟아서 쫓아가니, 허생이 남산 아래로 향하더니

작은 오두막으로 들어가는 것이 멀리 보였다. 한 늙은 할미가 우물가에서 빨래를 하고 있기에, 변씨가 물어보았다.

"저기 보이는 오두막이 누구의 집이요?"

"허생원 댁이랍니다. 가난한 형편에도 글 읽기를 좋아하였는데, 어느 날 아침에 훌쩍 집을 나가더니 돌아오지 않은 지 벌써 5년이나 됩니다. 부인이 혼자 집에 있으면서 허생원이 집 나간 날짜에 제사를 지낸답니다."

변씨는 그제야 그의 성이 허씨라는 것을 알고 탄식하며 돌아갔다.

이튿날 허생에게 받은 은자를 모두 가지고 가서 그에게 돌려주자 허생은 사양하였다.

"내가 부자가 되려고 했다면 100만 금을 버리고 이까짓 10만 금을 취하려고 하겠소? 내가 지금부터는 그대의 도움을 받아가며 살아갈 터이니, 그대가 나를 자주 들여다보고 먹는 입을 따져서 양식을 보내주고, 몸을 헤아려 옷감이나 보내주구려. 한평생 그렇게 살아간다면 충분할 터이니, 어찌 재물로 정신을 괴롭히고 싶겠소이까?"

변씨가 백방으로 허생을 달래보았지만 끝내 어찌할 수가 없었다. 변씨는 그때부터 허생의 양식과 옷가지가 떨어질 만한 때를 헤아렸다가 문득 자신이 직접 찾아가서 가져다주었다. 그러면 허생도 흔연히 받았고, 만약 조금이라도 더 가져가면 언짢아하면서 말했다.

"그대는 어째서 내게 재앙을 안겨주려고 하오?"

술을 가지고 가면 더욱 기뻐하며, 서로 권커니 잣거니 하며 취하도록 마셨다. 이렇게 몇 년을 지내자 두 사람의 정분이 날로 두터워졌다.

어느 날 변씨가 조용한 틈을 타서 어떻게 5년 만에 100만 금을 벌어들였는지 물어보았다. 허생이 대답하였다.

"그거야 대단히 알기 쉬운 일이오. 조선이란 나라는 배가 외국으로 통하지 못하고, 수레는 나라 안을 다니질 못하기 때문에, 모든 물품이 그 안에서 생산되고 그 안에서 소비됩니다.

대저 천 금이란 돈은 적은 돈이므로 물건을 몽땅 사들일 수 없지만, 이를 열 개로 쪼개면 100금이 열 개가 되어서 열 가지 물건이야 충분히 살 수가 있겠지요. 물건의 단위가 가벼우면 굴리기 쉽기 때문에 설령 한 가지 물건이 밑진다 하더라도 나머지 아홉 개의 물건으로 재미를 볼 수 있답니다. 이런 장사 방법은 정상적으로 이익을 취하는 방법이고, 작은 장사꾼이나 하는 수완이지요.

그러나 1만 금이란 돈은 물건을 모조리 사재기할 수 있으니, 수레에 있는 것은 수레 전부를, 배에 있는 것은 배 전부를, 한 고을에 있는 것은 고을 전부를, 마치 촘촘한 그물로 모두 훑어내는 것처럼 싹쓸이할 수 있지요. 뭍에서 생산되는 만 가지 물건 중에서 한 가지를 몰래 사재기하고, 바다의 만 가지 어족 중에서 한 가지를 몰래 사재기하고, 약재 만 가지 중에서 하나를 몰래 독점을 해버리면, 그 한 가지 물건이 남몰래 잠겨 있는 동안에 모든 장사치의 물건이 말라버리게 되지요.

이런 사재기 방법은 인민을 해치는 길이 될 것이니, 후세의 당국자들이 만약 내가 써먹었던 이런 사재기를 한다면 반드시 나라를 병들게 하고 말 것이오.”

“처음에 그대는 내가 돈을 꾸어줄지 어떻게 알고 찾아와서 돈을 빌리려고 했던 겁니까?”

“꼭 그대만 내게 돈을 빌려주지는 않았을 겁니다. 1만 금을 가지고 있는 사람이라면 누구라도 모두 빌려주었을 것이오. 스스로 나를 요량해보아도 내 재주가 100만 금이란 거금을 충분히 치부할 수 있겠습니다만, 그러나 되고 안 되고의 운명은 하늘에 달린 것이니, 낸들 어찌 미리 알 수 있었겠습니까? 그러므로 나를 능히 활용하는 사람은 복이 있는 사람일 것이고, 그 부자는 더 큰 부자가 될 겁니다. 이는 하늘이 명하는 것이지요. 그러니 돈을 빌려주지 않을 수 있겠습니까?

1만 금을 얻고 나서는 그 사람의 복에 의지하여 장사했기 때문에 하는 일마다 성공을 했던 겁니다. 만약 내가 내 돈을 가지고 사사로이 뭔가를 해 보려고 했다면 그 성패는 역시 알 수 없었겠지요."

"시방 사대부들이 남한산성에서 오랑캐에게 당했던 치욕을 씻어내려고 하니, 지금이야말로 뜻있는 선비들이 팔을 걷어붙이고 지혜를 떨쳐볼 때 입니다. 당신은 그런 재주를 가지고 어찌 괴롭게 은거하여 어둠에 파묻혀 서 일생을 마치려고 합니까?"

"자고로 은거했던 분들이 어디 한두 분이었소? 졸수재拙修齋 조성기趙聖期[126] 같은 분은 적국에 사신으로 보낼 만한 인물이었건만 평생 벼슬 없이 베잠방이를 걸친 채 늙어 죽었고, 반계磻溪 유형원柳馨遠[127] 같은 분은 군량 미를 조달할 능력이 있었건만 바다 한 귀퉁이에서 일생을 배회하였습니 다. 이걸 보면 지금 나라의 정치를 도모한다는 인물들을 알 만하지 않겠습 니까? 나 같은 사람이야 그저 장사나 잘하는 사람입니다. 장사하여 벌어 들인 은자로는 구왕九王[128]의 모가지라도 사기에 충분한 돈이지만, 그러나 바다에 던져버리고 온 까닭은 이 나라 안에서는 도대체 쓸 곳이 없기 때문 이었지요."

변씨는 '휴우' 하고 크게 탄식을 하고는 돌아갔다.

변씨는 본시 정승 이완李浣[129]과 각별하게 지내는 사이였다. 이공은 당 시 어영청御營廳 대장으로 있었는데, 언젠가 변씨와 이야기를 하다가 지금 대중사회나 일반민가에 혹 쓸 만하고 재주 있는 사람 중에 대사를 함께 도 모할 만한 인물이 있는가를 물은 적이 있었다. 변씨가 허생의 이야기를 하 였더니, 이공은 깜짝 놀라며 물었다.

---

126 조성기(1638~89)는 숙종 때의 학자. 호는 졸수재, 자는 성경(成卿)이며, 『졸수재집』이 있다.
127 유형원(1622~73)은 실학파의 선구자. 전북 부안의 반계동에 은거하며 저서 『반계수록』을 남김.
128 누르하치의 14자, 청나라 세조(順治帝)의 숙부로 정권의 실세. 이름은 다이곤(多爾袞, 도르 곤)이고 섭정왕 예친왕(睿親王)에 봉해짐.
129 이완(1602~74)은 효종 때 북벌 책임자로 어영대장, 훈련대장을 역임함.

"기이한 일이로세. 정말 그런 인물이 있다는 말이오? 그래 이름은 뭐라고 부른답디까?"

"소인이 그와 3년을 함께 지냈건만, 지금껏 그 이름도 모르고 있답니다."

"그이는 필시 재주가 신통하고 비범한 인물일 걸세. 자네와 같이 가보도록 하세."

밤중에 이 대장은 아랫사람을 물리치고 변씨와 둘이 걸어서 허생의 집에 당도하였다. 변씨는 이공을 문밖에 기다리게 하고, 혼자 먼저 들어가서 허생을 보고 이공이 찾아온 연유를 이야기했다. 허생은 짐짓 못 들은 척하며

"어서, 자네가 차고 온 술병이나 이리 풀어놓으시게."

하고는 서로 즐겁게 마셨다. 변씨는 이공을 밖에 기다리게 해놓은 것이 민망하여 자주 말을 꺼내보았으나, 허생은 대꾸도 하지 않았다. 밤이 깊어지자 허생이 말했다.

"손님을 불러들이시오."

이 대장이 방에 들어왔으나, 허생은 편히 앉아서 일어나지도 않았다. 이 대장은 몸 둘 바를 모르고 엉거주춤하다가 이에 국가에서 어진 인재를 구하려는 뜻을 설명하였다. 허생이 손을 내저으며 물었다.

"밤은 짧은데 하는 말이 너무 길어서 듣기에 아주 지루하구먼. 그래, 그대는 지금 무슨 벼슬을 하는가?"

"어영청 대장이옵니다."

"그렇다면 그대는 바로 나라의 신뢰받는 신하로구나. 내가 응당 재야에 숨어 있는 와룡선생臥龍先生을 천거할 터이니, 그대가 임금께 아뢰어 삼고초려할 수 있게 하겠는가?"

이 대장은 머리를 숙여 골똘히 생각하더니 한참 만에 말했다.

"어렵겠습니다. 그다음의 것을 듣고자 합니다."

"나는 '그다음'이란 말은 아직 배우지 못했도다."

이 대장이 그래도 굳이 묻자 허생은 말했다.

"명나라 장군과 병사들은 조선이 예전에 자기 나라에게 입은 은혜가 있다고 여겨서 그 자손들이 되놈의 나라에서 몸을 탈출하여 우리나라로 많이 건너왔으나, 이리저리 떠돌며 홀몸으로 외롭게 지내고 있는 이가 많다. 네가 임금께 청하여 종실의 여자들을 뽑아서 그들에게 두루 시집을 보내고, 훈척과 권세 있고 벼슬 높은 사람¹³⁰의 집을 몰수하여 그들의 살림집으로 내어줄 수 있게 하겠느냐?"

이 대장이 고개를 숙이고 한참 있다가 말했다.

"그것도 어렵겠습니다."

"아니, 이것도 어렵다, 저것도 어렵다 한다면 대관절 무슨 일인들 할 수 있겠느냐? 대단히 쉬운 일이 있으니, 네가 할 수 있겠느냐?"

"들어보겠습니다."

"대저 천하에 대의를 부르짖으려면 먼저 천하의 호걸들과 사귀어 결탁하지 않고는 되지 않는 법이고, 남의 나라를 정벌하려면 먼저 첩자를 쓰지 않는다면 성공을 거둘 수 없는 법이다. 지금 만주족이 갑자기 천하의 주인이 되었으나, 아직 중국을 완전히 손아귀에 넣어 친하게 지내고 있지 못하는 형편이다. 이때 조선이 다른 나라보다 먼저 솔선해서 복종하였으니 저들이 신뢰하는 바이다. 당나라 원나라 때의 고사처럼 만약 우리 자제들을 청나라에 파견하여 학교에 입학하고 벼슬도 할 수 있게 하고, 장사치들의 출입도 금하지 말도록 저들에게 간청한다면, 저들도 자기네에게 친근하게 대하는 우리를 보고 반드시 기뻐하여 이를 허락할 것이다.

이렇게 되면 나라의 자제들을 엄선하여 머리를 깎아서 변발을 시키고 오랑캐 복장을 입혀서, 선비들은 빈공과賓貢科에 응시하게 하고 일반 사람들은 멀리 양자강 이남까지 가서 장사하게 만들어서 그들의 허실을 엿보

---

130 초고본 계열의 책에는 김류(金瑬), 장유(張維) 혹은 이귀(李貴), 김류로 되어 있다.

고 한족의 호걸들과 결탁하게 한다면, 천하를 도모할 수 있을 것이며 나라의 치욕도 씻을 수 있을 것이야. 만약 명나라 황족의 후손인 주朱씨를 찾되 구하지 못하면, 천하의 제후들을 인솔해서 임금이 될 만한 사람을 하늘에 천거하게 하라. 잘만 되면 대국의 스승이 될 것이며, 못되어도 황제와 성씨가 다른 제후국가 중 제일 높은 대우를 받는 나라의 지위는 잃지 않을 것이다."

이 대장이 낙심하고 허탈해서 말했다.

"사대부들이 모두 예법을 삼가 지키고 있거늘, 누가 기꺼이 머리를 깎고 오랑캐 옷을 입으려고 하겠습니까?"

허생이 대갈일성으로 꾸짖었다

"도대체 사대부라는 게 뭐하는 것들이냐. 오랑캐 땅에서 태어난 주제에 자칭 사대부라고 뽐내고 앉았으니, 이렇게 어리석을 데가 있느냐? 입는 옷이란 모두 흰옷이니 이는 상주들이나 입는 옷이고, 머리는 송곳처럼 뾰족하게 묶었으니 이는 남쪽 오랑캐의 방망이 상투이거늘, 무슨 놈의 예법이란 말인가? 번오기樊於期[131]는 개인적 원한을 갚기 위해 자신의 머리를 아끼지 않고 스스로 베어 내주었고, 무령왕武靈王[132]은 나라를 강하게 만들기 위해 오랑캐 옷 입기를 부끄럽게 여기지 않았다.

지금 명나라를 위해서 복수를 한다면서 그까짓 머리털 하나를 아까워한단 말이냐. 장차 말을 달려 칼로 치고 창으로 찌르며 활을 당기고 돌을 던져야 하는 판에, 그따위 너풀거리는 소매를 바꾸지 않고서 그걸 자기 딴에 예법이라고 한단 말이냐?

내가 지금까지 너에게 세 가지 계책을 일러주었거늘, 도대체 너는 한 가

---

131 전국시대 진나라 장수로 있다가 연나라로 망명한 인물. 연나라 형가가 진시황을 암살하려고 진나라에 들어갈 때, 번오기는 진시황이 자기의 목에 현상금을 걸었음을 알고 선선히 자기의 목을 베어서 형가에게 주어, 그가 진시황에게 접근할 수 있는 예물로 쓸 수 있도록 했다.
132 전국시대 조나라 임금. 북방 오랑캐에게 대항하기 위해 전쟁에 편리한 오랑캐 옷을 입었다.

지도 가능한 일이 없다고 하니, 그러면서도 신임을 받는 신하라고 말할 수 있겠느냐? 그대 신임받는 신하라는 게 고작 이 따위인가? 이런 자는 목을 잘라야 옳으리라."

하고 좌우를 둘러보며 칼을 찾아서 찌르려고 하였다. 이 대장은 깜짝 놀라서 일어나 뒷문으로 뛰쳐나가 재빠르게 달아났다.

이튿날 다시 찾아갔더니 집은 이미 텅 비어 있고, 허생은 간 곳이 없었다.

덧붙이는 이야기 |

내 나이 스무 살 때에 서대문의 봉원사奉元寺[133]에서 글을 읽고 있었다. 그때 절에 한 손님이 있었는데, 음식을 아주 적게 먹고 밤새 잠도 안 자며 도인법導引法[134]을 하였다. 그러다가 한낮이 되면 문득 벽에 기대고 앉아서 잠시 눈을 붙이고 용호교龍虎交[135]를 하였다. 자못 연로하였기 때문에 나는 엄숙하게 그를 공경하였다.

그 노인이 때때로 나에게 허생의 일과 염시도廉時道,[136] 배시황裵時晃,[137] 완흥군부인完興君夫人[138] 등에 대한 이야기를 해주었다. 이어지는 수많은 말로 이야기는 몇 밤이 되어도 끊어지지 않았으며, 이상야릇하고 괴기하며 변화무쌍하여 참으로 들을 만했다. 그때 그는 자신의 이름이 윤영尹映이라고 스스로 말해주었다. 이때가 병자년(1756) 겨울이었다.

---

133 서대문구 봉원동 산1에 위치한 사찰. '새절'이라고도 함.
134 도가에서 하는 양생술의 방법으로, 기(氣)를 몸의 구석구석에까지 스며들게 하는 것을 강조하는 수련법.
135 도가의 수련법으로, 잡념을 끊고 선잠에 들어가는 것.
136 허적(許積)의 겸종으로, 의로운 인물. 그 일화가 『청구야담』『이향견문록』에 전하고, 『염승전(廉丞傳)』『염시탁전』 등 소설이 전한다.
137 효종 때의 장수로, 조선과 청나라 연합군이 러시아를 공격할 때 전공을 세움. 그의 무용담을 담은 고전소설 『배시황전(裵是滉傳)』이 있다.
138 임진왜란 후에 완흥군에 봉해진 이유징(李幼澄, 1562~93)이 임란 때 모친과 이별한 뒤에 그 모친이 고생 끝에 모자가 상봉한 일을 담은 이야기.

그 후에 계사년(1773) 봄에 나는 서도 평안도로 유람을 갔다. 성천 비류강沸流江에서 배를 띄워 십이봉十二峰 아래에 이르렀다. 거기에 작은 암자가 하나 있었는데, 윤영이 홀로 중 하나와 함께 거처하고 있었다. 나를 보더니 뛸 듯이 반가워하고 서로 위로를 하며 안부를 물었다. 18년이라는 세월이 지났건만 그의 외모는 조금도 늙지 않았다. 나이가 이제 여든 살쯤 되었을 터인데 걸음걸이는 날 듯이 빨랐다.

내가 허생의 이야기에 한두 가지 모순되는 점이 있다고 묻자, 노인은 즉시 이야기를 끄집어내어 해설을 하는데 마치 어제의 일처럼 또렷하게 기억을 하였다. 노인은 내게

"전에 자네가 한창려韓昌黎의 글을 읽었는데, 응당 글이 숙달되었을 터이지."

하고는, 이어서 물었다.

"자네가 전에 허생을 위해 전기를 짓겠다고 하더니, 응당 글이 완성되었겠지?"

나는 아직 손을 대지 못했다고 사과를 하였다. 이야기를 주고받는 사이에 내가 그를 '윤씨 어르신'이라고 불렀더니, 노인은 말했다.

"나는 성이 현玄[139]가이지, 윤씨가 아닐세. 자네가 뭔가를 착각하고 있구면."

내가 뜻밖의 대답에 깜짝 놀라서 그의 이름을 물었다.

"내 이름은 색嗇이라네."

내가 그에게 따져 물었다.

"어르신의 성함이 어찌 윤영이 아니라고 하십니까? 지금 무엇 때문에 이름을 현색玄嗇이라고 바꾸어 말하시는 건가요?"

노인이 벌컥 화를 내며 말한다.

139　원문에 '신(辛)'이라고 되어 있으나『연암집초고』보유 9에 따라 '현(玄)'으로 수정함.

"자네가 뭔가를 잘못 알아놓고는 남에게 이름을 바꾸었다고 말하는 겐가?"

내가 재차 따지려고 했더니, 노인은 더욱 골을 내는데 푸른 눈동자가 형형하게 빛이 났다. 그제야 나는 노인이 바로 기이한 뜻을 품고 있는 선비라는 것을 깨달았다. 혹 망한 집안의 후손이거나, 유가가 아닌 좌도左道 이단의 몸으로 사람을 피하여 자신의 자취를 숨기려는 무리일지, 알 수 없는 노릇이다.

내가 암자의 문을 닫고 나오자, 노인이 안에서 '쯧쯧' 혀를 차면서 말한다.

"애처롭구나. 허생의 아내는 필경 또다시 굶주리게 되었을 터이지."

또 경기도 광주廣州의 신일사神一寺라는 절에 한 노인이 있었다. 별호를 삿갓(약립蒻笠) 이생원李生員이라 일컫는데, 나이가 90이 넘었으나 힘은 범을 움켜잡을 만하고, 바둑과 장기를 잘 두었다. 때때로 우리나라 옛날이야기를 할 때면 마치 입에 자개바람이 일 듯 거침이 없다고 한다. 그의 이름을 아는 사람이 없다고 하는데, 나이나 외모를 들어보면 윤영이라는 노인과 아주 닮았다. 내가 그를 한번 찾아가 보고 싶었으나 뜻을 아직 이루지 못했다.

세상에는 이름을 감추고 은거하며, 모든 세상사를 깔보고 엄숙하지 않은 태도로 사는 사람도 진실로 있는 법이니, 어찌 홀로 허생에 대해서만 그런 인물이 정말 있을까 하고 의심을 할 것인가?

한양 평계平谿140의 국화 아래에서 약간의 술을 마시고, 붓을 잡아 쓴다. 연암.

---

140 서대문 밖 반송방(盤松坊)에 속한 동네로, 지금의 종로구 평동 일대.

222

어떤 이는 말하기를, '허생의 정체는 망해버린 명나라의 유민일 것'이라고 한다. 숭정崇禎 갑신년(1644)에 명나라가 망한 뒤에 우리나라로 망명해 온 사람이 많았으니, 허생이 혹 그런 사람이라고 한다면 그 성이 반드시 허씨인지는 알 수 없는 일이다.

세상에는 이런 이야기가 전한다.

판서 조계원趙啓遠[141]이 경상도 감사로 있을 때 관내를 순행하다가 청송靑松 지방에 도착했다. 길 왼쪽에 웬 중 두 명이 서로 베고 누워 있었다. 앞에 있던 하인들이 꾸짖어도 비켜나지 않고, 채찍으로 때려도 일어나지 않았으며, 여럿이 달려들어 끌어당겨도 꿈쩍하지 않았다.

조 감사가 이르러 가마를 멈추고 물었다.

"어느 절의 중인가?"

두 중이 그제야 일어나 앉는다. 더욱 고압적이고 거들먹거리며 눈을 흘겨보며 한참 있다가 묻는다.

"네가 헛소리나 치고 권세에 빌붙어 감사의 자리를 얻었다더니, 이제 또 그럴 것이냐?"

조 감사가 중들을 보니, 하나는 붉은 얼굴이 둥글게 생겼고 하나는 검은 얼굴이 길쭉하게 생겼는데, 말하는 품이 자못 비범하게 느껴졌다. 그래서 가마에서 내려 말을 걸어보려고 했더니, 중이 말했다.

"따르는 사람들을 물리치고 혼자 우리를 따라오너라."

조 감사가 몇 리를 따라가자 숨이 헐떡거리고 땀이 그치지 않고 줄줄 흐른다. 조금 쉬자고 청하자, 중이 욕을 하며 말했다.

"네가 평소에 여러 사람 앞에서 갑옷을 입고 병장기를 잡아 마땅히 선봉

---

[141] 조계원(1592~1670)은 형조판서를 지낸 인물로, 병자호란 때 군량미를 조달했고 청나라에 볼모로 간 소현세자를 시종했다. 그가 경상도 관찰사로 재직한 시기는 1652년 8월에서 1653년 10월까지다.

에 서서 명나라를 위해 복수를 하고 치욕을 씻겠노라고 큰소리로 떠벌리더니, 이제 겨우 몇 리를 걸었다고 한 발짝에 열 번 헐떡거리고, 다섯 걸음에 세 번 쉬자고 하는구나. 그런 꼬락서니로 어찌 요동과 계주薊州의 들판에 말을 달릴 수가 있겠느냐?"

한 암벽 아래에 이르니, 서 있는 나무를 이용해서 집을 만들고 땔나무를 쌓아서 자는 곳을 만들어 그 위에 거처하게 되어 있었다. 조 감사가 목이 무척 말라 마실 물을 청하자, 중이

"귀한 몸이시니, 응당 배도 고플 터이지."

라고 말하고는, 약초 황정黃精으로 만든 떡을 꺼내주며 먹으라고 하였다. 솔잎가루에 계곡물을 섞어서 마시라고 주는데, 조 감사는 얼굴을 찡그리며 마시질 못했다. 중이 다시 크게 욕을 하며 말했다.

"요동 들판엔 물이 귀해서 목이 마르면 말 오줌물이라도 받아서 마셔야 한다."

이윽고 두 중은 서로 부둥켜안고 통곡을 하며 '손노야孫老爺, 손노야'를 외쳐대다가, 조 감사에게 물었다.

"오삼계吳三桂[142]가 운남 지방에서 군사를 일으켜서 강소성과 절강성 지방이 매우 들끓고 있다는데, 네가 알고 있느냐?"

"아직 듣지 못했소이다."[143]

두 중이 탄식하며 말한다.

"명색이 한 도를 책임지고 있는 감사의 몸으로 중국 천하에 그렇게 큰일이 벌어지고 있는 것도 듣지 못했고 알지도 못한다니, 한갓 흰소리로 허풍만 쳐서 벼슬자리를 얻었을 뿐이로구나."

---

142 오삼계(1612~78)는 본시 명말청초에 명의 장수였으나, 농민반군 이자성에게 붙었다가 애첩 진원원 때문에 청나라에 붙어 명을 멸망시키는 결정적 공을 세웠다. 청나라에서 운남, 귀주성을 다스리는 평서왕(平西王)에 봉해졌다가, 1673년 청을 배신하고 삼번(三藩)의 난을 일으켰다.

143 조계원은 1670년에 사망했고, 오삼계의 난은 1673년에 일어났다.

"스님들은 대체 어떤 사람들이오?"

"딱히 물을 것도 없다. 세간에는 우리를 아는 사람도 있을 것이다. 너는 잠시 여기 앉아서 우리를 기다리고 있거라. 우리가 지금 스승님을 모시고 함께 올 터이니, 너에게 하실 말씀이 있을 것이다."

두 중은 함께 일어나서 깊은 산으로 들어갔다. 조금 지나서 해가 떨어졌고, 한참을 지나도 중들은 돌아오질 않았다. 조 감사가 중이 오길 기다리고 있는데, 어느덧 밤은 깊어져 바람 소리가 나며 풀이 흔들리고 범이 '어흥' 하는 소리가 들려온다. 조 감사가 크게 두려워서 거의 혼절할 지경이 되었다.

이윽고 여러 사람이 횃불을 밝히고 감사를 찾아왔다. 조 감사는 낭패를 보고 계곡에서 나오게 되었다. 그런 일이 있은 지 오랜 뒤에도 항상 근심으로 마음이 답답하여 가슴에 한을 품게 되었다.

뒷날 조 감사는 우암尤菴 송시열宋時烈[144] 선생께 물어보았다. 선생은 말했다.

"그들은 아마도 명나라 말기의 총병관總兵官 같아 보입니다. 전쟁에 지자 우리나라로 나와서 중이 되어 자신의 신분을 숨긴 사람일 겁니다."

"계속 나에게 손가락질을 하고 얕보며 '니' '니' 하고 부른 것은 무슨 까닭이겠는가?"

"자기들 스스로 우리나라 중이 아님을 밝히려는 것일 터이고, 거처하는 곳에 땔나무를 쌓아놓았다는 것은 와신상담臥薪嘗膽의 뜻이겠지요."

"통곡하면서 '손노야'라고 부르던데, 그가 누구이겠는가?"

"아마도 명나라 말에 태학사太學士로 있다가 전사한 손승종孫承宗[145]을

144　송시열(1607~89)은 북벌론을 가장 완강하게 주장한 인물임.

145　손승종(1563~1638)은 명말의 대신. 요동 일대와 대릉하 지방을 방어하다가 벼슬에서 물러나고, 1638년 청의 군대가 밀려오자 식솔을 이끌고 저항하다가 자결한 인물로, 민족영웅으로 추숭받음.

말하는 것으로 보입니다. 손승종은 병부상서를 지내며 일찍이 산해관에서 군대를 감독 통솔한 일이 있었으니, 그 중들은 아마도 손승종의 휘하에 있었던 사람인 듯합니다."

범의 호통虎叱

범은 슬기롭고 성스러우며, 문무를 겸하고, 자애롭고 효성스러우며, 지혜롭고 어질며, 웅장하고 용맹하여 천하무적인 동물이다.

그러나 원숭이의 일종인 비위狒胃란 동물은 범을 잡아먹고, 죽우竹牛라는 야생 소도 범을 잡아먹으며, 박駁이라는 말도 범을 잡아먹고, 오색사자五色獅子도 큰 나무의 구멍에서 범을 잡아먹으며, 백마처럼 생긴 자백玆白이란 짐승도 범을 잡아먹고, 개처럼 생긴 날다람쥐인 표견豹犬도 날아서 표범과 범을 잡아먹으며, 족제비 몸에 승냥이 대가리를 한 황요黃腰란 놈은 범이나 표범의 간을 꺼내어 먹고, 뼈가 없는 바다 동물인 활猾이란 놈도 범이나 표범에게 삼켜졌다가 뱃속에서 범과 표범의 간을 먹으며, 범처럼 생겼지만 크기가 더 크고 꼬리가 긴 추이酋耳란 놈은 범을 만나면 갈가리 찢어서 씹어 먹고, 범이 맹용猛㹪이란 놈을 만나면 눈을 감고 감히 쳐다보지도 못한다.[146] 그런데 사람은 맹용을 겁내지 않고 범은 두려워하니, 범의 위엄은 그 얼마나 대단한가?

범이 개를 잡아먹으면 취하고, 사람을 잡아먹으면 귀신이 붙는다. 범이 처음 사람을 잡아먹으면 그 죽은 사람의 혼백이 범의 심부름을 하는 굴각屈閣이라는 창귀倀鬼[147]가 되어 범의 겨드랑이에 붙어 살면서 범을 부엌으

---

146 범을 잡아먹는 여러 동물 이야기는 『일주서(逸周書)』「왕회해(王會解)」편, 왕사정(王士禎)의 『향조필기(香祖筆記)』에 나온다.

147 명나라 도목(都穆)의 『청우기담(聽雨記談)』에 "창귀는 범에게 잡아먹힌 사람의 영혼으로, 감히 다른 곳으로 가지 못하고 오로지 호랑이의 노예(奴隷)가 된다"고 했다. 우리나라에서는 '홍살이 귀신' '가문글기'라고 했다고 함.

로 인도하여 솥의 귀를 핥게 한다. 그러면 집주인은 갑자기 배가 고파져서 한밤중이라도 밥을 하라고 아내를 부엌으로 내보내게 된다.

범이 두 번째로 사람을 잡아먹으면 죽은 이의 혼백이 이올彛兀이라는 창귀가 되어 범의 뺨 한가운데에 붙어서 높은 곳으로 올라가 사냥꾼이 있는지 살피고, 만약 골짜기에 함정이나 덫이 있으면 먼저 가서 그 틀을 풀어버린다. 범이 세 번째로 사람을 잡아먹으면 죽은 이의 혼백이 육혼鬻渾이라는 창귀가 되어 범의 턱에 붙어서 잡아먹은 사람의 친구들 이름을 불러내어 잡아먹게 한다.

범이 이 세 창귀를 엄숙하게 불러 모으고는 물었다.

"날이 저무는데 어디에서 먹을 것을 구할꼬?"

굴각이라는 창귀가 나서서 천거한다.

"제가 이미 점을 쳐보았으니 뿔 달린 짐승도 아니고 깃털 달린 날짐승도 아닌 것이, 머리가 검은 동물로 눈 위에 남긴 발자국이 두 발 달린 짐승의 왼발(척彳) 오른발(촉亍)의 걸음이 교대로 성글게 나 있으며, 꼬리를 살펴보면 뒤통수에 붙어 있어[148] 제 궁둥이도 못 가리는 짐승입니다."

이올이 나선다.

"동문 쪽에 먹을 게 있습니다. 그 이름을 의원이라고 하는데, 갖가지 한약재를 머금고 있어 피부와 살에 향기가 납니다. 서문 쪽에도 먹을거리가 있으니, 그 이름을 무당이라고 하는데 온갖 귀신에게 아양을 떨고 날마다 목욕재계를 해서 고기가 깨끗합니다. 이 두 고기 중에서 하나를 골라 잡수시지요."

범이 수염을 치켜세우며 낯빛이 변해 말했다.

"의원의 의醫라는 글자는 의심한다는 의疑 자이다. 자기 자신도 의심이 나는 풀을 가지고 사람들에게 시험을 해보다가 해마다 죽이는 사람이 항

---

148 변발로 땋은 머리를 꼬리라고 했다.

상 수만 명이다. 무당의 무巫 자는 속인다는 무誣 자이다. 귀신을 속이고 인민들을 미혹시켜 해마다 죽이는 사람이 항상 수만 명이다. 수많은 사람의 분노가 뼈에 사무치고 변해서 무서운 독으로 변했으니, 그 독을 먹을 수는 없도다."

그러자 육혼이 나선다.

"살덩어리가 숲에 있으니 그야말로 주지육림酒池肉林의 육림입니다. 인자한 간과 의로운 쓸개를 가지고 있으며, 충성을 끌어안고 고결함을 품었습니다. 머리는 음악을 이고 발로는 예를 실천하며, 입으로는 제자백가의 말을 암송하고, 마음으로는 만물의 이치를 통달했답니다. 그 이름은 큰 덕을 가진 선비라는 뜻의 '석덕지유碩德之儒'라고 하는데, 등살이 푸짐하고 몸통이 오동통하며 다섯 가지 맛을 골고루 갖추고 있습지요."

범은 그제야 만족한 듯 눈썹을 치뜨고 침을 흘리며 하늘을 향해 웃는다. 범이

"짐이 어찌해야 할지 듣고자 하노라."

하니, 세 창귀가 번갈아 범에게 추천한다.

"음陰 하나와 양陽 하나를 일러서 도道라고 하는데, 선비는 이 도를 꿰뚫고 있습니다. 오행五行(금목수화토金木水火土)이 서로 태어나게 하고, 육기六氣(추위·더위·건조함·습기·바람·비)가 서로 펴지는데, 선비가 이것을 이끌고 있습니다. 맛있는 음식으로 이보다 더 나은 것이 없답니다."

범은 발끈하며 얼굴색이 변하여 불쾌해하면서 말했다.

"음양이란 것은 하나의 기氣가 왔다 갔다 변화하는 것이거늘, 이것을 둘로 나누어놓았으니 그 선비란 것의 고깃덩이는 잡스러울 것이다. 오행이란 본래 제각기 정해진 자리가 있어서 서로 낳고 낳게 하는 상생의 관계가 아니거늘, 지금 억지로 어미와 자식의 관계로 만들고 있다. 심지어는 짠맛 신맛에까지 오행을 분배하고 있으니, 그 선비란 고기의 맛이 순수하진 못할 게야. 육기란 서로 펴고 이끌어줄 필요 없이 저절로 잘 돌아가는 것이거

늘, 그런데도 지금 함부로 육기끼리 보필하고 돕는다 일컬으며 자신의 공로를 치켜세우게 하였으니, 그 선비 고기라는 게 딱딱하여 얹히고 구역질나게 하여 순조롭게 소화되지 않는 음식이지 않겠느냐?"

정鄭나라의 어떤 고을에 벼슬하기를 달갑게 여기지 않는 선비가 있었으니, 그 이름을 북곽北郭선생이라고 부른다. 나이 마흔에 자신의 손으로 교정한 책이 1만 권이고, 아홉 가지 유교 경전을 부연 설명하여 다시 책을 지은 것이 1만 5천 권이나 된다. 천자는 그 의리를 가상하게 여기고, 제후는 그의 명성을 사모하였다.

같은 읍의 동쪽에는 일찍 과부가 된 미모의 여자가 있는데, 동리자東里子라고 부른다. 천자가 그 절개를 가상하게 여기고, 제후가 그의 현숙함을 사모하여 그가 사는 읍 둘레 몇 리를 동리자 과부가 사는 마을이라는 뜻의 '동리과부지려東里寡婦之閭'라고 봉해주었다. 동리자는 수절을 잘한다지만, 사실 자식 다섯이 각기 성씨가 달랐다.

다섯 아들이 서로 말을 하였다.

"냇물 북쪽에는 닭 우는 소리가 나고 냇물 남쪽에는 별이 반짝이는데, 우리 집 방에서는 사람 소리가 나니, 어쩌면 북곽선생의 목소리를 저토록 닮았을까?"

형제들이 번갈아 방문 틈으로 방 안을 훔쳐보았다. 어머니 동리자가 북곽선생에게 청한다.

"오랫동안 선생님의 덕을 사모해왔더니, 오늘 밤에는 선생님의 글 읽는 소리를 듣고 싶사옵니다."

북곽선생은 옷깃을 여미고 똑바로 앉아서 시를 지으며 말했다.

"원앙새는 병풍에 있고   鴛鴦在屛

　반딧불은 반짝반짝 빛나네   耿耿流螢

　용가마솥, 세발솥을   維鬵維錡

누가 저리 본떠 만들었나　　　云誰之型

이 시는 다른 사물을 빌려 자기의 뜻을 나타내는 흥興이라는 수법의 시이지요."[149]

다섯 아들이 서로 의논하였다.

"예법에 과부가 사는 대문에는 함부로 들어가지 않는다고 했거늘, 북곽선생은 어진 선비이니 이런 짓을 하지 않을 거야."

"내가 들으니 이 고을 성문이 무너져, 여우가 거기에 산다더라."

"내가 알기로 여우가 천 년을 묵으면 능히 요술을 부려 사람 모양을 한다던데, 이게 북곽선생으로 둔갑한 거야."

하더니, 서로 꾀를 내서

"내가 알기로는 여우의 갓을 얻으면 일확천금의 부자가 될 수 있고, 여우의 신발을 얻으면 대낮에도 능히 자신의 그림자를 감출 수 있으며, 여우의 꼬리를 얻으면 잘 홀려서 남을 기쁘게 만들 수 있다 하니, 어찌 저놈의 여우를 잡아 죽여서 나누어 갖지 않을 수 있겠는가?"

다섯 아들이 함께 포위하고는 여우를 잡기 위해 들이쳤다.

북곽선생이 소스라치게 놀라 달아나는데, 혹 사람들이 자기를 알아볼까 겁먹고는 한 다리를 목에 걸어 귀신 춤을 추고 귀신 웃음소리를 냈다. 문을 박차고 달아나다가 그만 들판의 움 속에 빠졌는데, 그 안에는 똥이 그득 차 있었다. 버둥거리며 겨우 붙잡고 나와 머리를 내밀고 살펴보니 이번엔 범이 앞길을 막고 떡 버티고 서 있다.

범이 얼굴을 찌푸리며 구역질을 하고, 코를 가리고 머리를 모로 꼬며 '아이구' 하고는 말했다.

"선비라고. 냄새 더럽네."

149　두 솥의 다리를 합하면 모두 다섯 개인데, 이는 성씨가 다른 동리자의 아들을 빗댄 말이다. '누가 저리 본떠 만들었나'는 그 아들을 낳은 동리자를 가리킨다. 재주 좋고 음란한 동리자와 한번 놀아보자는 북곽의 음심을 드러낸 시다.

북곽선생은 머리를 조아리고 엉금엉금 기어서 앞으로 나가 세 번 절하고 꿇어앉아 머리를 들며 말한다.

"범님의 덕이야말로 참으로 지극합니다. 군자들은 범의 빠른 변화를 본받고, 제왕은 범의 걸음걸이를 배우며, 사람의 자제들은 범의 효성을 본받고, 장수들은 범의 위엄을 취합니다. 범의 이름은 신령한 용과 함께 나란하여 구름은 용을 따르고 바람은 범을 따릅니다.[150] 인간 세상의 천한 사람이 감히 범의 영향 아래에 있습니다."

범이 호통을 친다.

"가까이 오지도 말아라. 내 일찍이 들으니, 선비 유儒 자는 아첨 유諛 자로 통한다고 하더니 과연 그렇구나. 네가 평소에는 천하의 나쁜 이름이란 이름은 모두 끌어모으다가 함부로 우리 범에게 덮어씌우더니,[151] 이제 사정이 급해지니까 면전에서 낯 간지러운 아첨을 하는구나. 그래 누가 네 말을 곧이들으려 하겠느냐?

대저 천하에 이치는 하나뿐이다. 범의 성품이 악하다면 사람의 성품 역시 악할 것이요, 사람의 성품이 선하다면 범의 성품도 역시 선할 것이다. 네가 말하는 천만 마디 말이 오륜을 벗어나지 않고, 남을 훈계하고 권면할 때는 으레 예의염치를 들먹거리지만, 도성의 거리에는 형벌을 받아 코 떨어진 놈, 발뒤꿈치 없는 놈, 낯짝에 먹물로 자자刺字를 하고 돌아다니는 놈 들이 있으니, 이들은 모두 인의예지신을 지키지 못한 인간 망종이 아니더냐.

형벌에 쓰이는 포승줄과 먹실, 도끼, 톱 같은 도구를 날마다 쓰기에 바빠 겨를이 없는데도 불구하고 사람들의 죄악을 막지 못하고 있도다. 그러나 우리 범의 세계에는 이런 형벌이란 것이 본디부터 없다. 이로써 본다면 범

---

150   『주역』에 "대인호변 군자표변(大人虎變 君子豹變)"이란 말이 있고, 송 태조는 범의 걸음걸이를 흉내 냈다. 제기에 호랑이를 새기는 것(호이虎彝)은 효성을 본받기 위한 것이며, 장수의 관직에 '호(虎)' 자를 넣는다. 『주역』에 "운종룡 풍종호(雲從龍 風從虎)"라는 말이 있다.

151   범을 가리키는 용어 중 표현이 안 좋은 것으로 여충(戾蟲), 대충(大蟲), 대묘(大猫), 노충(老蟲), 황맹(黃猛) 등이 있다.

의 성품이 또한 사람의 성품보다는 낮지 않느냐?

우리 범은 풀이나 과일 따위에 입을 대지 않고, 벌레나 생선 같은 것을 먹지 않으며, 누룩 국물(술) 같은 어긋나고 어지러운 것을 좋아하지 않고, 새끼 가진 짐승이나 알 품은 자잘한 것들은 차마 건드리지 않는다. 산에 들면 노루나 사슴 따위를 사냥하고 들에 나가면 마소를 잡아먹되, 아직 입과 배를 채울 끼닛거리 때문에 남에게 비굴해진다거나 음식 따위로 남과 다투어본 적이 없다. 이러하니 우리 범의 도덕이 어찌 '광명정대光明正大'[152] 하지 않다고 할 수 있는가?

우리 범이 산에 있는 노루와 사슴을 잡아먹을 때는 너희 인간들이 우리를 그리 미워하지 않다가도, 우리가 말이나 소를 잡아먹을 때는 너희들이 범을 원수라고 말한다. 이것은 노루와 사슴은 사람에게 은공을 베풀지 않지만, 마소는 너희들이 부려먹어 은덕을 본다고 해서 그런 것이 아니냐?

그렇지만 너희 인간들은 마소 대접을 어떻게 하고 있느냐? 사람을 태우고 부려먹는 고생도, 심부름하고 주인을 따르던 성실함이 있음에도 불구하고 날마다 마소를 잡아 푸줏간이 비좁도록 채워놓고 소뿔과 말갈기도 남기지 않을뿐더러, 이것도 부족하여 내 양식인 노루와 사슴에까지 손을 뻗쳐, 우리가 산에서도 배를 못 불리고 들에서도 끼니조차 거르게 만들어놓았다. 하늘이 법을 공평하게 처리한다면 네가 죽어서 나의 밥이 되어야 하겠느냐, 너를 놓아주어야 하겠느냐?

대저 제 것 아닌 물건에 손을 대는 놈을 일러 도둑놈이라 하고, 살아 있는 것에게 잔인하게 대하고 사물에 해를 끼치는 놈을 화적놈이라 하느니라. 네놈들은 밤낮을 쏘다니며 분주하게 팔뚝을 걷어붙이고 눈을 부릅뜨고 남의 것을 훔치고 낚아채려 하면서도 부끄러운 줄을 모른다. 심한 놈은 돈을 형님이라고 부르고, 장수가 되겠다고 제 아내조차 죽이는 놈이 있는

---

152 북경 자금성의 태화전(太和殿)과 심양 고궁의 숭정전(崇政殿)의 내부 편액에 '광명정대'라고 쓰여 있다.

판인데 삼강오륜을 더 이야기할 나위가 있겠느냐.[153]

어디 그뿐인가. 메뚜기의 식량을 가로채고, 누에게 옷을 빼앗고, 벌떼를 쫓아내 꿀을 도적질하고, 더 심한 놈은 왕개미 알로 젓갈을 담아[154] 제 조상의 제사를 지내기까지 하니, 잔인 혹독하고 경박한 행동을 하는 것으로 무엇이 너희 인간보다 심하단 말인가?

너희 인간들이 이치를 말하고 성품을 논할 때 걸핏하면 하늘을 들먹거리지만, 하늘이 명한 것으로 본다면 범이나 사람이나 다 같이 만물 중 하나이다. 천지가 만물을 낳는 인仁의 관점에서 본다면 범이나 메뚜기나 누에나 벌이나 개미나 사람이나 모두 함께 살기 마련이지, 서로 해치고 거슬리는 관계가 아니다. 또 선과 악으로 구별해본다면 공공연히 벌과 개미 집을 털어 가는 놈이야말로 천지의 큰 도둑놈이 아니겠느냐. 함부로 메뚜기와 누에의 자산을 훔쳐 가는 놈이야말로 인의仁義를 해치는 큰 화적놈이 아니고 무엇이냐.

우리 범이 지금까지 표범을 잡아먹지 않은 이유는 같은 무리에게는 차마 손을 대지 않기 때문이다. 그러나 우리가 노루나 사슴을 잡아먹는 숫자는 사람이 잡아먹는 수효만큼 그렇게 많지 않고, 우리가 마소를 잡아먹는 숫자도 사람만큼은 많지 않으며, 우리가 사람을 잡아먹는 숫자도 사람끼리 서로 잡아먹는 숫자만큼도 안 된다.

그런데 지난해 섬서성의 관중關中 지방에 큰 가뭄이 들었을 적에 사람들끼리 서로 잡아먹은 수효가 수만 명이고, 몇 해 전에 산동山東에서 큰 홍수가 났을 때도 사람들끼리 서로 잡아먹은 수효가 수만 명이었다.

비록 그렇긴 하여도 사람끼리 서로 잡아먹은 숫자가 많기로는 어디 춘추시대만큼 많았던 적이 또 어느 시대에 있었더냐? 춘추시대에는 덕을 세

---

153 돈을 '공방형(孔方兄)' '가형(家兄)'이라 하고, 전국시대 오기(吳起)라는 장수는 자신의 결백을 주장하기 위해 아내를 죽였다.

154 왕개미(비蚍)의 알(지蚔)로 젓갈을 담는 것은 『주례(周禮)』에 나온다.

우겠다고 싸운 전쟁이 열에 일곱이요, 원수 갚는다고 일으킨 전쟁이 열에 셋이었으니, 피가 천 리 사이에 흐르고 널브러진 시신이 백만이나 되었다.

그러나 범의 세계에서는 홍수나 가뭄을 모르기 때문에 하늘을 원망할 리 없고, 덕이고 원수고 다 잊어버리고 살기 때문에 남과 어긋나는 일이 없다. 하늘의 운명을 알아서 순종하며 살기 때문에 무당이나 의원의 간교함에 넘어갈 턱이 없고, 타고난 성품에 따라 저 생긴 대로 살다 보니 세속의 이해관계에 병들지 않는다. 이것이 바로 우리 범이 슬기롭고 성스럽게 되는 까닭이다.

우리 몸의 얼룩얼룩한 무늬만 엿보더라도 천하에 그 문양을 자랑할 만하며, 한 치 한 자의 병장기를 빌리지 않고도 다만 날카로운 발톱과 이빨만 가지고서도 무예와 용맹을 천하에 빛낼 수 있고, 범의 형상을 그린 제기祭器(호이虎彝)를 가지고는 효성을 세상에 널리 펴고 있다. 하루에 한 차례의 사냥으로 까마귀, 솔개, 땅강아지, 개미까지 대궁으로 남은 고기를 나누어 먹이니, 우리의 어진 행실이야 이루 다 말할 수 없다. 남에게 헐뜯음을 당한 사람을 잡아먹지 않고, 불치병을 앓거나 지체 불구자를 잡아먹지 않으며, 상복 입은 사람을 잡아먹지 않으니 그 의로운 행실을 이루 다 말할 수 없다.

너희 인간들이 먹이를 잡는 도구야말로 정말 어질지 못한 것이렸다. 덫을 놓고 함정을 파는 것만으로도 부족해 새그물, 노루 그물, 후릿그물, 반두 그물, 촘촘한 그물, 삼태그물까지 만들었으니, 최초로 그물을 뜨기 시작한 놈이야말로 세상에 처음 화를 끼친 놈일 것이다. 어디 그뿐이냐. 뾰족창, 넓적 창, 긴 창, 삼지창, 도끼, 환도, 비수, 쇠꼬챙이가 또 있지 않나. 한 방만 터뜨리면 소리는 높고 큰 산도 무너뜨리고 불빛은 해와 달도 무색하게 만들며 벼락보다도 더 무서운 화포까지 있다.

이것으로도 제멋대로 포학을 부리기에는 오히려 부족하다고 여겨, 이번에는 부드러운 털을 입으로 빨고 아교풀로 붙여 붓이라는 뾰족한 물건을 만드니, 그 모양은 대추씨 같고 길이는 한 치도 안 된다. 이것을 오징어 먹물 같은 시커먼 물에 듬뿍 찍어서는 가로 찌르고 모로 찌르면, 굽은 놈은 갈고리 창 같고, 날이 난 놈은 식칼 같고, 뾰족한 놈은 칼 같고, 갈라진 놈은 가지창 같고, 곧은 놈은 화살 같고, 둥그스레한 놈은 활처럼 생겨먹었으니, 이놈의 병장기를 한 번 휘두르면 온갖 귀신들이 한밤에 통곡하게 된다.

이것도 부족하여 극도의 포악한 짓을 자행하였으니, 어떤 여자는 노래를 불렀다는 이유로 상대 여성을 죽였고, 어떤 인간은 초상이 나서 곡하는 틈을 타서 한밤중에 그 사람을 죽였고, 혹은 구경꾼 등쌀 때문에 미남자를 병들어 죽게 하였고, 혹은 대화하는 웃음 속에 비수를 숨기기도 하였다.[155] 참혹하게 서로 잡아먹기를 누가 너희 인간들보다 더 심하게 할 것이냐!"

북곽선생은 자리를 옮겨 엎드리고 엉거주춤 절을 두 번 하고는 머리를 거듭 조아리며 말했다.

"『맹자』라는 책에 이르기를 '비록 악한 사람이라도 목욕재계하면 하느님도 섬길 수 있다'[156]라고 했으니, 인간 세상의 천한 이 사람이 범님의 가르침을 감히 받들겠나이다."

숨을 죽이고 가만히 들어보나, 오래도록 범의 분부가 없었다. 두렵기도 하고 황송하기도 하여 손을 맞잡고 머리를 조아리며 우러러 살펴보니, 동방이 밝았고 범은 이미 가버렸다.

아침에 김을 매러 가는 농부가 있어서 물었다.

155　한나라 여태후(呂太后)는 아들이 황제가 되자 연적이었던 척(戚)부인을 투옥하고, 그녀가 감옥에서 방아노래를 부르자 척부인의 아들 조왕을 죽이고 척부인의 수족을 자른 뒤에 측간에 처 넣고 사람돼지(人彘)라고 불렀다. 성한(成漢)의 무제(武帝) 사후에 그의 조카 이반(李班)이 즉위하자 무제의 친자인 이월(李越)은 이반이 밤중에 곡하는 틈을 타서 그를 시해하고 자신의 동생 이기(李期)를 왕위에 오르게 했다. 진(晉)나라 위개(衛玠)는 미남자였는데, 그를 구경하러 온 사람들의 등쌀에 병이 걸려 죽었다고 한다('간살위개 개피간살看殺衛玠, 玠被看殺' 고사). 당나라 이의부(李義府)는 대화를 할 때는 온화한 미소를 짓지만 자기의 뜻에 거슬린 사람은 반드시 해쳤기 때문에 당시 사람들이 '소중유도(笑中有刀)'라고 했다.

156　『맹자』「이루하(離婁下)」에 나오는 말이다.

"북곽선생께서 어찌하여 이른 아침부터 들판에 절을 하고 계십니까?"

북곽선생은 대꾸하였다.

"내가 『시경』에 이르는 말을 들었으니

　　하늘이 높다고 말하지만　　　　　　　　謂天蓋高

　　감히 등을 굽히지 않을 수 없고　　　　不敢不跼

　　땅이 두텁다고 말하지만　　　　　　　　謂地蓋厚

　　살금살금 걷지 않을 수 없네　　　　　　不敢不蹐

　　하였다네."

연암씨燕巖氏는 말한다.

이 글은 비록 지은 사람의 성명은 없으나, 아마도 근세의 중국 사람이 비분강개하여 지은 것으로 생각된다. 세상의 운세가 기나긴 암흑세계로 들어가고 오랑캐의 화가 맹수보다 심한데도, 부끄러움이 없는 선비는 알량한 문장이나 주워 모아 당세에 아첨이나 하고 있다. 그런 선비야말로 남의 무덤을 몰래 파서 보물을 챙기는 유학자일 것이니, 이들은 범도 물어 가지 않을 사람이 아니겠는가?

지금 이 문장을 읽어보니 이치에 어긋난 말이 많고, 『장자』에 나오는 「거협胠篋」[157] 편과 「도척盜跖」[158] 편의 이야기와 그 취지가 같다. 그러나 때때로 은어를 사용하여 작자의 은미한 뜻을 붙였으니, 아마도 '호虎'와 '호胡'는 그 발음이 비슷하고, '호虎'와 '제帝'는 초서의 글자 모양이 비슷하기 때문이었을 것이다. 본문에 '동방이 밝았고 범은 이미 가버렸다'고 말한 것은 명나라 홍무제洪武帝[159]가 하루아침에 중국 천하를 맑고 밝게 만들자

157　'거협'은 보물 상자를 연다는 뜻으로, 자연을 거스른 인의(仁義) 역시 세상에 해를 끼치는 것을 말함.

158　'도척'은 포악한 도적의 이름. 도도한 논변으로 공자를 퇴치했다는 일화를 담은 내용.

159　명나라를 건국한 태조고황제(太祖高皇帝) 주원장(朱元璋, 1328~98). 홍무는 연호.

원나라 황제가 북쪽으로 도망간 것과 같은 상황을 말한 것이다. 천하에 뜻 있는 선비가 어찌 하루라도 중국을 잊을 수 있겠는가?

지금 청나라가 세상을 다스린 지 이제 겨우 4대[160]밖에 되지 않았으나 임금들은 모두 문무를 완전하게 갖추고 제 명대로 오래 살다가 편안히 죽었으며, 태평한 100년 동안 사해는 편안하고 고요하니, 이는 한나라 당나라 시대에도 없었던 일이다. 그들이 천하를 보전하여 평안하게 만들고 기반을 굳건히 세우는 뜻을 살펴보건대, 아마도 하늘이 임명한 임금일 것이다.

옛날에 맹자의 제자 만장萬章은 하늘이 다음 임금을 임명할 때에 상세하고 자상하게 말씀을 하며 임명하는가 하는 의심이 들어서 맹자에게 질문하였다. 맹자는 하늘의 뜻을 체득하여 "하늘은 말씀을 하지 아니하고, 임금이 될 사람의 행동과 사업을 통해서 보여줄 뿐이다"[161]라고 거듭 말씀하였다. 어린 나로서도 『맹자』를 읽다가 이 부분에 이르러 그 의혹이 점점 심해진 적이 있었다.

감히 물어본다. 하늘이 행동과 사업을 통해서 보여준다고 한다면 오랑캐가 중국의 제도를 바꾸고 고친 것은 천하의 큰 치욕일 터이니, 인민들의 혹독한 원한을 어찌할 것인가? 향내 나는 제물을 올릴지, 노린내 나는 제물을 올릴지는 제물을 준비하는 사람의 덕에 따라서 나뉘겠지만, 모든 신은 무슨 냄새를 기준으로 그것을 흠향할 것인가?

그러므로 사람의 처지에서 본다면 실제로 중국과 오랑캐의 구분이 뚜렷하겠지만, 하늘이 명령하는 기준에서 본다면 은나라의 모자나 주나라의 면류관은 모두 당시 국가의 제도를 각기 따랐을 뿐이다. 그런데도 하필이면 지금 청나라의 붉은 모자 마래기만은 홀로 의심을 하여 인정하지 않으려 하는가?

---

160 청나라가 북경에 들어온 이래의 4대의 황제로, 순치(順治)·강희(康熙)·옹정(雍正)·건륭(乾隆)을 말함.

161 『맹자』「만장상(萬章上)」에 나오는 말이다.

그리하여 "사람이 많으면 일시적으로 하늘도 이기긴 하지만 결국 하늘이 정해지면 사람을 이기게 된다"[162]는 격언이 그 자리에 횡행하게 되며, 하늘과 인민이 그 임금을 도와주고 편을 든다는 말은 도리어 그 기세에 눌려 슬그머니 자취를 감추고 그 격언에 순종하며, 앞 시대 성인의 말씀에 증험해보아도 부합하지 않으면 문득 '천지의 운수가 이와 같은 것이야'라고 말하게 된다.

아! 슬프다. 어찌 운수가 그렇게 만들었으랴?

아하! 명나라 왕의 은택은 이미 다 말라버렸다. 중국의 선비들이 자발적으로 오랑캐의 제도를 좇아서 변발을 한 지도 100년이나 오래되었건만, 그래도 오매불망 가슴을 치며 오로지 명나라 왕실을 생각하는 건 무슨 이유인가? 중국을 차마 잊지 않으려는 까닭이다.

청나라가 자신을 위해 꾀하는 계책 역시 꼼꼼하지 못하고 거칠다 하겠다. 앞 시대의 못난 오랑캐 천자들이 중국을 본받다가 결국은 중국에 동화되어 쇠망한 역사 사실을 경계하여, 쇠로 된 비석에 글을 새겨서 자금성 태자궁 앞의 전정箭亭에 묻게 하였다.[163] 그들은 일찍부터 자신들의 의복과 모자를 스스로 부끄럽게 생각하지 않은 적이 없었다고 스스로 말하면서도, 오히려 다시 나라의 강하고 약한 형세를 모자와 의복을 고집하는 데서 부지런히 찾으려 하고 있으니, 그 얼마나 어리석은가?

문왕의 꾀와 무왕의 뛰어난 공적을 가지고도 마지막 왕의 무너져 내림을 오히려 막지 못했는데, 하물며 자잘하게도 자기들의 의복이나 모자 같은 지엽적인 것을 고집하는 데서 스스로 강하다고 여기고 있음에랴. 자신들의 옷과 모자가 전쟁하는 데에 정말 편리하다고 생각한다면 북쪽 오랑캐나 서쪽 오랑캐의 옷과 모자는 홀로 전쟁하기에 편리한 것이 아니란 말

---

162 춘추시대 초나라 정치가 신포서(申包胥)가 한 말이다. "인중자승천 천정역능승인(人衆者勝天 天定亦能勝人)."

163 자금성 전정에 세운 '훈수관복기사비(訓守冠服騎射碑)'를 가리킨다.

인가?

청나라가 힘으로 능히 서북쪽의 오랑캐들을 중국의 오랜 풍속을 도리어 답습하도록 만들 수 있어야만 비로소 천하에서 가장 강하게 될 수 있을 것이다. 천하 사람들을 욕된 구렁텅이에 가두고는 그들에게 '너희들의 수치를 조금만 참고, 우리 의복과 모자를 좇아서 강해지도록 하라'고 외치니, 정말 강하게 될 수 있을런지 나는 모르겠다.

반란군들의 군사적 근거지 신시新市나 녹림綠林[164]에서 적미적赤眉賊처럼 눈썹을 붉게 칠하고 황건적黃巾賊처럼 머리에 누런 수건을 쓰고서 굳이 반역자라고 표를 내서 반란을 일으키지 않는다 하더라도, 만약 어리석은 백성이 청나라의 모자를 벗어서 땅바닥에 한번 내팽개치는 날에는 청나라 황제는 가만히 앉아서 천하를 잃어버리게 되는 것이다. 앞서 자신들을 강하게 해줄 것으로 믿었던 모자였건만, 이제 도리어 모자가 없어지지 않도록 막을 겨를도 없게 될 것이다. 그들이 금속 비석을 땅에 묻어 후대에 교훈을 내리려고 했던 일은 어찌 잘못된 일이 아니겠는가?

이 작품에는 본래 제목이 없었던 것을 지금 본문 가운데 있는 '호질虎叱'이라는 두 글자를 따서 제목으로 삼고, 중국이 맑아지기를 기다린다.

---

[164] 신시와 녹림은 호북성 경산시(京山市) 북부의 지명으로, 후한 말기 농민군이 봉기한 곳.

4장
사유의 전환과 인식론

코끼리 이야기 象記[1]

    괴상하고 특별하며 우스꽝스럽고 기이하며 거창하고 뛰어난 구경거리를 보려거든 먼저 북경 선무문宣武門[2] 안에 가서 코끼리 우리인 상방象房을 보는 것이 옳으리라. 내가 북경에서 코끼리 열여섯 마리를 보았으나, 모두 쇠사슬로 발을 묶어놓아 움직이는 모습을 보지는 못했다. 이제 코끼리 두 마리를 열하熱河의 행궁 서쪽에서 보았는데, 온 몸뚱이를 꿈틀거리며 움직이는데 폭풍우처럼 빠르게 간다.

    내가 일찍이(1765) 새벽에 동해 바닷가를 거닌 적이 있었다. 파도 위에 말처럼 생긴 것이 수없이 많이 보였는데, 모두 활꼴 모양으로 중앙이 높고 옆이 처진 집채 같아서, 그게 물고기인지 짐승인지 알지 못했다. 해가 돋기를 기다려 자세히 보려고 했더니, 해가 막 수면 위로 솟아오르자 물결 위에

---

1   「산장잡기(山莊雜記)」편에 실린 글이다.

2   북경 내성 서문. 본래 원나라 순승문(順承門)을 명나라 때 서쪽으로 옮기고 "무예를 선양한다(武節是宜)"에서 '선무'를 따서 명명함.

말처럼 섰던 것들은 바다 속으로 숨어버렸다.

이번에 코끼리를 열 걸음 밖에서 보았는데, 그때 동해에서 보았던 물체가 생각났다. 코끼리의 모습은 몸뚱이는 소 같고, 꼬리는 나귀 같으며, 낙타의 무릎, 범의 발굽을 하였고, 짧은 털은 회색이었다. 어진 모습에 슬픈 울음소리를 지으며, 귀는 구름장 같이 드리웠고 눈은 초승달 같았다. 어금니인 두 개의 상아는 굵기가 두 줌쯤 되고, 그 길이는 한 발 남짓 된다. 코는 어금니보다 길고, 굽혔다 펴는 모습이 자벌레와 같으며, 도르르 마는 모습은 굼벵이 같고, 코끝은 누에 꽁무니 같은데, 물건을 족집게처럼 집어서 돌돌 말아 입에 집어넣는다.

어떤 사람은 코를 주둥이로 생각하여 코를 따로 찾아보기도 한다. 그도 그럴 것이, 코의 모양이 이렇게 생겼으리라고는 생각하지도 못했던 까닭이다. 더러 코끼리의 다리가 다섯이라고도 하고, 코끼리의 눈이 쥐를 닮았다고 하는 사람도 있다. 대체로 코와 어금니인 상아를 보다가 생각이 그만 궁색해지기 때문이다. 그 전체 몸뚱이에서 제일 작은 것을 가지고 비교해 보니, 이런 엉터리 계산이 나오게 된다. 대개 코끼리의 눈은 몹시 가늘게 생겨서 간사한 사람이 눈부터 먼저 웃으며 아양을 떠는 모습과 같으나, 코끼리의 어진 성품은 바로 그 눈에 있다.

강희康熙[3]시대 남해자南海子[4]에 사나운 범이 두 마리 있었는데 오랜 동안 길을 들일 수 없었다. 황제는 노하여 범을 코끼리 우리에 몰아넣으라고 명하였다. 코끼리가 몹시 겁을 내면서 코를 한번 휘두르니, 범 두 마리가 그 자리에서 고꾸라져 죽었다고 한다. 코끼리가 범을 죽일 의도가 있어서 그런 것이 아니라, 범의 낯선 냄새가 싫어서 코를 한번 휘두른 것이 잘못 부딪쳤던 것이다.

아하! 털끝같이 작은 세상의 사물도 모두 하늘이 내지 않은 것이 없다고

---

3   청나라의 4대 황제인 성조(聖祖) 현엽(玄燁) 연호. 1662년부터 1722년까지 재위함.
4   북경의 숭문문(崇文門) 남쪽에 있는 동물원.

들 말한다. 그러나 하늘이 어떻게 일일이 다 명령을 하여 만물을 생기게 했겠는가? 하늘이란 형체로 말한다면 천天이요, 성정으로 말한다면 건乾이요, 중심이 되어 맡아서 처리하는 면으로 말한다면 상제上帝요, 묘한 작용으로 말한다면 신神이라고 말하니, 붙이는 이름이 여러 가지요, 또 호칭이 너무 난잡하다. 그런데도 이기理氣를 자연계의 창조자로 삼아 널리 전하고 펴서 사물을 만든다고 한다. 이는 마치 하늘을 솜씨 좋은 기술자로 보고서 망치질, 끌질, 도끼질, 칼질에 조금도 쉴 사이 없이 손을 놀린다고 하는 것과 같다.

그러므로 『주역』에 이르기를 "하늘이 초매草昧[5]를 지었다"고 했으니, '초매'란 그 빛은 검고 그 형태는 흙비와 같은 것이다. 비유하자면 동이 틀락 말락 한 때와 같아서 사람이고 물건이고 똑똑히 분별할 수 없는 상태, 그것이라고들 말한다. 나는 도대체 모르겠다. 하늘이 컴컴하고 흙비처럼 자욱한 속에서 과연 어떤 물건을 만들었다는 것인지.

국숫집에서 밀을 갈아 밀가루로 만들 때 작고 크고 가늘고 거친 것이 뒤섞여 바닥에 흩어지니, 무릇 맷돌의 작용이란 그저 돌아가는 것일 뿐이다. 가루가 가늘고 굵은 것이 어찌 맷돌이 의도적으로 그렇게 만들 생각을 해서 그렇게 되었겠는가?

그런데도 말하기 좋아하는 자는 "뿔이 있는 놈에게는 이빨을 주지 않았다"고 하여 조물주(하늘)가 물건을 만들 때 무슨 결함이나 있게 만든 것처럼 말을 한다. 이는 망발이다. 내가 물었다.

"이빨을 준 자는 누구인가?"

"하늘이 주었지요."

"하늘이 이빨을 준 이유는 장차 무엇을 하게 함인가?"

"물건을 씹어서 먹으라고 주었지요."

---

5   천지가 처음으로 열리면서 만물이 혼돈된 상태로 있는 것.

"이빨로 물건을 씹어 먹게 하는 것은 무슨 까닭인가?"

"대저 이것이 이치입니다. 새와 짐승은 손이 없으므로 반드시 주둥이를 굽혀 땅에 닿도록 해서 먹이를 구하게 하는 것이지요. 그래서 학의 다리가 이미 높은즉, 부득불 목을 길게 만들지 않을 수 없었던 까닭이고, 그래도 혹 땅에 닿지 않을까 염려하여 그 부리를 길게 만든 것입니다. 만약 닭의 다리를 학의 다리를 본떠 길게 만들었으면 필경 닭은 뜰에서 굶어 죽었을 것이외다."

나는 웃음이 터져 나와 말했다.

"그대들이 말하는 하늘의 이치란 것은 곧 소, 말, 닭, 개에게나 해당하는 이치일세. 만일 하늘이 이빨을 준 까닭이 반드시 구부려서 먹이를 씹어 먹게 한 것이라고 가정해보세. 이제 저 코끼리는 쓸모없는 상아가 곧추세워져 있어서 장차 입을 땅으로 굽히려면 상아가 먼저 땅에 거치적거릴 것이니, 이른바 이빨로 물건을 씹어 먹는 데에 도리어 방해를 놓지 않겠는가?"

어떤 사람은 말하리라.

"그야 코에 의지하면 되지요."

내가 어이없어 말했다.

"어금니를 길게 만들어놓고 코에 의지하여 덕을 보라고 할 바엔, 차라리 어금니를 없애버리고 코를 짧게 하는 게 낫지 않겠는가?"

그제야 주절대며 떠들어대던 자들이 하늘의 이치라는 처음의 주장을 더 이상 우기지 못하고, 자신들이 배운 내용을 약간 수그린다.

이는 생각과 상상, 학식과 도량이 미치는 범위가 기껏해야 소, 말, 닭, 개와 같은 일상적인 것에 머물 뿐이요, 용, 봉황, 거북이, 기린 같은 동물에게는 생각이 미치지 못한 까닭이다. 코끼리가 범을 맞닥뜨리면 코로 때려눕혀 즉사시키니, 그 코로 말한다면 천하무적이라고 할 것이다. 그러나 코끼리가 쥐를 만나면 코를 둘 자리가 없어서 멍하니 하늘을 쳐다보고 섰을 뿐이다. 그렇다고 쥐가 범보다 무섭다고 말한다면 앞에서 말한 하늘이 낸 이치는 아닐 것이다.

무릇 코끼리란 우리의 눈으로 볼 수 있는 동물인데도 그 이치를 모르는 것이 이와 같은 터에, 하물며 천하의 사물이란 코끼리보다도 몇만 배나 많음에랴. 그러므로 성인이 『주역』을 지을 때 괘의 모양이 지닌 의의를 설명하며 코끼리 상象 자를 취해서 '상왈象曰'이라고 하였다. 그 까닭은 이 코끼리의 형상을 보고 만물의 변화하는 이치를 연구하라는 이유일 것이다.

너의 눈을 도로 감고 가거라[6]

'본분으로 돌아가 이를 지켜야 한다[還守本分]'. 이는 어찌 문장에 관한 일에만 해당하는 말이겠습니까? 일체의 만사가 모두 그렇겠지요. 화담花潭 서경덕徐敬德[7] 선생이 외출했다가 자기 집을 찾지 못해 길에서 울고 있는 사람을 만났답니다.

"너는 왜 울고 있느냐?"

"저는 다섯 살 때 눈이 멀어 앞을 보지 못한 지 지금 20년이 되었습니다. 오늘 아침나절에 집을 나와서 가는데 홀연히 천지만물이 맑고 분명하게 보였습니다. 기뻐서 집으로 돌아가려고 하는데 길은 여러 갈래이고, 대문들이 서로 엇비슷해서 저의 집을 분간할 수 없답니다. 그래서 울고 있습니다."

선생이 말했습니다.

"내가 너에게 돌아가는 방법을 가르쳐주겠다. 네 눈을 도로 감아라. 곧바로 네 집을 찾아갈 것이다."

그리하여 맹인은 눈을 도로 감고 지팡이를 두드리며 자기의 뜻대로 걸어가 곧장 집으로 돌아갔다지요. 맹인이 눈을 뜨고서도 자기 집을 못 찾은

---

6   원제는 '답창애(答蒼厓)'이다. 창애는 유한준(俞漢雋)의 호.
7   서경덕(1489~1546)은 조선 중기의 유학자. 자는 가구(可久), 호는 화담(花潭), 복재(復齋).

것은 다른 까닭이 아닙니다. 눈에 보이는 색상이 뒤죽박죽 뒤집히고 마음에 일어나는 희비의 감정이 작용했기 때문이니, 이것이 망상妄想이 된 것입니다. 지팡이를 두들기고 자기의 뜻대로 걸어가는 것, 이것이 바로 우리가 본분을 지키는 진실한 도리이고, 집을 찾아가는 비결입니다.

『양환집』에 붙인 서문蜋丸集序[8]

자무子務와 자혜子惠[9]가 놀러 나갔다가 비단옷을 입고 있는 맹인을 보았다. 자혜가 한숨을 쉬고 탄식하며 말한다.

"안됐네. 자기 몸에 입은 비단을 자기 눈으로 볼 수 없으니!"

자무가 물었다.

"대저 비단옷을 입고 밤길을 가는 사람과 비교하면 누가 더 나을까?"

드디어 청허聽虛선생[10]을 찾아가 서로 논쟁하였는데, 선생도 손사래를 치며 말했다.

"나도 모르겠네, 나도 몰라."

옛날 황희黃喜[11] 정승이 공무를 마치고 퇴청하여 집으로 돌아오자, 그 딸이 마중하며 물었다.

"아버지, 이(蝨)라는 벌레를 아시지요? 이가 어디에서 사나요? 옷에서 살지요?"

"그렇지."

딸이 웃으며 말했다.

8 　『양환집(蜋丸集)』은 유득공의 숙부인 유련(柳璉)의 시집이다. 시문집 『기하실시고략(幾何室詩藁略)』에는 '길강전서(蛣蜣轉序)'라는 제목으로 되어 있다. '길강'이란 '말똥구리'다.
9 　두 사람은 가상의 인물. 이덕무와 유득공으로 추정하기도 함.
10 　마음을 비우고 듣는다는 뜻을 가진 허구의 인물.
11 　황희(1363~1452)는 여말선초의 문신 및 정치가, 조선의 정승.

"내가 확실히 이겼다."

그러자 며느리가 물었다.

"이가 살갗에서 사는 게 아닌가요?"

"네 말이 옳다."

며느리가 웃으며 말했다.

"아버님은 내 말이 옳다고 하시네요."

이를 지켜보던 황 정승 부인이 짜증을 내며 말했다.

"누가 대감더러 지혜롭다고 말하겠소? 시비를 다투는데 양쪽 모두 옳다 하시니."

황 정승이 싱긋이 웃으며 말하였다.

"너희 둘 다 이리 오너라. 무릇 이라는 벌레는 살갗이 아니면 살지 못하고, 옷이 아니면 붙어 있지 못하기 때문에 두 사람의 말을 다 옳다고 말했느니라. 그렇긴 하여도 옷을 농 안에 넣어두어도 거기에 이가 있으며, 너희들이 벌거벗고 있어도 오히려 근지러울 때가 있을 것이다. 피부에 땀 냄새가 물씬물씬 나고 옷에 풀 기운이 푹푹 찌는 중에 어느 한쪽에 떨어지지도 않고 어느 한쪽에 붙지도 않은, 바로 살갗과 옷의 중간에 이가 살고 있느니라."

임백호林白湖[12]가 말을 타려고 하자 마부가 나서서 아뢰었다.

"나리께서 취하셨나 봅니다. 갓신〔木靴, 검은 사슴가죽으로 만든 장화〕과 짚신〔草鞋〕을 한 짝씩 짝짝이로 신으셨습니다."

백호가 꾸짖었다.

"예끼! 길 오른편에서 보는 사람은 나더러 갓신을 신었다 말할 것이며, 길 왼편에서 보는 사람은 나더러 짚신을 신었다고 말할 것이니, 웬 걱정이

---

12   임제(林悌, 1549~87)의 호. 자는 자순(子順), 별호는 풍강(楓江), 벽산(碧山).

란 말이냐?"

이를 가지고 논하건대, 천하에서 발만큼 가장 보기 쉬운 것도 없을 터인데도, 보는 방향이 다르면 갓신과 짚신도 분간하기 어렵다. 그러므로 참되고 바른 소견〔眞正見〕은 진실로 옳다 그르다는 그 중간에 있는 것이다. 예컨대 땀에서 이가 생기는 것은 지극히 은미해서 살피기 어렵거니와, 옷과 피부 사이에는 본래부터 약간 떠 있는 공간이 있어 어느 한쪽에 떨어져 있지도 않고 붙어 있지도 않으며, 오른쪽도 왼쪽도 아니니, 어느 누군들 이가 그 중간에 있음을 알겠는가?

말똥구리는 자기가 굴리고 다니는 말똥구슬을 소중히 여기고 검은 용의 여의주를 부러워하지 않으며, 검은 용 또한 자신이 여의주를 가지고 있다고 해서 말똥구리의 말똥구슬을 비웃지 않는다.

자패子珮[13]가 이 얘기를 듣고 기뻐하며 말했다.

"이 말똥구슬이라는 말로 저의 시집을 이름 지을 만합니다."

그리고 자신의 시집을 말똥구슬이라는 뜻으로 '양환집'이라고 이름을 짓고는 나에게 서문을 지어달라고 부탁하였다. 내가 자패에게 말하였다.

"옛날 정령위丁令威[14]라는 사람이 신선이 되었다가 학으로 변하여 고향에 돌아왔으나 아무도 그를 알아보는 사람이 없었다고 한다. 이는 비단옷을 입고 밤길을 가는 격이 아니겠는가? 『태현경太玄經』이 세상에 크게 유행했건만, 정작 그 저자인 양자운揚子雲[15]은 직접 그 유행을 보지 못했다 한다. 이는 맹인이 비단옷을 입은 격이 아니겠는가?

이 『양환집』을 보고 한편에서 용의 여의주 같은 것이라 여긴다면 그것

---

13   유련(柳璉, 1741~88)의 자. 다른 자는 탄소(彈素), 호는 기하(幾何). 뒤에 유금(柳琴)으로 개명.

14   요동 사람으로 신선술을 배워 학이 되었다는 전설의 인물.

15   서한(西漢) 때의 학자 양웅(揚雄, BC 53~AD 18).

은 자네의 한쪽 갖신만 본 것이요, 다른 한편에서 말똥구슬과 같은 것이라 여긴다면 그것은 자네의 한쪽 짚신만 본 것이리라. 남들이 자네 시를 알아보지 못한다면 이는 정령위가 학이 된 것과 같은 격이고, 자네 시집이 세상에 크게 유행하건만 자네 스스로 볼 수 없다면 이는 양자운의『태현경』과 같이 되는 격이네. 자네의 시집이 여의주가 될지 말똥구슬이 될 것인지에 대한 논변은 오직 청허선생만이 알 터이니, 내가 무엇이라 말하겠는가?"

『능양시집』에 붙인 서문菱洋詩集序[16]

식견이 아주 높은 선비에게는 괴이하게 생각되는 것이 없으나, 식견이 낮고 비루한 사람에게는 의심스러운 것이 많다. 그야말로 보고 들은 것이 적으면 괴이한 것이 많다는 격이다.

대저 식견이 높은 선비라고 해서 어찌 물건을 제 눈으로 일일이 보아서 아는 것이랴? 한 가지를 들으면 눈에는 열 가지가 형상되고, 열 가지를 보면 마음에는 백 가지가 설정되어 있어서, 천 가지 괴이한 것과 만 가지 신기한 것이 도리어 사물 자체에 달려 있을 뿐 자신과는 아무런 관련이 없다. 그런 까닭으로 마음이 한가롭고 여유가 있어서 무궁무진하게 대응할 수 있는 것이다.

견문이 적은 사람은 해오라기를 기준으로 까마귀를 비웃고, 물오리를 근거로 학의 자태를 위태롭게 여긴다. 그 사물 자체는 본래 괴이하지 않은데 자기 혼자 성을 내어 꾸짖으며, 한 가지라도 제 소견과 달라도 천하 만물의 사실을 다 왜곡하려고 덤벼든다.

아아! 저 까마귀를 바라보자. 그 날개보다 더 검은 색깔도 없는 것이 사실이지만, 햇빛이 언뜻 흐릿하게 비치면 젖빛 금색이 돌고, 다시 진한 녹색

---

16 이 글은 본래 연암이 이서구의 사촌동생 이정구(李鼎九, 1756~83)를 위해 지은 「선서재집서(蟬書齋集序)」인데, 어떤 사정으로 인해 박종선의 시집『능양시집』의 서문으로 바뀌었다.

으로도 되며, 햇빛이 반사되면 자줏빛으로 솟구쳐, 눈이 아물아물해지면서는 비취색으로 변하기도 한다. 그렇다면 푸른 까마귀라고 불러도 될 것이고, 붉은 까마귀라고 불러도 역시 가능할 것이다.

그 사물에는 애초부터 정해진 색깔이 없건만 그것을 보는 내가 눈으로 색깔을 먼저 결정하고 있다. 어찌 눈으로만 색을 단정하는 것뿐이랴? 보지도 않고 마음속으로 미리 결정해버리기도 한다.

아아! 까마귀를 검은 색깔에다 봉쇄시키는 것쯤이야 그래도 괜찮다. 이제는 또다시 천하의 모든 빛깔을 까마귀의 검은색 하나에 가두어두려 한다. 까마귀가 과연 검은색으로 보이긴 하지만, 소위 푸른색, 붉은색을 띤다는 것은 바로 검은색 가운데의 푸르고 붉은빛이라는 사실을 그 누가 다시 알겠는가? 검은색을 일러 어둡다고 하는 사람은 비단 까마귀만 모를 뿐 아니라 검은색조차 알지 못하는 사람이다. 어째서 그러한가? 물은 검기 때문에 능히 비출 수 있고, 옻칠은 검기 때문에 능히 비추어 볼 수 있다. 그런 까닭에 색깔이 있는 것치고 광채가 없는 것은 없고, 형체가 있는 것치고 맵시가 없는 것은 없다.

아름다운 여인을 관찰해보면, 그것으로 시詩를 알 수 있을 것이다. 여인의 고개 숙인 모습에서 그녀가 부끄러워하고 있음을 보고, 턱을 괸 모습에서 그녀가 한을 품고 있음을 보고, 혼자 서 있는 모습에서 그녀가 누구를 생각하고 있음을 보고, 눈썹을 찡그린 모습에서 그녀가 수심에 차 있음을 본다. 난간 아래 서 있는 모습을 보고 누구를 기다리고 있음을 알고, 파초 잎사귀 아래 서 있는 모습을 보고 누구를 바라보고 있음을 알아야 한다. 만약 그녀가 재계할 때처럼 가만히 서 있지 않는다든지, 진흙 소상처럼 꼼짝 않고 앉아 있지 않는다고 책망한다면, 이는 양귀비에게 치통을 앓는다[17]고 꾸짖고, 전국시대의 미인 번희樊姬에게 쪽 진 머리를 손으로 감싸 쥐지 말

---

17   양귀비가 치통을 앓아 손을 뺨에 대고 얼굴을 찌푸리니, 그 모습도 아름다웠다고 한다.

라[18]고 금지하는 꼴이며, 걸음걸이마다 연꽃이 피는 것처럼 맵시 있는 걸음걸이[19]를 요망하다고 나무라고, 손바닥 춤의 경쾌한 춤사위[20]를 경망하다고 꾸짖는 격이다.

나의 조카 종선宗善[21]은 자字가 계지繼之이다. 시에 뛰어났으되 한 가지 작법에만 얽매이지 않고 온갖 풍격을 골고루 갖추어 울연히 동방의 대가가 되었다. 성당盛唐시대의 풍으로 시를 지었는가 생각해서 보면 홀연히 한漢·위魏 시대의 시풍이 되고, 어느새 송宋·명明 시대의 시풍이 되어 있고, 송·명의 시풍이라고 가까스로 말하자 어느덧 다시 성당의 시풍으로 되돌아가 있다.

아아, 슬프다! 식견이 낮고 비루한 세속 사람은 까마귀를 비웃고 학을 위태롭게 여기는 것이 또한 너무 심하겠지만, 조카 계지의 정원에 있는 까마귀는 자줏빛으로 변하기도 하고 혹 비췻빛으로 변하기도 한다. 무식하고 식견이 비루한 사람은 미인이 재계하는 사람과 진흙 소상처럼 꼼짝 않고 있기를 바라겠지만, 미인의 춤사위와 걸음걸이는 하루가 다르게 더욱 경쾌하고 맵시 있게 변하고, 쪽 진 머리를 감싸거나 치통을 어루만지는 모습에도 모두 나름의 자태가 있으니, 장차 눈을 부릅뜨고 분노할 사람이 날이 갈수록 많아지는 것이 당연할 터이다.

세상에는 식견이 아주 높은 선비는 적고 무식한 사람들은 많으니, 아무 말도 하지 말고 잠자코 있는 것이 옳으리라. 그런데도 말을 그치지 않음은

---

18   후한 때 번통덕(樊通德)이 슬픈 이야기를 듣고 손으로 쪽 진 머리를 감싸 쥐었는데, 그 자태가 아름다웠다고 한다.
19   반비(潘妃)라는 여성의 사뿐대는 걸음걸이를 보고 임금이 걸음마다 연꽃이 피는 모습(步步生蓮花)이라고 말한 고사가 있다.
20   한나라 때 유행한 손바닥춤(掌舞)은 북방에서 온 춤사위로, 유연하고 경쾌하였다고 한다.
21   박종선(朴宗善, 1759~1819)은 박명원(朴明源, 1725~90)의 아들로, 호는 능양(菱洋), 감료(憨寮)임.

무슨 까닭인가? 어허! 연암노인이 연상각烟湘閣[22]에서 쓴다.

불이당에 붙인 기문不移堂記

사범土范[23]이 스스로 호를 죽원옹竹園翁이라 짓고, 거처하는 집에 불이당不移堂이라는 편액을 걸고 나에게 기문을 지어달라고 청했다. 내가 일찍이 불이당의 마루에도 오르고 죽원의 정원을 거닐어보았지만 쭉 뻗은 대나무 한 그루도 볼 수 없었다. 내가 그를 돌아보고 웃으며 말하였다.

"이거야말로 소위 무하향無何鄉(어디에도 없는 곳)이요, 오유烏有선생(존재하지 않는 사람)의 집이 아닌가? 이름이란 알맹이(실체)의 껍질과 같은 것이거늘, 나더러 실체가 없는 빈 껍질을 두고 글을 지으라고 하는 말인가?"

사범이 한참 머쓱해하더니 말한다.

"그저 스스로 뜻을 붙여 보이려는 겁니다."

내가 웃으며 말했다.

"상심하지 말게. 내가 자네를 위해 그 알맹이를 채워줌세. 전에 학사學士 이공보李功甫[24]께서 벼슬 없이 한가롭게 있을 때 매화 시를 짓고, 먹으로 그린 심동현沈董玄[25]의 매화 그림을 얻어 그 시를 화제로 쓰셨지. 그리고 웃으면서 내게 '너무하구먼, 심씨의 그림 됨됨이란 게. 사물을 똑같게만 그렸을 뿐이야' 하고 말하더군. 내가 의아해서 '그림을 실물처럼 똑같게 그린다면 훌륭한 화공일 터인데, 학사께서는 어째 웃습니까?'라고 물었더니 '까닭이 있지' 하며 이런 이야기를 하더구먼.

---

22 연암이 안의(安義)현감 시절(1792~96)에 세운 정각(亭閣).

23 규장각 서리를 지낸 유한렴(劉漢廉)의 자. 저본에는 '사함(土涵)'으로 되어 있으나 『이향견문록』과 『성호보휘(姓號譜彙)』에 의거하여 '사범(土范)'으로 수정한다. 31세에 요절했으며, 부친은 만취헌(晩翠軒) 광진(匡鎭)이고, 형은 노헌(蘆軒) 한겸(漢謙)이다.

24 공보는 연암의 처삼촌인 이양천(李亮天, 1716~55)의 자.

25 동현은 화가 심사정(沈師正, 1707~69)을 가리킨다.

내가 처음에 이원령李元靈[26]과 교유할 적에 언젠가 비단 한 폭을 그에게 보내 제갈공명 사당 앞의 측백나무를 그려달라고 부탁했었네.[27] 원령이 한참 지나서 고전서체古篆書體로 「설부雪賦」[28]를 써서 보내왔기에, 나는 전서를 얻은 것이 기뻐서 빨리 그림을 보내달라고 독촉했었지. 그러자 원령이 웃으며 '자네 아직 모르고 있었는가? 나는 진작 그림을 보냈다네' 하더군. 내가 깜짝 놀라 '지난번에 보내온 것은 곧 전서로 된 「설부」뿐이었네. 혹시 자네가 잊어버린 것 아니야?'라고 했지. 원령이 다시 웃으며 '측백나무는 그 가운데 있단 말일세. 무릇 모진 바람과 된서리에 능히 변치 않을 것이 있겠는가? 자네가 측백나무를 보려거든 그 눈 속에서 찾아보게' 하더란 말이야. 그래 나도 웃으며 대꾸하기를 '그림을 그려달라고 했더니 전서 글씨를 써주고 눈을 보면서 변치 않는 것을 생각하라고 하니, 측백나무하고는 거리가 한참 멀구면. 자네가 일러주는 방법이란 게 현실과 너무 동떨어진 것 아닌가?' 하였네.

　　그 뒤 내가 임금에게 직언을 하다가 죄를 얻어 흑산도에 위리안치되었지.[29] 하루 밤낮을 700리 길을 빨리 달려가는데, 도중에 들리는 말이 금부도사가 사약을 내리는 어명을 가지고 뒤쫓아 온다는 게야. 하인들이 겁에 질려 울고불고하더군. 그때 날씨는 매섭고 눈발이 퍼부어 앙상한 나무와 무너진 벼랑이 함박눈에 덮이고 천지가 아득하니 끝이 보이지 않는데, 바위 앞 고목이 가지를 축 늘어뜨리고 있는 모양이 마치 마른 대나무 같아 보이더군. 내가 바야흐로 말을 멈추고 도롱이를 걸치다가, 멀리 손을 가리키며 신기하다는 탄식과 함께 저것이 바로 원령이 전서체로 써준 측백나

26　　원령은 문인화가 이인상(李麟祥, 1710~60)의 자.

27　　두보의 시 「늙은 측백나무(古栢行)」에 "제갈공명 사당 앞에 늙은 측백나무"라는 구절이 있다.

28　　남조시대 시인 사혜련(謝惠連, 397~433)이 눈 경치를 읊은 작품.

29　　이공보(이양천)는 1752년 영조에게 올린 상소로 인해 죄를 얻어 흑산도에 위리안치되었다.

무가 아닐까 하는 생각이 들었네. 위리안치가 된 뒤에는 독기를 품은 습한 안개로 어둠침침하고, 독사와 지네가 베개와 깔개에 기어 들어와 똬리를 틀어 언제 해를 입을지 예측할 수 없었지. 어느 날 밤에는 태풍이 바다를 흔들어 마치 벼락이 치는 것 같아서 따라온 아랫사람들이 모두 넋을 빼앗겨 구토와 현기증에 시달리는데, 나는 이런 노래를 지었네.

남쪽 바다의 산호珊瑚 꺾어진들 그 어찌하랴　　　南海珊瑚折奈何

오늘밤 행여 구중궁궐이 춥지 않을까 염려되네　　祇恐今宵玉樓寒

그 후 원령이 내게 보낸 편지에 '근래 자네가 지은「산호곡」을 얻어 보니 완곡하되 상심치 않아서 조금도 원망하거나 후회하는 뜻이 없으니, 아마도 어려운 상황을 잘 대처하고 있다 하겠네. 지난날 그대가 측백나무를 그려달라 요구하더니, 자네 역시 측백나무 그림을 아주 잘 그리고 있는 셈일세. 자네가 떠난 뒤 측백나무 그림 수십 폭이 도성에 남았는데 모두 도화서의 서리胥吏들이 몽당붓으로 전해가며 베낀 것들이라네. 그러나 꿋꿋한 줄기의 곧은 기세가 늠름하여 함부로 범할 수 없는 데다 사방으로 퍼진 나뭇가지와 잎이 어쩌면 그렇게도 무성하던지'라고 하데. 내가 그만 웃음이 터져 나와 '원령의 편지야말로 가히 몰골도沒骨圖를 그렸다라고 말할 만하구먼'[30] 하였네. 이렇게 본다면 좋은 그림은 실제 참 모습을 닮게 그리는 데에 있는 게 아니네.

이 학사의 이런 이야기를 듣고 나 역시 따라 웃었지. 얼마 후 학사 이공보는 세상을 떠났네. 내가 그의 시문집을 편찬하다가, 그분이 귀양지에 있을 때 자기 형에게 보낸 편지를 발견했는데 거기에 '근래 아무개의 편지를 받아보니 저의 유배를 풀기 위해 그가 요직에 있는 당국자에게 부탁하고 있다 하니, 어찌 그리 저를 이다지도 얕잡아 푸대접하고 있는지요. 비록 이

30　몰골도는 윤곽선을 그리지 않고 수묵 또는 색채의 농담만으로 형태를 표현하는 동양화 기법이다. 도화서의 서리들이 그린 그림은 줄기와 가지가 있어서 몰골도와는 거리가 멀다.

섬 안에서 썩어 죽을망정 나는 청탁을 하여 풀려나고 싶진 않습니다'라고 하였더군. 내가 그 편지를 쥐고 슬퍼 탄식하면서 '학사 이공보야말로 눈 속에 서 있는 진짜 측백나무이다. 선비는 어려움에 처한 뒤라야 평소의 지조가 드러나는 법이다. 재난을 근심하고 궁액을 걱정하면서도 자신의 지조를 바꾸지 않으며, 홀로 고고하고 우뚝하게 서서 자신의 뜻을 굽히지 않는 사람이란 정말 날씨가 매서운 계절이 되어서야 드러나지 않겠는가?'라는 생각이 들었네.

이제 우리 사범은 성품이 대나무를 사랑하는구나. 아하. 사범! 자네는 정말 대나무를 아는 사람인가? 매서운 추위의 계절이 닥친 뒤에 내 장차 자네 불이당의 마루에 오르고, 자네의 죽원을 거닐면서, 눈 속에서 대나무를 찾아보아도 되겠는가?"

하룻밤에 강물을 아홉 번 건넌 이야기 一夜九渡河記[31]

물이 두 산 사이에서 흘러나와 바위와 부딪치며 사납게 싸우면서, 그 놀란 물살, 성난 물결, 분이 난 큰 물결, 화가 난 물보라, 구슬픈 여울, 흐느끼는 소용돌이가 달아나며 부딪치고 굽이쳐 곤두박질치면서 으르렁 소리치며 울부짖고 포효하며, 언제나 만리장성을 꺾어서 부서뜨릴 기세이다. 만대의 전차戰車, 만 마리의 전투 기병대, 만 문의 전투 대포, 만 개의 전투 북의 소리를 가지고도 저 무너뜨리고 깔아뭉갤 것 같은 대단한 물소리를 충분히 형용할 수 없으리라.

모래밭 위의 큰 바윗돌은 우뚝하게 나란히 섰고, 강 둔덕의 버드나무 숲은 까마득하고 어두컴컴하여 마치 물귀신과 강 도깨비가 앞을 다투어 튀어나와 사람을 놀리는 듯, 교룡蛟龍과 이무기가 양쪽에서 서로 움켜쥐고

---

31 「산장잡기」편에 실린 글이다.

낚아채려 날뛰는 듯하다. 혹자는 말하리라. 여기는 옛날 전쟁터이므로 강물이 이렇듯 으르렁거리며 소리를 낸다고. 그러나 이는 그런 까닭은 아니다. 무릇 강물 소리란 사람의 듣는 여하에 달려 있을 뿐이다.

내가 사는 연암협 산중에는 큰 개울이 집 앞에 있다. 해마다 여름철이 되어 소낙비가 한 차례 지나가면 개울물이 갑자기 불어나서 언제나 수레 소리, 말 달리는 소리, 대포 소리, 북소리를 듣게 되어 마침내는 아주 귀에 탈이 생길 지경이었다. 언젠가 문을 닫고 누워서 소리의 종류를 다른 사물에 비유하면서 들어보았다.

우거진 소나무 숲에서 퉁소 소리가 나는 것 같은 물소리, 이는 청아한 마음으로 들은 것이요, 산이 짜개지고 절벽이 무너지는 것 같은 물소리, 이는 격분하는 마음으로 들은 것이다. 개구리 떼가 다투어 우는 것 같은 물소리, 이는 뽐내고 건방진 마음으로 들은 것이요, 만 개의 축筑[32]이 번갈아 메아리치는 것 같은 물소리, 이는 성난 마음으로 들은 것이요, 번개가 번쩍하고 천둥이 치는 것 같은 물소리, 이는 놀란 마음으로 들은 것이다. 찻물이 화력의 약하고 강함에 따라서 각기 보글보글 부글부글 끓는 것 같은 물소리, 이는 정취 있는 마음으로 들은 것이요, 거문고가 가락에 맞게 나는 것처럼 똥땅거리는 물소리, 이는 애잔한 마음으로 들은 것이요, 대들보와 시렁에 바람이 몰아치는 듯 파르르하는 물소리, 이는 시름에 쌓여 들은 까닭이다. 이렇듯 모두 제 소리를 정확하게 듣지 못하는 까닭은 다만 자신의 마음속에 어떤 소리라고 이미 설정해놓고서 귀가 그렇게 소리를 듣기 때문이다.

오늘 나는 한밤중에 한 가닥 강물을 이리저리 아홉 번이나 건넜다. 강물은 장성 밖의 변방에서 흘러 들어와 장성을 뚫고 유하楡河와 조하潮河, 황화黃花·진천鎭川 등 여러 가닥의 강물이 한군데 모여 밀운성密雲城 아래를

---

32   거문고 비슷한, 대나무로 만든 악기.

지나서 백하白河가 되었다. 나는 어제 배를 타고 백하를 건넜는데, 그곳은 바로 이 물의 하류였다.

내가 아직 요동遼東 땅에 들어서지 못했을 때는 바로 한여름이라, 지독한 뙤약볕 아래 길을 가는데 갑자기 큰 강물이 앞을 가로막았다. 시뻘건 흙탕물이 산더미처럼 밀려와서 끝이 보이지 않았는데, 이런 경우는 대체로 천 리 밖에 폭우가 내린 까닭이다.

물을 건널 때 사람들은 모두 고개를 쳐들고 하늘을 바라보았다. 나는 속으로 사람들이 고개를 젖히고 하늘에 조용히 기도를 올리는가 생각했었다. 기도를 통해 경각에 달린 목숨을 비는 것이라고. 대낮에도 날마다 서너 차례나 강을 건넜는데, 수레와 말을 탄 사람이 물고기를 꿴 것처럼 한 줄로 늘어섰고, 내 눈앞에 있는 사람은 문득 하늘을 쳐다보았다. 한참 뒤에야 알았지만 물을 건너는 사람들이 넘실거리고 빙글빙글 빨리 돌아가는 강물을 보면, 마치 자기 몸은 물을 거슬러 올라가는 것 같고 눈은 강물과 함께 따라 내려가는 것만 같아서, 갑자기 현기증이 나고 몸이 빙글 돌며 물에 곤두박질치게 된다는 것이다.

그들이 고개를 젖히고 하늘을 우러러 보는 까닭은 하늘에 기도하는 것이 아니라, 곧 물을 피하여 보지 않으려고 함이다. 어느 겨를에 경각에 달린 생명을 위하여 기도를 드릴 정신이 있으랴. 이토록 위험하다 보니 물소리를 듣지 못하고, 모두 말하기를 '요동의 벌판은 넓고 펀펀하기 때문에 물소리가 분노하여 소리를 내지 않는다'고 한다. 이는 물을 몰라서 하는 말이다. 요동 땅 강물이 일찍이 소리를 내지 않은 적이 없건만, 단지 밤에 건너지 않기 때문이다. 낮에는 눈으로 물을 볼 수 있으므로 눈은 오직 위험한 데만 쏠려 바야흐로 벌벌 떨면서 오히려 눈으로 보는 것을 걱정하고 있는 판인데, 어찌 귀에 소리가 다시 들리겠는가?

오늘 나는 밤중에 물을 건너는지라 눈으로는 위험을 볼 수 없으니, 그 위험은 오로지 듣는 데만 쏠려 귀가 바야흐로 무서워 부들부들 떨면서 그 걱정을 이기지 못하게 되었다.

나는 오늘에서야 도道라는 것이 무엇인지 깨달았다. 마음에 쓸데없는 생각을 끊은 사람, 곧 마음에 선입견이 없는 사람은 육신의 귀와 눈이 탈이 되지 않거니와, 귀와 눈을 믿는 사람일수록 보고 듣는 것을 더 상세하게 살피게 되어 그것이 결국 더욱 병폐를 만들어낸다는 사실을.

지금 나의 마부 창대昌大가 말발굽에 발이 밟히는 부상을 입어 뒤에 따라오는 수레에 실렸다. 나는 하는 수 없이 혼자 말을 타고 말고삐를 늦추어 강물에 들어갔다. 무릎을 굽혀 발을 모으고 안장 위에 앉으니, 한번 까딱 곤두박질치면 그대로 강물 바닥이다. 강물을 땅으로 생각하고, 강물을 옷이라 생각하며, 강물을 내 몸이라 생각하고, 강물을 내 성품과 기질이라고 생각하며, 마음속으로 까짓것 한 번 떨어지기를 각오했다. 그랬더니 내 귓속에는 강물 소리가 드디어 없어져 무릇 아홉 번이나 강물을 건너는데도 아무런 근심이 없었다. 마치 안방의 자리나 안석 위에서 앉고 눕고 일상생활을 하는 것 같았다.

옛날 우禹임금이 강물을 건너는데, 타고 있던 배가 황룡의 등에 올라앉는 위험을 당했다. 그러나 죽고 사는 판가름이 이미 마음속에 먼저 분명해지니, 그의 앞에는 용인지 도마뱀인지 그 크기는 족히 문제가 되지 않았다. 정이천程伊川 선생이 부강涪江을 건널 때 배가 엎어지려고 하여 모두 통곡하고 있는데, 선생만 옷깃을 바로잡고 편히 앉아 있었던 것도 이와 같았을 것이다. 순舜임금이 큰 산기슭에 들어갔을 때, 매서운 바람과 우레처럼 들이치는 비에도 길을 잃지 않았다. 이는 다른 이유가 없다. 그 상황에 자신을 맡겼기 때문이다.

소리와 빛깔이란 내 마음 밖에서 생기는 외부의 사물이다. 이 바깥 사물이 항상 사람의 귀와 눈에 탈이 생기게 하여 이렇게 똑바로 보고 듣게 하지 못하게 만든다. 더구나 한세상 인생살이를 하면서 겪는 그 험하고 위태함은 강물보다 훨씬 심하여, 보고 듣는 것이 문득문득 병폐를 만들고 있음에랴. 내가 장차 연암 산골짜기로 돌아가 다시 앞 시냇물 소리를 들으면서 이를 증험해보리라. 그리고 자기 이익을 챙기는 데 약삭빠르고 자기의 총명만을 스스로 믿는 사람에게 이것을 가지고 경고하리라.

소완정에 붙인 기문素玩亭記

완산完山[33]이씨 낙서洛瑞[34]가 책을 쌓아놓은 방에 '소완정素玩亭'이라는 편액을 걸고 나에게 기문을 써주기를 청하였다.

내가 그에게 따져 물었다.

"무릇 물고기가 물에서 헤엄치면서도 정작 눈으로 물을 보지 못함은 무슨 이유인가? 보이는 것이 모두 물뿐이니 물이 없는 것과 마찬가지이기 때문이다. 이제 낙서 자네의 책이 마룻대까지 닿고 서가에 그득 꽂혀 전후좌우로 온통 책뿐이니, 마치 물고기가 물에서 헤엄치는 것과 다름없네. 장서가의 집안에 태어나서 책을 읽느라 3년을 방 밖으로 나오지 않았다던 동중서董仲舒[35]에게 독서법을 본받고, 박람강기했던 장화張華[36]에게 기억력을 도움받고, 암송을 잘했던 동방삭東方朔[37]에게 암송 재주를 빌려 온다고 하더라도 아마도 스스로 깨달아 알아낼 수 없을 것이네. 그래서야 옳겠는가?"

낙서가 깜짝 놀라서 물었다.

"그렇다면 장차 어찌해야 합니까?"

내가 말하였다.

---

33 전주(全州)의 백제 때 이름.

34 이서구(李書九, 1754~1825)의 자. 호는 강산(薑山), 척재(惕齋), 소완정(素玩亭), 녹천관(綠天館).

35 동중서(BC 179~BC 104)는 한 무제 시대의 유학자로, 저서 『춘추번로(春秋繁露)』가 있다.

36 장화(232~300)는 서진(西晉) 때의 문인학자로 기억력이 탁월했고, 저서 『박물지(博物志)』가 있다.

37 동방삭(BC 154~BC 9)은 성이 동방이고 이름이 삭으로 문인이다. 자는 만천(曼倩), 저서로 『동방태중집(東方太中集)』이 있고, 우스개 이야기를 잘했다고 함.

"자네는 물건을 찾는 사람을 보지 못했는가? 앞을 바라보면 뒤는 놓치게 되고, 왼편을 돌아보면 오른쪽을 잃게 되네. 왜 그런가? 방 가운데 앉아 있으면 자신의 몸과 물건은 서로 가리게 되고 눈과 허공은 맞닿아버리기 때문일세. 몸을 방 밖에 두고 창구멍을 뚫고 엿보는 것보다 더 좋은 방법이 없다네. 그렇게 한쪽 눈을 감고 한 눈으로 응시하면 방 안의 물건을 죄다 훑어볼 수 있다네."

낙서가 고마워하며 말한다.

"이는 선생님께서 저에게 핵심을 간추리라고(約) 이끌어주시는 것입니다."

내가 또 말해주었다.

"자네가 이미 요약하는 방법을 깨달았으니, 내 또 자네에게 가르쳐주리라. 눈으로 보려고 하지 말고 마음으로 비추어 보는 것이 옳으리라. 저 태양이라는 것은 커다란 양기 덩어리이다. 옷을 입힌 듯 온 천하를 따뜻하게 덮어주고, 만물을 태어나게 하고 길러주며, 젖은 곳을 쪼이면 마르게 되고 어두운 곳이 받아들이면 밝아지게 되네. 그런데도 태양이 능히 나무를 태우거나 쇠를 녹일 수 없음은 무슨 까닭인가? 빛이 퍼져서 그 정기가 흩어지기 때문이지. 만약 만 리에 두루 비치는 빛을 거두어들여 조그만 틈으로 들어갈 만큼 빛을 모아서 돋보기로 받되, 그 정기를 동글동글하게 하여 콩알 크기로 만들면 처음에는 모락모락 연기가 나며 반짝이다 갑자기 불꽃이 일며 화염이 활활 솟구치는 것은 무슨 까닭인가? 빛이 한곳에 모여 흩어지지 않고 정기가 뭉쳐서 한 덩어리가 되기 때문일세."

낙서가 고마워하며 말한다.

"이것은 선생님께서 저에게 집중하라는 깨우침(悟)으로 알려주는 것입니다."

내가 또 말했다.

"무릇 이 천지 사이에 흩어져 있는 것은 모두가 책들의 정기이네. 그렇다면 바짝 눈앞에 들이대고 관찰할 것도 아니고, 한 방 안에서 찾아야 할 것도 아닐세. 그러므로 복희씨伏犧氏가 자연계의 현상을 관찰할 때 '우러러 하늘을 관찰하고 굽어 땅을 살폈다'고 했는데, 공자는 그것을 대단하게 평가하면서 거기에 잇대어 '가만히 있을 때면 괘의 형상[卦象]을 관찰하고, 괘사卦辭와 효사爻辭를 연구하고 체득한다[玩]'고 썼네. 완玩이라는 글자가 어찌 눈으로만 보아서 살핀다는 뜻이겠는가? 입으로 맛보면 그 맛을 얻을 것이며, 귀로 들으면 그 소리를 얻을 것이며, 마음으로 깨달으면 그 정수를 얻을 것이네.

이제 자네가 창구멍을 뚫어 한 눈으로 보듯 눈으로 집중하고, 돋보기로 태양의 정기를 받듯 마음속에 집중하는 깨달음이 있다고 하세. 비록 그렇다고 하더라도 방과 창구멍이 비어[虛] 있지 않으면 밝음을 받아들일 수 없으며, 수정 돋보기가 투명하게 비어[虛] 있지 않으면 정기를 모을 수 없네. 대저 뜻을 밝히는 방법은 나의 마음을 비워서[虛] 외부의 사물을 받아들이고, 마음을 욕심이 없게 맑게[澹] 해서 사사로운 생각을 없애는 데 있네. 이것이 본바탕을 깨끗하게[素] 해서 연구하고 체득한다는[玩] 뜻의 소완素玩하는 방법이 아니겠는가?

낙서가 말했다.

"제가 장차 벽에 기문으로 붙이려고 하니 선생님은 이 말씀을 글로 써주시지요."

드디어 그를 위해 이 글을 적는다.

만물의 크기는 상대적인 것이다[38]

우연히 자연과 본능 그대로의 성질을 칭송하다가 제 자신을 순록에 비유한 까닭은, 사람이 가까이 다가가면 순록처럼 잘 놀란다는 의미이지 감

---

38   원제는 '답모(答某)'이다.

히 스스로 크다고 뻐기려는 뜻이 아닙니다. 지금 그대의 편지에서 자신을 천리마에 붙은 파리에 비유하고 계시니, 어째서 이렇게 자신을 하찮게 여기십니까? 만약 그대가 작게 되기를 바란다면 파리도 오히려 크다고 할 수 있지요. 개미가 있지 않습니까?

제가 일찍이 약산藥山[39]에 올라가서 밑의 고을을 굽어본 적이 있습니다. 사람들이 달음질치고 뛰어가며 땅에 붙어 꼼지락거리는 모습이 마치 개 밋둑에 진을 친 개미와 같아서 한번 휙 불기만 해도 다 날아갈 듯싶었습니다. 그러나 반대로 고을 사람에게 저를 바라보라고 한다면, 낭떠러지를 기어오르고 바위를 돌며 덩굴을 더듬어 잡고 나무를 붙잡고 산꼭대기까지 올라와서는 함부로 거들먹거리는 모습이, 마치 머리의 이가 머리카락을 따라 기어오르는 모습과 뭐가 다르겠습니까? 그런데도 이제 큰소리로 제 몸을 비유해서 순록이라고 말한다면 그 얼마나 어리석은 일이겠습니까? 식견이 넓고 학문이 뛰어난 사람에게 의당 비웃음을 사게 될 것입니다.

만약 몸뚱어리의 크고 작은 것을 따지려 하고 보이는 대상의 멀고 가까움을 변별하려 든다면, 그대와 나는 모두 허망한 짓을 하는 겁니다. 순록이 과연 파리보다야 크다고 하겠지만 코끼리가 있지 않습니까? 파리가 순록보다는 작다고 하겠지만 개미와 비교한다면 코끼리와 순록의 관계와 같습니다.

이제 저 코끼리가 서 있는 모습은 집채처럼 크고, 나다니는 것은 비바람처럼 빠르며, 귀는 구름장을 드리운 것처럼 넓으며, 눈은 초승달처럼 작고, 발가락 사이에 낀 흙덩이는 봉긋한 둔덕처럼 큽니다. 그 둔덕 속에서 집을 짓고 살던 개미가 비가 오는지 살피러 밖으로 나왔다가, 두 눈을 부릅뜨고도 코끼리를 보지 못함은 무슨 까닭입니까? 보이는 대상물이 너무 멀리 있기 때문입니다. 코끼리가 한쪽 눈을 찡그리고 보아도 개미를 보지 못합

니다. 이는 다른 이유가 없습니다. 보이는 대상물이 너무 가깝기 때문입니다.

만일 더 넓은 안목을 가진 사람이 있어 다시 백 리쯤 멀리 떨어진 곳에서 바라보게 한다면, 아물아물하고 가물가물해서 아무것도 보이지 않을 것입니다. 어찌 이른바 순록이니 파리니 개미니 코끼리니 하고 분간할 수 있겠습니까?

머리 기른 중에 대한 이야기[40]

내가 동쪽으로 금강산을 유람할 때였다.[41] 그 골짜기 입구에 들어서자 바위에 옛사람과 지금 사람의 이름을 써놓은 것이 벌써 보이는데, 큰 글씨로 깊게 새겨 거의 빈자리가 없어 마치 장을 보러 나온 사람이 어깨를 포개어 선 듯하고 교외 공동묘지에 무덤이 빼곡하게 들어선 것 같았다. 예전에 새긴 글씨에 겨우 이끼가 돋고 또 새로 새긴 글씨는 붉은 칠로 빛났다. 무너진 벼랑과 갈라진 석벽에 이르자, 천 길이나 깎아지른 듯 서 있고 날아다니는 새의 그림자도 얼씬하지 못할 곳이건만 오직 '김홍연金弘淵'이라는 세 글자가 있었다.

나는 실로 마음에 이상한 생각이 들었다.

"예부터 관찰사는 사람을 마음대로 죽이기도 살리기도 할 수 있을 만큼 그 위세가 대단하고, 봉래蓬萊 양사언楊士彦[42]은 기이한 산천을 즐겨서 그 발자취가 이르지 않은 곳이 없었건만, 오히려 이런 곳까지는 그들의 이름을 남기지는 못했다. 그런데 여기에 이름을 새긴 자는 대체 누구이기에, 어떻게 석공을 시켜 다람쥐, 원숭이와 목숨을 다투게 할 수 있었을까?"

---

40   원제는 '발승암기(髮僧庵記)'이다.
41   1765년 가을, 연암 29세 때 금강산을 유람했다.
42   양사언(1517~84)은 조선 초의 문장가, 서예가.

그 후에 나는 국내의 명산을 두루 유람하여 남쪽으로 속리산, 가야산에 올랐고, 서쪽으로는 천마산, 묘향산에 올랐다.[43] 아주 외지고 으슥한 곳에 들어가서 내 딴에는 세상 사람이 아무도 이르지 못한 곳을 나 혼자 와서 본다고 생각하였다. 그러나 가는 곳마다 '김홍연'의 이름이 적혀 있는 것을 보고는 그만 발끈 화가 나서 욕을 하였다.

"'홍연'이란 놈은 도대체 어떤 자식이기에 감히 이다지도 당돌하단 말인가?"

무릇 명산 유람을 좋아하는 사람이라면 엄청난 위험을 무릅쓰고 온갖 어려움을 물리치지 않고는 빼어난 절경을 찾아볼 수 없을 것이다. 나도 조용할 때에 지난날 겪었던 모험을 다시 생각하면 움찔하여 스스로 후회하지 않은 적이 없었다.

그러나 다시 산을 올라 밑을 굽어보게 되면 전날의 후회와 다짐을 깜박 잊고, 깎아지른 바위를 밟고 깊은 골짜기를 굽어보면서 썩은 구름다리와 앙상한 사닥다리에 몸을 의지하게 된다. 가끔은 살아 돌아가지 못할까 벌벌 떨며 마음속으로 천지신명께 기도까지 했었는데, 그때에도 사슴 다리 만큼 큰 획의 붉은 글씨가 구불구불하고 단단하게 묵은 등걸과 오래된 넝쿨 사이에 보일락 말락 나타난 것은 반드시 '김홍연'이란 이름이었다. 그제는 위험하고 곤란한 즈음에 오랜 친구를 만난 듯 도리어 반갑고 기뻐서, 이 때문에 더욱 힘을 내어 기어오르고 붙잡고 하여 마치 그와 앞서거니 뒤서거니 경쟁하듯 나아가게 되었다.

평소부터 김의 행적을 잘 아는 사람의 말에 의하면 그는 곧 왈짜였다. 왈짜란 민간에서 부랑 방탕하고 사리에 어둡고 물정 모르는 사람을 일컫는 말인데, 소위 검객이나 협객 따위를 말한다. 그가 한창 젊은 시절에는 말달리기와 활쏘기를 잘해서 무과에 급제했으며, 힘이 호랑이를 때려잡고

---

43   1771년 연암 35세 때, 친구 이희천이 효수된 이후 과거시험을 접고 명산을 유람했다.

기생 둘을 양쪽 겨드랑이에 하나씩 끼고 몇 길 되는 담벼락을 뛰어넘을 만했다. 그러나 녹록하게 벼슬길에 나가기를 달갑게 여기지 않았다. 집이 본디 부자여서 재물을 흙을 퍼다 쓰듯 하여 한편으로 고금의 유명한 글씨와 그림, 칼, 거문고, 골동그릇, 기화요초를 사서 모았는데, 자기 마음에 드는 물건을 한번 만나면 천금도 아끼지 않았다. 드나들 때는 항시 준마를 타고 날쌘 매가 좌우에 있었다. 지금은 머리털이 허연 늙은이가 되어서 쇠망치와 끌을 행낭에 넣고 명산을 두루 유람한다. 이미 한라산에 한 차례 들어갔고 장백산(백두산)에 두 번 올랐는데, 가는 곳마다 바위에 자기 이름을 손수 새겨 후세에 이런 사람이 있었다는 것을 알리겠노라 했다고 한다.

내가 물었다.

"그 사람이 누구란 말이오?"

"'김홍연'이란 사람입니다."

"소위 '김홍연'이란 누구인가?"

"자字를 대심大深이라 합니다."

"대심이란 자가 누구인가?"

"스스로 호를 '발승암髮僧菴'이라 합니다."

"소위 발승암이란 누구인가?"

말하던 사람이 더 이상 응답하지 못하기에, 내가 웃으며 말했다.

"옛적에 사마장경司馬長卿[44]이 가상의 인물인 무시공無是公과 오유선생烏有先生을 설정하여 서로 문답케 했다더니,[45] 지금 그대와 나도 오래된 절벽과 흐르는 물 사이에 우연히 만나 서로 문답하고 있지만, 뒷날 생각해보면 우리들 자신마저도 세월에 묻히고 잊혀져 모두 오유선생이 될 터인데, 소위 '발승암'이란 사람이 어디에 있단 말이오?"

---

44   사마상여(司馬相如, BC 179~117)의 자. 부(賦)를 잘 지은 작가다.

45   사마상여의 「자허부(子虛賦)」와 「상림부(上林賦)」 참조. '오유'는 '어찌 이런 일이 있느냐?' '무시'는 '이런 사람 없다'는 뜻으로, 선생과 공을 붙여서 허구의 가상인물로 의인화했음.

그 사람이 발끈 얼굴에 노기를 띠며 말한다.

"내가 어찌 황당한 이야기로 거짓말을 꾸며대겠소. 정말 실지로 그런 사람이 있소이다."

내가 크게 웃으면서 말했다.

"그대는 너무 고집이 세고 끈질기구려. 옛적에 왕개보王介甫[46]는 양자운揚子雲[47]의 작품으로 알려진 「극진미신劇秦美新」[48]이라는 글이 '곡자운谷子雲[49]이 지은 것이고 양자운이 지은 것이 아니다'라고 논변하고, 이를 소식蘇軾에게 물으니 소식은 '서경西京(장안)에 과연 양자운이란 사람이 있었는지 모르겠다'라고 답하였다고 합디다.[50] 무릇 양자운과 곡자운, 이 두 사람의 문장은 당시 세상에 밝게 빛났고 역사 기록에도 전해오는 인물이건만 후세에 논변하는 사람은 오히려 이런 의심을 했소이다. 하물며 깊은 산 궁벽한 골짜기 속에 새겨놓은 부질없는 이름쯤이야 바람에 닳아 없어지고 빗물에 갈라져, 백 년도 못 되어 마멸될 것 아니겠소?"

이 말을 들은 그 사람도 껄껄 웃으면서 가버렸다. 그로부터 9년이 흘렀다. 내가 우연히 평양에서 김을 만났는데, '저 사람이 김홍연이다'라고 그의 등을 가리켜주는 사람이 있었다. 내가 그의 자를 불러서 물었다.

"대심군! 그대는 발승암이 아닌가?"

김군이 머리를 돌려 빤히 쳐다보면서 대꾸한다.

"그대가 어찌 나를 아시는가?"

내가 답하고 물었다.

---

46 송나라 왕안석(王安石, 1021~86)의 자.

47 한나라 양웅(揚雄, BC 53~18)의 자. 『태현(太玄)』 『법언(法言)』 『방언(方言)』 등의 저술이 있음.

48 진(秦)나라를 비판하고 왕망(王莽)이 세운 신(新)이라는 나라를 찬미한 글. 『문선(文選)』에 수록되어 있음.

49 서한의 경학자인 곡영(谷永, 원래 이름은 곡병谷幷)의 자.

50 『천중기(天中記)』에 나오는 일화.

"옛날 금강산 만폭동萬瀑洞 안에서 진작 그대를 알아보았노라. 그대의 집은 어디에 있는가? 옛날에 수집했던 소장품은 많이 남아 있는가?"

김군이 상심하여 맥없는 말로 답한다.

"집이 가난해져서 다 팔아먹었소이다."

"어찌해서 발승암이라 말하는가?"

"불행하게 몹쓸 병을 앓아서 꼴이 망측하게 된 데다, 늙은 나이에 아내 마저 없어 행동거지를 항상 절집에 의탁하여 살아가고 있기 때문에 그런 별호를 지은 것이오."

그의 말투와 행동거지를 살펴보니 옛날 기질과 습성이 아직도 몸에 배어 있었다. 애석하다! 내 그를 젊은 시절에 만나지 못한 것이.

하루는 그가 내가 우거하는 집에 찾아와서 요청한다.

"내가 지금 늙어서 다 죽게 되었소. 마음은 진작 죽었고 다만 머리털〔髮〕만 남았을 뿐인데, 내가 거처하는 곳이란 모두 승려〔僧〕의 암자〔菴〕요. 바라건대 그대의 글에 의탁하여 후세에 '발승암'이란 이름이나 전하게 해주시게."

나는 그가 늘그막에까지 후세에 이름을 남기겠다는 생각을 떨쳐버리지 못하고 아직도 간직하고 있음을 슬피 여겼다. 그리하여 예전에 유람 다닐 때 만났던 사람과 서로 문답한 내용을 적어서 보냈다. 또 그를 위해 불교의 게송偈頌을 본떠 논평하였다.

까마귀는 모든 새가 자기처럼 검은 줄 믿고	烏信百鳥黑
백로는 다른 새가 희지 않음을 의아해한다	鷺訝他不白
흰 것 검은 것이 각자 옳다고 주장한다면	白黑各自是
하늘도 응당 그런 송사에 싫증을 내리라	天應厭訟獄
사람은 모두 두 개의 눈을 가졌으나	人皆兩目俱
한쪽 눈을 찌푸려도 볼 수 있다	瞬一目亦覿

하필 두 눈을 가져야만 밝게 보랴	何必雙後明
외눈박이 나라[51]도 있다는데	亦有一目國
두 눈도 오히려 적다고 혐오하여	兩目猶嫌少
다시 이마에 눈을 붙이고 있네[52]	還有眼添額
게다가 관세음이라는 부처상은	復有觀音佛
천 개의 눈을 가진 상으로 변신했구나	變相目千隻
천 개 눈이 다시 무슨 소용이 있나	千目更何有
맹인도 검은빛은 또한 보는데	瞽者亦觀黑
김군은 몹쓸 병으로 불구의 몸이 되어	金君廢疾人
절집에 의탁함으로써 몸을 보존하네	依佛以存身
돈을 쌓아두고 쓰지 않는다면	積錢若不用
비렁뱅이 가난과 무엇이 다르랴	何異丐者貧
중생은 각자 자기 멋에 사는 법	衆生各自得
억지로 서로 배우라고 강요하지 말라	不必强相學
대심군은 일반인과 달리 살았으므로	大深旣異衆
이 때문에 괴이하다는 대접 받는구나	以玆相訝惑

---

51 『산해경』에 '일목국(一目國)' 사람은 외눈이 얼굴 한복판에 있다고 함.

52 『산해경』에 '기굉국(奇肱國)' 사람은 눈이 셋이라 했다. 불교의 신 '마혜수라(摩醯首羅)'는 눈이 세 개로, 이마에 붙은 눈을 '정문안(頂門眼)'이라고 한다.

5장
글쓰기의 혁신과 창조적 문학 추구

『초정집』에 붙인 서문楚亭集序[1]

문장을 어떻게 지을 것인가?

논변하는 사람은 반드시 옛 문체를 본받아야〔法古〕 한다고 말한다. 그리하여 세상에는 본뜨고 모방하면서도 부끄러움을 알지 못하는 사람이 있게되었다. 이것은 왕망王莽[2]이 신新이라는 나라를 세우고 제멋대로 주周나라의 관직제도를 모방하여 예악을 제정해도 괜찮으며, 공자와 얼굴이 닮았다는 양화陽貨[3]를 만세의 스승으로 삼을 수 있다는 격이다. 어찌 옛 문체를본받을 것인가?

그렇다면 새로운 문체를 만드는 것이〔創新〕 옳을 것이로다. 그리하여 세상에는 괴탄하고 음란하여 편벽된 소리를 늘어놓으면서도 두려움을 모르

---

1   『초정집』은 박제가(1750~1805)의 시문집이다.
2   왕망(BC 45~23)은 한나라 평제(平帝)를 시해하고 황제의 자리를 찬탈해 신(新)나라를 건국했다.
3   춘추시대 노(魯)나라 계씨(季氏)의 가신으로, 공자와 모습이 비슷했다고 함.

는 사람이 있게 되었다. 이것은 한 개인이 받은 뜻밖의 상금이 국가의 일정한 재정 수입보다 낫다고 여기는 것이고,[4] 이연년李延年[5]이 일시 유행하는 새로운 노래를 만들어서 고전음악을 연주해야 하는 종묘에 올릴 수 있다는 격이다. 어찌 새로운 문체를 쓸 것인가?

대저 그렇다면 어떻게 하여야 옳은가? 나는 장차 어떻게 해야 하는가? 글쓰기를 그만둘 것인가?

아아! 옛 문체를 본받는 사람[法古]은 해묵은 틀에 빠지는 것이 탈이고, 새 문체를 만드는 사람[創新]은 근거가 없고 허황한 것이 문제이다. 만약 옛 문체를 본받으면서도 능히 변화시킬 줄 알고, 새 문체를 만들되 고전에 근거를 둔다면 지금 사람의 글도 옛사람의 글과 같을 것이다.

옛사람으로서 글을 잘 읽은 자가 있었으니, 공명선公明宣[6]이 바로 그 사람이다. 옛사람으로서 글을 잘 짓는 자가 있었으니, 회음후淮陰侯 한신韓信[7]이 바로 그 사람이다.

공명선이 증자曾子의 제자로 있으면서 3년 동안 글공부를 하지 않자 증자가 그 이유를 물었더니 공명선이 대답하였다.

"저는 선생님이 댁에 계시는 것을 보았고, 선생님이 손님 접대하시는 것도 보았으며, 선생님이 조정에 계시는 것도 보면서, 이를 배우고 있으나 아직 잘하지 못합니다. 어찌 제가 배우지 않으면서 감히 선생님 문하에 머물러 있겠습니까?"

강물을 등지고 군대의 진을 치는 배수진은 병법에 나와 있지 않으니 장수들이 승복하지 않음은 당연하다. 그러자 회음후가 말했다.

"이것은 병법에 나와 있는데 여러분이 살피지 못했을 뿐이다. 병법에 말

---

4   진나라 효공은 상앙이 만든 법을 백성이 따르지 않을까 염려하여, 도성 남문에 꽂은 막대기를 북문으로 옮기는 사람에게 상금을 주겠다 하고 이를 실천함(사목지신徙木之信).

5   이연년(?~BC 101)은 서한의 음악가로, 새로운 노래를 만들어 유행시킴.

6   춘추시대 노(魯)나라 사람으로 증자(曾子)의 제자.

7   한신(?~BC 196)은 유방이 항우를 꺾고 천하통일을 이루는 데 결정적인 역할을 한 장군.

하지 않았던가? 죽을 땅에 놓인 뒤라야 살 수 있다고."

그러므로 무턱대고 남을 따라 배우지 않음을 오히려 잘 배웠다고 할 수 있는 것은 혼자 밤을 새운 노魯나라 남자의 경우이고,[8] 아궁이 숫자를 줄여서 군졸의 숫자를 적게 보이려고 했던 옛사람의 전술을 오히려 역이용하여 아궁이 숫자를 늘려서 군사의 수를 많게 보이려고 했던 것은 우승경虞升卿[9]의 변화시킬 줄 아는 전술이다.[10]

이렇게 본다면 하늘과 땅이 비록 오래되었으나 끊임없이 새로운 생명체를 낳고, 해와 달이 비록 오래되었으나 그 빛은 날마다 새롭다. 이 세상에 서적이 비록 많으나 거기 기록된 뜻들은 각각 다르다. 그래서 날짐승, 길짐승, 달리는 것, 뛰는 것 중에는 혹 아직 이름이 드러나지 않은 것이 있으며, 산천초목에도 반드시 신비한 영물이 있을 것이다.

썩은 흙에서 영지버섯이 돋아나고, 썩은 풀에서 반딧불이가 생긴다. 예절을 따짐에도 시비를 다툴 수 있고, 음악을 설명하는 데도 의견이 다를 수 있다. 글이라는 것은 말을 다 표현할 수 없고, 그림도 사람의 생각까지 다 그리지는 못한다. 같은 대상이라도 이 사람이 보면 이렇다고 말할 수 있고, 저 사람이 보면 저렇다 말할 수 있는 것이다.

그러므로 '백 세대 이후 성인이 다시 태어나더라도 내 의견에 의혹을 품지 않으리라'는 말은 공자와 같은 성인의 심정이요, '순·우임금 같은 옛 성인이 다시 살아오더라도 나의 견해를 바꾸지 않으리라'는 말은 맹자와 같은 어진 사람의 신념이다. 관직의 자리에서 백성을 위해 근심하고 헌신했

---

8   혼자 사는 노나라 남자가 밤비를 피해 찾아온 과부를 방에 들이기를 거절했다. 과부는 도덕 군자인 유하혜(柳下惠) 같은 사람은 자신을 받아줄 것이라고 힐책하니, 남자는 자신은 유하 혜를 배우지 않음으로써 유하혜의 행동을 배우려 한다며 끝내 거절했다.

9   후한 때의 장군 우후(虞詡, ?~137)의 자.

10 손빈(孫臏)은 아궁이 숫자를 줄여서 군사들이 겁먹고 도망간 것처럼 꾸며서 전투에서 승리 했는데, 후한의 우후는 이를 역이용해 아궁이 수를 늘림으로써 군사가 많은 것처럼 위장하 여 승리했다.

던 우禹와 직稷, 독서하며 안빈낙도했던 안연, 그들의 행적은 서로 다른 것 같지만 처지를 바꾸면 최선을 다한다는 점에서 그들의 도는 동일하다.[11] 백이伯夷처럼 지나치게 소견이 좁거나, 혹은 유하혜柳下惠처럼 지나치게 주견이 없는 태도, 이는 점잖은 사람이 취할 바가 아니다.[12]

박씨의 아들 제운齊雲(박제가)은 나이 스물셋이다. 문장에 능하고 호는 초정楚亭인데, 나를 종유하며 공부한 지 여러 해가 되었다. 그는 글을 지으면서 선진先秦과 양한兩漢 시대의 작품을 흠모했으나 옛 문체에만 얽매이지 않았다. 그러나 진부한 표현을 지나치게 없애려 애쓰다가 혹 전고典故에 없는 말을 짓는 실수를 저지르기도 하고, 내세우는 주장을 지나치게 높게 하여 혹 이치에 맞지 않은 데 근접하기도 하였다. 이는 명나라 문장가들이 법고法古와 창신創新에 대해서[13] 서로 헐뜯으며 남의 말에는 귀를 기울이지 않고 자기의 주장만 하다가 모두 정도를 얻지 못하고, 다 함께 말세의 번거롭고 자질구레한 기풍으로 떨어져 결국은 문화발전에 도움도 되지 못하고 한갓 세속을 병들이고 교화를 손상한 결과를 빚은 것과 같다. 나는 초정이 그렇게 될까 두렵다. 창신을 한답시고 교묘한 문장을 짓는 것보다는, 차라리 옛 문체를 배우다가 진부하게 되는 것이 더 낫지 않을까?

내가 지금 『초정집』을 읽으면서 공명선과 노나라 남자의 독실한 배움을 아울러 논하고, 회음후와 우승경의 기발한 생각은 옛 법을 배워서 이를 잘 변통하지 않음이 없다는 견해를 밝혔다. 밤에 초정과 함께 이런 이야기를 하고, 드디어 그 책머리에 적어서 그를 권면한다.

---

11   우, 직, 안연의 도가 같다는 내용은 『맹자』 「이루하(離婁下)」에 나온다.

12   백이와 유하혜에 대한 내용은 『맹자』 「공손추상(公孫丑上)」에 나온다.

13   이반룡(李攀龍) 등 의고주의자는 '산문은 한나라 시대의 문체를 이루고 시는 성당의 시풍을 본받는다(文必兩漢 詩則盛唐)'의 법고를, 원굉도(袁宏道) 등 소품파는 '마음속의 성정을 독자적으로 표현하고 격투에 구애되니 않는다(獨抒性靈 不拘格套)'의 창신을 추구함.

글을 잘 짓는 사람은 아마도 병법을 잘 알았을 것인저.

글자는 비유하자면 병사이고, 글 뜻은 비유하면 장수이다. 제목은 전쟁 상대국이고, 고사는 공격과 방어를 위해 쌓은 진지이다. 글자를 묶어서 구절을 만들고 구절을 묶어 문장을 만드는 것은 대오를 편성하여 행군하는 것과 같다. 운을 맞추어 소리를 내고 멋진 표현으로 빛내는 것은 공격에 북을, 퇴각에 징을 쳐서 소리를 내고 깃발을 휘둘러 색깔을 드러내는 것과 같다. 앞뒤의 문구를 맞추는 조응照應은 봉화에 해당하고, 비유는 유격병에 해당하며, 억양 반복은 육박전을 하여 쳐 죽이는 것에 해당한다. 글 첫머리에 제목의 뜻을 밝히고 결론을 이끌어내는 것은 적진에 먼저 뛰어들어 적을 사로잡는 것에 해당한다. 함축을 귀하게 여김은 늙은 병사를 사로잡지 않는 것이고, 여운을 남기는 것은 군사를 떨쳐 개선하는 것이다.

대저 진秦나라와의 전쟁에서 장평長平 땅에 파묻혀 죽은 조趙나라 10만 병사는 그 용맹함과 비겁함이 지난날과 달라지지 않았고, 활과 창도 그 날카롭고 무딘 것이 전날과 비교하여 변함이 없었다. 그런데도 명장 염파廉頗[14]가 거느리면 적을 제압하여 승리하기에 충분했고, 졸장 조괄趙括[15]이 대신하면 자신이 죽을 구덩이를 파기에 족할 뿐이었다. 그러므로 용병을 잘하는 장수에게는 버릴 만한 군졸이 없고, 글을 잘 짓는 사람에겐 이것저것 가리는 글자가 없다.

진실로 훌륭한 장수를 만나면 호미·고무래·가시랭이·창의 자루를 가지고도 모두 굳세고 사나운 병장기를 만들 수 있고, 헝겊을 찢어 장대에 매달아도 아연 참신하고 훌륭한 깃발의 모습을 띠게 된다. 만약 올바른 이치에

---

14   염파(BC 327~BC 243)는 전국시대 조(趙)나라의 명장이었으나, 진(秦)의 반간계에 의해 축출됨.

15   조괄(?~BC 260)은 조(趙)나라 명장 조사(趙奢)의 아들로, 경험 부족의 졸장으로 평가된다.

맞는 말이라면 집안사람의 예사말도 오히려 근엄한 학교에서 진술할 수 있으며, 아이들 노래와 민간의 속담도 훌륭한 문헌에 엮어 넣을 수가 있다. 그러므로 문장이 잘 지어지지 못함은 글자 탓이 아니다.

글자와 구절의 우아함과 속됨이나 평가하고 작품의 높고 낮음만을 따지는 자는, 전쟁에서 임기응변의 기지와 임시조치의 책략을 모르는 사람이다. 비유하자면 용맹하지 못한 장수가 마음속에 아무런 계책도 없는 것 같아서, 갑자기 글 제목을 받으면 마치 견고한 성을 맞닥뜨린 것과 같다. 눈앞의 붓과 먹이 꺾임은 마치 산 위의 초목을 보고 적병으로 오인하여 놀라 기세가 꺾인 군사처럼 될 것이고,[16] 가슴속에 기억하며 암송하던 지식은 마치 전장에서 죽은 군사가 산화하여 모래와 원숭이나 학으로 변해버리듯 모두 흩어질 것이다.[17]

그러므로 글을 짓는 사람의 근심은 항상 스스로 논리를 잃고 요령을 깨치지 못함에 있다. 무릇 논리가 분명하지 못하면 글자 하나도 써 내려가기 어려워 항상 끙끙대며 붓방아만 찧는 것을 근심하고, 요령을 깨치지 못하면 비록 촘촘하게 둘러싸고 포위하면서도 오히려 허술하지 않을까 걱정하는 것이다.

비유하자면 항우項羽가 유방劉邦에게 쫓겨 음릉陰陵에서 길을 잃자 자신의 애마 오추마烏騅馬가 앞으로 나아가지 않은 것과 같고, 한나라 대장군 위청衛靑[18]이 전차로 물샐틈없이 몇 겹으로 흉노를 에워쌌으나 그 추장 선우單于가 여섯 마리 노새를 타고 이미 도망친 일과 같다.

한마디의 말로도 요령을 잡게 되면, 당나라 이소李愬[19]가 눈 오는 밤에

---

16   전진(前秦)의 부견(苻堅, 338~85)이 동진(東晉)과 전쟁할 때, 팔공산(八公山)의 초목을 보고 군사로 오인하여 겁을 먹음.

17   『포박자(抱朴子)』에, "주(周) 목왕(穆王)의 전군이 죽어, 군자는 원숭이와 학이 되고 소인은 벌레와 모래가 되었다"라는 내용이 있다.

18   위청(?~BC 106)은 서한(西漢) 때의 장수로, 민족영웅으로 칭송받는 인물.

19   이소(773~821)는 당나라 장수로, 눈 오는 밤에 채주(蔡州)를 습격해 반군 장수 오원제(吳元

적의 방비가 소홀한 틈을 타고 불의에 습격하여 그 우두머리를 사로잡은 것과 같으며, 북송 때 장군 적청狄靑[20]이 장수들에게 잔치를 베풀고 또 자신이 병들었다고 소문을 내어 적을 방심하게 하고 삼경[21]에 습격하여 곤륜관崑崙關 요새를 함락시킨 것과 같다.[22] 문장을 짓는 묘리는 이렇게 하여야 지극할 것이다.

나의 벗 이중존李仲存[23]이 우리나라 역대 과거시험의 여러 문체를 모아 열 권짜리 책을 만들고, 그 이름을 '문단의 붉은 깃발'이란 뜻의 '소단적치騷壇赤幟'라 하였다.

아아! 여기 수록된 글들은 마치 승리를 거둔 병사들의 백전백승의 승전 산물과 같다. 비록 그 문체와 격식은 다르고 정교함과 거친 것이 함께 섞였으나, 각기 승리할 비책을 가지고 있어서 아무리 견고한 성이라도 함락시키지 못할 것이 없다. 그 날카로운 창과 예리한 칼날은 무기고처럼 삼엄하며, 형세와 조건의 시기에 따라 적을 제압함은 모두 용병술의 지혜와 요체에 부합한다.

앞으로 이를 계승하여 과거시험 문장을 지을 사람은 모두 이 길을 따르리라. 반초班超[24]가 장수가 되어 서역 50여 나라를 정복한 것이나, 두헌竇憲[25]이 흉노를 격파하여 연연산燕然山[26]에 전공을 새긴 것도 그 방법은 아마도 여기에 있지 않았겠는가? 그 방법은 여기에 있을 것이다.

비록 그렇다 하더라도, 방관房琯[27]의 수레 전투처럼 무턱대고 옛 전법을

濟)를 사로잡음. 『구당서(舊唐書)』 「이소전(李愬傳)」 참조.

20   적청(1008~57)은 북송 때의 명장.

21   밤 11시에서 새벽 1시 사이의 시간.

22   『송명신언행록(宋名臣言行錄)』『고금사문유취(古今事文類聚)』 등에 나오는 이야기.

23   연암의 처남 이재성(李在誠, 1751~1809)의 자.

24   반초(32~102)는 후한 때의 장수로, 아버지는 사학가 반표(班彪), 형은 반고(班固)이다. 정원후(定遠侯)에 봉해짐.

25   두헌(?~92)은 후한 때의 장수.

26   지금 몽고(蒙古) 경내의 항애산(杭愛山).

그대로 흉내 내다가 실패하는 수도 있고, 우후虞詡[28]의 아궁이 늘려가는 전술처럼 아궁이를 줄여나갔던 옛 전술을 역으로 이용하여 승리를 거둔 일도 있다. 그러므로 상황에 따라 전법을 구사하는 것은 또한 형세와 조건이 맞는 시점에 달려 있지, 고정된 병법에 있지는 않다.

『영처고』에 붙인 서문嬰處稿序[29]

자패子佩[30]가 말했다.

"데데하구나, 무관懋官(이덕무)의 시 됨됨이란 게. 옛날 시인의 시를 배웠으되 그와 닮았음을 볼 수 없구나. 모발이 조금도 비슷하지 않았으니 어찌 옛 시인들의 목소리를 닮았으랴? 교양 없는 촌사람들의 상스러운 것에 안주하고 세속의 자질구레한 일이나 즐기고 있으니, 바로 지금 시대의 시풍詩風이지 옛날 시의 품격은 아니다."

나는 그 말을 듣고 대단히 기뻐하며 이렇게 말했다.

"이무관의 시를 통해서 우리 사회의 정치와 풍속의 득실을 살펴볼 수 있을 것이다. 옛날의 시를 보던 기준으로 지금의 시를 본다면 지금의 시가 품격이 낮은 것은 사실이다. 그러나 옛사람도 자신의 시를 보며 반드시 예스러운 시라고는 생각하지 않았을 터이다. 그 당시 보는 사람에게는 그때라는 시점은 역시 하나의 지금이었을 뿐이다.

그런 까닭에 세월은 도도하게 흘러가고, 그 지방의 노래도 여러 번 변하기 마련이다. 아침에 술을 마시던 사람이 저녁에는 세상을 떠나 어느덧 빈소의 장막 안으로 가게 되어, 천추만세란 세월이 이렇게 하여 오랜 옛날이

---

27   방관(697~763)은 당나라 장수로, 옛날 수레 전투를 모방하다가 화공을 당해 대패함.

28   우후에 대해서는 앞의 각주 9, 10번 참조 바람.

29   『영처고』는 이덕무의 시집으로 『청장관전서(靑莊館全書)』에 수록되어 있다.

30   유련(柳璉, 1741~88)의 자. 다른 자는 탄소(彈素), 호는 기하(幾何). 뒤에 유금(柳琴)으로 개명.

된다.

　그렇다면 지금이란 시점은 옛날과 대비하여 이르는 말이고, 같다는 것은 다른 것과 비교해서 하는 말이다. 무릇 비슷하다고 말하는 것은 다른 것과 닮았다는 것일 뿐이고, 저것은 어디까지나 저것이다. 비교한다는 것 자체는 이미 이것과 저것이 서로 다름을 의미한다. 나는 이것이 저것으로 되는 경우를 보지 못했다. 종이는 애초부터 흰 것인데, 새까만 먹이 종이를 따라다닌다고 해서 희게 될 수는 없다. 초상화가 비록 실물과 흡사 닮았지만, 그림 속의 인물로 말을 하게 하지는 못한다.

　기우제를 지내는 우사단雩祀壇[31] 아래편, 도저동桃渚衕[32] 골목 안에 푸른 기와를 덮은 사당이 있다. 그 남관왕묘南關王廟[33]에 모신 얼굴빛이 붉고 수염이 긴 사람은 영락없는 관운장의 소상이다. 도성의 남녀들이 학질을 앓을 때, 그 소상을 모셔놓은 상 밑에 환자를 디밀어놓으면 그만 혼비백산하여 추워서 떠는 증세가 떨어지게 된다. 그런데 어린아이들은 무서운 줄 모르고 위엄 있는 소상을 함부로 가지고 논다. 눈동자를 후벼 파도 눈은 끔벅거리지 않고, 콧구멍을 쑤셔도 재채기를 하지 않는다. 그저 덩그러니 진흙으로 빚은 하나의 소상일 뿐이다.

　이렇게 본다면 수박 겉만을 핥거나 후추를 통째로 삼키는 사람과는 맛을 논할 수 없고, 이웃 사람의 담비 갖옷이 부러워 한여름에 빌려 입는 사람과는 계절을 말할 수가 없을 것이다. 관우의 소상에 옷을 입히고 모자를 씌워 아무리 꾸며도 어린아이의 진솔함을 족히 속일 수 없다.

　무릇, 시절을 딱하게 여기고 세속을 마음 아파한 사람으로 역사상 굴원屈原[34]만 한 사람이 없었으련만, 초楚나라의 풍속이 귀신을 숭상했으므로

31　서울 남산 서편 기슭에 기우제를 지내던 단.

32　남대문 밖 후암동 서울역 일대.

33　명나라 장수 진인(陳寅)이 건립한 우리나라 최초의 관왕묘. 1978년 동작구로 옮겨졌다가 2020년 해체되었다.

34　굴원(BC 343?~BC 277?)은 전국시대 초기 초(楚)나라의 정치가이자 시인. 이름은 평(平),

그는 「구가九歌」라는 작품을 지어 귀신을 노래하였다. 한漢나라가 진秦나라의 옛것을 계승하여 진나라 영토에서 임금이 되고 진나라 도읍지를 도읍으로 하며 진나라 백성을 백성으로 삼으면서도, 정작 그 법률만은 그대로 답습하지 않고 세 가지로 줄였다.[35]

　지금 이무관은 조선 사람이다. 산천과 기후는 지리적으로 중화와 다르고, 언어와 가요 풍속은 그 세대가 한漢·당唐이 아니다. 그런데도 중국의 글 짓는 법을 본받고 한·당의 문체를 답습한다면, 우리는 문장 작법이 고상하면 고상할수록 의미는 실상 비루해지고, 문체가 닮으면 닮을수록 표현은 더욱 거짓됨을 다만 보게 될 것이다.

　우리나라가 비록 구석진 곳에 있긴 하나 역시 임금이 다스리는 하나의 나라이며, 신라·고려로 내려오면서 비록 검소했으나 민간에는 미풍양속이 많았다. 그렇다면 우리말을 한자로 표현하고 우리 민요를 운율로 조화시키면 자연스럽게 문장을 이루게 되어 참다운 맛〔眞機〕이 발현될 것이다. 오로지 옛 시체詩體를 계속해서 추종하거나 답습하지 않고 남의 것을 서로 빌려 오지 않고서도 현재 있는 그대로를 조화시켜 삼라만상을 표현할 수 있다. 바로 이무관의 시가 그러하다.

　아아! 『시경』 300편의 시라는 것도 따지고 보면 실상 조수와 초목의 이름을 말하지 않은 것이 없으며, 민간 남녀들의 말을 기록한 것에 지나지 않는다. 그러나 이 지방과 저 지방은 지리적으로 풍토가 같지 않고, 강江이라는 물가와 한漢이라는 물가 유역에는 백성들의 풍속이 달랐기 때문에 당시에 백성의 노래(민가)를 채집하던 사람이 여러 지방의 민가(국풍國風)를 통해 그 지방 백성의 성질과 마음씨를 고찰하고 그들의 노래와 풍속을 징험하였던 것이다.

　그런데도 어찌해서 이무관의 시를 예스럽지 않다고 의심하는가? 만약

　　자는 원(原)으로 자를 붙여 굴원이라 부른다.

35　약법삼장(約法三章)을 말한다.

공자 같은 성인이 중국에 다시 태어나서 여러 나라의 풍속과 가요를 관찰하려고 한다면 이무관의 시집인 『영처고』를 고찰해야 조선의 조수와 초목의 이름을 알게 될 것이고, 한반도 남녀의 성정을 살펴볼 수 있을 터이다. 비록 이무관의 시를 조선의 국풍國風이라고 지칭해도 옳을 것이다.

좌소산인에게 주다贈左蘇山人[36]

나는 보았노라. 세상 사람들	我見世之人
남의 문장 칭찬하는 것을	譽人文章者
산문은 반드시 한나라를 본떴다 하고	文必擬兩漢
시는 성당시대 본받았다고 말하네	詩則盛唐也
비슷하다는 그 말 이미 진실이 아니거늘	曰似已非眞
한나라 당나라 어찌 또 있으랴	漢唐豈有且
우리나라 습속은 의례적 투식 좋아하여	東俗喜例套
촌스러운 그 말을 괴이하다 않네	無怪其言野
칭찬 들은 사람 도무지 깨닫지 못해	聽者都不覺
부끄러워 얼굴이 붉어지는 자 없도다	無人顏發赭
어리석은 놈은 기쁨이 뺨에 넘치고	騃骨喜湧頰
침 흘리고 웃느라 입을 못 다문다	涎垂噱而哆
교활한 놈은 언뜻 겸손을 떨면서	黠皮乍撝謙
멈칫멈칫 뒷걸음치며 멀리 달아나는 척	逡巡若避舍
칭찬에 굶주린 놈은 놀라 눈이 휘둥그레	餒髥驚目瞠
덥지 않은데도 땀을 삐질삐질	不熱汗如瀉
겁쟁이 뚱보는 너무도 부러워하여	懦肉健慕羨

36　좌소산인은 이덕무의 호이다.

이름만 들어도 향기를 맡은 듯	聞名若薌若
사나운 심보는 드러내놓고 화내며	忮肚公然怒
문득 주먹으로 때리려고 생각한다	輒思奮拳打
나도 이런 칭찬 들은 적이 있는데	我亦聞此譽
처음에는 얼굴 발라내듯 부끄럽더니	初聞面欲刮
다시 들으니 도리어 포복절도하느라	再聞還絶倒
며칠간 허리와 종지뼈 시큰거리네	數日酸腰髁
널리 알려질수록 더욱 무미건조하여	盛傳益無味
도리어 밀랍 씹은 듯 맛이 없더군	還似蠟札餌
칭찬을 따르고 탐내는 건 진정 불가하니	因冒誠不可
오래가면 풍 맞은 바보가 된다네	久若病風傻
시샘하는 철부지에게 고하노라	回語忮克兒
그 잔재주 따위는 우선 버려라	伎倆且姑舍
잠자코 내가 하는 말 들어보면	靜聽我所言
네 마음 응당 푸근해질 것이다	爾腹應坦韠
모방하는 게 뭐라고 시샘하는가	摸擬安足妒
보지 못했나? 스스로 부끄러운 짓이란 걸	不見羞自惹
남의 걸음 배우려다 기어서 오게 되고[37]	學步還匍匐
효빈하다가 한갓 추악해질 뿐[38]	效顰徒醜魀
이제 알리라. 그림 속의 계수나무	始知畵桂樹
살아 있는 오동나무만 못하다는 걸	不如生梧檟
손뼉 치며 초나라 사람을 놀라게 했으나	抵掌驚楚國
의관을 빌려 입은 가짜라네[39]	乃是衣冠假

---

[37] '한단지보(邯鄲之步)'라는 고사.
[38] 『장자』에 나오는 서시(西施)와 추녀의 고사.
[39] 초나라 광대가 죽은 재상의 의관을 입고 나타나자, 장왕(莊王)이 손뼉을 치고 재상이 살아

푸른 언덕의 보리를 노래한 선비	靑靑陵陂麥
시신 입속의 반함 구슬을 쳐서 몰래 빼낸다[40]	口珠暗批搨
자기 뱃속 속된 줄은 생각지 않고	不思腸肚俗
기품 있는 붓 벼루만 억지로 찾는다	强覓筆硯雅
육경의 글자를 훔쳐 모으니	點竄六經字
비유하자면 사당에 붙어사는 쥐새끼 같다	譬如鼠依社
훈고의 어휘를 주워 모아놓아도	掇拾訓詁語
고리타분한 선비 모두 입을 다문다	陋儒口盡啞
제관이 제물 늘어놓듯 의미 없는 글자 나열하여	太常列俎餕
절인 생선 젓갈 뒤섞여 썩은 냄새 풀풀 나는 듯	臭餕雜鮑鮓
여름철 농사꾼이 허술한 제 차림 망각하고	夏畦忘疎略
창졸간에 갓 쓰고 도포로 겉치장한 셈이라	倉卒飾綾錡
눈앞의 일을 제재로 한 시에 참된 흥취 있나니	卽事有眞趣
하필이면 먼 옛것을 취하려고 하느냐	何必遠古抯
한나라 당나라 지금 세상 아니고	漢唐非今世
우리 민요 중국과는 다르다네	風謠異諸夏
반고나 사마천이 다시 태어나도	班馬若再起
결코 자신들을 배우지 않으리라	決不學班馬
새로운 표현 창조하기 어렵다 해도	新字雖難刱
자기 생각 다 써야 마땅할 터	我臆宜盡寫
어찌하여 옛 법에 구속이 되어	奈何拘古法
정신 팔리고 붙잡혀 끌려다니는가	刲刲類係把
지금 때가 비속하다고 말하지 말라	莫謂今時近

서 돌아왔다고 한 고사.

40   『장자』에 나오는 고사로, 보리를 노래한 선비가 도굴한 시신에서 구슬을 빼낸 이야기. 남의
시를 표절하는 행위를 풍자한 글이다.

천 년 뒤에 응당 고상하리라	應高千載下
손자 오자의 병서 사람마다 읽건만	孫吳人皆讀
배수진을 아는 자는 드물도다	背水知者寡
남들이 비축하지 않는 물건을 독차지한 사람	趣人所不居
유독 양적 지방의 큰 장사치뿐이었네⁴¹	獨有陽翟賈
나는 몸이 음허한 병을 앓아	而我病陰虛
사년째 발등과 종지뼈가 아팠다네	四年疼跗踝
적막한 처지에 그대를 만남에	逢君寂寞濱
음전하기 가을 규방의 미인 같더니	靜若秋閨姹
웃게 만드는 광형이 바야흐로 온 듯⁴²	解頤匡鼎來
몇 밤이었던가 등잔 심지 돋우었던 날	幾夜剪燈炧
문장 평론 약속한 듯 이견 없이 일치하고	論文若執契
술잔을 잡고 두 눈은 초롱초롱 빛이 난다	雙眸炯把斝
막힌 가슴 하루아침에 뻥 뚫리고	一朝利膈壅
입안 가득 생강 씹은 듯 상큼하네	滿口嚼薑苃
평생 간직한 몇 움큼의 눈물	平生數掬淚
꾸려서 가을 하늘에 뿌린다	裹向秋天灑
목수는 비록 나무 깎는 일 맡지마는	梓人雖司斵
대장장이를 조금도 배척하지 않는다네	未曾斥鐵冶
미장이는 본래 흙손 잡는 일 하고	圬者自操鏝
기와장이는 본시 기와 이는 일을 한다	蓋匠自治瓦
그들 하는 일이 비록 길은 다르지만	彼雖不同道

---

41 여불위는 양적(陽翟) 지방의 상인으로, 조(趙)나라에 볼모로 온 진(秦)나라의 왕자를 '사서
둘 만한 재물(奇貨可居)'이라 하고, 그가 진나라 왕이 되도록 도와주었다. 임신한 자신의 애
첩을 그에게 주었는데, 그 소생이 진시황이 되었다.

42 한나라 광형(匡衡)이 시를 잘 해설하여 사람들을 절로 웃게 만들었다는 고사. 『한서』 「광장
공마전(匡張孔馬傳)」.

하려는 일은 큰 집을 완성하자는 것	所期成大廈
강퍅 오만하면 사람들이 따르지 않고	悻悻人不附
지나치게 깔끔 떨면 복 받기 어려운 법	潔潔難受嘏
그대에게 바라노라 본바탕을 잘 지키고	願君守玄牝
그대 만물의 근원 정기를 호흡하라	願君服氣姐
그대 한창 젊은 시절 노력한다면	願君努壯年
일가를 이루어 그 문을 활짝 열리라	專門正東閭

창애에게 답하다 答蒼厓[43]

보내주신 글 모음집은 양치하고 손 씻고 무릎 꿇고 앉아 정중히 읽었기에, 말씀드립니다. 문장은 모두 기이합니다. 그러나 사물의 명칭에 중국말을 빌려서 사용한 것이 많고 인용한 고사도 맞지 않는 데가 있으니 이것이 옥의 티라고 하겠습니다. 청컨대 노형을 위해 말씀드리지요.

문장을 짓는 데는 나름의 방법이 있습니다. 이는 마치 송사하는 사람은 물증을 가지고 있어야 하며, 행상하는 장사꾼이 등에 진 물건과 사라고 외치는 물건의 이름이 일치하는 것처럼 해야 합니다.

송사에서 진술하는 말의 내용과 이치가 아무리 명백하고 정직한들 만약 다른 물증이 없고서야 어떻게 송사에 이길 수 있겠습니까? 그러므로 글을 짓는 사람은 이리저리 경전의 증거 자료를 인용하여 자기의 뜻을 명백하게 밝혀야 합니다. 『대학』은 공자가 짓고 자사子思가 설명하여 만들었으므로 더할 수 없이 믿음직한 책이건만, 그래도 『대학』의 명덕明德이란 말을 설명하는 대목에서 『서경』「강고康誥」편의 '극명덕克明德'이란 말과 「요전堯典」편의 '극명준덕克明峻德'이란 말을 각각 인용하여 명백하게 뜻을 밝

---

43 창애는 유한준(俞漢雋, 1732~1811)의 호이다. 그 아들이 『흠영(欽英)』의 저자인 유만주(俞晚柱)다.

했습니다.

관직 이름과 지명은 중국의 것을 빌려 사용함은 옳지 않습니다. 땔나무를 지고 다니면서 소금을 사라고 외친다면 온종일 길을 돌아다녀도 나무 한 단도 못 팔 것입니다. 만약 중국 당나라 도읍지였던 장안長安을 빌려 와서 임금이 사는 각 나라의 도읍지를 모두 장안이라고 부르거나, 역대의 정승들을 진秦나라 때의 명칭인 승상丞相이란 말을 본떠서 각 나라의 정승을 모두 승상이라 부른다면, 명칭과 실물이 뒤죽박죽 혼동되어 도리어 속되고 비루하게 됩니다.

이것은 곧 동명이인인 진준陳遵이 온다는 소리를 듣고 모든 사람이 진짜 협객 진준陳遵[44]인 줄 깜짝 놀라는 격이고, 아름다운 서시西施의 찡그린 모습을 흉내 내다가 더욱 추악해졌다는 못난 여인과 같은 격입니다. 그러므로 글을 짓는 사람은 아무리 더러운 명칭이라도 쓰기를 꺼려서는 안 되며, 아무리 촌스러운 자취라도 파묻어버려서는 옳지 않습니다. 맹자가 '사람의 성씨는 일족이 모두 함께 쓰는 것이지만 이름만은 혼자 독자적으로 쓰는 것'이라고 말했듯, 나는 말합니다. "한자는 한문 문화권의 각 나라에서 공통으로 사용하는 문자이지만, 그 문장만큼은 각 나라에서 독자적으로 짓는 것이다"라고.

『녹천관집』에 붙인 서문綠天館集序[45]

옛글을 모방하여 글을 짓되 거울이 사물의 형체를 비추듯 그렇게 한다면 비슷하게 된다고 말할 수 있을까? 실체의 좌우가 서로 바뀌니 어떻게

---

44 중국 전한(前漢) 때의 문신으로, 술을 좋아하여 손님이 찾아오면 유흥을 즐기기 위해 대문의 열쇠를 잠그고 손님 수레의 비녀장을 우물에 던져 넣어 손님이 돌아가지 못하게 함. '투할(投轄)'이라는 고사성어 참조.

45 『녹천관집』은 이서구의 문집이다.

비슷하게 될 수 있으랴. 물이 형체를 묘사하듯 그렇게 한다면 비슷하게 된다고 말할 수 있을까? 본말이 거꾸로 나타나니 어찌 비슷하게 될 수 있으랴. 그림자가 그 물체를 따라다니듯 그렇게 한다면 비슷하게 된다고 말할 수 있을까? 한낮에는 난쟁이로 되었다가 해가 기울 때는 키다리가 되니 어찌 비슷하게 될 수 있으랴. 그림이 형체를 모사하듯 한다면 비슷하게 된다고 말할 수 있을까? 걸어서 다니는 사람은 움직이지 않고 말하는 사람은 목소리가 없으니 어찌 비슷하게 될 수 있으랴! 그렇다면 끝내 옛글과 비슷하게 글을 지을 수 없다는 말인가?

대저 어찌해서 비슷해지기를 구하는가? 비슷하게 되기를 구함은 그 자체가 참이 아니다. 세상에서 서로 같은 것을 말할 적에 반드시 매우 닮았다는 뜻의 혹초酷肖라는 말을 쓰고, 분별하기 어려울 만큼 진짜에 아주 가깝다는 뜻으로 핍진逼眞이라고 말한다.

대저, 진짜에 아주 가깝다고 말하고 매우 닮았다고 말하는 경우에는 이미 가짜라는 것, 다르다는 것의 의미가 그 가운데 들어 있다. 그러므로 세상에는 이해하긴 어려워도 배울 수 있는 것이 있고, 외형은 전혀 다르면서 내실은 서로 유사한 것이 있다. 말이 달라도 통역을 통해 외국말의 뜻을 통할 수 있고, 한자의 모양이 다른 대전체, 소전체, 예서체, 해서체의 글자로도 모두 문장을 지을 수 있다.

왜 그러한가? 다르게 여기는 것은 외형이고, 같게 여기는 것은 마음이기 때문이다. 이렇게 본다면 마음이 비슷하다 함은 사상과 정신을 말하는 것이고, 외형이 비슷하다는 함은 사람의 피부와 머리카락 같은 겉모습을 말한다.

이씨 집 자제 낙서洛瑞(이서구)는 나이가 열여섯으로 나를 따라다니며 배운 지 여러 해가 되었다. 의식이 일찌감치 개명되고 지혜와 식견은 빛나는 구슬처럼 아름다웠다. 어느 날 자신이 엮은 『녹천관집』원고를 가지고 와서 나에게 물었다.

"허어, 그것 참. 제가 글짓기를 시작한 지 이제 겨우 몇 해이건만, 그 글 때문에 남의 노여움을 산 적이 많습니다. 한마디라도 조금 새롭고 한 글자라도 기이한 데 속하면, 모두 '옛날 글에도 이런 것이 있었던가?' 하고 즉시 묻습니다. 없다고 대답하면 그만 얼굴에 발끈 성을 내고는 '네가 어찌 감히 이런 글을 짓느냐?'고 꾸짖습니다. 나 원 참! 옛글에 그런 것이 있다면 제가 무엇 때문에 다시 짓겠습니까? 선생님께서 판정해주시기 바랍니다."

나는 손을 모아서 이마에 얹고 세 번 절하고 꿇어앉아 이렇게 말했다.

"자네 말이 참으로 바른 말일세. 끊어졌던 학문을 가히 일으킬 수 있겠어. 창힐蒼頡이 글자를 만들 적에 어떤 옛 글자를 모방했는가? 안연顔淵은 학문을 좋아했으나 유독 저술을 남기지 않았지. 진실로 옛것을 좋아하는 사람에게 창힐이 글자를 만들 때의 독창성을 생각하게 하고, 안연이 저술하지 않은 내용을 처음으로 저술하게 한다면 글이 비로소 바르게 될 것이네. 자네는 아직 젊은 나이이니 남의 노여움을 만나게 되면 공손한 태도로 사과하며 '널리 배우지 못했기에 미처 옛것을 다 살펴보진 못했습니다'라고 말해두게나. 그래도 트집을 잡아 따져 묻기를 그치지 않고 노여움을 풀지 않거든, 『서경』과 『시경』은 하夏·은殷·주周 당시의 문장이었고, 승상 이사李斯나 우군右軍 왕희지王羲之의 글씨도 기실 그가 살던 진秦과 진晋 나라의 세속 글씨체였습니다'라고 따지듯이 논박하게나."

『영대정잉묵』에 붙인 자서映帶亭滕墨自序[46]

(원문 60자 누락) '우근진右謹陳'이라는 말을 더럽게 여겨 비판한다. '다음에 삼가 아뢴다'는 뜻의 소위 '우근진'이란 정말 속되고 더러운 표현이다.

모르겠거니와 세간의 글 짓는 사람들이 판에 박은 듯 글을 쓰는 것이 얼마나 많은가. 모두 부질없이 옛말을 나열하여 마치 먹다 남은 대궁을 늘어놓은 꼴이니, 그렇다면 관공서 문건의 머리말이나 대화하는 상투적인 말을 편지에 쓴들 무슨 문제가 되랴?『서경』에서 각 편의 첫머리에 쓰는 '옛것을 살펴보건대'라는 뜻의 '왈약계고曰若稽古'라는 표현과,『불경』의 첫머리에 '나는 이런 말씀을 들었노라'라는 뜻의 '여시아문如是我聞'과 같은 문구는 바로 지금의 '우근진'과 같은 상투적 표현이다.

다만 봄 숲에서 들려오는 새소리는 소리마다 각기 다르고, 새로운 장터의 보물을 찾아보면 물건마다 모두 새로운 것이다. 연잎에 구르는 이슬이 본래부터 둥근 모습처럼, 다듬지 않은 옥을 자연 그대로 두는 것처럼 자연스럽게 표현한다면, 이는 편지 쓰는 사람이『논어』를 본받아 서술하고『시경』의 본뜻을 거슬러 올라가서 찾는 표현이 될 것이다.

상대에게 대답하는 말을 정鄭나라 자산子産[47]과 숙향叔向[48]처럼 온화하게 하고, 고사를 쓰기는 유향劉向[49]의『신서新序』와 유의경劉義慶[50]의『세설신어世說新語』처럼 감동적인 이야기를 사실대로 쓴다면, 그 진실하고 절실함이 비단 가의賈誼[51]의 상소문이나 육지陸贄[52]의 주의문奏議文에 못지않을 것이다.

저들 옛 문장의 표현을 잘 쓴다고 한번 호라도 난 사람은 단지 서문[序]과 기사문[記]만이 글의 으뜸인 줄 알고는 거짓된 말을 얼기설기 엮거나

---

47 공손교(公孫僑, ?~BC 522)의 자. 춘추시대 정나라의 정치가, 사상가로, 외교술에 뛰어났다.

48 전국시대 진(晉)나라 정치인 양설힐(羊舌肹)의 자.

49 유향(BC 77~BC 6)은 전한의 학자로,『설원(說苑)』『신서(新序)』『열녀전(列女傳)』『전국책(戰國策)』등의 저술이 있다.

50 유의경(403~44)은 남북조시대 송(宋)나라의 문인으로,『세설신어(世說新語)』를 저술함.

51 가의(BC 200~BC 168)는 한(漢)나라 문제(文帝) 때 학자로 가생(賈生)으로 불렸고, 당대의 시국을 통탄하여 올린 상소문이 있다.

52 육지(754~805)는 당나라의 정치가, 문인으로, 상소문 모음집『육선공주의(陸宣公奏議)』가 있다.

허황하고 부화한 표현을 이리저리 끌어다 붙이고, 오히려 이런 참신한 편지글을 몹쓸 소품 작가의 교묘한 글로 몰아붙여 배척하고 볕이 잘 드는 창가의 등받이에 기대어 졸다가 베개로 사용하기 일쑤이다.

무릇 공경은 예를 갖추는 데서 확립되지만, 그렇다고 해서 어버이 앞에 예의를 갖추고 버텨 서서 근엄한 모습을 하는 것은 어버이를 모시는 진정한 태도가 아니다. 만약 긴 소맷자락의 옷을 펼쳐 입고 부모 보기를 마치 큰손님을 뵙 듯 하며 그저 안부만을 묻고 다시 한마디도 말하지 않는다면, 부모를 공경한다고는 할 수 있겠으나 참다운 예절을 안다고 할 수는 없을 것이다. 이런 모습이라면 『예기』에서 말하는바 "기쁜 얼굴빛과 낮은 목소리로 봉양하며 격식에 구애되지 말아야 한다"는 진정한 효자를 어디에서 찾을 것인가?

그러므로 『논어』에 "빙그레 웃으며 아까 한 말은 장난으로 한 농담이다"라는 구절을 보면 공자 같은 성인도 농담을 잘하신 것이며,[53] 『시경』에 "아내가 '닭이 울었습니다' 하니, 남편이 '아직 어두운 새벽이다'"라고[54] 속삭임도 편지에 시인이 쓸 수 있는 내용이다.

우연히 책상자를 뒤지다가 날씨가 호되게 매서운 시절이어서 그 속의 종이로 막 창살을 바르려고 했는데, 그 종이쪽은 예전 친구들에게 보낸 편지글의 사본으로 남겨둔 것이다. 모두 오십여 장이다. 어떤 편지는 글씨가 파리 대가리만큼이나 작고, 어떤 것은 종이가 나비 날개만큼이나 얇다. 이 종이로 장독항아리를 덮으려니 좀 남겠고, 대바구니를 바르려고 하니 부족한 양이다. 그래 한 권으로 뽑아 베껴 방경각放瓊閣의 동쪽 누각에 보관해두기로 한다.

---

53 제자 자유(子游)가 무성(武城) 지방을 예악으로 다스리자, 공자가 '닭 잡는 데 어찌 소 잡는 칼을 쓰랴'라고 조롱했다. 자유가 공자에게 들은 도(道)의 중요성을 말하자 공자가 '아까 한 말은 농담이다'라고 했다. 『논어』 「양화(陽貨)」.

54 『시경』 「정풍(鄭風)」 「여왈계명(女曰鷄鳴)」에 나오는 말.

임진년(1772) 10월 초순 연암거사燕巖居士 쓴다.

『공작관문고』에 붙인 자서孔雀館文稿自序[55]

글이란 자기의 생각을 표현하면 그만이다. 제목을 앞에 놓고 붓을 잡은 다음 문득 예스러운 말을 생각하고 억지로 유교 경전의 뜻을 찾아서 뜻을 근엄하게 꾸미고 글자마다 장중하게 하려는 태도는, 마치 화공을 불러 초상화를 그리게 하면서 용모를 바꾸고 화공 앞에 나서는 것과 같다. 눈은 보되 눈알이 돌아가지 않고 옷에 주름도 잡히지 않아서 평소의 모습을 잃었으니, 아무리 훌륭한 화공이라 하더라도 참모습을 그려내기 어려울 것이다. 글을 짓는 것 역시 이와 무엇이 다르랴.

말은 거창한 것만 말한다고 해서 맛이 아니다. 털끝만큼 작은 것도 말할 수 있다. 말할 만한 것이라면 깨진 기와와 자갈 부스러기인들 어찌 내버릴 것인가? 그러므로 도올檮杌이란 문자는 흉악한 짐승의 이름이지만 초楚나라 역사책의 이름으로 빌려 썼고, 사마천司馬遷과 반고班固와 같은 유명한 역사가도 사람을 때려죽이고 암매장하는 흉악한 사람의 사적을 서술하였다. 글을 짓는 사람은 오직 진실해야 할 뿐이다.

이렇게 본다면 글을 잘 짓고 못 짓고는 내게 달려 있고, 글에 대한 비방과 칭찬은 남에게 달려 있다. 비유하자면 이명증이나 코골이와 같은 것이다.

어린아이가 뜰에서 노닥거리다가 갑자기 귀에서 '잉' 하고 소리가 울리니 싱글벙글 기뻐하며 이웃집 아이에게 가만히 속삭였다.

"너 이 소리 좀 들어봐라. 내 귀에서 '앵앵' 소리가 난다. 마치 피리를 부는 듯 생황笙簧을 부는 듯, 그 소리가 동글동글한 모양이 별과 같아."

이웃집 아이가 귀를 기울여 들어보려 해도 끝내 듣지 못하자, 그 어린아

---

55   『공작관문고』는 연암의 산문을 모은 소집(小集)이다.

이는 딱하여 소리를 지르며 남이 알지 못함을 안타까워하였다.

언젠가 촌사람들과 함께 자는데 어떤 사람이 코를 아주 심하게 골았다. 토하는 듯, 휘파람 부는 듯, 탄식하는 듯, 숨을 내뱉는 듯, 불을 부는 듯, 물이 끓는 듯, 빈 수레가 엎어지듯 하여 숨을 들이쉴 때는 '빽빽' 톱을 켜는 소리가 나고, 내쉴 때는 돼지가 '씩씩' 씨근거리는 것 같았다. 옆 사람이 흔들어 깨우자 그는 벌컥 성을 내며 딱 잡아뗀다.

"나는 코를 곤 적이 없소이다."

아하! 자기 혼자만 알고 있는 사람은 남이 알아주지 못함을 항상 걱정하고, 자기가 미처 깨닫지 못한 사람은 남이 먼저 깨닫는 것을 싫어한다. 어찌 유독 귀와 코에만 이런 병이 있으랴? 글을 짓는 데는 더 심각한 것이 있다. 이명耳鳴은 병이건만 남이 알아주지 않음을 근심하니, 하물며 병이 아닌 것에 대해서는 말해 무엇 하랴. 코를 고는 것은 병이 아니건만 남이 일깨워주면 골을 내니, 하물며 병에 대해서는 말해 무엇 하랴.

그러므로 나의 『공작관문고』를 보는 사람이 깨진 기와나 자갈 부스러기처럼 하찮은 것이라도 내버리지 않고 읽는다면, 화공이 먹물을 바림질하여 흉악한 도적놈의 헙수룩한 머리를 살아 있는 듯이 그려내는 것처럼 진실한 모습을 볼 수 있을 것이다. 나만 알고 있는 이명을 들으려 하지 말고, 내가 모르고 있는 코골이를 일깨워준다면 얼추 작가의 참뜻을 얻으리라.

취미루에 쓴 기문翠眉樓記

해마다 사신이 북경에 들어가게 되면 사대부들은 역관을 시켜 마루에 걸 현판 글씨를 받아 오게 하는데, 받아 온 글씨를 보면 항상 박명博明[56]의

---

56 박명(1726~74)은 몽고 출신으로, 서화에 뛰어났던 인물이다. 저서에 『봉성쇄록(鳳城瑣錄)』 『서재우득(西齋偶得)』 등이 있다. 조선 사행을 상대로 치부한 상인 황(黃)씨의 사위였기 때문에 조선 사람과 접촉을 많이 했다.

글씨였다. 박명은 현재 벼슬이 기거주起居注[57] 일강관日講官[58]인데, 정말로 현판 글씨를 잘 썼다. 그 뒤에 박명의 다른 글씨를 많이 보게 되었는데, 필력이 현판 글씨보다 훨씬 미치지 못하였기에 나는 내심 이상하게 생각하였다. 들리는 말에 의하면 어떤 역관이 '사물재四勿齋'라는 현판을 써달라고 청하자, 박명은 종이를 집어던지고 짜증을 내며 "조선에는 같은 호를 쓰는 사람이 어찌 이리도 많으냐? 내 녹침필綠沈筆[59]이 '사물재'를 쓰느라 털이 다 빠져 몽당붓이 되어버렸다" 하더라는 것이었다.

박명은 조선인의 단골 상인인 황씨黃氏의 사위인 까닭에 역관들이 박 기거起居가 글씨를 잘 쓰는 줄 알게 되었을 것이며, 박명이 현판 글씨를 잘 썼던 것은 '사물四勿'이란 현판의 호를 워낙 많이 써서 익숙해졌기 때문일 것이다.

아! 우물에 빠진 모수毛遂[60]와 좌중을 놀라게 한 진준陳遵[61] 같은 사람도 똑같은 이름 때문에 오히려 당대에 웃음거리가 되었다. 하물며 호號란 것은 사람을 구분하기 위해 있는 것이거늘, '삼성三省'이니 '구용九容'이니 하는 호는 곳곳에 널려 있고, '눌와訥窩'니 '묵재黙齋'[62]니 하는 호들이 열에 서넛을 차지한다. 남산 밑에 사는 사람은 그 대청의 이름을 반드시 북쪽의 임금을 향한다는 뜻에서 '공신拱辰'[63]이라 짓고, 북쪽 마을에 집이 있는 사람은 남산을 바라본다는 뜻에서 그 마루의 이름을 모두 '유연悠然'[64]이

---

57   황제를 시종하며 그 언행을 기록하는 관직.

58   경연일에 임금께 강의하는 벼슬아치.

59   대나무 붓대롱에 옷칠을 해서 짙은 녹색을 띠게 만든 붓.

60   '모수자천(毛遂自薦)'의 모수와 동명이인이 있어, 그가 우물에 빠져 죽자 진짜 모수가 죽은 것으로 오인함.

61   유명인 진준과 이름이 같은 사람이 있어, 그가 오면 유명인 진준이 온 줄 알고 좌중을 놀라게 함.

62   '삼성' '구용' '눌' '묵' 등이 들어간 호들은 『논어』의 구절에서 한두 글자를 따서 지은 것임.

63   『논어』의 "위정이덕 비여북신 거기소이중성공지(爲政以德 譬如北辰 居其所而衆星共(拱) 之)" 구절에서 따옴.

64   도연명의 "유연견남산(悠然見南山)"이란 시구에서 따옴.

라고 짓는다. 약간의 동산과 숲이 있어서 잠시 그윽한 풍치를 느낄 수 있는 곳이면 반드시 '성시산림城市山林'[65]이라고 써서 걸어놓으니, 이런 현판은 정말 한 번은 있을 수 있다지만 두 번 있다면 지나친 일이다.

아, 경기도 남양南陽이나 황해도 황주黃州는 그 지명이 우연히 중국과 같은 이름을 쓰건만, 남양에는 반드시 제갈량諸葛亮을 모신 사당[66]을 두었고 황주에는 굳이 대나무 누각[67]을 짓는다. 이렇게 하는 것은 역사적 사실을 흠모한 것인가, 아니면 그 이름만 본받으려는 것인가?

내가 임진강을 지나다가 강가의 언덕을 바라보았더니, 깎아지른 암벽이 수십 리나 뻗어 있었고 단풍나무 잎이 한창 붉게 물들어 마치 적벽赤壁과 같았다.[68] 몇 사람의 나그네와 함께 배를 타고 물길을 거슬러 오르고 있었는데, 한참 있다가 그중에 한 사람이 수심으로 안색이 변하며 옷깃을 여미고 똑바로 앉더니[69] 말했다.

"적벽赤壁은 예전 소동파의 적벽 모습 그대로인데, 다만 세월이 임술년이 아니고 기망旣望(음력 16일)의 달도 없음이 한스럽구나."[70]

내가 웃으며 응답하기를,

"지금부터 임술년 되기를 기다리자면 내 나이 예순여섯 살 먹은 노인이 될 것이니, 가을 강의 찬바람과 이슬을 견디기 어려울 것이오. 게다가 그대는 소씨蘇氏가 아니며, 나 또한 그대의 노래에 화답하여 통소를 불 수 없으니 이를 어찌하겠소?"

하고서, 서로 한바탕 웃은 일이 있었다.[71]

---

65   도심 속에서 산림을 느낀다는 뜻.
66   제갈량이 남양 땅에서 밭을 갈았음. 「출사표(出師表)」 참조.
67   왕우칭(王禹偁)이 황주에 대나무 누각을 지었음. 「황주죽루기(黃州竹樓記)」 참조.
68   파주 임진강 주상절리 절벽을 '임진적벽'이라고 불렀다.
69   '수심으로 ~ 똑바로 앉더니'의 원문은 소동파 「적벽부」의 "추연정금위좌(愀然正襟危坐)"를 그대로 인용한 것임.
70   「적벽부」의 "임술지추 칠월기망(壬戌之秋 七月旣望)"을 인용함.
71   우리나라 전국의 강이 있고 바위 절벽이 있는 곳에서는 임술년이 되면 소동파의 「적벽부」

이번에 이유일李有一[72] 군의 서재로 쓰는 누각에 올라가보았다. 누각은 남산 기슭에 있어 북쪽으로는 백악산白嶽山(북악산)을 바라보고 서쪽으로는 길마재(鞍嶺, 무악재)를 마주하고 동쪽으로는 낙산駱山을 굽어보고 있다. 사면이 툭 트여 있어 한양의 수많은 집이 땅에 그득하고, 먼 곳의 산봉우리들이 처마 위로 떠 있다. 마치 미인의 눈썹처럼 그윽했으니, 누각의 이름을 '취미루翠眉樓'로 지은 까닭은 이 때문이었다.

그러나 누각의 이름을 들은 사람들은 흡사 여인의 안방에 붙이는 이름과 같다 하고 해괴하다고 꾸짖어, 뭇사람들이 이러쿵저러쿵 수군거렸다. 이군이 이 때문에 울적하고 언짢아하며 나에게 풀이를 해서 설명해줄 것을 청하기에 나는 곧 이렇게 응답하였다.

"옛날부터 임금에게 충정과 애정을 가진 사람은 반드시 임금을 미인에 빗대어 노래하며 그리워하였다. 『시경』에 '저 미인이여, 서쪽 사람이로구나[有美一人兮 西方之人兮]'[73]라고 하였는데, 이 시를 설명하는 사람은 '서쪽의 미인은 주周나라 문왕文王이다'라고 말하였다. 굴원屈原과 경차景差[74]의 무리도 미인을 노래하며 칭송한 시가 많았다.[75] 지금 그대의 누각을 어찌 꼭 '취미루'라고 고집할 필요가 있는가. 비록 노골적으로 '미인루美人樓'라고 이름을 짓는다고 하더라도 괜찮을 것이다. 하물며 저 하늘가에 여인의 긴 눈썹처럼 검푸른 봉우리가 그림처럼 드리우고 있으니, 이를 보고 임금을 상상하기를 마치 시인이 미인의 시를 짓고 읊조리듯 한다면 또한 좋지 않겠는가?

나는 자네가 남과 부화뇌동하여 모방하는 것을 즐기지 않는 사람이고,

내용을 모방하여 적벽놀이를 했다. 임진적벽, 화순적벽, 금호강적벽 등이 그런 곳이다. 연암은 이런 흉내 내기, 모방을 비꼰 것임.
72 이유동(李儒東, 1753~87)의 자. 호는 취미(翠眉)이며, 박제가와 절친한 사이였는데 요절함.
73 『시경』「패풍(邶風)」「간혜(簡兮)」장.
74 전국시대 초나라 시인.
75 굴원의 「구장(九章)」중 「사미인(思美人)」, 경차의 「대초(大招)」등이 그런 작품이다.

시문을 지을 때 반드시 진부한 표현을 없애려고 애쓰는 사람임을 알고 있다. 자네가 이 누각의 이름을 지은 것만 가지고도 나는 이를 엿볼 수 있다. 이 점은 족히 기록해둘 만한 일이다."

『종북소선』에 붙인 자서鍾北小選自序[76]

아아! 삼라만상을 관찰하여 『주역』의 팔괘를 그렸다는 복희씨伏羲氏가 죽은 뒤로는 올바른 문장이 사라진 지 오래되었다.

그러나 곤충의 더듬이, 꽃술, 파란 돌, 비취색 깃털 등에는 그 문장의 핵심(心)이 변하지 않았으며, 솥발, 호리병 허리, 태양의 둥근 고리, 달의 테두리 등에는 글자(字)의 모양이 아직 온전하게 남았다. 그가 보았던 바람, 구름, 우레, 번개, 비, 눈, 서리, 이슬, 새, 물고기, 뛰고 달리는 짐승, 웃고 지저귀는 새, 울고 찍찍거리는 곤충 등에는 그 소리(聲)·빛깔(色)·정감(情)·정경(境)이 오늘날에 이르기까지 그대로 존재한다. 그러므로 『주역』을 읽지 않으면 그림을 알지 못하고, 그림을 볼 줄 모른다면 문장을 모를 것이다.

왜 그러한가? 복희씨는 『주역』을 만들 때 위로 하늘의 형상을 관찰하고 아래로 땅의 법칙을 관찰하여 홀수인 양효陽爻(━)와 짝수인 음효陰爻(━━)를 겹치고 곱절로 하여 팔괘를 만드는 데 지나지 않았다. 이 팔괘가 발전하여 그림이 되었다. 문자를 만들었다는 창힐蒼頡 역시 사물의 성정과 모양을 곡진하게 살펴서 그 형상과 뜻을 전용하고 빌려서 글자를 만든 것에 지나지 않았다. 이 글자가 발전하여 문장이 되었다.

그렇다면 문장에 소리(聲)가 있는가?

"은殷나라의 대신이었던 이윤伊尹, 성왕成王의 숙부였던 주공周公, 내가

---

76   『종북소선』은 종로 종각 북쪽에서 지은 소품 산문의 모음집이다.

그들의 말소리를 직접 들어보진 못했으나 그 음성을 상상해본다면 아주 정성되고 은근했을 것이다. 아비에게 쫓겨나 국외로 추방당한 백기伯奇, 남편 기량杞梁을 잃은 그의 아내, 내가 그들의 용모를 직접 보지 못했으나 그 육성을 생각해본다면 대단히 간절하였으리라.”

　문장에 빛깔(色)이 있는가?
　“『시경』에는 참으로 있었으니 ‘비단저고리를 입으면 비단의 화려함을 드러내지 않기 위해 그 위에 홑저고리를 겹쳐 입고, 비단치마를 입으면 비단의 화려함을 가리기 위해 그 위에 홑치마를 겹쳐 입는다’ 했고, ‘숱한 머리숱 구름 같아서 그 자체 풍성하니 다리꼭지를 달갑게 여기지 않는다’라고 노래한 것이 그런 예이다.”

　어떻게 하여야 정감(情)이 드러나는가?
　“ ‘새는 지저귀고 꽃은 피었으며 물은 초록빛이고 산은 푸르다’[77]라고 표현해야 하리라.”

　어떻게 하여야 정경(境)을 묘사할 수 있는가?
　“멀리 있는 물은 물결치지 않으며, 먼 산은 나무가 없고, 멀리 있는 사람은 눈이 없다. 손가락으로 가리키고 있는 이는 말을 하는 사람이고, 손을 마주 잡고 있는 자는 듣고 있는 사람이다.”

　그러므로 늙은 신하가 어린 임금에게 고하는 심정, 아비에게 쫓겨난 아들과 남편 잃은 아내가 사모하는 마음, 이를 알지 못한다면 그와는 함께 문장의 소리(聲)를 논할 수 없을 것이다. 글을 짓되 『시경』의 생각이 없다면

77　당 현종이 양귀비와 사별 후에 그 슬픔을 표현하기 위해 ‘새가 울고 꽃이 지며, 물은 초록빛이고 산은 푸르니 더욱 슬프다’고 하며 탄식했다고 한다.

그런 작가는 『시경』 「국풍國風」에서 보여준 글의 색깔(色)을 알 수 없을 것이다. 사람으로서 이별을 겪어보지 못하거나 그림으로서 심오하고 그윽한 의취가 없는 것 같은 작가라면 문장의 정감(情)과 정경(境)을 함께 논할 수 없으리라.

곤충들의 미세한 더듬이나 꽃술을 자세히 관찰하는 것에 마음을 쓰지 않는다면 도대체 글 지을 마음(心)이 없는 것이며, 그릇과 용품의 형상을 세심히 음미하지 않는 사람이라면 비록 그를 일러 글자(字)를 하나도 모르는 일자 무식꾼이라 불러도 좋으리라.

경지에게 답하다答京之[78]

정밀하고 부지런하게 독서를 한 사람으로 누가 포희씨庖犧氏[79]를 대적할 수 있겠습니까. 글의 정신과 마음의 상태는 천지사방에 펼쳐져 있고 세상의 모든 사물에 흩어져 있으니, 우주 만물은 다만 문자로 표현하거나 글로 쓰지 않은 자연 그대로의 문장입니다.

후세에 독서를 잘한다고 이름이 난 사람은 거친 마음과 얕은 식견으로 말라빠진 먹과 문드러진 종이 사이에서 눈을 피곤하게 하고 책장에 붙은 좀벌레의 오줌과 쥐똥을 찾아서 주워 모으고 있으니, 이야말로 술지게미를 먹고 취해 죽겠다고 하는 격이어서 어찌 애처롭지 않겠습니까?

저 허공을 날며 우는 새야말로 얼마나 생기 넘치는가요. 그런데 공허하고 썰렁하게 새 조鳥라는 한 글자로 새들의 생기를 말살하고, 채색을 놓치고 무시해버리며, 그 모양과 소리를 빠트리고 잃어버립니다. 이는 마실 나가는 시골 노인의 지팡이 꼭대기에 새겨진 비둘기와 무엇이 다를 게 있겠습니까?[80] 혹 그 일상적인 표현이 싫어서 산뜻한 표현을 만들려고 하여 새

---

78   경지는 누구인지 미상.
79   삼황오제(三皇五帝)의 첫째 황제로 복희씨라고도 하며, 전설에 팔괘를 만들었다고 함.

금禽이라는 글자로 바꾼다면, 이는 새의 실물은 보지 않고 책만을 읽은 사람이 글을 지으며 저지르는 잘못입니다.

아침에 일어나니 푸른 나무로 녹음이 짙은 마당에 철새들이 서로 정답게 지저귀고 있습디다. 나는 부채를 들어 책상을 두드리며 크게 외쳤답니다.

"이것이야말로 새가 '날아가고 날아온다'[81]는 정경의 문자이고, '서로 울며 화답한다'[82]는 모습을 담은 글이다. 다섯 가지 채색을 갖추어야 아름다운 문장이 이루어진다고 말할진대, 문장은 이 광경보다 더 훌륭한 것은 없다. 나는 오늘 참다운 독서를 했도다."

『순패』에 붙인 서문旬稗序

소천암小川菴[83]이 지역 안에 있는 민요, 민속, 방언, 세속의 의술·점술·방술과 같은 각종 기술 등 여러 자질구레한 것들을 기록했다. 심지어는 종이 연의 계보가 있고, 아이들의 수수께끼도 해설하여 저술하였다. 좁은 고샅길 가난한 마을에 무르녹게 익은 인정과 동태, 거리의 문 옆에서 몸을 파는 여자, 칼을 두드리고 소 잡는 백정, 어깻짓으로 아양을 떠는 은근짜, 손바닥을 치며 밑진다고 맹세하는 장사치에 이르기까지 수록하지 않은 것이 없으며 제각각 조목에다 꿰어놓았다.

말을 가지고는 도저히 설명하기 어려운 것도 붓으로 표현하였고, 미처 생각하지 못한 것도 책을 펼치기만 하면 곧바로 나왔다. 무릇 닭이 우는 소리, 개 짖는 소리, 벌레가 목을 빼는 모습, 다슬기가 기어가는 모습 등, 실제 소리와 모습을 그대로 표현하였다. 그리고 이를 갑·을·병·정 순으로 배열

---

80 장수한 노인에게 국가에서 하사하는 지팡이 끝에 비둘기를 새겨놓음.
81 「고시(古詩)」에 앵무새의 나는 모습을 말함.
82 『주역』에 학의 새끼와 어미가 서로 화답하며 운다는 내용이 있다. '중부괘(中孚卦)' 참조.
83 누구인지 미상.

하고, 그 책 이름을 '순패'라 하였다.

하루는 그가 책을 소매 속에 넣고 와서 나에게 보이며 말했다.

"이 책은 내가 미성년 시절 장난삼아 끼적거려본 것일세. 자네는 음식 중에 중배끼(유밀과의 일종)라고 하는 강정을 보았겠지? 쌀가루를 반죽하여 술에 재었다가 누에 크기만큼 잘라서 따뜻한 온돌방에 말린 다음, 달군 기름에 지져서 부풀리면 그 모양이 누에고치와 같이 되네. 이 중배끼는 보기에는 깨끗하고 아름답지만 속이 텅 비어서 아무리 먹어도 배부르게 하기는 어렵지. 그 성질은 부스러지기 쉽고, 부서진 가루를 불면 눈발처럼 날린다네. 그러기에 물건이 겉만 번드르르하고 속이 빈 것을 일러 '속 빈 강정'이라 말하지.

개암, 밤, 벼, 메벼의 꽃은 사람들에게 업신여김을 받지만, 그 열매는 아름답고 참으로 배를 불릴 수 있네. 그것으로 하늘에 제사도 지낼 수 있고 사돈에게 보낼 폐백으로 쓸 수도 있지. 무릇 글 짓는 방법도 이와 같아야할 것이네. 사람들은 개암, 밤, 벼, 메벼의 꽃을 보고 비루하고 하찮게 여기고 있으니, 자네는 어찌하여 나를 위해 변론해주지 않는가?"

내가 다 읽고 나서 책을 돌려주며 이렇게 말했다.

"장자莊子가 꿈에 나비로 변했다는 것은 믿지 않을 수 없으나, 이광李廣[84]이 바위를 호랑이로 착각하고 활을 쏘아 꿰뚫었다는 것은 종시 의심이 들어. 왜 그런가? 남의 꿈은 보기 어렵지만, 반면에 눈앞에 실제 벌어져 볼 수 있는 일은 증험하기 쉽기 때문일세.

지금 자네는 비루하고 일상적인 곳에서 말을 조사하고, 구석지고 낮은 사회의 천박한 일들을 수집하였네. 백성들의 가벼운 웃음거리와 일상적인 생활은 모두 눈앞에 실제 벌어지는 일인즉, 눈이 시리도록 보고 귀에 딱지가 앉도록 들었기 때문에 제아무리 무식한 인간이라도 신기할 게 없음이

---

84 이광(?~BC 119)은 한(漢)나라의 명장. 팔이 길어 활을 잘 쏘았다고 함. 한비(漢飛)장군으로 불렸다.

당연하네. 비록 그렇지만 묵은 간장도 그릇을 바꾸어 담으면 입맛이 새로워지고, 항상 예사롭게 하던 생각도 환경이 달라지면 마음과 눈이 모두 따라서 옮겨 가는 법이지.

이 책을 보는 사람은 소천암 자네가 어떤 사람이며, 민요가 어느 지방의 것인가를 굳이 물어볼 필요도 없이 이 책을 통해서 바야흐로 깨닫게 될 것이네. 잇달아 읽되 운율을 붙이면 『시경』처럼 인간의 성정을 논할 수 있고, 계보를 상고해서 그림이라도 그린다면 수염과 눈썹만 보더라도 누구인지 살필 수 있을 것이네.

눈이 멀고 귀가 먹은 재래도인聹眛道人[85]이 언젠가 이렇게 논하였네.

'석양빛을 받으며 떠 있는 조각배는 갈대 속으로 언뜻언뜻 보일락 말락 가려지니, 거기 타고 있는 사공과 어부가 모두 수염이 꼬부라지고 구레나룻이 치솟았는데, 모래톱을 따라 걸으면서 그들을 바라보면 혹 재야에 숨은 당나라 군자 육노망陸魯望[86] 선생이 아닌가 하고 의심하게 만드네.'

아아! 도인이 나보다 먼저 이런 생각을 하고 있었네그려. 자네는 그 도인을 스승으로 삼고, 찾아가서 물어보게나."

석치에게, 네 번째與石癡 四

『시경』과 『서경』에는 매화를 언급하며 그 열매만 노래하고 논했지, 그 꽃은 노래하거나 논하지 않았지요. 그런데 우리는 지금 매화를 소재로 시를 지으면서 매실은 버려두고 다만 꽃의 향기나 품평하고 색깔만 비교합니다. 꽃의 아름다움을 잘근잘근 씹어 음미하면서, 그것도 부족하여 또 따라서 매화의 외형뿐만 아니라 그 내면의 상징적 의미까지 그림에 담으려 하고 있습니다. 겉치레로 화려하긴 화려하겠으나, 매화의 참모습을 포기

---

85   이덕무(1741~93)의 별호.

86   육구몽(陸龜蒙, ?~881)의 자. 당나라의 문인. 호는 천수자(天隨子), 보리선생(甫里先生).

하고 그 거리가 더욱 멀어지고 말았소이다. 일찍이 공자께서도 말하지 않았던가요? 겉치레로 화려하게 꾸미기보다는 차라리 본질에 충실한 것이 더 중요하다고.[87]

『영대정집』에 붙인 서문映帶亭集序[88]

어제 이 사람이 자식놈에게 『시경』「관저關雎」를 가르치다가, 천고에 다시없을 대단한 평론의 글을 얻었습니다.

여기 한 여인이 있는데, 그 아름다움은 송옥宋玉「고당부高唐賦」[89]에 나오는 무산巫山의 신녀神女와 같고, 사뿐사뿐한 자태는 조식曹植의「낙신부洛神賦」[90]에 나오는 여신女神과 같아서, 집에 이르러 눈짓으로 정을 맺고, 창 밖에서 마음을 서로 주고받는다고 합시다. 이러한 여성은 좋은 남자(君子)가 벗하는 배필이 될 수 없고, 그 여성도 숙녀淑女라고 칭할 수 없습니다.[91]

이 신녀神女보다는 조금 못하지만, 미인 서시西施를 턱도 없다 여기고 미녀 나부羅敷[92]를 같잖게 여기는 여인이 있다고 합시다. 나그네를 유혹하려고 귤을 던져 집적거리고, 이별하자고 작약을 기증하며 남자를 가지고 논다면, 더더욱 사람을 아름답게 감동시키지 못할 것입니다. 올곧은 사람이 그 여성을 우연히 만난다면 장차 얼마나 많은 사람이 토악질하지 않겠습

---

87   『논어』「팔일(八佾)」편 6장 중 "태산불여림방호(泰山不如林放乎)"를 의역함.

88   『영대정집』은 연암의 한시를 모은 소집이다.

89   회왕(懷王)이 고당에서 놀 때 꿈속에서 무산의 여신과 운우의 정을 나눈 내용을 읊은 작품이다.

90   조식이 사랑한 여인 견(甄)씨가 죽은 뒤에도 그를 잊지 못해, 꿈에 나타난 신녀를 견씨에 비유하여 사랑을 노래하고 지은 작품이다.

91   『시경』「국풍」「주남」「관저」의 "요조숙녀 금슬우지(窈窕淑女 琴瑟友之)"를 두고 한 말이다.

92   한(漢)나라 악부(樂府)인「맥상상(陌上桑)」에 나오는 미모의 젊은 여자.

니까?

지금 저 서너 집 있는 산골마을의 늙은 농부가 키운 딸은 나이 스물에 시집가는 것은 예법에 맞는 일이고, 얼음이 어는 농한기에 혼인을 하면 시의적절합니다. 보리 열 말쯤 수확하는 농사꾼의 자식에게 시집가는 것이지요. 늙은 농부의 딸은 그 덕성을 말한다면 그윽하고 정숙 고요하며, 보리 농사꾼의 아들은 그 성품을 따져본다면 남녀 손을 잡더라도 남녀유별의 예가 있을 겁니다. 만약 그렇지 않다고 말한다면 실로 원통할 것입니다.

이들 시골의 남녀는 다만 애초부터 그리워하며 잠 못 이루고 몸을 뒤척인 일도 없었거니와,[93] 그 관계가 금슬이나 북과 종처럼 썩 어울리거나 하여[94] 슬픔이나 즐거움을 극에 달한 일이 없었으니, 정욕이 얼굴에 드러나지 않고 편안하게 지내는 마음이 행동에 나타나지 않아,[95] 슬퍼하되 몸이 상하지 않고 즐거워하되 지나치지 않는 모습[96]을 도대체 어디에서 본다는 말입니까?

문장에 대한 이러한 비유의 평론은 더더욱 포복절도하게 만듭니다. 선생은 한번 이를 생각해보십시오. 앞의 두 단락은 어떤 시대 어떤 등급의 문장에 해당하며, 뒤의 한 단락은 어느 곳의 어떤 사람의 저술에 해당하는지를. 이를 알게 된다면 문장의 우아함과 난잡함, 돈독함과 얄팍함, 옛날의 글인지 지금의 글인지, 참된 것인지 위선적인 것인지, 등을 대략적이나마 분별할 수 있을 겁니다.

---

93 「관저」의 "오매사복(寤寐思服) (…) 전전반측(輾轉反側)"을 따서 한 말임.

94 「관저」의 "금슬우지(琴瑟友之) (…) 종고락지(鍾鼓樂之)"를 따서 한 말임.

95 「관저」에 주자가 인용한 광형(匡衡)의 "정욕지감 무개어용의 연사지의 불형어동정(情欲之感 無介於容儀 宴私之意 不形於動靜)"을 따옴.

96 『논어』에서 공자가 『시경』 「관저」에 대해 한 말인 "낙이불음 애이불상(樂而不淫 哀而不傷)"을 두고 한 말임.

경지에게 답하다, 세 번째答京之三

그대는 사마천司馬遷의 『사기』를 읽었으되 그 글만 읽었을 뿐, 사마천의 마음은 아직 읽어내지 못했군요. 왜 그런가요? 「항우본기項羽本紀」를 읽을 때 각국 군사들이 초楚나라 군사의 전투를 구경하고 있는 장면을 상상하라'거나, 「자객열전刺客列傳」의 형가荊軻[97] 이야기를 읽을 때 고점리高漸離[98]가 악기(筑)를 타는 정경을 연상하라', 이런 따위의 조언은 늙은 서생의 진부한 말입니다. 이쯤이야 부엌의 '살강 밑에서 숟가락을 얻었다'라는 속담처럼 아주 손쉬운 일을 하고도 지나치게 자랑하는 것과 무엇이 다르겠습니까?

어린아이가 나비를 잡는 광경을 본다면 사마천의 마음을 읽을 수 있습니다. 앞정강이는 반쯤 굽히고 뒷다리는 비스듬히 발돋움하며, 두 손가락을 집게(아丫) 모양으로 만들어 살금살금 다가가며 손가락을 합쳐 잡을까 말까 주저하는 순간, 나비는 그만 훨훨 날아가버립니다. 사방을 돌아보지만 아무도 보는 사람이 없어 '에이' 하며 씩 웃고 맙니다. 한편 부끄럽기도 하고 한편 속상하기도 하지요. 바로 이 마음이 사마천이 글을 지을 때의 마음입니다.

대은암에서 주고받은 시집에 붙인 서문大隱巖唱酬詩序

무인년(1758) 12월 14일이었다. 나는 국지國之,[99] 의지誼之,[100] 원례元禮[101]

---

[97]　형가(荊軻, ?~227)는 전국시대 위(衛) 출신의 자객으로, 연(燕) 태자에게 기용되어 진시황을 저격하려다 실패함.

[98]　전국시대 연(燕)나라 출신의 악사로, 자객 형가의 친구였음.

[99]　이구영(李耉永, 1736~87)의 자. 이희천의 당숙부(堂叔父).

[100]　이서영(李舒永, 1736~1800)의 자. 이희천의 족숙부(族叔父).

[101]　한문홍(韓文洪, 1736~71)의 자. 연암과 봉원사에서 함께 공부하던 친구.

와 함께 밤에 백악산(북악산)의 동쪽 기슭에 올라가서 대은암大隱巖[102] 아래 둘러앉았다. 시냇물이 얼어붙은 위에 다시 얼어붙어 얼음덩이가 층층이 쌓인 가운데도, 얼음 밑에 갇힌 샘에서 졸졸 물 흐르는 소리가 소슬하게 들려왔다. 달빛은 싸늘하고 내린 눈은 희끄무레하여 주위가 고요하니 사람의 정신마저 안정되었다. 서로 쳐다보며 웃고 좋아하다가 즐겁게 시를 지어 서로 화답하였다. 조금 지나서는 한숨이 나와 이런 말을 하였다.

"여기는 옛날 사화士華 남곤南袞[103]이 살던 옛 집터이다. 그의 친구 중열仲說 박은朴誾[104]은 온 나라에 이름난 선비였다. 그런 중열이 술을 마시면 언제나 대은암에 와서 마셨고, 시를 지을 적에 미상불 남곤과 함께 시를 짓지 않은 적이 없었다. 당시 중열은 문장으로 보나 교유로 보나 그 성대함이 한 시대에 뛰어난 인재들의 최고의 지위에 있었던 인물이라 말할 수 있건만, 몇백 년 지나는 동안에 훌륭한 자취가 아주 없어지게 되어 아무것도 알 수 없게 되었다. 하물며 남곤 같은 사람의 자취이랴! 지금 무너진 담과 황폐해진 집터 사이를 비감에 젖어 머뭇거리며 돌아보는 까닭은 흥망성쇠의 때가 있음이 슬프고, 사람의 선악은 끝내 닳아 없어질 수 없음을 깨닫기 때문이리라.

이제 원례가 이곳에 잠시 거처하며 노래하고 즐거워하는 일에 마음이 푹 빠지고 사로잡힌 품이 거의 당시 중열과 맞먹을 만하다. 바위 사이로 흐르는 물, 소나무 사이에서 부는 바람에는 아직도 옛날의 여운이 아직 남아 있는 듯하다.

아아! 슬프다. 당시 박은과 남곤, 두 사람이 이곳에서 노닐 때 그 성대한 의기투합이 정말 어떠했던가? 실컷 퍼마시고 대취하여 서로 속마음을 털

---

102 종로구 궁정동 북악산 기슭에 있는 육상궁 북쪽의 큰 바위. 부아암(負兒巖) 밑에 있다.

103 남곤(1471~1527)의 자는 사화, 호는 지정(止亭), 지족당(知足堂). 기묘사화를 일으켜 선비를 학살한 인물.

104 박은(1479~1504)의 자는 중열, 호는 읍취헌(挹翠軒). 빼어난 시인으로, 연산군에게 간언하다가 유배되었고, 의금부로 끌려와 참수를 당했다.

어놓으며 손을 부여잡고 함께 흐느끼고 탄식할 때의 그 기세는 산도 무너뜨릴 만하고, 그 도도한 변론은 큰 강물의 둑을 터놓을 만하였을 터이니, 그들이 천고 이래의 역사와 인물을 논할 적에 군자와 소인을 어찌 엄중히 분별하지 않았겠는가?

그런데도 중열은 연산군의 조정에서 직간하다가 죽임을 당했다. 그가 지은 시가 많지 않은 것이 아니련만, 세상에서는 오히려 더 많지 않음을 안타깝게 여긴다. 오늘날에도 그의 시를 읽어보면 늠름한 기상이 예禮로써 자신의 주체를 세우고 있었음이 상상된다.

남곤은 몰래 경복궁 북쪽 신무문神武門으로 들어가 바른 선비들을 함부로 목을 베어 살육하였다.[105] 그는 임종 때 자신의 글이 후세에 전해진들 누가 기꺼이 보려고 하겠느냐며 자신의 원고를 전부 불살랐다 한다.

이렇게 본다면 실상 글을 짓거나 친구와의 남다른 교유는 정말 그다지 중요하지 않은 하나의 일일 뿐이니, 그게 인물의 좋고 나쁜 평가에 무슨 영향을 끼치랴? 그러나 군자의 경우에는 후세 사람들이 그 자취를 연모하여 그의 글이 더 많이 전하지 않음을 한스럽게 여기고, 반대로 소인의 경우에는 자기 손으로 글을 없애버리기에도 바쁠 판인데 하물며 다른 사람이야 그따위 글을 어떻게 취급하겠는가?"

이날 주고받은 시는 모두 여러 편이고, 중미仲美가 시첩의 서문을 쓴다.[106]

---

105 남곤은 기묘사화 때 훈구대신들과 함께 경복궁 북문 신무문으로 들어가 중종에게 조광조 등 신진사류를 벌하자는 글을 올렸다.

106 당시 시회의 모임이 이희천의 『석루유고(石樓遺稿)』 「화백록시서(和白麓詩序)」에 언급되어 있다.

이용후생학에 대한 탐구[1]

아버지(박지원)는 타고난 성품이 호방하고 고매했으며, 세속적인 명예와 이익이 자신을 더럽힐까 봐 매우 경계하고 조심하였다. 중년에 과거시험을 단념하자 사귀는 벗도 많지 않았고, 오직 담헌 홍대용, 석치 정철조, 강산蓄山 이서구가 수시로 왕래하였으며, 이덕무, 박제가, 유득공이 항상 따르며 놀았다. 담헌은 아버지보다 여섯 살 위였고 학식이 정밀하였으며, 또한 과거시험을 포기하고 조용히 수양하며 지내셨다. 아버지와는 도의의 사귐을 맺어 우정이 돈독하였으나, 공경하는 말씀과 호칭은 시종일관 처음 사귈 때와 같았다.

아버지는 우리나라 사대부들이 대부분 이용후생, 경세제민, 명물도수名 物度數의 학문을 소홀히 하고, 대체로 잘못된 지식을 답습하여 그 학문이란 것이 거칠고 조잡한 것을 항상 마음 아프게 여겼는데, 담헌의 평소 지론도

---

1   『과정록』에서 연암의 아들 박종채가 말한 증언으로, 역자가 임의로 제목을 붙인 것임.

이와 같았다.

그래서 매번 만나면 며칠을 함께 지내면서, 위로 역대의 치란과 흥망의 원인, 옛사람들의 벼슬에 대한 처신과 의리, 제도의 연혁, 농업과 공업의 이익과 폐단, 물화와 재산 증식의 방법, 쌀값의 조절 방안, 국토 지리, 국방, 천문, 음악에서부터 조수 초목, 문자학, 수학에 이르기까지 꿰뚫고 포괄하지 않은 것이 없었으니, 모두 기록하고 암송할 내용이었다.

선비의 역할과 실학諸家總論[2]

옛날의 백성은 네 부류이었으니, 선비〔士〕, 농부〔農〕, 수공업자〔工〕, 상인〔賈〕이 그것입니다. 선비가 전문으로 하는 일은 알려진 지 오래입니다만, 농부·수공업자·상인의 일도 그 시초에는 성인의 견문과 사고에서 나와, 시대를 이어 전해지고 학습되어 각기 그 학술을 가지지 않은 적이 없었습니다. 예컨대 『주례』의 「동관冬官」 편과 사마천이 저술한 「화식貨殖」 한 편에서 수공업과 상업의 실정을 대략 볼 수 있고, 『한서』 「예문지」에 9가家 중 농가農家 114편은 곧 농업 경영의 기술을 적어놓은 것입니다.

그런데 선비의 학문은 실로 농업·공업·상업의 이치를 겸하고 포함하고 있어, 이 세 부류의 산업은 반드시 모두 선비를 통해서 성립됩니다. 대저 이른바 농업을 밝힌다〔明農〕, 재화를 유통시킨다〔通商〕, 기술자에게 혜택을 주어 물건을 잘 만들게 한다〔惠工〕는 것에서 밝히고 유통시키고 혜택을 주는 등등의 이치는 선비가 아니면 누가 할 수 있겠습니까? 그런 까닭에 저는 후세에 농업·공업·상업이 제대로 작동되지 못하고 잘못된 이유는 바로 선비가 참된 학문〔實學〕을 하지 못하는 과오에 있다고 생각하는 것입니다.

안타깝습니다. 옛날 농가農家라고 일컫던 학설이 이리저리 흩어져서 지

---

2   『과농소초(課農小抄)』 첫 부분에 실린 글이다.

금은 모두 산실되어 전해지지 않으며, 역대의 역사 기록에 나타나는 사적
은 관중이 제 환공齊桓公에게, 상앙이 진 효공秦孝公에게, 이리李悝가 위 문
후魏文侯에게, 조과趙過는 한 무제漢武帝에게 말한 것뿐입니다.[3] 임연任延과
왕경王景은 구진九眞과 여강廬江 땅에서, 황보융皇甫隆과 자충茨充은 돈황燉
煌과 계양桂陽 땅에서, 최식崔寔은 오원五原 땅에서, 황패黃霸는 영천穎川 땅
에서, 소신신召信臣은 남양南陽 땅에서, 동회童炑는 불기不其 땅에서, 두기
杜畿는 하동河東 땅에서, 혹은 옛날 농법을 계승하여 이를 윤색하기도 하고
혹은 농업에 새로운 지혜를 창안하여 편리함을 따르도록 하였습니다.[4]

이들은 모두 백성을 부유〔裕民〕하게 하고 나라를 부강〔益國〕하게 하는 효
과를 거두지 않은 적이 없었습니다. 이것은 모두가 농업에서 참고하고 따
져볼 의의가 있는 옛날 일이고, 예전 성인이 만물의 이치를 개발하고 활용
하여〔開物〕 인간 세상에 성취할 사업〔成務〕으로 남긴 유산입니다. 생각건대
저 『한서예문지』의 114편이란 것은 아직 실천해보지 않은 채로 책에 실린
빈말에 지나지 않으나, 앞에서 말한 여러 군자들은 이를 능히 밝혔으며 실
행한 사적이 깊고도 절실함이 이와 같습니다. 이것이 어찌 반드시 농토에
서 생장하고 농기구를 사용하여 농사짓는 일을 직접 체험한 뒤라야 가능
한 일이겠습니까? 아니 반드시 입으로는 성명 도덕을 능히 말하더라도, 뜻
은 나라를 경륜하는 데 두어서 실학實學(농·공·상의 참된 학문)이 공적을 이룰
만한 곳에 이르러야 가능할 것입니다.

널리 생각하옵건대 농사를 소중하게 여기고 근본을 힘쓴 것은 실로 역
대 임금들의 집안 법도였습니다. 국초 이래 사대부들은 모두 근검으로 집
안을 일으키고 국가를 창건 통치하며 원대한 계획을 경륜하였으니, 조정

---

3 이리는 위 문후에게 건의하여 인민들에게 토지를 균등하게 배분해 생산성을 높였고, 조과는
   농민에게 토지를 빌려주고 농기구와 농우를 이용해 생산성을 증가시켰다.
4 임연, 왕경, 황보융, 자충, 최식, 황패, 소신신, 동회, 두기 등은 한나라 때 지방의 군수, 태수
   등을 역임하며 농업 기술을 실험 발전시켜 인민을 부유하게 만든 인물들이다.

과 민간을 막론하고 풍속과 습속이 돈독해지고 산업이 법도가 있고 안정되었습니다. 그러다가 태평성대에 이르러 생활에 차고 넘치는 세월이 오래 지나면서 점차로 허식이 본질을 소멸시키고, 상업이 농업을 경도시키고 본말이 전도되는 사태에 이르렀습니다.

선비는 고상하게 성명性命이나 담론하고 경세제민經世濟民의 문제는 내팽개쳤으며, 부질없이 문장의 화려함이나 숭상하고 백성을 다스리는 정치 문제에 대해서는 손을 쓸 줄을 모르게 되었습니다. 부자는 이미 배부르고 등 따숩게 살게 되자 의복과 음식이 도대체 어디에서 나오는지도 알지 못하게 되었고, 가난한 자는 또 곡식을 심고 채소를 가꾸는 농사일을 배울 수 있는 송곳 세울 만한 땅도 없게 되었습니다.

이리하여 농업의 학술은 엉망진창이 되었습니다. 농사의 학술이 엉망진창이 되니, 농업의 효능과 국가에 대한 기여도를 아주 업신여기게 되었습니다. 백성들 중에 머리가 트여 조금 꾀가 있는 자들은 날이 갈수록 상업이나 빈둥거리며 놀고먹는 길로 몰려가고 있으며, 머리를 파묻고 논밭에 들러붙어 있는 자들은 모두 천하의 지극히 우둔하고 지지리도 가난한 사람들입니다. 이래서야 어찌 집집마다 농토의 성질을 변화시키는 법을 외우게 하고, 사람마다 초목을 불태워 농토를 비옥하게 하는 기묘한 방책을 깨우치게 할 수 있겠습니까?

쓸려 나가 없어진 농업의 학문을 찾고 바로잡아서 올바른 방도를 얻도록 인도하는 일은 오직 선비[士]에게 달려 있을 뿐입니다. 아! 지금 실속없이 겉만 화려함을 추구하고 농학을 배우지 못한 선비가 게으르며 느려터지고 무지한 농민들을 인도하고 있으니, 이는 술에 취한 사람이 맹인을 인도하는 것과 무엇이 다르겠습니까?

이러한 이유로 한漢나라 때에는 2천석二千石[5]이 효제孝悌하는 사람과 힘

---

5   한(漢)나라 때의 직급으로, 황제의 허락 없이는 체포되지 않는 특권을 가진 벼슬. 지방[郡]의 태수 등이 여기에 속했다.

써 농사짓는 사람을 조정에 천거하는 제도가 있었으며, 안정安定[6]의 학당 규정에는 농전農田과 수리水利의 과목을 설치하였습니다. 이는 다름이 아닙니다. 농·공·상의 실학實學을 귀중하게 여겼기 때문입니다.

『홍범우익』에 붙인 서문洪範羽翼序

내가 약관 시절 마을 서당에서 『상서』(『서경』)를 배웠는데 그중 「홍범洪範」 편이 읽기 어려워서 고생하다가 서당 선생에게 가르침을 청했더니, 선생님께서 이렇게 말씀하셨다.

"이것은 읽기 어려운 글이 아니다. 읽기 어렵게 된 까닭이 있으니 세속 선비들이 어지럽게 만들었기 때문이다. 대저 쇠·나무·물·불·흙 등 오행五行이란 하늘이 부여하고 땅이 간직한 것으로, 사람이 이를 취하여 이용할 수 있는 물질이다. 「홍범」의 아홉 가지 항목은 우禹임금이 차례를 매기고 무왕武王과 기자箕子가 문답한 것으로, 그 내용은 곧 정덕正德·이용利用·후생厚生하는 도구임에 불과하고, 그 작용은 곧 조화를 이뤄 모든 일이 잘되어 가는 결과를 벗어나지 않는다.

그런데 한漢나라 시대의 선비들이 길흉화복을 굳게 믿어, 이에 무슨 일은 반드시 그 일에 상응하는 징조가 있다고 하면서 모든 것에 오행을 분배하고 부연해 그 허황한 소리를 즐겼다. 그 소리가 퍼져서는, 음양과 점치는 학설을 꾸미고 천문 역법과 예언의 서적으로 둔갑하여 드디어 세 성인의 본뜻에 크게 어긋나게 되었거니와, 특히 흙은 쇠를 낳고, 쇠는 물을 낳고, 물은 나무를 낳고, 나무는 불을 낳고, 불은 흙을 낳는다는 소위 오행상생설

---

6 북송 때의 저명한 학자, 교육자인 호원(胡瑗, 993~1059). 자는 익지(翼之)이고, 대대로 섬서 지방의 안정보(安定堡)에 살았기 때문에 '안정선생'이라 불렸다. 그가 소주(蘇州), 호주(湖州)에 있을 때 학당을 만들어 '경의재(經義齋)'에서는 유교 경전의 순수학문을, '치사재(治事齋)'에는 농업·수리·산술·병학 등의 분과를 나누어 실용학문을 각각 가르쳤다.

五行相生說에 이르러 그 어긋남이 최고조에 이르게 되었다.

만물이 흙에서 나오지 않는 것이 없건만 어찌해서 흙이 유독 쇠만 낳는다고 하는가? 쇠는 견고한 것으로 불을 만나 액체가 되지만 금속의 본성은 아니다. 양자강과 바다, 황하와 한수漢水를 적시고 스며드는 물이 모두 쇠가 녹은 것이겠느냐? 돌에 젖〔鍾乳〕이 나고 쇠에서도 즙이 나오니, 만물에 진액이 없으면 말라버리는데 하필 나무만을 물이 만들었는가? 만물은 흙으로 돌아가건만 땅이 더 두터워지지 않으며, 하늘과 땅이 어울려야만 만물이 생성되는 것이거늘, 어떻게 한 부엌의 땔감으로 큰 땅덩이를 살찌운다고 말할 수 있으랴!

쇠와 돌이 서로 부딪치거나 기름과 물이 서로 출렁거려도 모두 불꽃이 일어나며, 벼락이 쳐서 화재가 생기고 메뚜기를 묻은 데서 불꽃이 생기는 현상을 본다면, 불이 나무에서만 나오지 않음 또한 명백하다. 그렇기 때문에 상생이라는 것은 어미와 자식의 관계라기보다는 서로 도움을 주고받아 생기는 관계라고 보아야 할 것이다.

옛적에 우임금은 오행을 잘 이용하였다. 산에 따라 나무를 베어냈으니 굽고 곧은 나무의 쓰임을 잘한 것이고, 흙의 성분을 크게 따졌다 했으니 농사짓는 비결을 잘 얻은 것이고, 금·은·동을 공물로 받았으니 사람의 뜻에 따라 변형시킬 수 있는 금속의 성질을 터득한 것이고, 산을 불사르고 늪을 태웠다 하니 위로 타오르는 불의 작용을 잘 이용한 것이고, 아래쪽을 터놓아 물을 끌어들였으니 적시고 아래로 흐르는 물의 공능을 잘 이용한 것이다. 사람과 물질이 서로 도움을 주고받아 살아가는 것이 이처럼 크다.

어느 것도 물질이 아닐까만 유독 오행이라고 말한 까닭은, 만물을 총괄하는 그런 덕행을 일컬은 것이다. 후세에 물을 사용하는 사람이 성을 함락시키기 위한 수공으로 물을 사악하게 썼고, 불을 사용하는 사람은 전쟁에 화공을 써서 불을 사악하게 썼으며, 금속을 사용하는 사람은 뇌물의 도구로 금속을 사악하게 썼고, 나무를 사용하는 사람은 거창한 대궐을 짓는 데서 나무를 사악하게 썼으며, 흙을 사용하는 사람은 골목과 거리를 넓히는 데서 흙을 남용하였다. 이렇게 되어서 「홍범」의 학설이 세상에 끊어지게 된 것이니라."

내가 물었다.

"우리 동방은 기자箕子가 와서 있었던 나라로, 바로 「홍범」이 나온 곳입니다. 의당 가가호호 「홍범」을 가르치고 암송함이 마땅하건만, 아득하니 수천 년 이래로 「홍범」의 학문으로 세상에 이름난 자 있다는 말을 듣지 못했습니다. 어째서일까요?"

서당 선생님은 이렇게 답하셨다.

"허어! 이것은 네가 능히 알 수 있는 문제가 아니다. 무릇 근본 법칙을 세워 천하를 다스리는 사람은 당연히 이르러야 할 데까지 반드시 이르면서 이치에 맞기를 기약하였다. 후세 학자들은 그렇지 않았구나. 명백하고 알기 쉬운 인륜과 정치는 내버리고, 반면에 반드시 하도낙서河圖洛書[7] 같은 희미하고 막연한 그림과 글씨를 좇아서 논설하고 변론하며, 이것저것 끌어다가 맞추고 억지로 붙여서 먼저 자신들이 오행을 어지럽게 만들어버리니 그 학설이 공교할수록 더욱 그르치게 된다.

지금 내가 오행의 용도를 먼저 말한다면 이 홍범구주洪範九疇의 이치를 밝힐 수 있으리라. 왜 그러한가? '이용利用'한 후라야 '후생厚生'할 수 있고, '후생厚生'한 연후라야 '정덕正德'할 수 있기 때문이다.

무릇 물을 계절에 따라 가두고 방류하였다가 가뭄 든 때에 수차로 논에 물을 대고 수문으로 물을 조절한다면, 그 물은 다 쓸 수 없을 정도로 풍부할 것이다. 만약 우리에게 그런 물이 있으나 이용할 줄 모른다면 이는 물이 없는 것과 같다.

불은 계절의 기후에 따라 부시로 사용하는 나무가 다르고 불의 강약에

---

7   '하도'는 복희(伏羲)가 황하에서 얻은 그림으로, 이로써 복희는 팔괘(八卦)를 만들었다. '낙서'는 우(禹)가 낙수(洛水)에서 얻은 글로, 이로써 홍범구주(洪範九疇)를 만들었다고 함.

따라 효능이 다른데, 질그릇을 굽고 쇠를 다루어, 밭을 갈고 김매는 연장을 각각 알맞게 만든다면 그 불의 쓰임새는 끝이 없을 것이다. 만약 우리에게 그런 불이 있건만 제대로 이용할 줄 모른다면 이는 불이 없는 것과 같다.

우리나라의 경우 100리 되는 고을이 360곳이라 하나, 그중 높은 산과 가파른 고개가 10에 7, 8을 차지한다. 말로는 비록 100리 되는 고을이라고 하지만 평지는 실상 30리에 불과하니 백성이 가난할 수밖에 없는 까닭이다. 저 우뚝하게 높고 큰 산을 평면으로 계산한다면 몇 곱절 되는 땅을 얻을 수 있을 것인데, 금·은·구리·쇠가 거기에서 더러 나오니 만약 채광하는 방법과 제련하는 기술이 있다면 천하의 어떤 나라보다 부유하게 될 수 있다. 나무의 경우도 마찬가지이다. 집을 짓고 관을 짜고 수레와 농기구를 만드는 데에 사용하는 나무는 각기 다르나, 산림을 관장하는 관리가 때에 맞게 가지치기를 해서 잘 가꾸면 국내의 용도는 충분할 것이다.

아하! 땅의 종류와 성질에 따라 주는 거름이 다르고 곡식은 흙에 따라 심는 종자가 다르건만, 영농에 힘쓰는 지혜를 어리석은 백성에게만 맡겨서 토지를 이용하는 기술이 어떤 일인지를 모르게 만드니 백성이 어찌 굶주리지 않겠는가? 그러므로 「홍범」에 '부유하게 살게 한 뒤에 착한 길로 인도한다'(기부방곡既富方穀)라고 하였으니, 일상생활에 쓰이고 항상 행할 일을 먼저 밝힌다면 부유하고 착하게 될 것이다. 홍범구주의 학설이란 이것을 벗어나지 않는데, 대체 읽는 데에 무슨 어려움이 있겠는가."

내가 화림花林[8] 고을 수령으로 있으면서 먼저 고을의 옛 문헌을 찾아보니, 속천涑川[9] 우공禹公이 「홍범」에 조예가 깊어서 『홍범우익洪範羽翼』 42편과 『홍범연의洪範衍義』 8편을 저술했다고 말하는 이가 있었다. 당장 가져다

---

[8] 경남 함양군 안의(安義)의 다른 이름. 안음(安陰)이라고도 함. 연암은 56세인 1792년 1월에 안의에 부임해 1796년 2월까지 현감으로 재직했다.

[9] 우여무(禹汝楙, 1591~1657)의 호. 원본의 '속수(涑水)'는 오류이므로 바로잡음.

읽어보니 종류별로 정연하게 구별하였고 차례대로 분류하였다. 책의 중대한 내용은 나라를 다스리고 경영하는 데에 반드시 취할 것을 말하였고, 소소한 내용은 경전을 공부하는 서생의 수험서로 참고할 것을 말하였다. 「홍범」이 읽기 어려운 내용이 아니라는 선생님의 말씀이 사실이었다.

지금 우리 임금께서 오랫동안 백성을 도덕으로 교화·육성하며 백성에게 표준을 세우고, 바위구멍에 숨어 사는 선비를 찾고, 그윽하고 정미한 이치를 들추어 밝히고 계시니 나는 이 책이 때를 만날 날이 있을 줄 알겠다. 우선 이렇게 서문을 써놓음으로써[10] 문헌을 찾아다니는 관리가 이를 수집해 가기를 기다린다.

우공의 이름은 여무汝楙, 자는 대백大伯[11]인데 단양丹陽이 그 본관이다. 인조仁祖 갑술년(1634) 문과에 급제해서 벼슬이 하동河東현감에 이르렀다. 일찍이 「홍범」의 가장 핵심적인 내용을 부연해서 조정에 상소했더니 특별히 임금(효종)의 비답이 내려지고 '사리에 맞아 교훈이 될 말이고, 지극히 당연한 언론'이라는 장려를 받았다고 한다.

통상의通商議[12]

1

옛사람들이 시장에 인위적으로 개입하여 그 흐름을 흔들어서는 안 된다고 경계한 까닭은 무슨 이유이겠습니까? 값이 싼 곳의 물건을 가져와서 비싼 곳에다 파는 일은 상인의 고유한 권한인데, 백성과 나라가 상인에게 의지하여 도움을 받기 때문입니다. 만약 상인들의 사업에 이익이 없다면 뒤

---

10 우여무가 1650년에 쓴 자서가 있고, 연암은 1795년(정조 19)에 이 서문을 썼다.

11 원본에는 '모(茅)'로 되어 있음.

12 본래 제목이 없는 글로,『과정록』에 수록되어 있다. 임형택「연암의 경제사상과 이용후생론」에서 그 제목을 인용함.

도 돌아보지 않고 가버릴 것입니다. 무엇 때문에 밑져가면서 기꺼이 팔아 치우려고 하겠습니까? 지금 알적遏糴[13]의 명령을 시행한다면 서울의 상인들은 장차 곡물을 도로 싣고 다른 지방으로 옮겨 갈 것입니다. 또한 상인의 곡식 사들이는 행위를 막는다면 서울로 모여들던 곡물상들이 그 소식을 전해 듣고는 필시 다시는 경강京江[14]으로 들어오려고 하지 않을 것입니다. 이렇게 된다면 장차 서울의 식량 사정은 더욱 어렵게 될 겁니다.

2

온 나라에 왕의 백성이 아닌 사람이 없습니다. 만약 지방의 곡식을 모두 서울에만 모아놓고 알적을 해서 그것이 지방으로 분산되는 것을 막는다면, 장차 지방의 백성은 내버려둔 채 돌보지 않겠다는 말입니까?

3

관청에서 자기들 뜻대로 상인을 조종하려고 해서는 안 됩니다. 조종을 하면 물건 가격이 고정되고, 가격이 고정되면 이익을 잃게 되며, 이익을 얻을 수 없으면 가격을 조절하는 시장의 기능이 황폐하게 됩니다. 그리되면 농민과 수공업자가 모두 곤란을 겪게 되고, 백성들은 생활할 바탕을 잃게 됩니다. 그러므로 상인들이 싼 곳의 물건을 사서 비싼 곳에 파는 상행위는 사실은 흔해 넘쳐나는 것을 덜어내어 부족한 곳에 보태주는 이치입니다. 비유하자면 흐르는 물 밑의 가벼운 모래가 출렁출렁 물살에 골고루 펼쳐져서 솟은 곳도 패인 곳도 없는 것이 자연스러운 형세인 것과 같습니다.

---

13   쌀값이 오를 것을 예상하고 상인이 폭리를 얻기 위해 곡식을 매점하는 것을 못하게 막는 정책이다.
14   한강의 뚝섬에서 양화도에 이르는 지역.

4

백성들이 비록 사적으로 곡식을 저장해놓더라도 또한 비축해두는 효과가 있습니다. 물가의 등락은 시세를 따르기 마련이며, 쌓아두거나 내다 파는 것에는 다 적절한 시기가 있는 법입니다. 가령 금년에 값이 오른다고 하여 값을 억지로 낮추어 모두 내다 팔게 한다면 내년에 또 거듭 흉년이 들지 어찌 알 수 있겠습니까? 그런 일이 닥치면 어떻게 할 것입니까? 알적하는 명령은 결코 시행해서는 아니 되옵니다.

5

상인의 업무는 사·농·공·상 사민四民 가운데 비록 천한 직업이긴 하지만 상인이 아니면 모든 물품이 유통되고 운용될 수 없으니, 상업을 무시해서 폐할 수 없는 까닭입니다. 또 부를 민간에 축적한 연후라야 국가의 재용이 풍족해질 것입니다.

기자의 토지제도에 대하여箕子田記[15]

대저 정전제가 한번 파괴된 뒤부터 천하에는, 농사에 소용되었던 농기구와 옛날 훌륭한 왕들이 토지를 균등하게 배분하고 전야를 구획하였던 제도를 더 이상 찾아볼 곳이 없게 되었다. 오직 우리나라 평양성 밖의 네모반듯한 논밭만이 바로 기자가 남겨놓은 정전제의 유적이다. 이 제도는 토지를 우물 정井 자로 구획하지 않고 밭 전田 자로 구획하여 동서로 각각 4전田이 되니 4×4로 16전田이 되고, 매 전田 안에는 각각 4구區가 되어 8×8로 64구區가 된다. 구와 구 사이에는 길을 두었으니 그 폭은 6척이고, 밭과 밭 사이에는 도로를 두었으니 그 폭을 세 배로 하고 4전田 밖으로

---

15   『과농소초』「전제(田制)」에 수록되어 있다.

는 길을 성문과 곧바로 연결하여 그 폭을 아홉 배로 하였다. 매 구區는 사방 83보步 2척이 넘으니 실지 면적은 70묘畝가 되어, 구암久菴 한백겸韓百謙 (1552~1615)이 "『맹자』에서 말한 '은나라 사람은 70묘에 조법助法을 썼다고 말한 것'[16]고 바로 합치된다"[17]고 말한 것이 이것이다.

밭 경계의 밭머리에는 반드시 망주석을 마주보게 세워서 4전의 표시를 삼는데, 그곳의 백성들은 이를 법수法首라고 호칭한다. 큰길 양쪽은 먹줄로 퉁겨서 깎아놓은 듯 반듯하니 경작하는 토지를 본받은 것이고, 마을의 지면과 모양이 모두 바르고 곧은 것은 밭의 경계를 준거한 것이고, 울타리와 골목이 모두 가지런하고 반듯한 것은 마을의 지면과 모양을 본받은 것이고, 나무를 줄에 맞추어 곧게 심어서 조금도 들쭉날쭉함이 없음은 울타리와 담장을 닮았으니, 한번 토지제도를 바로잡자 모든 일이 바로잡히게 된 것이다.

그곳의 사람으로 따져 묻는 자가 있었다.

"우리들이 이 전지田地에서 태어나고 자라면서 성인 기자의 밭에 몸소 농사 지으며 이를 정전井田이라고 불러온 지 수천 년이 됩니다. 그런데 지금 그대가 이를 즙罪이니 뢰罷라고 말하는 까닭은 무엇 때문입니까? 아니, 거기에 특별한 학설이라도 있는 것이오?"

"이런 글자들은 밭 가운데 있거늘, 도리어 그대들이 날마다 거쳐 지나가면서도 알지 못했을 뿐이라네. 전田이라는 글자를 써보면 입 구口 네 개에 가운데 십十 자를 본떠서 만든 것이니 밭 사이에 난 길이 아니겠는가? 우禹, 탕湯, 문왕文王 등 세 왕이 정치를 펴는 큰 법도는 토지제도를 근본으로 하지 않은 것이 없네. 하夏나라 사람은 50묘에 공법貢法, 은나라 사람은 70묘에 조법助法을, 주周나라 사람은 100묘에 철법徹法을 썼으니[18] 그 밭

---

16 『맹자』「등문공상」에 나오는 말이다. 조법이란 1구 70묘의 한가운데 공전(公田)을 두고, 그밖의 여덟 집에서 공전을 도와서 경작하고 이를 세금으로 내는 것을 말한다.

17 한백겸 『구암유고(久菴遺稿)』상,「기전유제설(箕田遺制說)」에 나오는 말.

의 경계나 전야의 구획하는 방법은 응당 대소의 차이가 있으나 방전方田의 4구口나 정전井田의 9구區는 그것이 땅을 균등하게 분배한다는 점에서는 동일한 것이지.

그러므로 비유하자면 바둑판에 길이 나 있는 것과 같아서 10개의 정井을 한꺼번에 보면 모두가 전田의 글자이고, 4전田을 서로 나란히 보면 정井이 그 가운데 있네. 다만 길 사이에는 크고 가늘다는 차이가 있고, 물길과 도랑의 정도에 넓고 좁다는 차이가 있을 뿐이어서, 이를 경계로 삼아서 이렇게 보면 전田 자의 형태가 되고 저렇게 보면 정井 자의 구획이 될 뿐일세. 그래서 나는 위대한 주나라의 정전제도는 기자에게서 나왔다고 여기는 것이네. 무엇 때문에 그렇게 말하는 것이겠는가?

하나라 우禹왕이 남겼다는 정치 도덕의 아홉 가지 원칙인 구주九疇가 곧 정전제에서 나왔기 때문이네. 위대한 우임금이 땅을 다스려서 하늘의 뜻을 이루었다는 행적은 모두 토목공사와 농사일이 아닌 것이 없는데, 그 숫자가 1에서 시작하여 9에서 그치기 때문에 들판을 구획하고 중국의 주州를 나누는 것에 오직 9의 숫자로 한 것이고, 땅의 등급과 세금의 많고 적음도 9의 숫자로 정한 것이지. 기자는 이를 유추하고 부연하여 무왕에게 전수하였고, 이것이 하나의 왕조에서 시행하는 중요한 법령이 되었으니, 어찌 토지에 관한 제도를 근본으로 하지 않은 것이 있겠는가?

그러므로 「홍범洪範」한 편의 첫 번째 오행五行에서 아홉 번째 오복五福과 육극六極에 이르기까지 모두 곡식을 심고 거두는 농사일이 아닌 것이 없네. 다만 토지에 대해 말하지 않은 까닭은, 그 제도가 구주九疇에 모두 갖추어져 그 첫머리에 먼저 게재하였으므로 특별히 정전이라고 말하지 않았을 뿐일세. 그러므로 세상의 모든 밭두둑은 서로 유사한 것이라네. 주疇라는 글자는 부류(무리)라는 뜻이니, 전주田疇라고 읽을 때의 주疇는 어찌 구

주九州의 밭이 아니겠는가? 그래서 그 부류를 9라는 숫자에까지 유추하고 나열하여 국가를 통치하는 강령으로 만들었으니, 후세의 주관周官은 그것의 상세한 조목이네. 그렇다면 기자가 어찌 이 땅에 정전을 구획하지 않았다고 하겠는가?"

"그런가요? 아, 예 예 예."

내가 지난날 중국 광녕廣寧 지방을 지나갔는데, 여기에 천자가 기자에게 봉해준 영토가 있다고 했다. 그러나 이곳은 기씨箕氏의 선대가 여러 시대에 걸쳐 전하고 물려받은 땅이기 때문에 그렇게 호칭한 것이지 무왕武王이 봉해준 땅은 아니다. 기자가 감히 천도天道[19]를 어기지 못해서 통치하는 큰 법을 주나라 왕에게 전수했으나, 당시 역사를 기록하는 사람이 연도를 기록하며 해 사祀(년年, 세歲라는 의미)라는 용어를 쓰고 해 년年을 쓰지 않은 까닭은, 기자가 새 왕조인 주나라의 신하가 되지 않겠다는 뜻을 밝히려는 이유이다.[20]

기자가 동쪽의 우리나라로 온 까닭은 주나라 영토를 피해서 구이九夷의 땅으로 스스로 숨은 것이니, 무왕이 어떻게 기자에게 땅을 봉해줄 수 있었으랴? 은나라 때의 선비가 주나라 제례祭禮를 도우면서도 오히려 은나라의 갓을 바꿔 쓰지 않았으니, 기자가 토지제도를 만들 때에 어찌 자기 조국의 옛 제도를 느닷없이 바꾸었겠는가? 나는 여기 평양의 토지에서 은나라의 토지제도가 전田 자로 땅의 경계를 정하고, 토지를 받는 집도 반드시 4구口(명)로 그 비율을 정했음을 더욱 증험할 수 있다.

무엇을 근거로 해서 그런 줄 아느냐고? 내가 70묘畝의 땅을 가지고 헤아려보았다. 사람이 성장을 해서 아내를 가진 연후라야 장정[夫]이라고 일컫고 비로소 밭을 가지게 된다. 한 부부가 위로 부모를 두면 모두 4인 가족이

---

19 하늘이 은나라를 멸망시키고 주나라가 건국하는 도리를 천도라고 했다.

20 은(殷)나라가 망할 무렵 기자가 "은나라가 망하더라도 나는 남의 신복이 되지 않으리라(商其淪喪 我罔爲臣僕)"라고 말했다.『서경』「미자(微子)」.

되고, 부모가 노쇠하게 되면 받은 전지를 관청에 반납한다. 자식이나 동생이 아직 성장하지 않으면 노동력이 없는 군식구(여부餘夫)가 되고, 성장하면 다시 전토를 받아서 가득 채우게 된다. 이 네 식구는 토지를 받는 집의 표준으로 항상 그 숫자를 채운다. 대저 그렇게 되어야 70묘의 땅은 한 장정의 힘으로 농사지을 적합한 땅이 되며, 비로소 네 식구의 양식을 충족시킬 수 있다.

후세에는 매양 여덟 집이 하나의 정전제에 속한다는 규정에 구애를 받아서, 은나라 사람의 70묘도 여덟 명의 비율로 정하기 때문에 매양 토지가 부족함을 걱정하게 되었다. 비록 맹자와 같은 성인으로서도 은나라의 제도에 대해서는 고증할 곳이 없어서 단지 70묘에 조법助法을 쓴다는 것만을 근거로 해서 "오직 조법에 공전公田이 있다"라고 말했으니,[21] 이는 맹자가 추측해서 하신 말씀이다. 또 맹자가 "비록 주나라도 또한 조법을 쓴 것이다"라고 한 말 역시 아직 확실하게 결정지어 한 말이 아니다.

주자는 맹자의 이 말을 가지고 조법을 논해서 "상(商, 은)나라 사람이 처음 정전제를 만들어서 630묘의 땅을 아홉 구역으로 구획하여서 1구는 70묘이고 그 가운데가 공전이 된다"[22]고 주석을 하였으나, 이는 증거로 삼을 전적도 없는 말이니 오히려 허공에 매달린 헛말과 같다는 탄식이 있었다.[23] 이는 다른 이유가 없다. 정전제의 토지를 실제로 답사하고 체험해보지 못한 때문이다

나는 말한다. 은나라 사람의 70묘는 주나라 사람의 것보다 일찍이 1묘도 적지 않으며, 주나라 사람의 아홉 구역도 은나라 사람의 것보다 1묘도 더 많지 않다고. 무슨 근거로 이를 아느냐고? 나는 이 평양의 기자의 정전에

---

21 『맹자』「등문공상」. "유조 위유공전(惟助 爲有公田)"이라는 말이 있다.

22 『맹자』「등문공상」. 조법(助法)에 대해서 주자가 주석으로 한 말이다.

23 주자의 정전제에 대한 설명을 두고 구암 한백겸은 허언과 같다는 말을 했다. 『구암유고(久菴遺稿)』「기전유제설(箕田遺制說)」.

서 징험했기 때문이다.

대저 4구口가 즙㗊이 되니, 즙이라는 글자는 전田이다. 전의 4구口는 각 호의 인구를 4인의 비율로 정하면 1전田의 인구는 16인이 된다. 4개의 전田이 뢰㗊가 되니, 뢰라는 말은 동同(사방 100리 되는 땅)이다. 동전同田(사방 100리 되는 토지)의 사람은 64인이 된다. 1구口에게 주어진 토지가 70묘이니, 4개의 전田은 총계 1,120묘가 된다. 공전公田과 주택, 군식구는 모두 4개의 전田 가운데 있다. 이런 사실에 나아가서 본다면 은나라 사람은 개인의 땅(사전私田)이 없었고, 1전田의 16인이 각자 전문의 일을 살려 분업하고 공동으로 경작하고, 4전田의 64인이 서로 협조하여 나라의 세금을 납부한다.

대저 8명의 집 여덟이 하나의 정전井田을 공동으로 다스리는 것이 어찌 주나라 사람의 제도가 아니겠는가? 1정井의 사람은 8인의 여덟 집으로 또한 64인이 되고, 9구區는 통상의 제도가 900묘가 된다. 주나라의 군식구는, 몸은 8인의 집 안에 있고 토지는 100묘 이외에 별도로 25묘를 받으니 여덟 집의 합계가 200묘가 된다. 주택 20묘가 비록 공전公田에 있으나, 향·수·교·야鄕·遂·郊·野[24]의 제도가 달랐다면 그 20묘라는 것은 응당 군식구가 별도로 받는 것과 같을 것이다. 대저 그렇다면 하나의 정전은 또한 1,120묘를 넘지 않았을 것이다.

옛날 성인이 이 인민들을 위해서 생산력의 큰 근본을 제정할 때에 앞뒤로 하나의 법도를 제정했으니, 형태와 제도가 비록 달랐더라도 전지는 1묘도 차이가 나지 않았고 인구는 한 사람도 어긋남이 없었으며 10분의 1의 세금은 동일한 법으로 했으니, 조법이나 철법이 서로 다르지 않았다. 그 때문에 정전법은 비록 주나라에서 만들어졌으나 「홍범」을 근본으로 했다고 말하는 것이다. 어떤 근거를 가지고 그런 줄 아느냐고? 정전의 토지에서 여덟 집이 공전을 그 가운데 두고, 그 가운데를 유독 비워두는 이유는 그곳

---

24 주나라 제도에서 도성에서 50리 안을 근교(近郊), 100리 안을 향(鄕), 300리 안을 수(遂), 100리 밖을 원교(遠郊)라고 했다. 즉 도성과의 거리에 따라 부르는 지역의 이름을 달리했음.

이 임금의 자리이기 때문이다. 가운데의 하나가 밖의 여덟을 통치하는 것이 어찌 홍범구주에서 다섯 번째 황극皇極(군왕이 천하를 통치하는 법칙)이 아니겠는가?

공자는 '덕으로 정치하는 것은 비유하자면 북극성이 자기 자리에 있으면 뭇별들이 그쪽으로 향하는 것과 같다'고 말했고, 기자는 '서민들은 별과 같은 존재이다'라고 말한 것이 이것이다. 그러므로 「홍범」은 첫 번째에 오행五行을 말했으니 곡식을 심고 거두는 것을 근본으로 삼는다는 것이고, 정전의 토지가 공전公田으로 최고의 법칙으로 삼아서 그 자리를 비워둔 까닭은 마치 태극성에 딸린 별이 없는 것 같으며, 백성들에게 조법의 세금을 부과한 까닭은 마치 달이 별을 따르는 것 같으니, 이것이 어찌 정전제와 홍범구주의 큰 법이 아니겠는가?

슬프다. 지금 사람들은 혹 고대의 그릇가지를 보고는 그것이 비록 벗겨지고 부식되었으며 떨어지고 이지러진 찌꺼기일지라도 오히려 은나라의 제기祭器와 주나라의 술그릇이라고 이름 짓고 표지와 관지款識를 증명하여 세상에 드문 보배로 여기는 판에, 하물며 4전田의 형태와 제도는 예전 훌륭한 성인의 오직 정밀하고 한결같은 마음으로 얻은 법에 있어서랴.

무릇 여기 평양 지방의 사람들은 부모에게 지극한 효성을 다하지 않는 사람이 없으니, 이 정전의 토지에 대해서는 큰길까지 침범하여 밭을 갈아서 그 경계를 소홀하게 하지 말고, 혹 밭둑길을 침범하고 깎아서 그 구획을 어지럽히지 말아야 할 것을 마치 신체와 머리카락을 부모에게 받아서 감히 손상시키지 않는 것이 효성이 되는 것처럼 해야 한다. 지식인은 독서를 하면서 밭에서 성인 기자를 뵙고, 농부는 매양 밥을 먹으며 곡식에서 기자를 본다고 하면, 나라의 법을 준수하고 서민들이 오복을 받는 이치가 어찌 먼 곳에 있다고 할 수 있겠는가?

토지제도에 대해서 풀어서 쓴 글田制按説[25]

신臣은 이 기자箕子의 토지제도로 인하여 남모르게 감탄하는 바가 있습니다. 대저 평양의 기자의 전지 16구區는 중국 천하에도 없는 것이고, 우리나라가 중국에 자랑으로 여길 만한 것은 이것을 가지고 있기 때문입니다. 지금까지 수천 년 이래로 그 형태와 제도가 또렷하고 구획이 분명하며 바르고 반듯하여 전田으로 구획했는지 정井으로 구획했는지는 따질 것도 없습니다. 편벽되거나 치우친 것이 없이 오직 정밀하고 한결같아서 예전 성인의 마음 전하는 법과 남긴 계책을 오직 이 밭 가운데서 충분히 볼 수 있습니다. 이른바 『중용』에서 말한 "천지에 세워놓아도 어긋나지 않는 것이요, 귀신에게 물어보아도 의심이 없는 것이요, 백세토록 성인을 기다려도 의혹되는 일이 없다"[26]는 것입니다

오호라! 『시경』에 나오는 감당甘棠나무는 군자(소공召公)가 일시적으로 쉬었던 곳의 나무에 불과하고, 석고문石鼓文은 단지 당시의 왕이 사냥 나간 일을 기록한 글입니다. 그런데도 그 당시에는 감당나무를 읊조리고 노래하여 『시경』으로 남았고, 사냥 기록은 후세에 전하여 보물로 삼았습니다. 하물며 여기 16구區는 천 년 전의 성인이 정착한 곳이고 역대의 제왕들의 심법心法이 깃든 곳임에랴. 장차 애지중지하고 아끼고 보호할 것이 한 그루 감당나무의 번화한 그늘과 열 개의 단단한 돌덩이와 비교해서 어느 것이 더 소중하겠습니까?

그렇다면 한 치의 밭고랑과 한 자의 밭두둑도 함부로 더하거나 멋대로 덜어내서는 안 되는 것이 분명합니다. 그러나 어리석은 백성은 큰길을 함부로 범하고 경작해서 한 이랑이나 반 밭고랑도 자기의 토지에 덧보태려고 하지 않는 사람이 없습니다. 제가 그 땅을 본 지 20년이나 지났으니, 그

---

25 『과농소초』「전제(田制)」에 붙인 「안설(按説)」이다.
26 『중용』제29장에 나오는 말이다.

사이에 날마다 더욱 무릅쓰고 침범해서 그 토지의 경계를 어지럽히지 않았으리라고 어찌 알겠습니까?

촌사람들이 말하는 법수라는 경계석도 쓰러지고 기울어졌다가 그로 인해 땅에 매몰된 것이 많습니다. 신의 어리석은 생각으로는 다시 세월이 점점 오래되면 식별하기 어려워질까 걱정입니다. 청하옵건대 관찰사에게 명을 내려서, 몸소 직접 눈으로 보고 살피되 옛 자취를 근거로 해서 답사하고 측량하여서 혹시라도 옛날 법식과 조금이라도 달라진 것이 있으면 하나하나 조사해서 바로잡고, 밭 사이에 난 길이 무너지고 평평해진 것이 있으면 이를 증축하고, 구획이 모호해져 식별하기 어려운 것은 뚫고 파내며, 논과 밭두렁 길이 함부로 농지 안으로 들어온 것은 밖으로 내보내서 모두 옛날의 경계를 회복시키고, 법수의 돌이 부러지고 조각이 나서 땅에 매몰된 것도 마땅히 새로 돌을 다듬어서 빠진 곳을 보충하라고 하십시오.

또 원하옵건대, 국가 차원에서 법전法田[27]을 한양의 동쪽 서쪽 양 교외에 두어서 한쪽은 기자의 전제田制를, 한쪽은 정전제의 제도로 토지를 구획하고, 농업의 이론에 깊이 정통한 사람을 천거하여 그를 농사 스승으로 삼고, 전국의 힘써 농사짓는 집안의 자제 수백 명을 불러와 스승과 함께 경작하되 늘 해오던 농사법을 따르지 말고 반드시 옛날의 방식을 살펴서, 편리해서 지금에 실행할 수 있는 방법을 더욱 추구하여 그들이 올바른 농법을 터득하고 그 효과를 환히 볼 수 있게 합니다. 그런 뒤에 고향으로 돌아가게 하여 한 고을과 한 읍의 농사의 스승이 되도록 해야 합니다. 또 이와 병행하여 농사를 지도 감독하고 권면하는 과거시험의 정책을 시행하신다면, 백성들이 감동하고 떨쳐 일어나 농업을 즐거워할 것이고 농업의 학문이 비로소 크게 갖추어질 것입니다.

심지어 토지를 세는 단위를 경頃과 묘畝로 하지 않고 결부법結負法으로

---

27   법전은 모범적 시범영농단지라 할 수 있다.

하고, 세금을 매기는 방법을 9등급으로 하지 않고 6등급으로 하고 있으니, 이것은 지금 세상의 형편과 관계가 있어서 그런 것도 아니고 단지 신라와 고려의 조잡한 방식을 따라 답습하여 아직 고치지 않은 것일 뿐입니다. 그리하여 토지에 세금을 부과하고 거두는 일련의 행정이 문란하게 되는 까닭은 오로지 여기에서 연유합니다. 제가 시급히 고치지 않으면 안 된다고 말하는 이유는 이것 때문입니다.

인민 소유의 전답을 제한하자限民名田議[28]

신臣 지원趾源은 황공하게도 농서『과농소초課農小抄』를 올리는 기회에 이 건의를 드립니다.

신이 지금 다스리는 면천군沔川郡은 동으로 홍주洪州와 접하고 남으로 덕산德山과 이웃하고 서로는 당진唐津을 바라보고 북으로는 바다에 닿아 있습니다. 남북이 50리, 동서가 30리입니다. 본래의 토지대장에 기재된 농경지는 모두 합해서 5,896결結 4부負 3속束인데 이것은 경내의 농경지를 측량한 총계입니다. 가구의 수는 4,139호이며 인구는 1만 3,508명인데 남자가 6,805명이고 여자가 6,703명입니다. 이것은 인구대장에 기재된 경내 호구를 모두 합친 숫자입니다.

경내에는 명산대천이 없고, 바닷가의 땅은 소금기에 절어 있으며, 들판은 메마르고 시냇물은 언제나 말라 있습니다. 이 마을 저 마을 할 것 없이 우물과 샘이 귀하니 이는 토양이 취약하고 촉촉하지 못하다는 증거입니다. 산이나 언덕, 두둑이나 기슭이 모두 새빨갛게 헐벗어서 나무라고는 볼 수 없는데 그곳 바닷가에 동그라니 드러나서 바람받이가 된 까닭입니다. 이것이 면천군의 대략적 자연환경입니다. 모든 곡식이 토양에 맞으나 벼

28　『과농소초』 뒤에 덧붙인 글이다. 명전이란 한전제와 관련된 용어로, 관에 의해 소유가 인정된 토지 혹은 자신의 이름으로 귀속시킨 토지를 의미한다.

가 제일 잘되며, 나무는 감나무·밤나무·소나무·옻나무도 잘되나 모시·무명·뽕나무·닥나무는 잘되지 않습니다. 이것은 곡식과 나무를 심을 수 있는 토양의 적합도입니다.

삼가 상고해보건대, 숙종 경자년(1720)에 경내 농경지를 다시 계산할 적에 산판, 풀숲, 웅덩이, 구릉, 계곡, 성터, 도로 등 경작할 수 없는 토지를 제외한 그 당시의 농경지 실제의 수효는 모두 합쳐서 2,824결 92부였는데 그중에 밭이 밭이 1,174결 조금 넘치고 논이 1,650결 약간 넘치니,[29] 이것은 실지로 경작해오고 실지로 조세를 물리는 토지입니다.

본 군에 보관된 동척銅尺은 훈련원 활터의 돌로 표시한 주척周尺을 기준으로 삼은 것입니다. 이 동척으로 5자를 1보步라고 하고, 사방 100보를 1등 농경지의 1결結이라고 하는데, 실제 면적은 1만 보步이지만 자로 계산하면 실제 면적이 25만 자입니다. 농경지의 등급이 낮아질수록 측량하는 땅이 더욱 넓어져 6등급까지 있습니다. 6등의 1결은 사방 400보로서 그 실지 면적이 100만 자이니 그 넓이가 1등과 비교하면 3배 넓습니다.

더구나 한 해 걸러 묵히거나 이태 걸러 묵혀야 하는 땅은 혹 그보다 배의 면적이 되기도 하고 3배의 면적도 되어서, 그 비옥한 정도가 서로 맞아떨어지게 하고 곡식 소출의 많고 적음도 서로 짝이 맞게 했습니다. 이는 여기 면천군만 그런 것이 아니고 전국의 토지 측량 방식이옵니다.

그런데 경내 1결의 일반적 조세는 죄다 6등의 전지로 한목 쳐서 모두 9등급의 연분年分[30]으로 구분하여 매기고 있으니, 이것은 본 군에서 조세를 매기는 방법입니다. 비록 6등 이하의 농경지가 없다고는 하나, 6등 안에서도 척박한 땅은 많고 비옥한 땅이 적으므로 일상적 조세를 하下의 하등급下等級으로 매기는 까닭입니다. 논에는 7등이나 8등도 간혹 있으나, 하下의 상등上等으로 조세를 무는 것은 겨우 15결이며, 하下의 중등中等으로 무

---

29 『과농소초』의 수치는 오류가 있어 김택영의 중편 『연암집』에 의거하여 바로잡는다.

30 조선시대, 조세를 매기기 위해서 농사가 잘되고 못되고 한 정도를 아홉 등급으로 나누던 일.

는 것은 145결 6부밖에 없습니다. 이것이 경내 조세 형편의 대강입니다.

신이 경내의 농경지를 군의 호구에 따라 배당해보았습니다. 가령 호구 전체를 농가로 잡고 모든 농가가 위로 부모를 모시고 아래로 처자를 거느렸다고 치고, 인구 1만 3,508명을 평균 1호에 5명으로 잡으면 5명의 가구는 전체 2,701호가 됩니다. 사실 1호에 5명도 되지 않는다고 한다면 거름도 내기 어렵고 농사짓는 품도 들이기 어렵습니다. 품을 들이지 않고서는 농사를 지어서 생계를 유지해나갈 수 없게 되므로 매호 반드시 5명은 되어야 농사를 지을 수 있을 것입니다.

그래서 매호당 평균으로 농경지를 쪼개본다면 1호에 돌아가는 밭이 42부 5속이고, 논이 60부 3속이고, 한 농군의 품으로 다루어야 할 토지가 합쳐서 1결 2부 8속을 넘지 않습니다. 이것은 신이 농경지와 호구의 숫자를 가만히 계산해서 옛날 모든 농가에 토지를 균등하게 나누어주던 제도를 시험해본 것입니다.

신이 본 면천군에 부임한 지 벌써 두 번의 가을을 보냈는데, 한 해는 풍년이고 한 해는 흉년이었습니다. 비록 농경지마다 일일이 다 돌아다니며 측량하고 토질에 적합한 곡식을 조사한 것은 아니라고 하더라도, 농사를 어떻게 짓고 소출이 얼마인지 등은 능히 파악한 바 있습니다.

대저 토지 전체를 비교하여 가장 높고 가장 낮은 등급의 중간을 절충하면 땅의 좋고 나쁨과 전지의 넓고 좁음을 충분히 서로 참고할 수 있습니다. 또 몇 해간의 농사 형편을 통해서 풍년도 아니고 흉년도 아닌 해를 평균으로 잡으면 파종의 많고 적음과 소출의 총계를 충분히 서로 기준으로 정할 수 있습니다. 긴 것은 잘라버리고 짧은 것은 보태서 이것과 저것을 비교해보면 그 실제는 손금 보듯 정확하게 계산한 것과 심하게 서로 다르지 않을 것입니다.

가령 밭에 3,820섬 10말을 파종하면 곡식 소출은 2만 7,312섬이 되고, 논에 2,937섬 16말을 파종하면 벼 소출은 7만 9,785섬이 되니, 합해서 파종

된 곡식은 6,758섬 6말이고 소출된 곡식은 10만 7,097섬입니다. 농군 한 사람이 하루갈이 땅으로서 밭에 28말 2되의 곡식을 파종해서 곡식 10섬 2말 5되의 소출을 얻고, 사흘갈이 논에는 21말 5되 벼의 모를 심어서 벼 수확은 29섬 12말 5되를 얻는 셈이니, 한 가구당 거둬들이는 곡식은 도합 39섬 12말 5되가 될 것입니다. 그중에서 조세가 72말은 되고, 각종 곡식의 종자로 49말 7되는 제하고 나면, 실상 남는 것은 33섬 10말 8되입니다. 이것이 1호당 5명 식구의 1년간 식량입니다. 그런데 땔나무, 소금, 간장을 장만할 비용이나 여름의 갈옷과 겨울의 솜옷을 갖추어야 할 밑천은 어디서 나오겠습니까?

혼사를 하고 초상을 치르는 데 필요한 모든 물자는 사람 생활에서 그만둘 수 없는 것입니다. 향촌 사회에서 추렴과 토지신을 위한 푸닥거리에 필요한 돈을 내야 하고, 또한 군역에 대한 세금도 감당해야 합니다. 이 모든 것이 결국 1결의 수확 내에서 지출해야 한다면 아까 매호당 남은 33섬의 곡식은 이미 얼마 남지 않게 될 것입니다. 더군다나 농우 한 마리가 두 사람 몫의 식량을 먹어치웁니다. 만약 윤달이 있는 해를 만나면 애초부터 한 달간의 식량이 모자라게 됩니다. 더군다나 홍수와 가뭄은 말할 것도 없고 태풍, 서리, 병충해, 우박 등 불의의 재해도 있지 않습니까?

그러므로 농군들 사이에는 '죽도록 한 해 농사를 지어도 소금 값이 남지 않는다'는 속담이 있습니다. 더군다나 현재 사는 농가 가운데는 제 땅을 자기가 경작하는 사람은 열에 한둘도 되지 못합니다. 나라에 바치는 조세는 10분의 1밖에 안 되지만 개인에게 주는 소작료는 절반이나 떼어 가니, 이 둘을 하나로 합치면 10분의 6이 됩니다. 설사 백성들이 농사일에 아주 빠삭하고, 게으름을 피우지 않고 부지런히 땅에 달라붙어서 1결 2부의 토지를 가꾼다고 하더라도, 돌아갈 몫은 아까 매호당 평균 숫자로 계산해 나온 33섬의 절반도 될 턱이 없습니다. 생각하건대 무엇으로 부모를 섬기고 처자를 먹여 살릴 수 있겠습니까. 끝내는 유민으로 유리걸식하다가 굶어 죽어 거리귀신이 되지 않을 수 있겠습니까?

이것이 역사상 뜻 있는 사람들의 유감 표명이 부호들의 토지 겸병에 있지 않은 적이 없었던 까닭입니다. 토지 겸병은 가난한 사람의 논밭을 부호들이 강제로 사들여서 하루아침에 모두 자신의 소유로 만든 것이 아닙니다. 넉넉한 자산을 끼고 편안히 앉아 아무 짓을 하지 않아도 사방 이웃에서 땅을 팔려는 사람들이 제 손으로 땅문서를 들고 부잣집 문전을 아침부터 모여듭니다. 왜 그럴까요? 대개 사람의 생활이란 먹고 입는 것 외에도 길흉의 대사가 없지 않으며, 빚 독촉에 내몰리기도 하고, 돈을 벌려다가 부채를 안고 생활이 군색해져 막다른 길에 쫓기게 되어 손을 어떻게 써볼 수도 없게 됩니다.

그렇게 되면 약간의 땅마지기가 있어봐야 식생활을 이어갈 수도 없으며, 없어도 더 가난해지지 않으리라 생각하게 됩니다. 그리하여 드디어 저들 부잣집이 부당한 재산을 긁어모으는 소굴임을 깨닫지 못하고 스스로 값을 깎아서 갖다 바칩니다. 저 부자란 자는 다른 사람들도 자기에게 땅을 팔게 만들도록 유도하기 위해 값을 조금 후하게 쳐줄 뿐 아니라, 이미 사들인 땅을 옛 소유자에게 그대로 소작하게 해서 그 마음을 짐짓 위로까지 해줍니다. 그러면 가난한 사람은 일시적인 후한 값도 이득으로 여기거니와 옛 땅을 그대로 경작하여 그 반을 먹게 되는 것을 큰 덕으로 여깁니다. 이렇게 해서 땅값은 날마다 올라가고 그 인근의 한 치의 전답과 한 뼘 되는 고랑도 싹싹 쓸어 담아 부잣집에 귀속됩니다.

사실 거기에 대한 아무런 법제가 확립되지 않았기 때문에 전국을 통해서 겸병하는 집안에서 거리낌 없이 하도록 맡겨두고 있으며, 각 군에서는 한갓 토지에 관한 빈 장부만을 끌어안고 있을 뿐입니다. 그러나 토지를 겸병하는 자라고 해서 애초부터 가난한 백성들을 못살게 굴고 나라의 정치를 방해하려고야 했겠습니까? 나라의 근본 정책을 책임진 사람은 부호들을 깊이 치죄하려고 할 것이 아니라, 법제가 확립되지 않았음을 걱정해야 옳습니다.

앞에서 신이 호구와 농경지를 가지고 그 평균 숫자를 산출한 까닭도 옛 어진 임금들의 지극히 균등하고 공정한 제도를 오늘날 실행할 수 있을 것인지 없을 것인지를 따져보려는 생각이었습니다.

지금 1결의 농경지는 100보를 1묘畝라고 하고, 농부 한 사람당 100묘씩 주는 주나라 제도와 비교해서 따져보면 진실로 지나치게 많은 셈이지만, 만약 후대와 같이 240보를 1묘라고 하고 농군 한 사람이 1경頃을 받는 것을 가지고 말한다면 여유가 있다고 할 수는 없습니다. 더군다나 한 군郡 안에는 사대부가 없을 수 없고, 대대로 특권을 계승해오는 집안도 없을 수 없으며, 임금의 친척이나 공신의 후손도 있을 것입니다. 이런 사람을 후하게 우대해야 한다면 평민들에게 분배되는 전지는 실상 평균 잡아 1결도 채울 수가 없습니다. 신이 다스리는 면천군이 전국을 통해서 주민의 수에 비해 농경지가 넓은 관향寬鄕인지 좁은 협향狹鄕인지 알 수 없습니다만, 농경지가 부족한 것은 오히려 걱정이 아닙니다.

옛날 한나라가 가장 성했을 적에 개간된 농경지가 827만 536경인데 원시元始[31] 2년의 호수가 1,223만 3,000호라고 하니, 매호당 농경지는 67묘 42보 남짓했으니 사람은 많고 땅은 적어서 지극히 부족했다고 말할 수 있습니다. 그러나 동중서董仲舒가 무제武帝에게 말하기를, '옛날의 정전법井田法을 비록 갑자기 실시하기는 어렵다 하더라도, 가까운 고대를 본받아 인민들의 사적 명의로 된 토지를 제한해야 한다'고 하였습니다. 건평建平[32] 초년에 사단師丹이 또 토지 소유의 제한을 건의함에 따라 공광孔光, 하무何武가 거듭 건의하여, '왕, 공주, 관리, 백성을 막론하고 개인의 토지 소유는 30경을 넘지 못하게 하고, 3년간의 유예기간을 넘겨서도 범법하는 자는 토지를 관에서 몰수하라'고 청하였다고 합니다. 이는 반드시 그 당시 농경지

---

31   한 평제(漢 平帝)의 연호(AD 1~5).
32   한 애제(漢 哀帝)의 연호(BC 6~BC 3).

와 호수를 비교 계산해서 분배량을 산출한 것이고, 구차하게 왕공 귀족에게 유리하게 하고 일반 백성에게 박하게 하려고 했던 것은 아닙니다.

　수隋나라 개황開皇[33] 연간에는 농경지가 1,940만 4,267경이고 호수가 890만 7,536호이니 매호당 농경지가 2경 남짓합니다. 그런데 역사책에는 수나라 문제文帝가 사방으로 사람을 내보내서 천하의 토지 소유를 균등케한 결과, 인민은 많고 농경지가 적은 협향狹鄕에는 장정 한 사람 앞에 겨우 20묘가 돌아갔고 늙은이나 젊은이는 그보다 더 적었다고 기록하고 있습니다. 이것은 무슨 까닭입니까? 이는 필시 부자들이 점유한 토지를 실제대로 보고하지 않았고, 관리들이 법을 집행하는 과정에서 엄폐와 비호가 있었기 때문입니다.

　당나라 천보天寶[34] 연간에 이르러서는 가구의 숫자로 농지를 계산하여 농경지가 매호당 1경 60묘 남짓 되건만, 무덕武德[35] 연간의 제정된 법에는 천하의 모든 장정에게 농경지 1경씩을 주고 몹쓸 병에 걸려 일을 할 수 없는 자, 홀어미 등에게는 각기 차등을 두었으며, 또한 귀족 집안은 초과하지 못하도록 막는 데 정해진 수량이 있다는 말은 듣지 못했습니다.

　대개 역대로 사람이 많고 땅이 적은 것에 대한 걱정은 없었고, 오직 법제를 세우지 못했거나 또 법을 반드시 시행하지 못하는 것을 걱정하였습니다. 저 30경의 제한이란 것은 아주 후하다고 말할 수 있고, 3년의 유예기간이란 것도 그렇게 급박한 것은 아니라고 평가할 수 있습니다. 그런데도 외척 정씨丁氏·부씨傅氏, 동현董賢[36] 같은 대신들은 오히려 불편하다고 떠들어댔습니다. 왕족들과 총애받는 측근의 신하들이 어느 시대엔들 없었겠으며, 만족하기 어려운 탐욕이야 어디 싫증이 있겠습니까?

33　수 문제(隋 文帝)의 연호(581~600).

34　당 현종(唐 玄宗)의 연호(742~756).

35　당 고조(唐 高祖)의 연호(618~626).

36　정씨와 부씨는 전한(前漢)시대의 서경칠족(西京七族)으로 대표적 외척세력 집안이다. 동현(BC 23~BC 1)은 서한의 총신(寵臣).

후한後漢 이후로는 정전제를 왕망王莽이 이미 시도했던 제도라고 해서 그 임금과 재상을 협박한 사람이 반드시 있었습니다. 아하! 어떻게 정전제가 좋은 제도가 아니라고 속일 수 있습니까? 왕망이 어찌 진실한 마음으로 정전제를 실행하려고 했겠습니까? 그자는 바로 귀족 대신의 두목이요, 모든 것을 겸병하던 수괴입니다. 그는 처음에 대사마大司馬로 있던 백부 숙부 등 네 명(왕봉王鳳, 왕상王商, 왕음王音, 왕격王格)의 자산을 겸병하여 그 권세를 겸했고, 중간에는 아형阿衡과 총재冢宰의 두 벼슬을 한데 합쳐 벼슬 이름까지 겸병했으며, 끝에는 천하의 난신적자를 자기 한 몸으로 겸하여 그 나라를 합병했으니, 이야말로 빼앗지 않고는 만족하지 못하는 그런 인간이었습니다. 비록 옛날 어진 임금을 가탁하여 자신의 간교한 말을 꾸몄으나, 한나라를 지지하던 백성이 어찌 그 토지에 대도大盜의 성씨인 왕王 자를 붙여서 왕전王田이라고 기꺼이 부르려고 했겠습니까?[37]

장횡거張橫渠[38]가 일찍이 정전법을 회복하자고 주장하면서도 부자들의 소유를 갑자기 빼앗는 것 때문에 염려했다고 하니, 후세의 사람들에게 의혹을 가지게 합니다. 대저 빼앗는다는 말은 제 소유가 아닌 것을 강제로 겁탈해서 차지한다는 뜻입니다. 그런데 임금은 바로 그 나라, 모든 땅의 임자입니다. 그 근본을 따져보면 누가 감히 소유할 것이며 누가 제 마음대로 처리할 수 있겠습니까? 만약에 인민들을 이롭게 해서 은혜를 베풀 뜻이 없다면 그만이겠거니와, 만약 이런 생각을 가졌다면 균등하게 한다고 말해야 하지, 어찌 강제로 겁탈해서 차지한다고 말을 할 수 있습니까?

그렇다면 동중서와 같은 큰 학자가 귀척대신들의 처지를 미리 염려해서, 정전법을 갑자기 실시하지 못할 것으로 생각하고 토지 소유나 제한하자고 말했겠습니까? 그렇지는 않습니다. 귀척대신들이 싫어하여 반발하

---

37 왕망이 토지 소유를 제한하기 위해 정전제를 실시할 때 전토에 자신의 성씨인 왕(王) 자를 붙여서 왕전이라고 불렀다.

38 횡거는 송나라 철학자 장재(張載, 1020~77)의 호.

기는 정전제나 토지 소유의 제한이나 다 마찬가지입니다. 또 선비는 천하 국가를 위해서 생각할 때 그 방법이 옛 성스러운 왕들의 제도와 합치하는지 그 여부를 논해야 마땅하지, 그것의 실행 여부를 근심하면서 그런 구차한 계획을 내놓는 것은 옳지 않습니다.

대개 진秦나라가 정전제에 의한 백묘百畝의 구획을 없애버린 뒤로부터 온 천하 논밭의 도로와 수로가 파이고 무너져서 그 경계가 착잡 혼란하게 되어버렸으니, 이것은 한 달 한 해의 작업으로는 복구되지 못할 것입니다. 소위 '갑자기 실시하기 어렵다'라고 말한 것은 그러한 사정을 참작해서 한 말이요, 정전제를 실시할 수 없다고 말한 것은 아닙니다. 그래서 '가까운 고대를 본받자'라고 한 말도 실상은 정전제보다 다소 쉬우면서도 토지 소유를 균등하게 하고 차별을 없애자는 본뜻을 잃지는 않았습니다. 비록 토지의 도로와 수로를 옛날의 정전제 그대로 빨리 회복하지 못한다고 하더라도, 향촌 조직과 군대 편성의 제도, 학교 설치와 인재 등용의 법은 차례로 실시할 수 있어서 선왕들의 뜻에 그다지 동떨어지진 않습니다.

그렇다면 무슨 방법을 써야 토호들이 대대로 전해 오던 토지를 자진해서 바치고 관리를 원망하지 않도록 할 수 있겠습니까? 옛날 한나라 고조高祖는 형제가 적고 자식은 어렸기 때문에 동성의 서얼들 세 명에게 천하 땅의 반을 떼어서 봉해줌으로써 그들을 통제할 수 없을 정도로 강성하게 만들었고, 가의賈誼는 이 때문에 통곡하고 눈물을 흘렸습니다. 그러다가 주보언主父偃[39]이 추은책推恩策[40]이라는 계책을 써서 제후들의 여러 아들과 조카에게 땅을 나누어주도록 건의한 결과 중앙정부의 힘이 강해지고, 막강했던 제후들은 공손하게 땅을 삭감하지 않을 수 없었었습니다.

오늘날 우리나라의 형편을 말한다면, 이른바 토지를 겸병한 부호들로서 두려울 정도로 세력이 강성하고 오만하여 제압할 수 없는 자가 또한 있습

39 　주보언(?~BC 126)은 서한(西漢) 무제(武帝) 때의 정치가, 학자.

40 　제후를 약화시키기 위해, 여러 왕들의 자제에게 사은(私恩)으로 봉토를 나눠주게 한 정책.

니까? 신의 변변치 않은 나이로서도 일찍이 몇 세대의 인물을 관찰했습니다만, 조상의 전토와 가업을 보존하고 지켜서 팔아먹지 않은 사람은 열에 다섯이고, 해마다 조금씩 떼어 팔아먹는 사람은 열에 일고여덟에 이르니, 남아도는 재산을 저축하여 땅을 더욱더 겸병하는 사람의 수효도 알 수 있습니다.

진정 토지 소유를 제한하는 법령을 이렇게 해보십시오.

"모년 모월 이후로 이 제한된 토지 수량보다 더 많은 사람은 더 이상 늘릴 수 없다. 이 법령이 시행되기 이전의 전답은 많더라도 불문에 부친다. 자손 중에 차남이나 서자가 있어서 나눠주는 것은 허락한다. 혹시 사실대로 고하지 않고 숨기거나 법령을 반포한 이후 제한된 수량 이상으로 더 늘리는 자에 대해서는, 백성이 고발하면 그 땅을 백성에게 주고 관청에서 적발하면 그 땅을 관청에서 몰수한다."

이렇게 하면 수십 년이 안 되어 전국의 토지 소유가 균등하게 될 수 있습니다. 이것이 이른바 소순蘇洵[41]이 「전제田制」에서 '한전제限田制'를 주장하며

"조정에 단정히 앉아서 천하에 법령을 내리되 인민을 놀라게 하지도 않고 대중을 동요시키지도 않으며, 정전제를 실시하지 않고서도 정전제의 장점을 그대로 획득할 수 있으니, 비록 주나라의 정전제라도 하더라도 이보다 월등하게 나을 것은 없다."

라고 한 말입니다.

이것은 참으로 확고한 논의입니다. 아하! 천하의 온갖 폐해와 고질병이 모두 병역 문제와 결부되어 있는데, 결국 그 근본 원인을 따져보면 병역과 농사일이 일치하지 않기 때문입니다. 그런데도 나라를 가진 사람들의 군대에 대한 애착은 항상 인민들 우위에 있었고, 한편 군대를 두려워함은 독

---

41 소순(1009~66)은 북송의 문학가로, 자는 명윤(明允), 호는 노천(老泉). 아들 소식, 소철과 함께 '삼소(三蘇)'라 불리고, 특히 그를 노소(老蘇)라고 했다.

사나 맹수보다 도리어 심함이 있었습니다.

그리하여 천하 물산의 거의 절반을 쏟아부어 군대를 받들었습니다. 한나라로부터 명나라에 이르기까지 전후 수천 년 동안에 정치를 잘하려고 벼른 임금이나 원대한 계획을 세우려던 신하들이 없었던 것이 아니건만, 그들이 밤낮으로 모의하였으되 끝내 좋은 계책을 생각해내지는 못하고 말았습니다. 그러나 역시 하루라도 군대 문제를 망각할 수는 없었습니다.

군대 문제를 이렇게 중요하게 여기고 있건만, 정작 농경지를 잃고 의지할 곳 없는 백성들에 대해서는 내버려두고 문제 삼지 않아 까마득히 잊은 듯하는 까닭은 무엇 때문이겠습니까? 대개 그런 백성이 논두둑과 밭고랑을 떠나게 된 것은 일조일석의 문제가 아닌 데다가 그 수효를 기록한 문서도 없는 까닭에, 어느덧 천하의 인민의 절반을 차지하게 되었어도 그렇게 많은 수효라는 것을 깨닫지 못합니다. 이 백성들을 몰아서 장차 어디로 돌아가게 할 것입니까? 아니, 천하 인민의 절반을 차지한다는 것은 어떻게 알았겠습니까? 이것은 대단히 알기 쉽습니다. 한나라의 황건黃巾[42]과 적미赤眉,[43] 당나라의 방훈龐勛[44]과 황소黃巢[45]의 난에 그 무리를 과연 모두 땅에 토착하여 농사일을 전념하게 했더라면 어떻게 하루아침에 백만의 무리를 불러 모았겠습니까?

그러므로 겸병하는 폐해는 반드시 큰 데만 있는 것은 아닙니다. 보통의 남자와 여자가 한 끼에 밥 두 사발씩 겸해서 먹는다고 하면 천하 사람이 먹을 하루 식량을 절단 내어 그 절반을 축내는 것이 됩니다. 하물며 논과 밭을 몇십 배, 몇백 배로 겸병하는 폐해이겠습니까? 그러므로 진秦·한

---

[42] 후한 말기 장각(張角)을 중심으로 노란색 두건을 쓰고 농민반란을 일으킨 무리.

[43] 왕망(王莽)의 신(新)나라 때 번숭(樊崇)을 중심으로 눈썹을 붉게 칠하고 농민반란을 일으킨 무리.

[44] 방훈(?~869)은 당나라 말기 869년 계림에서 봉기한 인물.

[45] 황소(?~884)는 875년에 봉기하여 880년 장안을 점령하고 황제의 자리에 올라 국호를 대제(大齊)라 칭함.

漢 이후로 몇백 대를 두고 훌륭한 정치가 없는 까닭은 거기에 무슨 다른 이유가 있었겠습니까? 큰 근본이 이미 파괴되어 인민들의 지향을 안정되지 못하게 하였고, 모두 요행수만을 바라고 있었기 때문입니다. 위에서 법령을 내어 정치하는 사람은 눈코 뜰 사이가 없이 바쁘건만 그저 옛것을 따라 하며 이럭저럭 세월을 보내는 것을 벗어나지 못하고, 아래에서 눈앞의 일만 걱정하고 장래를 생각하지 못하여 그저 구차한 미봉책을 쓰는 데 불과했습니다. 이것은 천하의 공통된 걱정이고, 역대 정치의 득실을 알 수 있게 하는 바입니다.

그렇다면 귀척대신과 측근의 총애하는 신하를 크게 벌줄 것도 없고, 부자들의 토지 겸병을 몹시 미워할 것도 없습니다. 문제는 오직 정치를 잘해 보려는 의지와 정치 근본의 확립 여부가 어떠한가에 달려 있습니다.

아아! 위대한 우리나라의 강역 수천 리 땅은 애초부터 정전을 구획하는 데도 들어가지 않았고, 또 밭두둑과 고랑이 뒤죽박죽 훼손되는 일도 당하지 않았습니다. 다행하게도 성대한 세상을 만나서 우리 방식의 한 제도를 이룩하였으니, 그 순수하고 보편적인 법이나 토지의 경계를 정리하고 인민의 소유를 균등케 하는 정책은 옛날 중국의 훌륭한 왕들과 처음부터 다를 것이 없습니다.

그러므로 토지 소유를 제한한 이후라야 토지 겸병이 그치고, 토지 겸병이 그친 이후에야 산업이 균등해지고, 산업이 균등해진 이후에야 인민들이 모두 대를 이어 땅에 뿌리를 내리고 각각 자기의 농경지를 경작하여 그 부지런함과 게으름이 드러날 것입니다. 부지런한 사람과 게으른 사람이 드러난 이후에야 농업을 장려할 수도 있고 인민들을 교화할 수 있습니다.

신이 농지정책에 대해서 다시 쓸데없는 소리를 붙이는 것이 부당하오나, 비유하자면 그림을 그리는 화공이 아무리 좋은 물감을 갖추고 그리는 재주가 비록 뛰어났다 하더라도 종이나 비단과 같은 바탕을 근본으로 하지 않는다면 붓과 먹을 댈 곳이 없는 것과 같사옵니다. 그래서 직분에 넘치고 너무 지나치다는 행동을 피하지 아니하고 감히 이렇게 주장하는 바입니다.

천폐의泉幣議[46]

백성들의 신망을 받는 분에게 임금께서도 실로 이에 부응하셨습니다. 정승으로 임명되던 날 저녁에 온 조정이 모두 감동하였거니와, 유독 친구가 잘되기를 바라는 이 사람의 심정은 더욱 경하를 드리지 않을 수 없습니다.

지금 합하閣下[47]는 4대에 걸쳐 정승이 나온 집안에서 다섯 번째 되는 정승입니다. 모두가 우러러보는 정승의 지위와 정국을 움직이는 중책은 예전이라고 더 높고 지금이라서 손색이 있지는 않습니다만, 그 모범을 굳이 멀리 역사책에서 찾을 필요 없이 가까이 가정을 스승으로 본받는다면 백성들의 복이 될 것입니다.

화폐의 유통과 기능에 대해서 제 나름으로 깨우친 견해가 있기에 별지에 적었사오니, 직위를 벗어난 분수 밖의 행동과 망령된 말이라 나무라지 말아주시면 다행이겠습니다. 이만 줄입니다.

별지別紙

생각건대, 오늘날 백성의 근심과 나라의 계책은 오로지 화폐와 물자에 달려 있습니다. 우리나라는 배가 외국과 통하지 않고 수레가 국내에 다니지 않아서, 생산된 화폐와 물자는 항상 일정한 수량이 있어 관에 있지 않으면 민간에 있게 됩니다. 그런데 관과 민간이 다 고갈되고 상하가 모두 곤궁

---

46   본래의 제목은 '김이소의 우상 임명을 축하하며(賀金右相履素書)'이다. 김택영이 편찬한 『중편 연암집』에 '상김우상이소천폐의(上金右相履素泉幣議)'라는 제목을 참고하여 '천폐의(泉幣議)'라는 제목으로 바꾸었다.

47   정승에 대한 존칭어.

한 까닭은 무엇 때문인가요? 화폐와 물자를 관리하는 방법이 올바른 방도를 얻지 못한 까닭입니다.

대저 화폐의 가치가 높아지면 물가는 떨어지고, 화폐의 가치가 떨어지면 물가는 올라갑니다. 물가가 오르면 백성과 나라가 함께 병들고, 물가가 떨어지면 농민과 상인이 함께 손해를 봅니다.

역대로 조정에서는 화폐의 가치가 떨어질 것을 깊이 염려하여 간혹 엽전을 주조했으나, 그나마 잠시 시행하다 곧 중지시켰습니다. 진실로 베로 만든 돈과 종이로 만든 돈은 비록 싸지만, 다시 비싼 은화가 있어서 비싸고 싼 것 사이에 절충할 수 있었지요.

무릇 이 세 가지 화폐는 모두 백성의 손에서 나오는 것이므로 빨리 만들어내면 저절로 여유가 있을 수 있으나, 엽전은 사사로이 주조하는 돈이 아니고 관의 공급에 의존하고 있습니다. 당시 만든 엽전의 양이 많지 않았고 민간에 보급된 것도 미처 널리 퍼지지 못했으므로, 백성들이 엽전 사용을 불편하게 여긴 까닭은 실상 이 때문이었지요.

그러므로 화폐와 물자를 잘 관리하는 데에는 다른 방법이 없으니, 화폐의 가치를 헤아려 물가의 귀천을 통제하는 것에 불과합니다. 막힌 것은 소통시키고 넘치는 것은 막아서, 화폐의 가치가 지나치게 오르거나 지나치게 떨어지는 경우가 없게 해서 물건 값이 너무 비싸지거나 너무 싸지는 때가 없도록 해야 합니다.

엽전이 세상에 유통된 지 113년이 지났는데, 서울에서는 호조, 진휼청, 오군영五軍營[48]과 지방에서는 8도, 개성과 강화, 통영에서 대체로 모두 두 번 혹은 서너 번 주조하였으니, 주조한 연도와 수량에 대한 기록은 해당 관

---

[48] 오군영은 조선 후기의 다섯 군영. 임진왜란 이후 설치된 훈련도감, 후금에 대응하기 위해 설치된 어영청, 총융청, 수어청, 그리고 이후에 수도 방위를 위해 설치된 금위영을 합쳐 부르는 말. 훈련도감, 어영청, 금위영은 한양도성을, 총융청은 북한산성, 수어청은 남한산성을 각각 방어했다.

청에 모두 비치되어 있으므로 한번 조사하면 곧 알 수 있습니다. 현재 관에 비축된 엽전이 얼마인지 파악되면 민간에 있는 엽전은 그에 따라 추정해서 알아낼 수 있을 것입니다. 100년 동안에 마멸되었거나 파손된 것, 물과 불에 손실된 것 등이 없지 않을 터이므로, 대강 따져서 이를 제외해도 관과 민간에 있는 현재 엽전의 총계는 적어도 수백만 냥보다 적지는 않을 것입니다. 이를 처음 사용되었을 때의 엽전과 비교하면 아마 열 배나 많아진 양일 터인데, 그래도 관청과 백성이 허둥대며 모두 돈 걱정을 하지 않는 자가 없으며, 심한 사람은 나라 안에 돈이 없다고까지 말하니, 이는 무슨 이유입니까?

아! 엽전의 이름에 '상평常平'이라는 말을 넣어 호칭하는 까닭은 돈과 물건이 항상 평형을 유지하고자 함입니다. 백성이 엽전을 사용한 지 오래되니 엽전이 눈에 익숙하고 손에 습관이 붙어, 다른 돈은 알지 못하고 아울러 은화까지도 쓰지 않게 되었습니다. 그리하여 엽전은 날마다 더욱 늘어나고, 물가는 날마다 더욱 오르게 되었으며, 무릇 물건을 구매하는 데 엽전이 아니면 안 되게 되었지요.

돈의 흐름이란 평형이 기울어진 곳으로 쏟아지기 마련이므로, 물가가 오르면 돈이 어찌 거기에 쏠리지 않겠습니까? 예전에 한두 푼으로 살 수 있었던 물건이 혹은 서너 푼으로도 부족하게 되었습니다. 만약 엽전으로 물건과 평형을 맞추려면 몇 배나 많이 들게 되었으니, 이것이 어찌 엽전이 천해지고 화폐 가치가 떨어지게 된 명백한 증거가 아니겠습니까? 그런데도 온 나라에서 재물을 설명하는 사람들은 모두 '돈이 귀해졌기 때문에 물가도 따라서 오른다'라고 말하니, 어찌 이다지도 생각을 못 하는가요?

대저 은은 금속화폐로서 으뜸가는 돈이며 세상 사람들이 모두 보물로 여기는 것입니다. 그런데 이전에 민간 습속이 엽전에만 익숙하고 은화에는 습관이 되지 않아서 은은 드디어 한낱 물건에 귀속되어 돈으로 취급하지 않게 되었고, 중국의 시장에서 돈으로 사용되지 않으면 모두 무용지물처럼 되었습니다. 해마다 중국에 파견되는 정식 사신과 달력을 구하러 가는 관원이 가지고 가는 은화가 10만 냥보다 적지 않을 터인데, 10년을 합하면 이미 100만 냥이나 됩니다. 그 돈으로 무역하여 포장해서 가져오는 것은 단지 털모자일 뿐입니다. 털모자는 한 해 겨울만 지나도 해져서 버리는 물건입니다. 천 년이 지나도 부서지지 않는 보물을 들고 가서 한 해 겨울만 쓰고 해져서 버릴 물건과 바꿔 옵니다. 산에서 캐내어 한정이 있는 재물을 싣고 가서, 한 번 가면 다시 못 돌아올 땅으로 실어 가니, 천하에 이보다 더 졸렬한 정책은 없을 겁니다.

언뜻 들리는 말에 의하면, 국내에 청나라 동전을 통용시켜 돈의 부족 현상(전황錢荒)을 타개하려고 이번 동지사 사행부터 시작하여 들여오도록 허락하였다고 하는데, 이는 올바른 정책이 아니외다. 엽전은 바람, 서리, 홍수, 가뭄 등의 재해를 받는 물건도 아닌데, 어찌 곡식이 큰 흉년을 만난 것처럼 '황荒'이라 일컬을 수 있습니까? '황'이라 일컫는 까닭은 돈이 유통되는 길이 뒤죽박죽 섞여서 마치 비유하자면 잡초 밭에 강아지풀을 제거하지 않은 것과 같다는 뜻이겠지요.

중국의 산해관 바깥 지역에서 문은紋銀[49] 1냥으로 중국동전 7초鈔를 교환해준다고 합니다. 1초는 163푼으로 한 꿰미가 되니, 우리나라 엽전을 기준으로 하면 1냥의 은이면 대개 엽전 11냥 4돈 1푼을 얻을 수 있으니 거의 열 배의 이익을 보는 것입니다. 수레와 말의 비용을 빼더라도 그래도 5, 6배의 이익은 됩니다. 저 역관들은 한갓 자기들의 목전의 이익만 알고 있을 뿐 국가의 장구하고 원대한 계획은 세울 줄 몰라, 수십 년 이래 밤낮으로 원하는 것은 오직 청나라 동전의 통용에 있습니다. 이는 속담에 '화살 떨어진 곳에 과녁 세우기'나 '언 발에 오줌 누기'와 무엇이 다르겠습니까?

우리나라 엽전의 가치가 하락함에 따라서 온갖 물가가 뛰어오르고 있

---

49   은의 함량이 많고 말굽 모양으로 만든 청나라 은화.

는데, 어찌 질량이 조악한 외국의 동전을 들여다가 우리나라 통화의 유통을 스스로 어지럽게 한단 말입니까? 털모자는 그래도 백성의 방한용구인데도 오히려 은으로 바꾸어 오는 것이 옳지 않거늘, 하물며 역관들의 일시적인 조그만 이익을 위해서 8도의 토산물인 귀중한 은을 몰아다가 중국의 시장에다 밑 빠진 독을 만들어 새어 나가게 한다는 말이오? 그 이해득실은 환히 알기 쉬워 굳이 지혜 있는 사람에게 물어볼 필요도 없이 명백한 것입니다.

지금 쓸 수 있는 정책으로는 먼저 돈이 유통되는 길을 맑게 하고, 은화가 북쪽으로 들어가는 문을 우선 막는 것보다 더 좋은 게 없습니다.

어떻게 하면 돈의 유통 길을 맑게 할 수 있을까요?

우리나라에서 엽전을 사용한 이래로 옛날 엽전보다 더 좋은 것은 없습니다. 옛 엽전은 모두 두텁고 장중 견고하고 글자체도 분명하였는데, 임신(1752)·계유(1753) 연간에 금위영, 어영청, 훈련도감에서 엽전을 동시에 주조하면서 갑자기 옛 방식을 바꾸어 납과 철을 많이 섞은 데다 형체가 얄팍하고 상스러워 손을 대면 쉽게 부서질 정도였습니다. 그리하여 엽전 중에서도 질량이 가장 고약한 것으로 일컬어져 가장 먼저 돈이 사람을 해치는 재앙이 되고, 물가가 치솟은 것은 실로 그때부터 시작되었습니다. 그 뒤를 이어서 주조한 엽전은 크기가 갈수록 줄어들어, 지금의 새로 주조한 엽전[50]과 함께 섞어서 꿰미를 만들면 새 엽전은 옛 엽전의 테두리 안으로 들어가서 돈을 세기가 어렵게 되었으니, 돈의 혼란이 이 때문에 더욱 심해졌습니다.

만약 중국 한나라 때의 오수전五銖錢[51]과 삼수전三銖錢의 제도를 본뜨고, 현재 남아 있는 옛 엽전 한 닢을 새 엽전 두 닢의 가치에 해당하도록 하고, 돈꿰미를 한번 바꾸면 그 크기가 즉시 구분될 것이니, 새로 돈을 주조하는

---

50   1785년 주조한 상평통보를 말한다.
51   한 무제 때 사용한 동전으로 5수(銖)가 되는 무게. 수는 무게의 단위로 1량(兩)의 24분의 1.

번거로움을 겪지 않고도 가만히 앉아서 백만 냥을 얻을 수 있습니다. 비록 큰 돈과 작은 돈을 함께 통행시키더라도 가벼운 것과 무거운 것의 쓰임을 달리하면 사물의 이치나 민심을 거스르지 않으면서 돈이 잘 유통될 것입니다. 임신·계유 연간에 세 영문營門에서 주조한 엽전은 큰 것은 옛 엽전만 못하고 작은 것은 새 엽전과 맞지 않아서, 제도가 이미 격식에 어긋나고 형체마저 너무 얇고 졸렬하니 모두 유통을 정지시켜 시장에 들어오지 못하게 하면 돈의 유통하는 길이 이에 맑아질 것입니다.

은화가 빠져나가는 것은 어떻게 막을 수 있을까요?

관과 민간에 소장하고 있는 토산의 은은 생짜로 잘라서 돈으로 살려서 쓰지 못하게 하고, 모두 호조에 바치게 해서 일률적으로 닷 냥, 열 냥의 크고 작은 덩어리로 만들어 말(천마天馬)이나 기러기(주안朱雁)의 모양으로 주조하여 본래 소유주에게 돌려주되 10분의 1의 세금을 받도록 합니다. 그리고 교역해서 가지고 온 중국의 엽전은 국내로 들이지 못하게 하고, 의주義州 관아에 유치시켜두었다가 다음 사행의 여비에 충당하게 합니다.

무릇 사행의 수행원도 긴요하지 않은 인원은 줄이는 게 옳습니다. 심지어 서장관書狀官[52]이란 직책도 그 소임이 외교의 임무도 아니고 직분도 종사관從事官과도 다른데, 그 식량이며 마부와 말 등 일체 번다한 비용이 별도로 사신 한 사람의 몫이 더 들어가며, 하인들을 많이 대동하고 가서 정사와 부사의 주방에 빌붙어 취사를 해결합니다. 그가 오가는 것은 본래 중국 측에서 알 바 아닌데도 무릇 잔치를 베풀고 상을 하사하는 자리에서 전례에 따라 염치없이 대접을 받고 있으니, 이는 목적도 의의도 아무것도 없는 신분입니다. 우리나라나 중국에 어차피 대단히 구차하기 짝이 없는 자리입니다.

---

[52] 외국에 가는 사신에게 딸려 보내는 벼슬로, 사행 도중 매일의 사건을 기록하고, 돌아온 뒤 왕에게 견문한 것을 보고할 의무를 가지고 있었다. 정사(正使), 부사(副使)와 아울러 삼사(三使)라고 함.

세 명의 책임 있는 통역관 이외에 무릇 물품이나 예물을 호송하는 압물종사押物從事는 아울러 정지시키거나 감원하는 것이 마땅합니다. 사자寫字, 도화圖畵, 의관醫官의 직임은 정사와 부사의 수행 비장裨將들에게 분배시키며, 기타 중국으로부터 상을 받지 못하는 비공식 수행원과 의주 상인은 일체 가지 못하도록 엄금하고, 무역하는 물품도 약재 이외에는 함부로 들여오지 못하게 하십시오. 그렇게 된다면 국경의 관문이 엄중해지고 국내에 은화가 자급자족하게 될 것입니다.

박지원 연보

연도	박지원	국내외 주요 사건
1737년 (영조 13년)	• 2월 5일 한양 서소문(西小門) 밖 반송방(盤松坊) 야동(治洞, 풀뭇골: 지금의 중구 순화동) 조부 댁에서 부친 박사유(朴師愈)와 모친 함평(咸平)이씨 사이에서 2남2녀 중 막내로 출생. • 자는 미중(美仲), 혹은 중미(仲美). 호는 연암(燕巖), 외에 공작관(孔雀館), 겸현(謙軒), 열상외사(洌上外史), 성해(星海) 등을 씀.	• 삼남(三南)에 대기근.
1739년 (영조 15년)	• 형 박희원(朴喜源)이 한산(韓山) 이동필(李東馝)의 딸과 혼인. (3세)	
1741년 (영조 17년)	• 조부 박필균(朴弼均)이 경기감사에 제수됨.	•『순암집(順菴集)』 간행.
1744년 (영조 20년)	• 맏누님이 덕수(德水) 이택모(李宅模)와 혼인.	
1747년 (영조 23년)	• 얼굴에 쥐젖이 돋음.	• 영풍(永豊)에 민란.
1752년 (영조 28년)	• 관례를 올림. • 전주이씨 처사 이보천(李輔天)의 딸과 혼인. • 장인에게 『맹자』를, 처삼촌 이양천(李亮天)에게 『사기』를 배움. •「이충무공전(李忠武公傳)」을 지어, 처삼촌에게 칭찬받음. • 이양천이 소론 이종성(李宗城) 탄핵 상소로 인해 흑산도 귀양 감.	• 세손 죽음. 김포(金浦)에 민란.
1754년 (영조 30년)	• 조부 대사간에 제수됨. • 이후 정신적 고통으로 시달림. • 병 치료를 위해 서화 골동에 관심을 쏟고, 시정의 동향에 관심. •「민옹전」의 민유신(閔有信)을 만남. •「광문자전(廣文者傳)」 지음. (18세)	
1755년 (영조 31년)	• 처삼촌 이양천 40세로 별세.「제영목당이공문(祭榮木堂李公文)」 지음.	• 함평(咸平)에 이국인 표착. • 나주(羅州) 괘서 사건.
1756년 (영조 32년)	• 김이소(金履素), 황승원(黃昇源) 등과 봉원사(奉元寺)에서 과거 공부. • 능호관(凌壺觀) 이인상(李麟祥)과 종유하며 그림을 배움. • 이윤영(李胤永)에게 『주역』을 배우고, 그의 아들 이희천(李羲天)과 교유. • 봉원사에서 윤영(尹映)에게 허생(許生) 이야기를 들음.	• 송시열(宋時烈) 문묘 배향. • 금주령 내림.

342

1757년 (영조 33년)	•「민옹전(閔翁傳)」지음.	• 노총각 노처녀에게 쌀과 돈을 주어 결혼시키는 정책 시행.
1758년 (영조 34년)	•「대은암창수시서(大隱巖唱酬詩序)」지음.	• 권농윤음(勸農綸音) 내림. • 해서·관동 지방에 천주교 확산.
1759년 (영조 35년)	• 모친 함평이씨 별세. • 장녀 출생. 뒷날 이종목(李鍾穆)과 혼인. (23세)	• 원손을 세손에 봉함. •『성학집요(聖學輯要)』간행.
1760년 (영조 36년)	• 조부 박필균 별세.	• 왕세자 온천행. •『일성록(日省錄)』기록 시작.
1761년 (영조 37년)	• 조모 여주이씨 별세.	• 왕세자 관서행이 정국의 문제가 됨. 1762년 사도세자 죽음.
1763년 (영조 39년)	• 하인 김오복(金五福)을 시켜 김홍기(金弘基)를 찾게 함. • 이후「김신선전(金神仙傳)」지음. (27세)	• 이익(李瀷) 별세. • 고구마 종자 들여옴.
1764년 (영조 40년)	•「초구기(貂裘記)」지음.	
1765년 (영조 41년)	• 유언호(俞彦鎬), 신광온(申光蘊)과 함께 금강산 유람. • 장편시「총석정관일출(叢石亭觀日出)」지음.	•『여지도(輿地圖)』간행. • 홍대용『연행록』편찬.
1766년 (영조 42년)	• 이언진(李彦瑱)의 전기「우상전(虞裳傳)」을 지음. • 대제학 황경원(黃景源)에게 뒷날 대제학이 될 것이라는 칭찬을 받음. • 장남 종의(宗儀) 출생(박희원의 양자가 됨).	• 여항인 이언진(李彦瑱) 사망.
1767년 (영조 43년)	• 부친 별세. 부친 3형제가 이해에 모두 별세함. • 삼청동 이장오(李章吾) 별장으로 이사. 많은 손님이 찾아왔고, 연암을 자파로 끌어들이려는 관료가 많았음. •「사장애사(士章哀辭)」지음.	• 제주(祭酒) 사용을 허가함.
1768년 (영조 44년)	• 백탑(白塔, 탑골공원) 부근으로 이사. • 이덕무(李德懋), 이서구(李書九), 유득공(柳得恭), 박제가(朴齊家) 등 후배들과 북학에 대한 탐구와 토론. (32세)	• 소의 밀도살 금지.
1769년 (영조 45년)	•「사황윤지서(謝黃允之書)」「녹천관집서(綠天館集序)」「공작관집서(孔雀館集序)」지음.	•『반계수록(磻溪隨錄)』간행.

1770년 (영조 46년)	• 「녹앵무경서(綠鸚鵡經序)」 지음. • 감시(監試) 초·종장에 수석. 영조 앞에 나아가, 도승지가 시권을 읽는 영광을 누림. • 홍대용(洪大容)과 결교. 「회우록서(會友錄序)」 지음. (34세)	• 북경 무역 제한. • 과거장에 책을 휴대하지 못하게 함. • 영국 산업혁명.
1771년 (영조 47년)	• 벗 이희천 처형됨. 과거 포기. 일체의 사회생활 단절. • 천마산, 묘향산, 속리산, 가야산, 화양, 단양 등을 유람. • 백동수(白東修)와 황해도 금천군 연암협 답사. 자호를 연암(燕巖)이라 함. • 맏누님 별세. 「백자증정부인박씨묘지명(伯姊贈貞夫人朴氏墓誌銘)」 지음. • 「만조숙인(輓趙淑人)」 지음.	• 황구첨정, 백골징포가 심함.
1772 (영조 48년)	• 식솔을 처가(廣州, 石馬)에 보내고 전의감동(典醫監洞)에 기거. • 김용겸(金用謙), 홍대용, 정철조(鄭喆祚), 4검서 등과 회합. • 「수소완정하야방우기(酬素玩亭夏夜訪友記)」 초정집서(楚亭集序)」 지음. • 「영대정잉묵자서(映帶亭賸墨自序) 지음. (36세)	• 탕평과(蕩平科) 시취(試取). 서자 등용.
1773년 (영조 49년)	• 3월에 유득공, 이덕무 등과 서도 유람. • 가을에 홍대용, 이덕무 등과 북한산 유람. • 「회성원집발(繪聲園集跋)」 지음.	• 인평대군(麟坪大君) 『연행록』 간행.
1774년 (영조 50년)	• 「이몽직애사(李夢直哀辭)」 지음.	
1775년 (영조 51년)	• 「유경집애사(兪景集哀辭)」 「우부초서(愚夫艸序)」 지음.	• 왕세손 대리청정.
1776 (영조 52년, 정조 즉위년)	• 「취답운종교기(醉踏雲從橋記)」 지음.	• 영조 서거. 정조 즉위. • 박명원(朴明源) 동지사 연행, 벗 나걸(羅杰) 서장관 군관으로 수행. • 규장각(奎章閣) 설치.
1777년 (정조 1년)	• 장인 이보천 별세. 「제외구처사유안재이공문(祭外舅處士遺安齋李公文)」 지음. • 홍국영(洪國榮)에게 위협을 느끼고 연암협으로 피신. • 이현겸(李賢謙) 등 개성 출신 제자를 지도함. (41세)	• 유언호가 개성유수로 나와 도움을 줌.

1778년 (정조 2년)	* 형수 이씨 별세. 「백수공인이씨묘지명(伯嫂恭人李 氏墓誌銘)」지음. * 유득공과 개성 유람.	* 이덕무, 박제가 연행. * 홍국영 세도정치. * 홍명복(洪命福) 『방언집석(方 言集釋)』 편찬.
1779년 (정조 3년)	* 「답홍덕보서(答洪德保書)」 4편 지음.	* 박제가, 이덕무, 유득공이 검 서관으로 발탁됨. * 홍덕보 태인현감. 홍국영 훈 련대장.
1780년 (정조 4년)	* 5월 박명원의 자제군관 자격으로 연행에 참여. 『열하일기』 저술에 진력 * 차남 종채(宗采, 초명 宗侃) 출생. * 「발승암기(髮僧菴記)」 지음. (44세)	* 홍국영 전리 방축. * 홍대용 『열하일기』 저술을 후 원함.
1781년 (정조 5년)	* 「북학의서(北學議序)」 지음. * 「제정석치문(祭鄭石癡文)」 지음.	* 벗 정철조 별세.
1783년 (정조 7년)	* 「홍덕보묘지명(洪德保墓誌銘)」 지음. * 「도강록서(渡江錄序)」 지음. * 많은 서얼들과 교유함. '교불택인(交不擇人)' 비방 이 생김.	* 벗 홍대용 별세. * 이승훈(李承薰) 북경에 감. 이 듬해에 세례 받음. * 미국 독립.
1785년 (정조 9년)	* 「이자후하자시축서(李子厚賀子詩軸序)」 지음. * 「족형도위공주갑서(族兄都尉公周甲序)」 지음.	* 천주교도 처형(서학의 옥獄).
1786년 (정조 10년)	* 「문효세자진향문(文孝世子進香文)」 지음. * 유언호 천거로 첫벼슬인 선공감(繕工監) 감역에 제수됨. * 심환지(沈煥之), 정일환(鄭日煥)이 연암을 자파로 끌어들이려 했으나 거절함. (50세)	* 서양서적 수입 금지.
1787년(정 조 11년)	* 부인 전주이씨 별세. 「도망시(悼亡詩)」 20수 중 2수가 전함. * 형 박희원 별세. 「연암억선형(燕巖憶先兄)」 지음. * 정조의 하문에 답함.	* 프랑스 함대 제주도 측량.
1788년 (정조 12년)	* 맏며느리 덕수이씨, 장녀(이종목 처)가 전염병으 로 사망. * 한양 북촌 가회방(嘉會坊) 제생동(濟生洞)으로 이사.	* 서학 관련 서적 소각. * 『동문휘고(同文彙考)』 간행.
1789년 (정조 13년)	* 평시서(平市署) 주부로 승진. * 사복시 주부로 정조에게 벽돌 굽기를 건의. * 이희경(李喜經)과 함께 가마를 만들고 벽돌 수십 만 개를 구워냄. (53세)	* 프랑스 대혁명 발발.

1790년 (정조 14년)	• 의금부 도사로 전보. 제릉령(齊陵令)으로 전보. • 박명원 별세. 어명으로 그의 묘지명을 지음.	• 정약용(丁若鏞) 해미현(海美縣)에 유배. • 북경 교회에 신부 파견 요청.
1791년 (정조 15년)	• 한성부 판관으로 전보. 한양 곡가를 안정시킴. • 11월 안의(安義)현감 제수됨.	• 안정복 별세. • 신해통공(辛亥通共) 발표.
1792년 (정조 16년)	• 안의 임지에 도착. 의옥(疑獄) 해결. 감사에게 올린 보고서 5편 작성. • 백척오동각(百尺梧桐閣), 공작관(孔雀館), 연상각(烟湘閣), 하풍죽로당(荷風竹露堂) 등을 건축. 「하풍죽로당기(荷風竹露堂記)」등 관련 기문을 지음. • 「하삼종질종악배상인논사노서(賀三從姪宗岳拜上仁論赦奴書)」지음. • 「하김우상이소서(賀金右相履素書)」지음. (56세)	• 삼종질(三從姪) 박종악 우의정 제수. • 벗 김이소(金履素) 우의정 제수됨. • 정약용 거중기 발명.
1793년 (정조 17년)	• 문체 타락의 잘못을 속죄하라는 어명이 남공철(南公轍)의 편지를 통해 하교됨. • 「답남직각공철서(答南直閣公轍書)」부(附) 원서(原書) 지음. • 「열녀함양박씨전 병서(烈女咸陽朴氏傳 幷序)」지음. • 안의 고을의 여러 건물에 대한 기문 지음.	• 이덕무 별세.
1794 (정조 18년)	• 「거창현오신사기(居昌縣五愼祠記)」지음. • 차원(差員)으로 상경 입시하여 안의현 민정 보고.	• 삼남 지방 대기근. • 주문모(周文謨) 신부 입국, 상경함.
1795년 (정조 19년)	• 차남 종채가 전주유씨 영(詠)의 딸과 혼인. • 「해인사창수시서(海印寺唱酬詩序)」, 고시 「해인사」지음. • 「홍범우익서(洪範羽翼序)」지음.	• 이서구 영해에 유배. • 『이충무공전서(李忠武公全書)』간행.
1796년 (정조 20년)	• 첫 손자(박종의 아들 효수孝壽)를 봄. • 유언호 별세. 안의현감 임기 만료되어 귀경. • 어명으로 「형암행장(炯菴行狀)」지음. • 한양 북촌 계산동(桂山洞)에 벽돌로 계산초당 건설. • 제용감 주부, 의금부 도사, 의릉령(懿陵令)을 역임. (60세)	• 수원부성(水原府城) 완성. • 『증보문헌비고(增補文獻備考)』완성.
1797년 (정조 21년)	• 충청도 면천(沔川)군수 제수됨. • 어명으로 「서이방익사(書李邦翼事)」지음.	• 영국 탐험선 동래 도착.
1798년 (정조 22년)	• 천주교도를 관대히 처분. • 천주교 관련 「상순사서(上巡使書)」「답순사서(答巡使書)」를 지음. • 유한준(俞漢雋)이『열하일기』및 연암을 비방.	• 정조 임금이 농서(農書)를 구함. • 박제가『북학의』완성.

1799 (정조 23년)	* 『과농소초(課農小抄)』를 정조에게 올림. * 부록에 「한민명전의(限民名田議)」.	* 규장각 『홍재전서(弘齋全書)』 완성.
1800년(정 조 24년, 순조 즉위년)	* 면천군 향교 앞에 건곤일초정(乾坤一艸亭) 정자 건설. * 「정조대왕진향문(正祖大王進香文)」 지음. * 양양(襄陽)부사로 승진.	* 『규장전운(奎章全韻)』 간행. * 정조 승하. 천주교도 박해. * 정순왕후 김대비 수렴청정.
1801년 (순조 1년)	* 제자 이희영(李喜英), 김건순(金建淳)이 천주교도 로 처형됨. * 박제가 종성(鍾城)으로 유배. * 노병을 칭탁하여 양양부사 사직함. (65세)	* 신유사옥 발생. 권철신, 이승 훈, 이가환, 주문모 등 처형됨.
1802년 (순조 2년)	* 한양과 연암협을 오가며 거처함. * 유한준과 산송 문제 발생.	* 김만중(金萬重) 『구운몽(九雲 夢)』 나옴.
1804년 (순조 4년)	* 지병(풍비風痺) 악화, 약을 물리치고 장례를 검소 하게 치르도록 훈계함.	* 박제가 해배. * 김대비 수렴청정 폐지.
1805년 (순조 5년)	* 최후의 글 조부행장을 종채에게 구술하여 짓게 함. * 10월 20일 가회방 재동(齋洞)에서 서거함. * 12월 경기도 장단 송서면(松西面) 대세현(大世峴) 에 부인과 합장. (69세)	* 『정조실록』 간행.
1807년 (순조 7년)	* 손자 박규수 출생.	* 패관소설, 이단잡서를 제외한 경서의 수입 허용.
1826년 (순조 26년)	* 연암의 일생을 정리한 박종채의 『과정록(過庭 錄)』 완성.	
1829년 (순조 29년)	* 대리청정하던 효명세자(孝明世子, 익종翼宗)에게 필사본 『연암집』 진상.	
1876년 (고종 13년)	* 손자 박규수 별세.	
1900년 (광무 4년)	* 김택영 편 『연암집』 6권 2책 간행.	
1901년 (광무 5년)	* 김택영 편 『연암속집』 3권 1책 간행.	
1910년 (융희 4년)	* 연암에게 '문도(文度)'라는 시호가 내림.	
1911년	* 조선광문회 편 『연암외집, 열하일기(燕巖外集, 熱 河日記)』 간행.	
1915년 (대정大正 4년)	* 아오야기 츠나타로(青柳綱太郎), 『열하일기』를 일 본어로 번역, 경성(京城) 조선연구회 '고서진서 간행(古書珍書刊行)'의 제20, 21집 『연암외집(燕巖 外集)』 상·하 2책.	

1917년	• 김택영 편 『중편 연암집(重編 燕巖集)』 7권 3책. 중국 남통(南通)에서 간행.
1932년	• 박영철 『연암집(燕巖集)』 17권 6책 간행.
1948년	• 김성칠(金聖七) 역 『열하일기』 5책. 정음문고.
1955년	• 북한 리상호 『열하일기』 완역.
1966년	• 이가원(李家源) 역 『열하일기』 1·2. 민족문화추진회.
2005년	• 신호열(辛鎬烈)·김명호(金明昊) 『연암집』 시문(詩文) 완역.
2025년	• 김혈조(金血祚) 정본(定本) 『열하일기』 간행.

찾아보기

창비 한국사상선 10

박지원

글쓰기의 혁신과 새세상 만들기

초판 1쇄 발행 / 2026년 2월 20일

지은이 / 박지원

편저자 / 김혈조

펴낸이 / 염종선

책임편집 / 박주용 박대우

조판 / 신혜원

펴낸곳 / (주)창비

등록 / 1986년 8월 5일 제85호

주소 / 10881 경기도 파주시 회동길 184

전화 / 031-955-3333

팩시밀리 / 영업 031-955-3399 편집 031-955-3400

페이지 / www.changbi.com

전자우편 / human@changbi.com

ⓒ 김혈조 2026

ISBN 978-89-364-8114-8 94150